财政部规划教材

全国高等院校财经类专业规划教材

政府采购

（第二版）

韩宗保　主编

中国财经出版传媒集团
中国财政经济出版社

图书在版编目（CIP）数据

政府采购／韩宗保主编．-- 北京：中国财政经济出版社，2022.8（2025.7重印）
财政部规划教材 全国高等院校财经类专业规划教材
ISBN 978-7-5223-1557-7

Ⅰ.①政… Ⅱ.①韩… Ⅲ.①政府采购制度－中国－高等学校－教材 Ⅳ.①F812.2

中国版本图书馆 CIP 数据核字（2022）第 114884 号

责任编辑：孙 琛 贺靖轩　　责任印制：党 辉
封面设计：育林华夏　　责任校对：徐艳丽

政府采购（第二版）
ZHENGFU CAIGOU（DI ER BAN）

中国财政经济出版社 出版

URL：http：//www.cfeph.cn
E-mail：cfeph@cfeph.cn

社址：北京市海淀区阜成路甲 28 号 邮政编码：100142
营销中心电话：010-88191522
天猫网店：中国财政经济出版社旗舰店
网址：https：//zgczjjcbs.tmall.com
涿州汇美亿浓印刷有限公司印刷 各地新华书店经销
成品尺寸：185mm×260mm 16 开 27.75 印张 535 000 字
2022 年 9 月第 1 版 2025 年 7 月河北第 2 次印刷
定价：80.00 元
ISBN 978-7-5223-1557-7
（图书出现印装问题，本社负责调换，电话：010-88190548）
本社质量投诉电话：010-88190744
打击盗版举报热线：010-88191661 QQ：2242791300

第二版前言

本书是财政部规划教材，由财政部教材编审委员会审定，作为全国应用型高等院校财经类教材。

《政府采购》是根据《财政部2020—2021年学历教材新编修订计划》的要求，在财政部2009—2010年学历教材建设计划《政府采购基础与实务》教材的基础上修订完成的，是应用型高等院校财经类专业的专业主干课程和其他财经类专业的专业必修或选修课。教材主要面向应用型高等院校财经类专业的学生，也可以作为广大财经工作者的学习和参考用书。

2010年以来，我国政府采购制度改革和建设发生了巨大变化，政府采购规模不断扩大、法规制度不断完善、采购方式日趋灵活、采购信息日益透明、采购监管日益强化、采购效益不断提高。先后颁布和修订了政府采购法律、法规和规章制度，即“一法一条例六令”，包括《中华人民共和国政府采购法》《中华人民共和国政府采购法实施条例》《政府采购非招标采购方式管理办法》《政府采购货物和服务招标管理办法》《政府采购质疑和投诉办法》《政府采购信息发布管理办法》《政府购买服务管理办法》《政府采购框架协议采购方式管理暂行办法》。为适应政府采购制度改革和建设内容的巨大变化，满足应用型高等学校财经类专业政府采购课程教学的迫切需要，突出应用型财经类高等学校《政府采购》教材的技能型特点，急需对《政府采购》教材内容进行全面准确大规模的修订完善。

本次教材修订重点突出以下几点：一是突出“全”。力求做到教材定位的准确性、内容的权威性，全面满足应用型高等学校财经类专业的教师教学和学生学习的客观需要。严格遵循政府采购监管和实务工作的规律和特征，涵盖了政府采购制度改革的主要内容，包括政府采购制度的形成和发展，政府采购当事人的权利和义务，政府采购的特征、原则、管理体系、政策目标和手段、管理程序、采购方式执行程序、招投标实务、信息管理、集中采购管理、预算管理、质疑和投诉管理、绩效管理、监督管理等内容，特别是适应我国财政高质量发展和政府预算绩效管理的制度改革要求，充实完善了政府采购管理相关理论和绩效管理的相关内容。但是，需要特别说明的是，在本书出版过程中，2022年7月15日恰逢财政部公告了《中华人民共和国政府采购法（修订草案征求意见稿）》，再次向社会公开征求意见，这将使本书的一些内容与将来的新政府采购法有些出入。众所周知，法律法规和规章的修订完善是一具很长的周期，为了尽量与将来的新政府采购法衔接，我们将一些较成熟的改革内容在教材中加以体现。另外，由于工程招投标的内容繁杂，为了突出政府采购的特点，本教材没有过多介绍工程招投标的有关内容。二是突出“实”。力求突出知识的实用性、实务的技能性和内容的实战性，在阐述政府采购理论够用的基础上，介绍政府采购的基本知识和基本实务实战技能，使学生全面熟练准确掌握政府采购法律法规和制度规定的精神要义，全面提升高素质应用型政府采购行业后备人才的动手应用能力和实务操作能力。实务知识和实战技能要求严格依据我国最新出台或修订的政府采购法律法规和规章的权威释义及有关说明，完整、准确解释并反映政府采购法律法规立法精神和内涵要义，充实完善最新内容，更新优化知识模块，不仅要掌握法律条文内涵要义，还要掌握法律法规方式执行中应该注意的实际问题。三是突出“活”。教材内容力求突出结构的合理性、体系的逻辑性、形式的新颖性和行文的简洁性等特点，增加了学习重点、重要概念、思考训练、热点讨论、案例分析、实训练习等内容。期冀通过教学和实训、理论与实践的有机结合，活学活用并最大程度熟练掌握知识内容体系，熟练掌握如何严格监管政府采购执行活动、如何规范开展政府采购执行活动、如何灵活操作政府采购政策工具、如何有效开展政府采购绩效评价等应用型技能，为培养适应我国现代化改革和建设需要的高素质应用型政府采购行业后备人才添砖加瓦。

教材修订内容充分结合我国政府采购制度改革变化的客观实践，借鉴了我国政府采购理论研究及实际工作者的一些最新研究成果，融合了国外的政府采购理论和法律规定，在此一并表示衷心感谢。

特别感谢中国财政经济出版社高进水副总编、付克华编审及贺靖轩编辑三位老师在本教材进行修订和出版过程中，全力以赴给予了无私帮助和极大支持，使这本教材得以及早顺利出版发行使用。

本教材由河南财政金融学院的韩宗保教授担任主编，河南财政金融学院的郑华章、宋华和赵卓娅担任副主编。韩宗保编写第一章；宋华编写第五章、第十一章；郑华章编写第二章、第三章、第四章；赵卓娅编写第七章、第八章；河南财政金融学院的姚曼妮编写第六章，河南经贸职业学院的杨光编写第一章、第九章、第十章。主编提出编写大纲和编写体例，并最后修改总纂定稿。

为了加强对教学内容的理解，我们还编写了配套的电子课件，用书学校任课老师请发送邮件至 hejingxuan@ cfemg. cn 获取相关资料。

限于水平和时间，教材难免出现误漏之处，敬请批评指正。

编　者

2022 年 6 月

第一版前言

本书是财政部规划教材，由财政部教材编审委员会审定，作为全国高职高专院校财经类教材。

《政府采购基础与实务》是根据《财政部2009—2010年学历教材新编修订计划》的要求编写的，是高职高专财经类院校财政专业的专业主干课程和其他财经专业的专业必修及选修课。教材主要面向财经类高职高专院校的学生，也可以作为广大经济工作者的学习和参考用书。

教材依据政府采购管理工作的程序性特征，涵盖了政府采购制度的主要内容，重点阐述了政府采购制度的基本知识、基本技能和基本理论，包括政府采购制度的形成和发展、政府采购和政府采购制度的概念，政府采购当事人的权利和义务，政府采购的目标、特征、原则、管理体系、管理程序、执行程序、招投标实务、信息管理、集中采购管理、预算管理、质疑和投诉管理、监督管理等内容。

教材内容吸取了我国政府采购理论及实际工作者的一些研究成果，适当借鉴了西方国家的一些政府采购理论，充分结合了我国政府采购制度改革的客观实践，吸收了当前财政和政府采购制度改革的最新内容。我们力求突出定位的准确性、内容的基础性、知识的实用性、实务的操作性、结构的合理性、形式的新颖性和行文的简洁性等特点，同时配套编写《政府采购习题集》，以便更好地教学。通过教学和实训，使学生熟练掌握如何监管政府采购执行活动，如何开展政府采购管理和执行活动，如何操作使用政府采购政策工具。

教材由河南财政税务高等专科学校的韩宗保担任主编，河南财政税务高等专科学校的金克明和王建军担任副主编，韩宗保编写第一章、第七章，金克明编写第五章、第八章初稿，王建军编写第二章、第九章、第十章初稿，河南财政税务高等专科学校的李硕编写第三章、第四章、第六章初稿。主编提出编写大纲和编写体例，并最后修改总纂定稿。

本书得到了财政部干部教育中心及财政部教材编审委员会专家的具体指导；教材内容引用了有关专家和作者的论点，在此我们一并表示衷心的感谢。

限于水平和时间，教材难免出现误漏之处，敬请批评指正。

编　者

2010年6月

目录 Contents

第一章　政府采购概述

【学习目标和要点】

- 政府采购法适用范围
- 政府采购政策目标
- 政府采购政策手段
- 政府采购特征和原则
- 政府采购管理体系

第一节　政府采购与政府采购制度

一、政府采购概念

理解政府采购的概念包括一般概念和我国法定概念两个方面。

（一）一般概念

1. 政府采购一般概念。理解政府采购一般概念必须先弄清楚采购的含义。目前，学术界对采购的含义有着各种不同的看法。有的学者将采购视为一种购买行为，有的学者将其视为一种过程或者技能。从不同的认识角度出发，采购的含义大致有以下几种表述：一是采购直接表现为一种采购行为，即在现代市场经济商品极大丰富的条件下，对商品的选择性购买。二是采购是现代工商管理中一门专门的学问和功能。三是从经济效率的角度出发，将采购视为一种技术，即在一定的时空条件下以最低的成本获得适当数量与品质的物资的技术。四是从系统管理的角度，认为采购的概念范围大于交易行为本身，包括采购的计划、供应和管理的整个过程。五是认为采购是一个过程，即从计划、购买、付款到验收的整个过程。

> **想一想：**
>
> 政府采购与一般采购行为有什么不同？

在市场经济条件下，采购一般是采购人或采购单位基于各种目的和要求购买货物、工程和服务的交易行为，具有明显的商业性。依据采购主体和目的的不同，可将采购分为政府采购和商业采购。政府采购是以政府机构或履行政府职能的部门为采购主体，以为社会提供公共服务或满足日常政务活动为目的的交易行为；商业采购是以自然人或企业为采购主体，以营利为目的的交易行为。由于政府部门往往是公共部门的核心及代表，所以政府采购又称“公共采购”。

政府采购的概念因各国的国情不同而不同。一般表述为：政府采购是指各级政府及其所属机构为了开展日常政务活动或满足公共服务需要，以法定方式和程序，使用公共资金获取货物、工程和服务的行为。具体包括采购主体、采购目的、采购手段、采购资金和采购对象五要素。

2. 政府采购与有关概念的关系。在理解政府采购概念时，还应注意政府采购与其他有关概念的关系。

（1）政府采购与控购。控购是计划经济体制下财政对实物形态进行直接管理的方式，与政府采购有着根本区别。一是从目的来看，控购最初实行的主要目的，是在商品短缺经济条件下，控制集团需求，平衡供求关系，避免政府与民争夺商品；政府采购主要是细化预算，节约支出，提高资金使用效率，抑制采购中的腐败现象。二是从管理手段来看，控购管理主要是通过直接行政手段实现的，即分指标和审批；政府采购的管理主要是通过间接的规范采购方式和财政监管来实现。三是从管理的范围来看，控购针对的是某些具体的商品；政府采购针对的是政府所需的所有商品。

（2）政府采购与供给制。供给制是计划经济的产物，通过行政手段来配置资源，不需考虑成本、效益、价值规律等。政府采购则是市场经济的产物，通过市场手段来配置资源，并通过有效竞争以获得效益的最大化。

3. 鉴别政府采购的因素。政府采购范围取决于采购行为的性质。国际上判定采购行为性质的因素主要有：

（1）是否受公法约束。在西方国家，其法律按照适用主体的不同，通常分为公法和私法两大类。其中，公法是规范公共管理行为的法律。公共管理行为主要是指公共部门的活动，包括采购活动。公共部门都是经政府批准或者依法设立的机构，包括各类政府机关以及国有企业，主要职责是提供公共服务。凡是受公法约束的公共部门，其开展的所有采购活动，无论资金来源，无论是货物、工程还是服务，都属于政府采购。

（2）是否为公共目的采购。随着市场经济的日益成熟，西方国家的政府职能不断地进行调整，逐步集中到提供管理服务，许多原来由政府兴办的事业（机场、港口、电厂等）开始交给市场，由民间承担，实行民营化或者股份制。这类企业并非依照公法设立，但因涉及公共服务，也要实行政府采购。

（3）是否使用公共资金。公共资金即通常所说的财政性资金。一般而言，凡是使用财政性资金开展的采购活动，都属于政府采购。对私营企业来说，如果是使用政府提供的补贴或者承办政府委托事项的采购活动，必须实行政府采购。

（4）采购形式也是决定政府采购范围的重要因素。从国际上来看，政府采购形式都是一样的，涵盖了等价交换的各类形式，包括购买、租赁、委托、雇用和 BOT 等。

> **讨论一下：**
>
> 我国与西方国家判定政府采购异同的原因是什么？

目前，国际上尚无统一的政府采购定义，只是有一套普遍遵循的标准，通过这套标准来界定政府采购活动。政府采购的范围虽然很广，但并非都要受到《政府采购法》的约束。由于政府采购要遵循公开透明、充分竞争、公平交易、非歧视等原则，还要考虑效率要求。因此，政府采购法律中通常将相关领域排除在适用范围之外。这些相关领域主要有：涉及国家安全或者秘密的采购项目，紧急采购项目，小额采购项目等。至于国际组织或区域性组织的政府采购协议或协定，因考虑到政府采购对国内经济和社会的宏观调控功能，适用范围的例外空间更大。这些协议或协定的适用范围通常是达到门槛价以上的采购对象，但不搞“一刀切”。

（二）我国法定概念

按照《中华人民共和国政府采购法》（以下简称《政府采购法》）规定，政府采购是指国家机关、事业单位和团体组织，使用财政性资金采购依法制定的集中采购目录以内的或者采购限额标准以上的货物、工程和服务的行为。要全面、准确和完整地理解我国政府采购的概念，必须全面准确结合《政府采购法》规定的适用范围来进行。

我国《政府采购法》明确规定了本法的适用范围。由于我国的法律没有明确区分公法和私法，现行《政府采购法》的适用范围，主要是按照机构性质与资金性质共同确定的。凡是同时符合以下这些要素的采购项目，都属于政府采购项目，必须依照《政府采购法》开展采购活动。按照《政府采购法》规定，决定其适用范围的因素主要有地域范围、采购人范围、采购资金范围、采购项目范围、采购形式范围、采购对象范围和例外范围等 7 个方面。

1. 采购地域范围。其含义包括以下两点。一是在中华人民共和国境内发生的政府采购活动，必须统一按其规定执行。二是在全国境内政府采购的政策、市场和开放是统一的。统一市场，有利于生产要素的自由流动；统一政策，有利于提高政府采购制度宏观调控的效力；统一开放，有利于维护国家权益和社会公共利益。但统一立法并不是搞“一刀切”，既要有统一性，还要有灵活性。

2. 采购人范围。采购人是指各级国家机关、事业单位和团体组织。根据我国宪法规定，国家机关包括权力机关、行政机关、审判机关、检察机关、军事机关等。事业单位是指政府为实现特定目的而批准设立的事业法人。团体组织是指各党派及政府批准的社会团体。其中，事业单位不单指各部门、各系统的事业单位，还包括各一级预算单位，如人民日报社、社保基金理事会、证监会等。

为使政府采购制度顺利推行，考虑到我国当前的实际情况，目前采购人不包括国有企业，但是有些国有企业要作为采购人的延伸纳入法律规范。一是承办政府采购工程的企业；二是承担政府部门下达的课题研究，或者是承担产品定制任务的企业等。

将来随着我国改革和发展的需要，还会出现其他采购实体，这些采购实体是指为实现公共目的、从事公共事业、运营公共基础设施或在公共服务网络的公益性国有企业，从这些采购实体使用的资金性质来看，亦纳入采购范围。

应特别注意的是，对于集中采购机构是否应当属于采购人，要具体问题具体分析。按照政府采购法规定，采购人不包括政府集中采购机构，但应当包括部门内设的部门集中采购机构。

3. 采购资金范围。采购人依照法律规定开展采购活动的项目资金应当是财政性资金，即纳入预算管理的资金。另外，以财政性资金作为还款来源的借贷资金视同财政性资金。

根据现行财政管理制度，财政预算资金是指年初预算安排的资金和预算执行中财政追加的资金。我国《行政单位财务规则》和《事业单位财务规则》都对单位预算管理作出了规定，明确行政单位、事业单位的各项收入和各项支出应当全部纳入单位预算。在政府采购管理中，凡使用纳入部门预算管理的资金，不论来源，包括部分事业收入、经营性收入和其他收入等“自有收入”，都应当纳入政府采购管理范畴。

> **思考一下：**
>
> 明确政府采购资金范围的意义是什么？

在政府采购实践中，采购项目与使用财政性资金的对应关系比较复杂，以下三种情况要注意鉴别，依法处理。一是财政性资金与非财政性资金可以分割的，使用财政性资金采购的部分，适用政府采购法律法规；使用非财政性资金采购的部分，则可以不适用。二是财政性资金与非财政性资金无法分割的采购项目，不管两者比例如何，整个采购项目都必须统一执行政府采购法律法规规定。三是以财政性资金作为还款来源的借贷资金，最终为预算支出，实质上相当于使用财政性资金，也应当纳入政府采购范围执行政府采购法律法规规定。

4. 采购项目范围。按照规定，采购人用财政性资金组织的采购活动，是否适用政府采购法，还要视具体项目而定。只有纳入了集中采购目录以内或者限额标准以上的项目，才要求执行政府采购法。集中采购目录，是指应当实行集中采购的货物、工程和服务品目类别目录；采购限额标准，是指集中采购目录以外应实行政府采购的货物、工程和服务品目类别的最低金额标准。因此，决定采购项目范围的指标有两个：一是纳入集中采购目录以内的采购项目；二是集中采购目录以外但在限额标准以上的采购项目。这两个指标不是交叉关系，而是互补关系；不是固定不变的，而是动态制定和调整的。这两个指标的制定权限是实行分级管理：属于中央预算的政府采购项目，由国务院确定并公布；属于地方预算的政府采购项目，由省、自治区、直辖市人民政府或其授权的机构确定并公布。在 2019 年以前，省级人民政府可以授权县级以上地方人民政府根据省级人民政府公布的集中采购目录和采购限额标准制定适用于本行政区域的集中采购目录和采购限额标准，但县级以上地方人民政府不得缩小集中采购目录范围。从 2020 年开始，我国又把集中采购目录的制定权上收到省一级，将来有可能实行集中采购目录的全国统一。

关于这两个指标的确定方法，应当是先定纳入集中采购目录的采购项目，然后确定限额标准以上的采购项目。应特别注意的是，对集中采购目录的确定，主要是指采购品目及部分项目，依采购的性质而定。一是不量化。如计算机，一旦列入集中采购目录，不管采购数量和规模大小，都要实行集中采购。二是集中采购目录是一个统称。包括政府集中采购目录和部门集中采购目录。前者主要是技术和服务等标准统一、采购人普遍使用的通用政府采购项目，如计算机、计算机软件、打印机、复印件、扫描仪等办公设备，单独的装修、修缮、拆除等工程，车辆的维修、保养、加油、保险、会议，工程监理、物业管理等服务，由政府设立的集中采购机构统一采购。部门集中采购项目主要是指部门、系统基于业务需要有特殊要求的采购项目，如公安部的鉴定设备、防火防爆设备、指挥调试系统，地震局的专用设备、救护专用车辆，气象局的气象仪器、地面气象雷达等，由相关部门开展集中采购。部门集中采购的项目也不是固定的，需要根据相关部门的业务需求、采购能力、市场情况等进行调整。

> **讨论一下：**
>
> 政府采购工程为什么不包括网络工程、信息工程？

5. 采购形式范围。采购形式是指以合同方式有偿取得货物、工程和服务的行为，包括购买、租赁、委托、雇用等。包括以下三个要点：一是采购活动必须以合同形式来体现；二是采购活动必须是有偿的；三是采购形式不仅是购买，还包括租赁、委托、雇用等。将来，随着政府和社会资本合作的广泛推行，也应作为政府采购的形式之一。

6. 采购对象范围。采购对象是指采购人采购的货物、工程和服务。

货物，是指各种形态和种类的物品，包括有形物和无形物。商标专用权、著作权、专利权等知识产权视同货物。

工程，是指建设工程，专指由财政性资金安排的建设工程，不包括“希望工程”“五个一工程”“系统工程”“信息网络工程”等与土建无关的工程项目。建设工程的范围很广，涉及采购人因自身工作以及提供社会公共服务需要而采购的各类建设工程，包括土木工程、建筑工程、线路管道工程、设备安装及装修工程，不仅指建筑物和构筑物的新建，还包括改建、扩建及其相关的装修、拆除、修缮等。政府采购工程以及与工程建设有关的货物、服务，采用招标方式采购的，适用《中华人民共和国招标投标法》及其实施条例；采用其他方式采购的，适用《政府采购法》及其条例。与工程有关的货物，是指工程不可分割的组成部分，且为实现工程基本功能所必需的设备、材料等。与工程有关的服务，是指为完成工程所需的勘察、设计、监理等服务。同时，政府采购工程以及与工程建设有关的货物、服务，应当执行政府采购政策。从将来的改革趋势来看，所有工程都应纳入政府采购法适用范围，即执行政府采购法的相关规定。

服务，是指货物和工程之外的其他政府采购对象，包括政府自身需要的服务和政府向社会公众提供的公共服务。按照受益对象将服务项目分为三类。第一类是为保障政府部门自身正常运转需要向社会购买的服务，如公文印刷、物业服务、公车租赁、系统维护等。第二类是为政府部门为履行宏观调控、市场监督等职能需要向社会购买的服务，如法规政策、发展规划、标准制定的前期研究和后期宣传、法律咨询等。第三类是为增加国民福利、受益对象特定，政府向社会公众提供的服务，包括：以物为对象的服务，如公共设施管理服务、环境服务、专业技术服务业等；以人为对象的服务，如教育、医疗卫生和社会服务等。根据政府采购服务项目的需求特点，可以采取购买、委托、租赁、雇用等各种合同方式，也可以签订金额不固定、数量不固定、期限不固定、特许经营服务等新型合同。应当注意的是，采购项目中含不同采购对象时，应当以占项目资金比例最高的采购对象确定其项目属性。

> **思考一下：**
>
> 政府购买服务的背景和意义？

7. 采购例外范围。采购例外范围有以下四类情况：一是军事采购，军事采购要根据政府采购法有关原则性规定另行制定管理和实施办法；二是使用国外资金采购，贷款方、资金提供方与中方达成的协议对采购的具体条件另有规定的，可以适用其规定；三是紧急、安全和秘密采购，即对因严重自然灾害和其他不可抗力事件所实施的紧急采购和涉及国家安全、秘密的采购，不适用政府采购法；四是特别行政区采购，即我国的香港、澳门两个特别行政区的政府采购，根据特别行政区基本法有关规定，不适用政府采购法。

二、政府采购制度

（一）政府采购制度概念

政府采购制度，也称“公共采购制度”，是对政府采购行为进行管理的一系列政策、法规、组织体系和程序等内容的总称。其基本内容体现在以下四个方面：

1. 政府采购政策。即政府采购的目的、采购调控目标的确立等方面的规定。

2. 政府采购法规。主要表现为各国分别制定的政府采购法。其内容主要包括总则、当事人、招标、决标、异议及投诉、履约管理、验收、处罚等内容。

3. 政府采购程序。即采购人采购计划的拟定、审批、执行、采购方式、签订采购合同、价格确定、履约时间、地点、方式和违约责任等方面的规定。

4. 政府采购组织管理体系。即政府采购监管机构、监督机构与仲裁机构的设置，争议与纠纷的协调与解决等规定。

（二）政府采购制度的理论分析

现代政府采购制度是在传统的政府采购制度基础上逐渐演变而来的。该制度得以逐步建立并完善，主要缘于以下几个方面：

1. 公共财政支出管理追求效率的结果。政府采购制度构建的基本逻辑是，政府财政使用的是纳税人的钱，必须在纳税人的监督下以最经济的方式进行，并且该方式所产生的商业机会必须由纳税人在机会均等的条件下进行竞争。这就要求公共支出必须追求有效性和竞争性，这些因此成为政府采购制度得以建立的生命之源。

2. 市场经济竞争的必然产物。建立政府采购制度是市场经济条件下，建立公共财政框架体系的基本要求，是加强公共财政支出管理的一项重要手段。市场经济推动政府采购制度建立的作用表现在：一是自由竞争的市场体系为政府采购活动提供了大量的竞争参与者，为提高政府采购效率、降低采购成本提供了市场环境；二是自由市场对廉洁政府的追求，推动政府改革采购方式，提高财政支出效率。

3. 凯恩斯经济理论直接作用的结果。现代政府采购制度渊源于政府合同，起源于自由市场，完善于现代市场经济。市场经济本身存在一定缺陷，在凯恩斯理论的直接作用下，政府通过大幅度增加开支刺激社会需求，促进了政府采购的迅速发展，进而要求通过立法规范政府采购行为，政府采购制度也就逐步建立起来。

4. 布坎南经济理论发挥作用的结果。布坎南经济理论认为，政府介入经济活动存在寻租行为，寻租行为不利于市场经济的健康发展。而消除寻租的一个主要途径便是实施现代政府采购制度改革。由于现代政府采购制度具有公开性、公平性和竞争性特征，它的建立就在政府购买性支出领域构筑了一个消除寻租的影响机制。

> **想一想：**
> 国外政府采购主体范围与我国的采购人有什么异同？

（三）国外制度及其借鉴

1. 国外政府采购制度基本情况。国外政府采购制度最突出的特点就是以立法形式确定的。各国或地区政府采购法律制度归纳起来主要有以下几个方面：

（1）关于采购目标。采购目标，包括宏观和微观两个方面。从微观角度讲，就是采购人要通过采购行为实现自身的目标。从宏观角度看，除了要保护采购人的局部利益之外，还需要实现国家和社会总体目标。概括起来，政府采购目标主要有：经济效益、宏观调控、保护民族产业、规范与廉洁、加强国有资产管理、促进国际贸易自由化、促进就业、环境保护和稳定市场秩序等。

（2）关于适用范围。国外政府采购法律的适用范围包括采购主体范围和采购对象范围。采购主体范围一般采用两个标准：一是使用公共资金的机构；二是垄断经营单位。美国包括联邦政府机构、联邦附属机构。德国和挪威等欧盟国家主要是使用财政预算资金的政府部门。还有些国家和地区将依靠政府授予许可证或专属经营权的企业纳入法律适用范围。我国台湾规定，政府机关、公立学校、私营企业都属于适用范围。

（3）关于基本原则。虽然各国政府采购原则不尽一致，但核心原则基本上是相同的。通用原则主要有：公开竞争原则、公平交易原则、物有所值原则、透明度原则、效益原则、诚实信用原则、维护公共利益原则、国民待遇原则和非歧视性原则。

（4）关于管理机构。大多数国家或地区法律规定，政府采购管理机构为财政或与财政管理事务有关的政府机构。如美国在总统行政与预算办公室下设立联邦采购政策办公室，法国和英国等国家在财政部内专门设立了政府采购管理司，德国政府采购管理机构设在联邦经济部。各国政府采购管理机构职责差别较大，有的只是政策制定，有的还负责监督，有的还承担集中采购职能，但在财政部内部管理机构与执行机构是分开设置的。

> **思考一下：**
> 政府采购模式、组织形式和方式的区别？

（5）关于集中采购和分散采购。各国在政府采购法律中都规定了负责集中采购的机构及其职责。以前集中采购程度比较高，随着科技进步和采购专业队伍的扩大，集中采购逐步缩小，分散采购成为发展方向。目前，集中采购程度最高的国家是韩国，分散采购最彻底的国家是澳大利亚。20世纪80年代以前，集中采购机构主要设在财政部门，有些国家是独立设置，均为行政单位，采购人员实行公务员管理。自20世纪80年代以来，集中采购机构呈现向企业化和民营化发展。

（6）关于政府采购政策取向。政府采购法律规定的经济社会政策主要有：购买国产品、实行经济合作、扶持中小企业、保护环境等。

（7）关于政府采购监督。政府采购监督一般分为行政监督、国会监督、司法监督和供应商监督。其中，最主要和最有效的监督力量为供应商，其方式主要为供应商投诉，有关机构负责处理投诉。

2. 国外政府采购制度启示。正是由于政府采购制度几百年的发展历史和制度显示出的巨大优越性，为我国推行和完善政府采购制度改革提供了可借鉴的经验和做法。

（1）政府采购目标的明确性和系统性。完善的政府采购制度应首先明确政府采购所要实现的目标。在政府采购目标中，实现物有所值或货币价值最大化，促进政府采购资金的经济有效使用，是各国政府采购的首要目标。此外，许多国家还把政府采购和其他政策手段结合起来，实现保护环境、促进廉政建设、保护民族产业、加强国有资产管理目标、促进国际贸易自由化和其他社会目标。

（2）政府采购原则的市场性。政府采购制度的运行是以市场经济为基础的，政府采购的公平竞争、公开透明、公正等原则是与市场机制的内在要求相适应的，通过公开、公正采购和供应商之间的广泛、公平竞争，充分发挥市场机制在财政支出管理中的积极作用，以实现物有所值、减少腐败等目标。可以说，政府采购制度是政府与市场在财政支出管理领域最佳结合的重要体现。

讨论一下：

我们应借鉴西方政府采购制度哪些好的经验和做法？

（3）适宜的政府采购集中程度。目前，世界各国或地区政府采购管理的集中程度并不相同。首先是集中采购的范围不同；其次是采购限额不同。各国适宜的政府采购集中程度首先是由集中、分散采购本身的性质决定的，两者各有利弊，关键是在各国现有的经济发展水平、市场发育程度和采购技术条件下，使其有效结合起来，取长补短，充分降低采购成本、提高采购效率。此外，政府采购的集中程度还受一国历史传统、政治体制、法制化程度和国家大小的影响。

（4）专门的执行机构和大量的专业人员。实行政府采购制度的国家一般都设有专门机构负责组织集中采购，以发挥集中采购规模大、能够实现采购程序的标准化和专业分工及便于监督等方面的优势，降低采购成本，提高采购效率。同时，还有一支拥有大量人员的专业采购队伍。为了保证政府采购队伍的专业化、职业化，各国都非常重视对采购官员的培训和管理。要求采购官员具有丰富、渊博的知识。制定政府采购官员行为准则以规范其行为。

（5）实行市场对外开放和有效保护相结合的采购政策。政府采购市场的对外开放是经济一体化和贸易自由化发展的客观要求。为促进国际经济合作，很多国家签署了政府采购协议，把本国政府采购市场向外国企业开放。但由于经济实力等方面的差距和贸易保护主义的影响，各国在开放本国政府采购市场的同时，也在通过各种手段进行市场保护，以维护本国利益，促进国内产业的发展。

（6）政府采购管理的法治化。各国通过政府采购法对政府采购的过程和各个方面进行系统、全面、具体的规定，使政府采购活动和采购管理在法制的约束下规范进行。

第二节　政府采购产生与发展

政府采购是随着国家的出现而产生的。政府采购制度则是随着国家对政府采购行为的规范化管理而逐步形成的。特别是随着世界经济一体化的形成和发展，政府采购由封闭走向开放，成为世界贸易自由化中的一个重要领域。

一、政府采购的思想演变

政府采购的产生早于政府采购制度的产生。采购历史非常悠久，自从人类社会开始从事商品交换活动，采购活动也就随之产生，当时的采购主体主要是个人、家庭和原始部落。随着国家的产生和发展，采购主体出现了多元化，包括政权机构、企业、团体、家庭和个人，当时政府机构的采购就是现在政府采购的雏形。自政权机构采购出现后的相当一段历史时期，只是存在政府采购行为，而不是一种制度，其主要特点是采购规模较小、范围窄，而且是分散进行的，没有统一的规范。

（一）我国政府购买思想的萌芽与发展

我国古代社会的政府实物性财政支出需要，主要是通过贡赋来满足，但仍有一部分支出所需的物资，是通过政府在市场上采购来满足的。这可以说是我国政府采购的原始形态，但还没有形成一个较为完整的体系。

在奴隶社会中，政府购买的主要目的是用于调控经济，其特征是调控性采购。在西周时期的二百多年间，我国古代工商业发展已达到一定规模，政府为了稳定经济，在市场上收购一些多余的物资，既可以用于财政支出，又可以用于调节物价。

在封建社会中，政府购买的目的主要是调控经济、稳定物价，同时也带有一定的消费性，其主要特征是以调控性采购为主，消费性采购开始出现。和籴和买、均输平准、五均六管、交易法制度都是封建政府干预或控制商品流通，平抑物价，节省财政资金，增加政府财政收入的措施。

民国时期，我国政府购买行为有了新的发展，出现了现代政府采购的萌芽，消费性购买逐步增多，但由于当时经济发展的局限性，政府购买仍局限在大城市。虽然当时购买的商品种类繁多，但仍以军用品为主要采购对象，仍然不是现代意义上的市场经济政府采购制度。

（二）西方政府采购思想的形成与发展

1. 古典经济时期的政府采购思想。事实上，对政府部门经济行为研究的历史和经济学发展的历史一样久远，随着政府在经济生活中所扮演的角色不断发生变化，也相应出现不同的理论、按照不同的分析范式对政府行为的变化作出解释。政府采购理论也同样经历了整个过程。从 1776 年到 20 世纪 20 年代以前是西方经济学的传统时期，也是政府采购理论发展的萌芽时期。

亚当·斯密在《国富论》中主张自由放任，反对国家干预，不主张大规模的政府支出，认为通过“看不见的手”引导人们的行为便能达到资源配置的最优化。同时，认为公共部门的购买行为和私人的购买行为在市场经济条件下是平等的，都需要遵循公平的市场经济原则，由此才能达到资源配置的“效率”目标。

> **讨论一下：**
>
> 政府采购政策效应体现在哪些方面？

萨伊将“公共消费”看作政府支出或者政府采购的基本形式，并提出政府是公共财富的托管人的思想。正是由于政府采购的主体——政府，履行托管人的职能，政府采购就必须要接受纳税人的监督，受到法规、条例、司法和行政决定的约束，以及政策、程序的限制和控制。这种思想为政府采购制度建设和机构建立提供了理论依据。同时，还指出私人可以提供公共消费品，这一思想为政府向私人采购公共产品提供了理论依据。

2. 经济学边际革命时期的政府采购思想。19 世纪 70 年代经济学边际革命发生后，人们逐渐将追求经济效率的领域从私人部门拓展到公共部门，开始运用经济学的核心原理来分析和说明政府的经济行为。边际效用价值论的引入，使得市场交换原则也适用于政府公共服务的成本和费用分析。这对斯密关于政府活动是低效率的，从而应该倡导政府行为最小化的思想是一种突破。采购理论得以进一步体系化、科学化。

3. 凯恩斯主义时期的政府采购思想。19 世纪 30 年代的资本主义国家经济大危机后，凯恩斯主义的国家干预思想为资本主义各国所采纳，各国政府开始广泛运用经济手段和法律手段干预国家经济，以弥补市场缺陷。政府采购作为财政支出的重要组成部分，成为宏观调控的重要手段，政府采购制度也迅速发展起来，政府采购法律法规也应运而生。同时，国际金融组织的产生既为政府采购提供并增加了资金来源，也强化了政府的投资主体作用，使得政府采购在国民经济中的地位逐步上升。

4. 公共选择学派的政府采购思想。公共选择理论反对国家干预经济，提倡新自由主义。新自由主义的代表人物詹姆斯·布坎南认为，政府公务员不仅是“政治人”，而且也是“经济人”，其行为也遵循私人利益最大化原则，不可避免地会产生大量寻租行为，并导致政府失灵。寻租行为之一是政府订货，政府订货存在于政府采购之中，政府采购也有寻租的可能性，随着政府采购规模和范围的日益扩大，政府单独采购难以保证采购的质量、服务和效率，必须相应建立健全政府采购法律法规体系，加强对官僚机构的监督。

5. 制度经济学派的政府采购思想。其代表人物科斯和施蒂格勒认为，市场交易是有成本的。政府采购的交易成本包括搜寻成本、谈判成本、决策成本、缔约成本、实施成本、监督成本、控制成本和矫正成本等。分散采购成本更高。在政府采购制度下，通过集中采购，可以大大降低采购中的交易成本。但是，并不意味着采购集中程度越高越好，最佳的交易成本取决于适度的政府采购规模、范围和集中程度。

二、西方政府采购制度形成和发展

政府采购制度起源于18世纪末的西方自由资本主义国家对财政支出管理的需要，至今已有200多年历史，大致经历了以下三个阶段。

（一）政府采购制度形成时期

18世纪末至第二次世界大战之前，是西方政府采购制度形成和发展的第一阶段，即政府采购制度的形成时期。1782年，英国政府首先设立文具供应局，专门负责对政府部门所需办公用品的采购工作，并采用招标的方式进行采购，开政府采购之先河。后来，这一机构逐步发展成为国家物资供应部门，专门负责对政府各部门所需物资进行采购工作，称为“公共采购”，同时开始对政府采购的管理进行立法。同一时期，美国联邦政府也将政府采购制度引入其民用部门。1792年，联邦政府通过法律将采购供应品的责任赋予美国首位财政部长亚历山大·汉密尔顿。1861年，颁布《联邦政府采购法》，要求每一项采购至少有三个投标人。1868年，国会通过法律确立了

想一想：

为什么要建立政府采购制度？

公开招标和公开授予合同的程序，政府采购制度逐步完善。这一时期正是自由资本主义的发展时期，政府采购制度主要局限于加强政财支出管理，实行这一制度的国家一般都是自由市场经济比较发达的资本主义国家，政府采购的规模较小，对经济和社会发展的影响不大。

（二）政府采购制度发展时期

从第二次世界大战至20世纪70年代中后期，是政府采购制度形成和发展的第二阶段，即政府采购制度的发展时期。完整意义上的政府采购制度是现代市场发展的产物。在自由资本主义时期，由于市场经济国家信奉“看不见的手”的原理，政府基本上不干预国民经济活动，政府直接承担的公共工程和物资采购十分有限，因此，政府采购制度不发达和不完善。在现代市场经济阶段，市场经济国家政府广泛运用经济手段和法律手段调控经济社会运行，因此政府采购制度迅速得到发展。在政府强化对经济干预作用的情况下，政府采购成为政府对宏观经济进行调控的有力工具之一。具体讲，西方政府采购制度是在20世纪30年代世界性经济危机之后，特别是在第二次世界大战后才逐步制度化、法律化的。随着西方国家政府活动范围的扩大，特别是对经济社会干预职能的增强，政府对社会商品和劳务的需求成扩大趋势，政府采购占社会总采购量的比重也不断上升。目前，在西方发达国家，政府采购规模占其GDP的比重一般在10%—15%，占其政府预算总支出的1/3左右。在这种情况下，政府采购发生任何大的变化都会引起社会生产和分配的反应。因此，西方国家十分重视对政府采购的管理，普遍建立了比较规范的政府采购制度，并在实践中不断完善。

（三）政府采购制度的国际化

1. WTO《政府采购协议》。从20世纪70年代中后期开始，是政府采购制度形成和发展的第三阶段，其主要特点是政府采购的国际化。政府采购的管理对象是公共支出，政府采购制度在加强支出管理的同时，客观上回避不掉与国际贸易之间的关系。1979年以前，政府采购与贸易的关系很好协调，即购买国内产品，因此，各国的政府采购是封闭的，不对外开放。1947年由各国共同制定《关税和贸易总协定》（以下简称《关贸协定》）时，规模巨大的政府采购都被刻意排除在外，主要是考虑到避免与当时各缔约国普遍采购本国产品、保护本国产业的政策相冲突。

> **讨论一下：**
>
> 政府采购与国际贸易的关系？

随着贸易自由化呼声越来越强烈，一些工业化国家亟待为本国产品开拓海外市场，部分国家借以打破贸易壁垒解决本国贸易失衡问题，政府采购潜在的巨大市场在国际贸易领域日益受到重视。一些欧美国家提出应将政府采购纳入国际协议，并利用《关贸协定》举行东京回合谈判（1973 年 9 月—1979 年 11 月）的机会，在 1979 年确定了《政府采购守则》（以下简称《守则》），但其性质是非强制性的，由各缔约国在自愿的基础上签署，通过相互谈判确定政府采购开放的程度。当时有美国等国家（15 个缔约国）签署了《守则》，成为《守则》成员。

《守则》于 1981 年开始生效。《守则》仅适用于门槛价达到 15 万特别提款权以上的中央政府采购项目，1988 年门槛价降为 13 万特别提款权。尽管如此，《守则》涵盖的政府采购市场仅是各国政府采购总额的一小部分，其在国际贸易中发挥的作用是非常有限的。

在关贸组织乌拉圭回合谈判（1986 年 9 月—1993 年 12 月）期间，对《守则》内容进行了大幅度的调整，形成了《政府采购协议》（GPA，以下简称《协议》）。《协议》中规定，采购实体不仅包括中央政府，还包括地方政府以及公用事业单位，并相应规定了中央政府、地方政府、公用事业单位采购货物、工程和服务的门槛价。《协议》于 1996 年 1 月 1 日正式生效实施。《协议》仅对签字成员有约束力，许多发达国家先后签署《协议》。《协议》成员希望有更多的国家加盟，并采取一些强制措施迫使想加入世界贸易组织的国家签署《协议》。截至 2019 年 5 月底，GPA 共有 20 个参加方，48 个国家和地区（欧盟及其 28 个成员国为 1 个参加方）。

在原关贸组织开始就政府采购市场的开放问题进行多边谈判的同时，许多区域性组织也将政府纳入地区贸易自由化之中，如亚太经济合作组织（以下简称 APEC）。根据 1995 年 12 月 APEC 部长级会议和领导人非正式会议通过的《大阪行动纲领》，将政府采购列为 APEC 贸易投资自由化与便利化的 15 个具体领域之一。

2. 欧盟《委员会指令》。欧共体在其区域内建立国际政府采购制度的努力比关税与贸易总协定通过的《政府采购协定》要早 13 年。早在 1966 年就在《欧洲经济共同体条约》中对政府采购作出了专门规定。后来欧盟在该条约的指导下，相继颁布了关于公共采购各领域的“委员会指令”，构成了独具特色的公共采购法律体系。

3. 世界银行《采购指南》。世界银行为了保证其贷款资金的有效利用和监督借款国的政府采购行为，于 1985 年颁布了《国家复兴开发银行贷款和国际开发协会贷款采购指南》（以下简称《采购指南》），并且采取了一系列监管措施，在世界银行成员国范围内大大促进了政府采购的实践工作。

4. 联合国国际贸易法委员会《采购示范法》。联合国国际贸易法委员会自 1996 年成立以来，一直致力于通过制定国际协定或示范法等基本法律的形式促进国际贸易法律的规范化和统一化。为了促进各国政府政府采购立法的统一和帮助正在进行政府采购立法的国家建立一个经济、有效的政府采购法律和运行制度，1994 年在该委员会第 27 届年会上通过了《贸易法委员会货物、工程和服务采购示范法》（以下简称联合国的《采购示范法》）。

目前，WTO 的《政府采购协议》、欧盟的《政府采购指令》、世界银行的《采购指南》和联合国的《采购示范法》这四部国际政府采购规则基本代表了国际政府采购制度的标准规范。

纵观西方政府采购制度的历史发展，可以得出以下三点结论：一是政府采购制度是市场经济的必然产物；二是政府采购制度是政府干预市场的产物；三是建立政府采购制度是世界经济一体化的要求。

三、改革开放后我国政府采购制度发展历程及成效

（一）发展历程

我国政府采购制度改革始于 20 世纪 90 年代中期，虽然时间不长，但进展很快。经历了研究探索、试点初创、由试点转向全面推行、全面推行四大阶段。以《政府采购法》的颁布实施为标志，政府采购制度体系逐步走向成熟和健全。这项改革从 1996 年开始，截至目前，经历了以下四个阶段。

1. 研究探索阶段。1996 年—1998 年 7 月是我国政府采购制度形成和发展的第一阶段，即研究探索阶段。1994 年我国实行分税制体制以后，财政改革重点开始转移到财政支出领域。财政部在 1995 年开始研究财政支出改革问题时，把政府采购制度作为一项重大课题进行了研究。一是广泛深入研究和借鉴西方公共财政支出管理以及国际政府采购规则；二是研究起草政府采购条例报国务院法制办。通过上述工作，形成了将政府采购制度改革作为加强财政支出管理的一种手段加以推行的思路，完成了研究探索任务。与此同时，上海、河北、深圳等地区和卫生部率先启动了政府采购试点活动，取得了明显成效。

> **想一想：**
> 我国为什么要实施政府采购制度改革？

2. 试点初创阶段。1998 年 7 月—2000 年 6 月是我国政府采购制度形成和发展的第二阶段，即试点初创阶段。1998 年国家机关机构进行改革，国务院赋予了财政部“拟定和执行政府采购政策”的职能，这为开展政府采购制度改革工作奠定了基础。期间，财政部主要开展了以下工作：一是通过媒体等各种途径宣传政府采购制度；二是加强制度建设；三是抓机构组织建设；四是大力推进试点工作。

3. 由试点向全面推行转变阶段。2000 年 6 月—2002 年 12 月是我国政府采购制度形成和发展的第三阶段，即由试点向全面推行转变阶段。2000 年 6 月，财政部进行机构改革，在国库司内专门设置了政府采购管理机构。为推进政府采购制度改革工作，财政部重点做

了以下几个方面的工作：一是建章立制，规范行为；二是采取措施，联动改革；三是加强透明度建设，形成了报纸、网络和杂志“三位一体”的政府采购宣传体系；四是拟定方案，在2002年研究拟定了中央国家机关全面推行政府采购制度方案，并报国务院批准实施。

4. 全面推行阶段。2003年至今是我国政府采购制度形成和发展的第四阶段，即进入全面推行阶段。以政府采购法从2003年1月1日起实施为标志，我国政府采购制度改革由试点进入了全面推行阶段，全国政府采购工作开始步入新的发展时期。截至2022年1月，我国已经形成“一法一条例六令”为主要架构的政府采购法律法规制度体系。同时，在采购范围和规模、采购管理体制、政策功能、监管机制、开放谈判等方面均取得了巨大成效。

> **讨论一下：**
> 如何辩证认识我国政府采购制度建设取得的成绩？

（二）改革成效

20世纪90年代中期，为适应建立社会主义市场经济体制和构建公共财政框架的要求，我国开始启动政府采购制度改革。特别是政府采购制度全面推行以来，经过20多年的改革发展，我国政府采购制度改革和建设取得了显著成效。

1. 政府采购范围和规模不断扩大，对经济社会发展的影响力显著提升。全国政府采购规模由2002年的1009亿元增加到2020年的36970.6亿元，年均增长22.15%，占全国财政支出和GDP的比重分别为10.2%和3.6%。政府采购实施范围从货物类采购向工程类、服务类扩展，从传统的办公用品采购，逐步扩大到政策研究、标准制订等履职服务，以及各类基础设施建设和医疗、养老等公共服务领域。目前，政府采购制度已经覆盖全国各级政府的近百万个党政部门与事业单位，深入政府社会经济管理的不同领域和层次，不仅规范和节省了财政支出，也有力地支持了国家各项事业的发展，彰显了强大的社会影响力。

2. 政府采购法律制度体系日益健全，为规范高效开展政府采购活动提供了制度保障。建立起以政府采购法为统领，以政府采购法实施条例和部门规章为依托的较为完整的政府采购法律制度体系，涵盖了体制机制、执行操作、基础管理以及监督裁决等各个方面。政府采购法律制度体系的日益完善，确立和强化了依法采购、阳光采购的管理机制，有效保障了政府采购当事人的合法权益，切实规范了政府采购市场秩序。从实践看，绝大多数党政机关及单位都能够依法规范采购，政府采购制度改革前采购人自由随意采购、腐败问题频发的局面得到根本改变。

3. 政府采购管理体制日趋完善，政府采购市场健康有序发展。集中采购与分散采购有机结合、互相补充的采购模式有序运行，以公开招标为主要采购方式的政府采购交易制度体系不断丰富，预算主管部门的监管责任得到加强。稳步推进“互联网 + 政府采购”，全国大部分省份都已经建成覆盖全省范围的电子卖场，中央本级的电子卖场也已上线运行，采购效率进一步提升。全面清理政府采购领域妨碍公平竞争的规定和做法，推行采购意向公开、供应商在线投诉、无争议 30 天内及时付款等一系列优化政府采购营商环境的措施，统一开放、竞争有序的政府采购市场体系初步形成。

4. 政府采购政策功能不断强化，有力地支持了国家宏观调控目标的实现。健全完善绿色采购政策，对节能产品和环保产品实施强制采购或者节能采购，采购的节能环保产品规模占同类产品政府采购规模的比例达到 90% 以上。采用预留份额、评审优惠、鼓励联合体投标、信用担保等措施支持中小企业发展，授予中小企业的政府采购合同占采购总规模的 77% 以上。运用政府采购政策支持脱贫攻坚，会同有关部门搭建贫困地区农副产品销售平台，促进供需对接。截至 2020 年 7 月初，平台累计交易订单约 22.4 万单，交易额达到 9.5 亿元，有力地带动了贫困地区农户增收。这些政策的实施，凸显了政府采购在国家宏观调控中的重要作用。

5. 政府采购监管机制持续优化，监管水平进一步提升。简化事前审批环节，积极推进网上办理采购方式审批和进口产品审核，提高审批效率。建立起采购意向、采购活动、采购结果及合同文件全流程政府采购信息公开机制，突出阳光下的采购，广泛接受社会监督。按照国务院“双随机、一公开”工作要求，定期开展对全国政府采购代理机构执业情况的监督检查，代理机构违规率逐年下降。发布政府采购指导性案例，稳定市场主体监管预期，加快执法标准化建设。完善政府采购行政裁决机制，畅通供应商救济渠道。通过这些举措，政府采购监管水平全方位提升，有效地保障了采购活动的公平、公正、公开。

6. 政府采购开放谈判稳步推进，对外交流不断扩大。为履行入世承诺，与参加方互惠开放政府采购市场，我国于 2007 年启动了加入世界贸易组织（WTO）《政府采购协定》（GPA）谈判，截至 2014 年先后提交 6 份出价。2018 年，习近平总书记在博鳌亚洲论坛上宣布，中国将加快加入世界贸易组织《政府采购协定》进程。为此，我国于 2019 年向 WTO 提交了第 7 份出价，进一步扩大承诺的开放范围，充分展现了我国扩大开放的形象，表明了我国加入 GPA 的诚意和维护多边贸易体制的决心，得到 WTO 秘书处和参加方的充分肯定。此外，还统筹推进多双边政府采购议题谈判，与有关国家和国际组织在政府采购领域开展合作交流，在提升政府采购对外开放水平的同时，推动中国企业参与国际采购。

（三）存在问题

在肯定政府采购制度改革成绩的同时，我们也要清醒地认识到，当前政府采购制度的成熟度还不够，还不能完全适应国家治理能力和治理体系现代化的要求。具体表现在：

1. 采购人主体职责缺失。现行政府采购评审机制客观上分解了采购决策权，采购人、采购代理机构和评审专家都是按程序履职，无人对最后的采购结果负责，导致天价采购、豪华采购等采购乱象时有发生。

2. 采购交易制度管理较为粗放。现行采购交易制度不考虑具体项目需求特点而单纯以金额划线确定采购方式，在实践中过度强调公开招标，客观上造成采购活动中低价恶性竞争和高价采购并存，采购效率和满意度较低。

3. 政府采购政策传导机制不畅。首购、订购、预留份额、需求标准等采购政策的实施方式与现行采购预算、方式、评审及合同管理制度不适应、不匹配，采购政策与采购制度“两张皮”的问题较为突出，在很大程度上限制了采购政策实施效果。

4. 采购代理机构和评审专家的履职水平有待提升。代理机构主要停留在采购程序的合规性代理上，低水平的同质化恶性竞争较为突出。专家不专的现象也较为普遍，一些专家缺乏独立的专业评审精神，损害了政府采购的公正性。

站在新的历史起点上，面对新的改革形势，迫切需要进一步深化政府采购制度改革，着力解决当前政府采购制度中的突出问题，补齐制度短板，将政府采购制度向更高层次、更高水平推进。

（四）改革对策

2018 年 11 月 14 日，中央全面深化改革委员会第五次会议审议通过了《深化政府采购制度改革方案》（以下简称《改革方案》）。《改革方案》确立了理顺政府采购主体与各方职责、强化问题导向与绩效管理、坚持系统规划与分步推进、统筹对内改革和对外开放的改革四原则，明确提出“建立以优质优价采购结果和用户反馈为导向，采购主体职责清晰、交易规则科学高效、监管机制健全、政策功能完备、法律制度完善、技术支撑先进的现代政府采购制度”的总体改革目标，以及围绕这一改革总体目标的十二个方面改革任务。我们要以党的十九届四中全会精神为指引，以《改革方案》为改革纲领和行动指南，统筹规划，分步实施，全面推进新时代的政府采购制度改革。

> **想一想：**
>
> 如何强化采购人的主体责任？

1. 以强化采购人主体责任为核心，全面落实“谁采购、谁负责”的原则。理顺采购人、采购代理机构和评审专家的权责关系，按照“谁采购、谁负责”的原则，切实落实采购人的主体责任，建立采购人对采购结果能负责、想负责的机制。一是明确采购人是采购活动的第一责任人。采购人要按照“权责对等”的原则，在行使采购权的同时切实履行好采购责任，做到采购程序合规、结果满意。二是赋予采购人灵活选择采购方式、自主确定评审专家的权利。除单一来源采购方式外，由采购人根据采购项目的需求特点自主选择适合的采购方式及评审专家，同时逐步取消评标委员会、评审小组中专家比例的规定。三是建立以落实预算绩效目标为导向的采购人内控管理制度。采购人要根据“分事行权、分岗设权、分级授权、定期轮岗”的原则，完善采购事项内部决策机制，细化采购流程各环节的工作要求和执行标准，明确岗位权限和责任，强化内部审计和纪检监督，依法合规履行好采购主体责任。四是加强采购人专业能力建设。有条件的单位要明确专职人员或相应机构，加强政府采购专业队伍建设。各级财政部门要加强对采购人采购管理制度、产业发展状况、合同履约管理等方面的业务培训，推动采购人专业履职。

2. 以完善政府采购交易制度为重点，推动实现“优质优价”的采购目标。当前以公开招标为主的交易制度是建立在采购需求预先明确的基础上的，随着采购对象的不断扩展，特别是购买公共服务大量增加，使得采购需求的明确变得非常复杂，现行“一手交钱、一手交货”式的采购交易制度越来越不能适应实践的需要。为此，要以采购需求为引领，构建采购需求特点与采购方式、评审规则、合同类型相匹配，价格与质量、效率、风险相统一的体系化的交易制度。一是建立采购需求管理制度。采购人要切实履行在采购活动中的主体责任，认真开展采购需求调查，根据国家经济和社会发展政策、预算安排及绩效目标、采购管理制度、市场状况，合理确定政府采购需求。二是健全适应不同需求特点的交易制度体系。对于需求清晰的通用货物或者服务，原则上采用公开招标方式。对于无法明确需求，需供应商提供解决方案或设计方案的项目，主要采用竞争性谈判等非招标方式，开展多阶段谈判；对于多频次、小额度的零星采购，设置框架协议等简易采购程序；对于电子卖场采购，推行网上直采、网上竞价、电子反拍等网上交易方式，形成多种采购方式相互补充、灵活选择的交易制度体系。三是优化评审因素设置。要围绕货物、服务的质量设置评审因素，做到可评判、可量化。四是丰富政府采购合同类型。探索建立适应不同需求特点、鼓励市场竞争、合理分担风险的多种合同类型，包括固定总价合同、固定单价合同、成本补偿合同，完善相关的合同条款内容，引导采购人根据采购项目特点灵活选择适当的合同类型。

3. 以建立健全政府采购政策落实机制为抓手，进一步发挥政府采购对经济社会发展的促进作用。政府采购政策天然地建立在市场竞争机制的基础上，其实施不需要额外增加财政支出，也不影响各领域既定公共服务目标的实现，相较其他财政政策工具具有独特优势。要建立健全符合国际规则的政府采购政策支持体系，强化政策执行，充分发挥政府采购对于经济社会发展的促进作用。一是深入实施政府采购政策。围绕党中央、国务院确定的重大经济社会发展战略，进一步扩展和深化支持创新、扶持中小企业发展的采购政策，继续大力推进绿色环保及循环利用资源、对贫困地区农产品扶持等方面的采购政策试点工作。二是将落实政策功能的重点从交易环节前移到需求编制环节。强化采购人的需求管理责任，逐步将政策目标嵌入采购项目的需求文本中，通过对资格、技术、服务、安全、质量等需求指标及履约条件的要求，体现政府采购对节能、环保、中小企业等领域的政策支持。三是完善政府采购政策落实机制。采购人要将政府采购政策目标纳入预算项目绩效目标，将执行政府采购政策情况作为预算绩效评价指标的一部分，在政府采购活动中自觉落实相关政策。要加强采购人执行政策的内控监督和外部审计监督，推动采购人切实落实政府采购政策。四是强化公共采购政策协同。分领域、分行业建立部门协作机制，在需求标准化和资源融合方面加强共享，推动在工程招投标、医药采购等领域落实支持绿色发展、中小企业等政府采购政策，扩大采购政策的实施效果和影响面。

4. 以优化政府采购营商环境为契机，有效保障各类市场主体平等参与政府采购活动的权利。政府采购市场是我国市场体系的重要组成部分，无论从市场规模、政府与企业的关系还是对产业发展的影响看，政府采购营商环境建设在全社会营商环境建设中都有着突出的影响力。要对标世行公共采购指标评价体系，进一步深化政府采购制度改革，推动政府采购营商环境持续优化。一是坚决清理政府采购领域妨碍公平竞争的规定和做法。各地要加大监督检查力度，坚决纠正各类妨碍公平竞争的规定和做法，依法保障不同所有制、内外资企业平等参与政府采购活动。要集中曝光一批妨碍政府采购公平竞争的典型案例，加强对采购人、采购代理机构的警示教育。二是进一步简化供应商参与政府采购活动需提供的材料要求。按照国务院关于全面推广证明事项告知承诺制的要求，探索对供应商参与政府采购活动建立“承诺+信用管理”的准入管理制度。三是建立政府采购信用评价指标和标准。各地要按照规定做好对代理机构、评审专家和供应商的信用评价及不良行为记录工作，加强信用信息的共享和运用，强化与相关领域的失信联合惩戒。四是进一步提高政府采购透明度，重点推进采购意向公开。先在部分中央部门和地方开展公开采购意向试点，再逐步扩大到各级预算单位。五是强化事中事后监管。建立和完善政府采购行政裁决工作机制，畅通供应商救济渠道，依法保障供应商的合法权益。发挥政府采购行业协会作用，构建行政监督和行业自律相结合的政府采购监管模式。

> **想一想：**
>
> 政府采购透明度的内容应该包括哪些方面？

5. 以实施“互联网+政府采购”为支撑，实现政府采购全流程电子化。现代政府采购制度是先进管理与现代信息技术的深度融合。要加快推进“互联网+政府采购”，通过现代信息技术重塑政府采购运行模式，不断提升政府采购的监管能力、运行效率和服务水平。一是加强顶层设计和统筹规划。财政部将研究制定“互联网+政府采购”的规划，统一技术标准、业务标准和交易规则等，并建设基础数据平台。各地要在遵循财政部制定的统一标准前提下加快推进本地区政府采购电子化工作。二是省级财政牵头建设本地区电子卖场。各地自主选择电子卖场建设和运营模式，鼓励依托现有市场主体开展建设和运营。在各地自行建设电子卖场基础上，逐步推动电子卖场跨地区互联互通和信息共享。三是积极推进电子化政府采购平台建设。各地要结合地方实际，通过利用现有市场主体的采购平台或者自行建设统一的电子采购平台等方式，逐步实现采购评审、投诉处理、合同签订、履约验收、信用评价、资金支付等在线完成，实现政府采购全流程电子化。

6. 以推进采购代理机构和专家业务转型为突破，不断提升政府采购的专业化水准。要通过深化政府采购制度改革，大力推进采购代理机构和专家从程序合规服务向专业化服务转型，做精做优专业品牌。一是明确采购代理机构和专家的职责定位。采购代理机构和专家应主要定位于为采购人提供专业化的采购服务，推动采购代理机构从目前的程序控制向为采购活动提供专业支撑转变，专家要从目前的项目决策向提供专业建议转变。二是开展集中采购机构竞争。要允许采购人打破行政级次、地区和部门隶属关系，自主择优选择试点范围内的集中采购代理机构。同时，鼓励集中采购机构积极承接不同级次、不同地区采购人的代理业务，探索建立与集中采购机构竞争相适应的激励和考核机制。三是引导社会代理机构走专业化的差异发展道路。鼓励社会代理机构根据业务特点确定重点代理领域，为采购人设定采购需求、拟定采购合同、开展履约验收提供专业化的服务。四是加强采购代理机构专业能力建设。采购代理机构要积极开展采购需求标准、采购文件范本、采购合同范本、采购履约验收等政府采购基础业务的研究，做精做优做深采购代理业务。五是发挥专家的专业咨询作用。采购人可邀请专家参与拟定需求标准、技术解决方案和采购实施方案，参与产品质量和服务能力的履约评价，突出专家的专业支撑。

> **思考一下：**
> 如何有效发挥政府采购代理机构的作用？

7. 加快加入 GPA 进程，构建政府采购市场对外开放新格局。政府采购市场开放是我国构建开放型经济新体制、推动形成全面开放新格局的重要组成部分。要继续加快推进政府采购市场开放进程，助力我国开放新战略。推动“政府采购法”与“招标投标法”融合，建立统一的符合国际规则的政府采购法律制度。要加强对中国企业参与国际采购竞争的指导和培训，鼓励更多国内企业进入国际政府采购市场。

四、政府采购研究对象

政府采购作为一门新兴的专业课程，内容丰富，构成一个完整的内容体系。其课程内容主要与财政学、政府预算、财务管理学、非营利单位会计、国际贸易、建筑工程、机械设备工程、经济法和商品学概论等课程内容相互衔接、补充和渗透。其研究对象应该主要包括两个方面：一是研究如何正确处理政府采购各相关主体之间的相互关系；二是研究政府采购管理的规律。

政府采购各相关主体主要包括政府采购监管机构、监督机关、采购人、供应商、政府采购代理机构、政府相关职能部门等。政府采购法律法规具体规定了各主体在政府采购活动中的职责、权利和义务，各主体相互之间的关系是一种制约和被制约的关系。特别是政府采购监管机关与政府采购当事人（采购人、供应商、政府采购代理机构）之间的关系、当事人之间的关系是本课程研究的重点内容。

政府采购管理的规律内容广泛，涵盖整个政府采购制度的方方面面，主要包括政府采购监管的规律和政府采购执行的规律，如政府采购规模的确定、政府采购政策的制定、政府采购法制体系的建立和完善、政府采购原则的确立与创新、政府采购程序的制定与完善、政府采购预算的编制和调整、政府采购模式的选择与实施、政府采购方式的确定与完善、政府采购合同的签订与管理、政府采购救济机制的确立与完善、政府采购管采分离机制的建立与完善、政府采购监管机制的建立与完善、政府采购风险的预测和防范、政府采购信息化建设的内容与完善、采购活动绩效的检查与评估等。

> **讨论一下：**
>
> 政府采购管理规律都包括哪些内容？

第三节　政府采购目标

政府采购目标包括政府采购一般目标和我国法定政府采购目标两个方面。

一、政府采购一般目标

政府采购目标是指政府采购的政策目标。政府采购对单个采购实体而言，是一种微观经济行为。如果将政府作为整体而言，政府采购就成为一种宏观经济手段，通过政府采购，政府可以将宏观调控和微观经济行为结合起来，以实现政府的重大政策目标。从国外实践来看，政府采购的政策目标大致可以划分为四大类。一是对特殊人群，如残疾人、少数民族、贫困地区企业的扶持政策。二是鼓励产业发展的扶持政策，如促进中小企业发展、支持本国产品、创新型产品、节能环保产品等。三是对供应商履行社会责任方面的规定，如实行八小时工作制、实行劳动保护等。四是对保障国家安全的相关要求，如对企业资格的安全性审查、对军工企业的扶持等。政府采购的一般政策目标包括经济效益、宏观调控、保护民族产业、保护环境、稳定物价、促进就业、加强国有资产管理、促进贸易自由化和公平竞争等。

（一）经济效益目标

经济效益目标即实现经济有效性和竞争性。政府是国内最大的单一消费者，通过建立政府采购制度，将政府采购资金的使用商业化，即通过公共竞争，降低采购成本，获得物美价廉的商品。国际经验表明，通过竞争采购，采购资金的节约幅度通常在10%以上，有助于实现少花钱多办事的经济效益目标。

（二）宏观调控目标

宏观调控目标即政府通过调整采购政策或规模，间接调节国民经济运行状况。政府采购作为重要的财政政策手段，与相关经济政策手段配合使用，以实现国家在不同时期经济社会发展的系列目标。实现宏观调控目标，可选择的手段主要有以下几种。一是规模采购。政府通过调整采购总规模，调节国民经济的运行状况。二是结构采购。政府通过调整采购结构，达到调整产业结构的目的。三是储备采购。即通过储备性采购来稳定市场物价。四是示范采购。通过示范性采购来引导市场变化，提高其市场占有率。五是比例采购。即通过规定不同级次政府采购总规模中不同规模、不同类型企业所占比例，来起到保护中小企业的发展，对残疾人、妇女及少数民族企业所办企业进行照顾和鼓励。

> **讨论一下：**
>
> 如何发挥政府采购政策调整优化产业结构的作用？

（三）保护民族产业目标

许多国家通过立法，强制要求政府采购购买本国产品，以实现保护民族产业的目标。如美国在1933年颁布了《购买美国产品法》，该法所称的“美国产品”，是指最终产品中美国零部件含量不少于50%的产品。该法的宗旨是“扶持和保护美国工业、美国工人和美国投资资本”，要求美国政府购买本国的货物和服务。目前，美国已经加入了世界贸易组织的《政府采购协议》，《购买美国产品法》仍对未加入《政府采购协议》的国家适用，即使是世贸组织的成员，对某些领域仍在进行保护。又如泰国的法律规定，如果本国的产品符合国家标准，只要价格不高于其他国家产品的10%，则要优先购买本国产品。当然，政府采购对国内产业的保护，并不是对每个企业都实行同等水平的保护，而是保护先进企业，不保护落后企业，政府通过购买本国产品，是以竞争为基础的，实行优胜劣汰，从整体上提高国内企业的竞争力，重点培育一批有实力的企业和产品。

（四）保护环境目标

在现代社会，环境保护问题日益引起各个国家的高度重视，并制定了大量的法律法规，以保护人类赖以生存的环境。保护环境的法规落实情况与各种因素相关，在公众意识尤其是法人意识不强的情况下，需要采取必要的手段促使他们执行国家的环保法规和政策。政府采购就是必要手段之一，政府通过制定环保产品、节能产品、绿色产品等产品清单，对所采购的产品或拟建的工程，提出有利于环境保护的指标和要求，不符合规定指标和要求的产品不得采购。例如规定政府购车的排汽量，明确不能购买在生产过程中产生污染的厂家的产品等。我国的香港特区就有规定，对于办公用纸的采购，要优先采购再生纸张。

（五）稳定物价目标

根据国际惯例，稳定物价主要是指粮食价格和原材料价格，政府通过对储备物资的采购和吞吐，调节物价水平。在粮食方面，政府按保护价从农民手中收购粮食，同时规定市场售价的最高价，如果出现投机，政府可以动用储备粮，平抑市场价格。在原材料方面，政府在某些原材料充裕或国际市场上价格合理的情况下，进行储备采购，一旦这些材料出现短缺或者国际市场上价格偏高时，政府将按合理价格出售。一般来说，政府对能够购买储备原材料的企业有一定的规定，主要是中小企业，政府通过对储备物资的吞吐，既能稳定物价，又能保护生产者和消费者的利益。

想一想：

政府采购如何发挥促进就业的作用？

（六）促进就业目标

政府采购对就业的促进作用主要体现在以下几个方面：一是鼓励向一些特殊企业购买产品，这里的特殊企业包括残疾人企业、妇女企业、贫困地区企业以及少数民族企业；二是对参与采购竞争的企业进行资格审查，如果该企业存在歧视妇女和残疾人就业的情况，则取消其资格；三是对于拿到政府采购合同的企业，要求其接收一定数量的人员就业，或不接受就业，但需要缴纳一定人员的社会保险费。在特殊时期，尤其是经济萧条时期，政府可能通过扩大基本建设来增加就业机会。

（七）促进国际贸易目标

政府通过加入国际性或区域经济组织政府采购协议，使国内企业以较优惠的条件进口原材料，同时也为国内企业开辟了新的市场，让国内企业到外国政府采购市场上争取合同，增加出口，促进国际贸易。

（八）加强国资管理目标

在政府采购对象中，相当一部分属于国有资产。这些资产包括存量资产和新增资产，都包含在政府采购信息库之中。因为每一项采购合同包括品名、数量等在合同形成前要报政府采购监管部门立项，在合同形成后要报政府采购监管部门备案，采购实体在申请购买新资产替代旧资产时，在申请立项时也要作出说明，资产的处理收入都要上缴国库。这些规定和要求，使财政部门能够全面掌握国有资产的情况，有利于强化对国有资产的管理，防止国有资产的流失、闲置和浪费。

（九）公平竞争目标

规范交易行为，促进公平竞争也是政府采购的重要政策目标之一。通过建立和完善政府采购制度，使各种交易活动在公开、公正、公平和竞争的基础上开展，消除歧视行为，稳定市场秩序，保护广大供应商和政府的利益。

二、我国政府采购目标

发挥政府采购的宏观调控作用，是国际上的通行做法。我国政府采购法规定了政府采购的政策取向，也就是我国政府采购要实现的宏观调控目标。这些目标包括：

（一）购买国货

购买国货又叫支持中国产业。我国《政府采购法》规定，政府采购应当采购本国货物、工程和服务。但有下列情形之一的除外：需要采购的货物、工程或者服务在中国境内无法获取或者无法以合理的商业条件获取的；为在中国境外使用而进行采购的；其他法律、行政法规另有规定的。

> **讨论一下：**
> 全面分析政府采购鼓励采购国货的利弊？

购买国货的含义包括：

1. 政府采购应当采购本国货物、工程和服务。《政府采购法》适用范围内的采购，只要本国的货物、工程和服务能够满足基本需求的，应当采购国货。

2. 在特殊情况下，政府采购可以采购外国货物、工程和服务。法律规定了采购国内货物、工程和服务的三种例外情况，实际明确的有两种。一是为了实现采购目的，必须要进行采购，但国内无法提供，或者国内虽然能够提供但商业条件极不合理，无法以合理商业条件获取（符合采购文件要求的本国货物、工程和服务的最低报价高于非本国货物、工程和服务最低报价百分之二十以上的情形）只能采购外国产品。前者是迫不得已，后者则是无法承受，不利于资源的合理配置，通过对外采购，有利于促进国内供应商改善商业条件，缩小与国外供应商之间的差距。二是为在中国境外使用而进行的采购。这里涉及保密和运输成本等因素，对是否采购本国货物、工程和服务不作强制性规定，由采购人视具体情况决定。

3. 本国货物、工程和服务的具体界定标准，由国务院有关部门会同国务院财政部门制定。根据我国国情，界定本国货物比较合理的标准应该是，在中国境内生产，且国内生产成本超过一定比例（50%）的最终产品。国内生产成本比例 =（产品出厂价格 − 进口价格）÷ 产品出厂价格。本国工程、服务，是指由中国公民、法人、其他组织提供的工程、服务。

（二）支持绿色发展

政府采购应当促进绿色低碳循环发展，执行国家相关绿色标准，推动环保、节能、节水、循环、低碳、再生、有机等绿色产品和相关绿色服务、绿色基础设施应用。

以产品制造来说，这一目标是要求政府采购要有利于促进产品制造环境的改善，并采购符合环境保护要求的产品。也就是说，政府采购不能采购制造环境不合格企业生产的产品，也不能采购不符合环境保护要求的产品，如服装、家具采购，要求制造商具有环境质量认证资格。政府采购要考虑环保要求，通过将政府采购形成的商业机会向符合环境保护要求的企业或产品倾斜，鼓励和支持这类企业的发展，如许多城市要求购买排气符合环境达标的汽车。

近 10 年来，我国政府采购环境标志产品规模已达 1.3 万亿元，2020 年政府采购的环境标志产品达到 813.5 亿元，占同类产品采购的 85.5%。截至 2021 年，财政部和生态环境部共发布了 22 期环境标志产品政府清单和 1 期环境标志产品政府采购品目清单，清单中的产品型号从 856 个提升至 100 万个，产品品目从 14 大类升至 90 多大类。凭借出色的实施成效，中国环境标志产品政府采购获得了国际可持续采购领导力委员会（SPLC）杰出案例奖和美国绿色电子委员会（GEC）绿色供应链创新入围奖。

（三）扶持不发达地区和少数民族地区的发展

不发达地区和少数民族地区的经济发展水平不高，企业竞争实力普遍不强，促进这些地区的发展，是国家经济实现均衡发展的客观要求，完全靠市场经济作用很难实现这一要求。再者，也不能延续只靠直接向这些地区政府或企业提供财政资金的老办法进行扶持，必须通过规范的机制，政府采购就是其中之一。政府采购可以将政府采购形成的商业机会尤其是中央单位的政府采购向这些地区倾斜，在竞争的前提下，将采购合同优先授予相对有实力的不发达地区和少数民族地区的供应商，支持企业发展，提高企业的竞争实力，从而达到培育财源的目的，促进企业发展与财源增长的良性循环，逐步改变不发达的状况。

近年来，为贯彻党中央、国务院关于调整优化政府采购政策，继续支持脱贫地区产业发展的工作部署，落实《财政部 农业农村部 国家乡村振兴局关于运用政府采购政策支持乡村产业振兴的通知》（财库〔2021〕19号），深入开展政府采购脱贫地区农副产品工作，推进乡村产业振兴，财政部、农业农村部、国家乡村振兴局、中华全国供销合作总社于2021年4月24日发布实施《深入开展政府采购脱贫地区农副产品工作推进乡村产业振兴的实施意见》（财库〔2021〕20号），并提出以下要点。一要聚焦重点，精准施策。严格农副产品产地认定，将政策支持范围聚焦在832个脱贫县，通过预留份额、搭建平台等方式促进脱贫地区农副产品销售，带动脱贫人口稳定增收。二要创新驱动，融合发展。将政府采购脱贫地区农副产品工作与打造农业特色品牌、提升产品品质相结合，根据预算单位采购需求优化创新农副产品产销模式，促进脱贫地区特色产业发展。三要政府引导，市场协同。坚持政府引导与市场机制结合，发挥政府采购需求牵引作用，助力打通脱贫地区农副产品生产、流通的难点和堵点，激发脱贫地区发展生产的内生动力。

力争用3—5年时间，依托脱贫地区农副产品网络销售平台，实现预算单位食堂食材采购与脱贫地区农副产品供给有效对接，培育壮大乡村特色产业，探索形成适应不同区域特点、组织形式和发展阶段的脱贫地区农副产品产销模式，推动脱贫地区农副产品进一步融入全国大市场，为巩固拓展脱贫攻坚成果同乡村振兴有效衔接提供有力支撑。

> **想一想：**
> 为什么鼓励政府采购支持中小企业发展？

（四）促进中小企业发展

在政府采购活动中，中小企业因规模小，竞争力不强，处于弱势地位，所以，通常难以拿到相应的采购合同。但是，中小企业也是纳税人，有权利享受政府采购带来的商机。同时，中小企业是社会就业的主要渠道，对维护社会稳定起着至关重要的作用，应当给予必要的扶持。可选择的措施是政府采购应当将一定限额以下的采购项目或适合中小企业承担的基础上，适度向中小企业倾斜，甚至可以规定年度政府采购总额的一定比例留给小企业，以此扶持小企业发展。

另外，残疾人福利性单位、退役军人企业等按规定需要扶持的供应商，也应视同小微企业享受政府采购支持政策。

（五）维护国家安全

政府采购应当落实国家安全要求，执行法律法规有关国家安全的产品标准、供应商资格条件、知识产权、信息发布和数据管理等规定。对涉及国家秘密的采购项目，应当采用公共竞争以外的方式和程序。

国家建立政府采购安全审查制度，对可能影响国家安全的政府采购行动开展安全审查。

（六）支持科技创新

政府采购应当支持应用科技创新，发挥政府采购市场的导向作用，促进产学研用深度融合，推动创新产品研发和应用。

三、政府采购政策手段

为了实现政府采购政策目标，其手段一般主要包括制定采购需求标准、预留采购份额、价格评审优惠和优先采购等。

（一）制定采购需求标准

政府采购需求标准是采购政策实施中最常用，也是最直接的措施，就是通过对采购产品或服务的技术标准或质量标准的规定，实现政府采购的政策目标。一般来说，政府采购政策在支持节能环保、鼓励技术创新、支持本国产品等方面对政府采购的产品服务都大量采用明确需求标准的方式实施，如一些国家在采购政府办公设备方面实行比一般社会使用产品更严格的绿色采购能耗及排放标准，在支持本国产品中规定明确的本国货物增加值比例，在采购政府印刷服务中规定综合排放标准等。

采购需求标准对创新型产品的导向作用非常大，需求技术标准越高、供应商越可能采用新技术，但采购成本也可能越高。政府部门在确定采购需求标准时，必须综合考虑采购目的、产业政策及预算约束等因素。除国家统一采购政策规定要求之外，不能擅自提高需求标准。特别是对进口产品的使用，人为提高需求标准将抑制国内产业发展，不利于设备长期使用成本的降低。

（二）预留采购份额

预留采购份额，是指采购人在某一采购项目或者全部采购项目中预留处一定的份额，专门面向特定供应商开展采购，以支持促进该类型企业通过政府采购市场获得更好的发展。这也是国际上比较普遍做法。如美国联邦政府将采购预算的23%左右留出专门面向小微企业采购。财政部、工业和信息化部于2020年12月18日制定颁发的《政府采购促进中小企业发展管理办法》（财库〔2020〕46号）第六条规定，主管预算单位应当组织评估本部门及所属单位政府采购项目，统筹制定面向中小企业预留采购份额的具体方案，对适宜由中小企业提供的采购项目和采购包，预留采购份额专门面向中小企业采购，并在政府采购预算中单独列示。第七条规定，采购限额标准以上，200万元以下的货物和服务采购项目、400万元以下的工程采购项目，适宜由中小企业提供的，采购人应当专门面向中小企业采购。第八条规定，超过200万元的货物和服务采购项目、超过400万元的工程采购项目中适宜由中小企业提供的，预留该部分采购项目预算总额的30%以上专门面向中小企业采购，其中预留给小微企业的比例不低于60%。

（三）价格评审优惠

价格评审优惠是指在价格作为评审因素的政府采购评审过程中，对某类特定供应商的报价给予一定比例的价格扣除优惠，用扣除后的价格作为其参与评审的价格，使其报价在与其他供应商报价相比时获得评审优势，进而提高胜出几率。

我国《政府采购促进中小企业发展管理办法》第九条规定，对于经主管预算单位统筹后未预留份额专门面向中小企业采购的采购项目，以及预留份额项目中的非预留部分采购包，采购人、采购代理机构应当对符合本办法规定的小微企业报价给予6%—10%（工程项目为3%—5%）的扣除，用扣除后的价格参加评审。适用招标投标法的政府采购工程建设项目，采用综合评估法但未采用低价优先法计算价格分的，评标时应当在采用原报价进行评分的基础上增加其价格得分的3%—5%作为其价格分。接受大中型企业与小微企业组成联合体或者允许大中型企业向一家或者多家小微企业分包的采购项目，对于联合协议或者分包意向协议约定小微企业的合同份额占到合同总金额30%以上的，采购人、采购代理机构应当对联合体或者大中型企业的报价给予2%—3%（工程项目为1%—2%）的扣除，用扣除后的价格参加评审。适用招标投标法的政府采购工程建设项目，采用综合评估法但未采用低价优先法计算价格分的，评标时应当在采用原报价进行评分的基础上增加其价格得分的1%—2%作为其价格分。组成联合体或者接受分包的小微企业与联合体内其他企业、分包企业之间存在直接控股、管理关系的，不享受价格扣除优惠政策。价格扣除比例或者价格分加分比例对小型企业和微型企业同等对待，不作区分。

财政部、司法部于2014年联合下发的《关于政府采购支持监狱企业发展有关问题的通知》（财库〔2014〕68 号）中明确规定了“监狱企业视同小型、微型企业，享受预留份额、评审中价格扣除等政府采购促进中小企业发展的政府采购政策”，“各地区、各部门要积极通过预留采购份额支持监狱企业。有制服采购项目的部门，应加强对政府采购预算和计划编制工作的统筹，预留本部门制服采购项目预算总额的30%以上，专门面向监狱企业采购”。

（四）实施优先采购

优先采购，是指在政府采购过程中，优先采购某类特定供应商的货物、工程和服务（列明清单），使得该类供应商获得更多的政府采购市场份额，帮助其持续发展。从国外做法看，既有对新技术产品实行推荐购买清单的做法，也有将清单与评审优惠结合的使用的做法。我国优先采购节能、环保产品清单，主要是借鉴了后一类做法，即对列入优先采购清单内产品由采购人设定加分或同等条件优先采购。2004 年和 2006 年财政部分别与国家发展与改革委员会、环保总局印发了《节能产品政府采购实施意见》（财库〔2004〕185 号）和《关于环境标志产品政府采购实施的意见》（财库〔2006〕90 号），主要包括以下政策措施。一是各级各级机关、事业单位和团体组织用财政性资金进行采购的，应当优先采购节能和环保标志产品。二是以“节能产品政府采购清单”和“环保标志产品政府采购清单”的形式进行公布。政府采购属于节能清单和环保标志清单的产品时，在技术、服务等指标同等条件下，应当优先采购节能清单和环保标志清单所列的产品。三是在政府采购活动中，采购人应当在招标、谈判等采购文件中载明对产品的节能和环保要求、合格产品的条件和节能及环保产品优先采购的评审标准。四是采购人或者其委托的采购代理机构未按上述要求采购的，有关部门要按照有关法律、法规和规章予以处理，财政部门视情况可以拒付采购资金。国外政府采购政策实施中对需要政府部门强制使用某类别产品的，一般都是采用强制标准实现的，而不采用强制购买清单的做法。

> **讨论一下：**
>
> 如何完善政府采购政策手段？

第四节　政府采购特征和原则

一、政府采购特征

政府采购相对于个人采购、家庭采购、企业采购或团体采购而言，具有以下基本特征。

（一）采购资金的公共性

政府采购资金来源于财政拨款和需要由财政偿还的公共借款，这些资金最终来源为纳税人的税收、政府公共服务收费和公债收入，即“公共资金”，是政府能够掌握和运用的资金。

（二）采购目标的非商业性

政府采购不是以营利为目标，也不是为卖而买，没有盈利的动机，而是通过采购满足政府部门政务活动需要或向社会提供公共服务。而私人采购是为了生产、销售和盈利。

（三）采购程序的严密性

> **想一想：**
> 政府采购管理程序包括哪些内容？

政府采购程序的严密性表现在不论是监管还是执行活动，都必须按照规定的程序进行。政府采购活动要按政府采购的政策要求和法制体系进行管理，按照法定的方式、程序、原则进行采购，授予供应商质疑和投诉的权利，通过规模采购、示范采购和储备采购等手段实现国家有关政策目标，并广泛接受社会监督，违规者要负相应的法律责任。其中，财政预算和支付手段在政府采购程序中发挥着基础性管理作用。

（四）采购对象的广泛性

政府采购的对象可谓包罗万象，既有标准产品，也有非标准产品；既有有形产品，也有无形产品；既有价值低的产品，也有价值高的产品；既有军用产品，也有民用产品。为了便于管理和统计，国际上通行的做法是按其性质不同将采购对象划分为三大类：货物、工程和服务。

（五）采购数量的规模性

政府采购不同于个人采购、家庭采购、企业采购或团体采购，它是一个整体，这个整体是一国内最大的单一消费者，其购买力非常巨大，采购规模一般占一个国家 GDP 的 10% 以上，占公共财政支出的 30%—40%。因此，政府采购对社会经济有着非常大的影响力，采购规模的扩大或缩小、采购结构的变化对经济社会发展状况、产业结构以及公众的生活环境都有着十分重要的影响，它已成为各国政府灵活使用的一种宏观经济调控手段。

（六）采购活动的公开性

按照法律制度规定，有关政府采购的政策、法律、程序、预算、项目、结果、处理等信息都是公开的，采购过程也是在完全公开的情况下进行，一切采购活动都要记录，如果采购活动中发生争议，仲裁活动也须公开，所有的采购信息也是公开的，没有秘密可言。而在私营领域，采购者则没有这个义务。

（七）采购制度的政策性

政府采购作为财政政策的手段之一，其政策性是指任何国家的政府采购制度都是围绕国家经济社会发展目标和政府重大战略决策而制定的。从政府采购的监管到执行，从采购预算的审核批准到采购计划的制定批准，从政府采购合同的签订到履行，从采购价格、规格的确定到采购方式的选择等，政府采购都要体现国家的政策，实现政府在某一时期的政治、经济、社会、文化发展等目标，为国家及社会公共利益服务。因此，不论在国内还是在国外，政府采购都具有行政管理色彩。

二、政府采购原则

政府采购原则包括一般原则和我国政府采购原则两个方面。

（一）政府采购一般原则

为了实现政府采购目标，在政府采购活动中一般应遵循以下原则。

> **思考一下：**
>
> 政府采购如何有效贯彻“物有所值”原则？

1. “三公”和有效竞争原则。这是政府采购的核心原则。一是公开，是指采购活动具有较高的透明度，要公开采购需求、采购过程和采购结果等相关信息，使每个有兴趣的或已参与的供应商都能获得同等的信息。二是公平，就是要求给予每一个有兴趣的供应商平等的机会，使其享受有同等的权利并履行相应的义务，不歧视任何一方。三是公正，是指评标时按事先公布的标准对待所有的供应商。四是有效竞争，是指要求邀请更多的供应商参与竞争，该原则的核心是要求采购方法和过程都必须透明，具有竞争性。

2. “物有所值”原则。这是各国政府采购的通用原则之一。它是指投入（成本）与产出（收益）之比，这里的投入不是指所采购物品的现价，而是指物品的“寿命周期成本”，即所采购物品有效使用期内发生的一切费用再减去残值。政府采购追求的就是寿命周期成本最小而收益最大。物有所值中的“值”应是广义的，它不仅应包括资金使用效率，还应包括为国内产业发展提供的机会、促进企业技术进步的技术转让、加强国有资产管理、保护生态环境、促进残疾人和妇女就业等。

3. 推动国内竞争和促进产业发展原则。通过政府采购，打破垄断和地区封锁，促进企业降低成本、提高产品技术含量，为企业发展创建良好的环境。同时，政府采购活动要公平进行，要照顾和鼓励大中小企业参与。

4. 防腐倡廉原则。指一国的政府采购制度应尽量弱化“人际”约束。由于政府采购项目多、规模大，其采购合同成为各供应商的竞争目标，所以，在具体采购活动中经常出现采购人将政府行为与商业行为混淆的现象。如果缺乏完善的监督机制，就极容易出现交易寻租等贪污腐败问题。通过公开、竞争的透明机制，消除采购活动中的腐败现象，促使政府官员依法行政，维护政府形象。为此，政府采购制度的设计要强化制度约束机制，形成一个各主体之间责、权、利相互约束的制度架构。

5. 诚实信用原则。要求政府采购当事人在政府采购活动中，本着诚实、守信的态度履行各自的权利和义务，讲究信誉，兑现承诺，不得散布虚假信息，不得有欺诈、串通、隐瞒等行为，不得伪造、变造、隐匿、销毁需要依法保存的文件，不得规避法律法规，不得损害第三方的利益等。

6. 维护公共利益原则。政府采购的一个重要特征，即它是政府行为，要体现国家利益和公共利益的政策要求。同时，一个国家和政府可以通过政府采购制度的实施，发挥宏观调控作用。换句话说，就是政府采购有着维护国家利益和社会公共利益的责任和义务，其行为要符合人民大众的意愿，应当在维护国家利益和和社会公共利益方面作出贡献。

7. 国民待遇原则和非歧视性原则。即开放政府采购市场后应当遵循的原则。其中，国民待遇原则是指缔约国之间相互保证给以对方的自然人（公民）、法人（企业）在本国境内享有与本国自然人、法人同等的待遇。通俗地讲，就是外国供应商与本国供应商享受同等待遇，把外国的商品当作本国商品对待，把外国企业当作本国企业对待。非歧视性原则，即不能人为地设置法律不允许的不合理条件来限制供应商参与政府采购活动。

> **讨论一下：**
>
> 政府采购工作贯彻诚实信用原则的手段有哪些？

（二）我国政府采购原则

我国政府采购法规定了政府采购的五项原则。

1. 公开透明原则。公开透明是政府采购制度的基本精神，政府采购被誉为“阳光下的交易”，即源于此。只有坚持公开透明，才能有利于社会公众有效监督政府采购资金的使用情况，才能为供应商参加政府采购活动提供公平竞争的市场环境。具体含义包括以下内容：

（1）公开采购规则。公开政府采购的政策、法律、法规和规章，便于有关当事人了解参与政府采购活动的规则。

（2）公开采购预算。公开政府采购预算及其采购项目，让社会公众了解政府对其缴纳税金的安排情况，让供应商了解政府提供的商业机会。

（3）公开采购信息。公开采购文件等采购信息，为供应商决定是否方便参与采购活动提供充足信息。

（4）公开采购结果。公布采购合同、采购结果、验收结果等相关信息，让供应商知道自己参加采购活动的实际结果，以利总结经验教训，不断提高其参加政府采购活动的质量。

（5）公开处理结果。公开投诉处理和司法裁决结果，向社会表明政府依法行政的立场，保护有关当事人的合法权益。

（6）公开咨询答复渠道。2020 年 11 月 25 日，财政部发布了《财政部办公厅关于做好政府采购网民咨询答复工作的通知》（财办库〔2020〕233 号）。强调做好政府采购咨询答复工作，可以起到宣传解读政策、规范操作执行的作用，对推进深化政府采购制度改革，优化政府采购营商环境有重要意义。该通知要求做好以下工作。一是完善网民咨询答复平台建设。各省级财政部门应当于 2020 年年底前在本单位门户网站或中国政府采购网地方分网开设政府采购咨询专栏，也可依托现有网络咨询专栏，向预算单位和市场主体提供政府采购政策咨询服务。对于已答复的问题，应当予以公开，并列明答复日期、答复部门、答复内容等，设置查找功能，便于网民查看往期答复内容。二是规范开展网民咨询答复工作。对政策咨询类问题，应当依据法律制度规定作出解释。对属于职责范围内、可以明确回复的，应尽快回复；对属于其他部门职责范围的，尽量告知咨询渠道；对无法回复的，应告知原因。问题答复应翔实具体，言之有物，符合法律法规和政策要求，不得涉及涉密内容和敏感事项。三是建立健全网民咨询答复工作机制。各级财政部门要切实提高理论政策水平和公共服务水平，建立和完善咨询答复工作机制，将咨询答复工作作为服务采购人、采购代理机构、评审专家以及供应商等相关市场主体的重要内容，明确答复责任，细化工作流程，建立内部审查机制，做好保密审查工作。有关咨询专栏的开设及答复情况，将作为 2021 年度政府采购透明度评估的重要内容。

2. 公平竞争原则。公平竞争原则既是市场经济运行的基本规则，也是政府采购的基本规则。公平竞争要求在竞争的前提下公平地开展政府采购活动。具体含义包括以下内容：

（1）科学确定采购方式。必须按照充分竞争的要求选择确定采购方式，变更采购方式的，必须事前获得有关财政部门的批准。

（2）统一政府采购信息的披露途径。通过统一政府采购信息的披露途径，从源头上维护公平竞争。

（3）公平对待供应商。采购人和采购代理机构要公平地对待每一个供应商，不能搞人为歧视、行业垄断和地区封锁。

（4）统一、规范政府采购程序。通过建立完整、统一和严密的政府采购程序，促使政府采购活动沿着预定的轨道健康运作。

3. 公正廉洁原则。公正廉洁原则是基于采购单位和供应商在政府采购活动处于平等地位而确立的一项原则。从理论上讲，政府采购活动属于商业交易行为，买卖双方完全平等，但实际上并非如此。在政府采购实践中，因采购人处于主动地位，供应商处于弱势地位。在这种格局下，维护政府采购的公正性，成为实现公平竞争的重要前提，直接关系到政府采购的市场秩序以及采购资金的使用效益。具体含义包括以下内容：

（1）统一条件和程序。即政府采购活动必须按照事先约定的条件和程序进行。

> **思考一下：**
> 在政府采购活动中，如何公正对待供应商？

（2）对供应商实行国民待遇。即对所有的供应商要一视同仁，任何单位和个人无权干预政府采购活动的正常规范开展。

（3）实行“管、采分离”。即实行管理机构和执行机构分设的管理体制，使“裁判员”（财政部门）与“运动员”（执行机构）各司其职。

（4）强化对政府采购活动的监督。在强化财政部门对政府采购活动监管力度的同时，要发挥审计、监察等主体的监督作用，预防并及时纠正不公正行为。

（5）公开评审规则。即要事先公开评审规则，赋予供应商质疑和投诉的权利，预防“寻租”行为，维护政府采购市场秩序。

4. 诚实信用原则。诚实信用原则要求政府采购当事人在政府采购活动中，本着诚实、守信的态度履行各自的权利和义务，讲究信誉，兑现承诺。具体含义包括以下内容：

（1）规定权利和义务。确立政府采购的基本原则，全面规定各当事人的权利和义务。

（2）建立市场准入制度。建立供应商以及社会中介机构政府采购市场准入制度，禁止缺乏诚信的供应商参与政府采购活动。

（3）加大监督力度。采取各种有效措施促使政府采购当事人履行义务的自觉性，增强公众对资金使用和采购过程的信任。

5. 讲求绩效原则。讲求绩效原则是指政府采购应当实现绩效目标。使用财政性资金的，应当按照批准的预算执行，落实预算绩效目标要求。使用企业国有资产或者开展政府与社会资本合作的，应当有利于降低运营成本，提高公共服务质量与效率，促进国家经济社会发展，防范长期运营风险。具体含义包括以下内容：

（1）科学确定采购需求。在年初确定采购预算时，采购人应当依据法律法规、采购政策和国家相关标准，结合本部门职责科学合规确立采购需求。采购需求应当合规、完整、明确、可评判、可验证，符合采购项目特点和实际需要。

（2）采购过程符合绩效要求。在采购方式确定，供应商资格确定，中标和成交供应商的确定，采购项目的验收等方面都要符合采购绩效的要求。

（3）强化采购绩效结果应用。即对采购结果和效率优良的项目，要予以大力支持。对采购结果和效率不佳的项目，要采取有效措施防止资金无效使用。

第五节　政府采购管理体系

政府采购管理体系一般包括监管机构、法规体系、管理模式、质疑投诉机制、官员管理、中央和地方的关系和国际事务等。

一、监管机构

政府采购按使用对象，可分为民品采购和军品采购，军品采购的监管机构为国防部门，而民品采购的监管机构一般为财政部门或与财政管理事务有关的政府机构。由于各国的国情和政府机构设置不同，政府采购的监管机构也不完全相同。

韩国财政经济院政府采购厅（副部级机构），负责政府采购法规、政策的制定和全面、具体地执行。新加坡财政部预算署的采购和支出政策处，负责制定采购法规政策，统一采购部分物品，审查供应商资格，处理供应商的上诉并进行仲裁。美国为国会众议院的政府改革委员会技术与政府采购办公室和联邦会计总署。前者专门对政府采购中的腐败、欺诈等行为进行监督、检查或者组织听证会，重点对象是联邦服务总署。后者是国会的下属机构，直接对国会负责，该机构有权力对行政机关的采购计划进行评估，可以审阅所有的政府采购文件，为行政机关的采购计划提出建议，对政府采购项目进行审计。同时，联邦会计总署还是受理供应商投诉的最权威机构。另外，美国的总统行政与预算办公室下属的联邦采购政策办公室是联邦政府采购的政策主管机构，主任由总统任命参议院批准。其主要职责是制定政策，引导各政府部门建立政府采购机制，不负责有关法律、法规执行监督事宜。

在欧盟国家，德国设在经济部门，如联邦经济部等。具体分工是：经济部经济发展政策司负责政府采购政策法规；经济部卡特尔局（该机构的采购厅，只受理合同尚未签订前提出的投诉，合同签订后的投诉由普通民事法院处理）负责处理投诉事宜（投诉是收费标准是：2500—25000 欧元，特殊情况下允许收取 5 万欧元）；财政部负责政府采购预算和采购资金支付管理；审计部门负责对政府采购资金使用进行审计；联邦和州的政府采购审查办公室应供应商请求对政府采购活动进行审查。其他国家都设在财政部门，如法国、英国、西班牙为财政部的政府采购管理司。

> **想一想：**
>
> 我国与政府采购工作相关的法律应该有哪些？

虽然机构设置差别较大，有的只是政策制定，有的还负责监督，有的还承担集中采购职能，但在财政部内部管理机构与执行机构是分开设置的，如韩国和我国的香港特别行政区等。我国监管机构为财政部国库司（下设政府采购处），执行机构为集中采购机构和社会代理机构。

财政部门作为政府采购的监管机构，其职责主要包括：政府采购法规、政策的拟定和监督执行；采购预算和计划的编制；供应商、采购代理机构的资格标准的制定和审查；采购官员的培训和管理；采购争端的仲裁；国有资产的管理；采购信息的发布；采购统计和分析；部分甚至全部本级政府消费的货物、工程和服务的直接采购、分配和管理等。

二、法律体系

为了加强对政府采购的管理，实现政府采购的政策目标，各国和地区都制定了一系列有关政府采购的法律、法规和规章。

（一）基本法律

各国的基本法律为政府采购法和合同法。如韩国的《政府采购合同法案》《地方财政法》《政府投资机关法》，新加坡的《政府采购法案》，英国的《通用合同及商业法》等。美国没有统一的政府采购法，但有统一的采购条例，国防采购和民用采购是分别立法的。前者遵循的是《武器装备采购法》，后者遵循的是《联邦财产和管理服务法》，无论是国防采购还是民用采购都要统一执行《联邦采购条例》的规定。立法始于 1809 年，影响比较大的主要包括《武器装备采购法》（1947 年）、《联邦财产和管理服务法》（1949 年）、《合同竞争法案》（1984 年）、《联邦采购简化法》（1996 年）、《小企业法》、《联邦采购办公室法案》、《联邦采购条例》等在内的共 500 多部法律法规。我国的基本法为《政府采购法》，相关法律目前包括《招标投标法》《预算法》和《合同法》等在内的20多部相关法律。

（二）配套法规规章

除了基本法律之外，各国还制定了大量的配套法规和规章。如美国的《合同纠纷法案》《小额采购法案》《购买美国产品法案》等近20部配套法规，新加坡的《政府采购指南》，英国的《非公平合同条款》《贪污礼品法案》等。各国的各部门、单位根据政府采购的基本法律和配套法规的精神，结合本部门、本单位的实际情况，制定补充规定。地方政府根据中央政府的政府采购基本法律，制定地方实施细则。经过近30年的制度改革，截至2022年1月，我国先后配套制定出台了《政府采购法实施条例》，财政部规章6项（6个部长令），财政部规范性文件240余份。

（三）国际法律

由于许多国家为多边国际贸易协议（如世界贸易组织、联合国发展与贸易组织等）或双边国际贸易协议（如澳大利亚—新西兰、美国—以色列等）成员，也都相应制定了对外贸易中应遵循的政府采购法规。如美国贸易协议法规规定，禁止联邦政府购买未加入世贸组织国家的商品，或明确在国际贸易中应遵守的国际性或区域性政府采购协议，如WTO的《政府采购协议》、世界银行的《采购指南》、欧盟的《采购指令》、联合国贸发会的《采购示范法》等。

三、采购模式

政府采购模式包括集中采购、分散采购、集中采购与分散采购相结合三种。政府采购模式取决于各国的国情。各国在政府采购法律中都相应规定了负责集中采购的机构设置及其职责范围。我国实行集中采购与分散采购相结合的模式。

目前，从世界范围来看，随着科技进步和采购专业队伍的扩大，集中采购范围逐步缩小，分散采购成为发展方向。完全实行分散化采购的国家不多。多数国家实行半集中半分散的采购模式。

集中采购程度最高的国家是韩国。韩国财政经济院的政府采购厅，负责对中央政府以及中央政府驻地方机构的所有货物、工程和服务的采购、分配和管理。根据规定，韩国中央部门的政府采购中，价值在30亿韩元（300万美元）以上的工程采购项目、5000万韩元（5万美元）以上的货物采购，都必须由调达厅代为进行。地方部门的政府采购中，价值在100亿韩元（1000万美元）以上的工程采购项目、5000万韩元（5万美元）以上的货物采购，都必须由调达厅代为进行。上述标准以下的采购项目，既可以由各部门自行采购，也可以委托调达厅代为采购。调达厅是财政经济部下属的一个副部级单位，也是全国唯一的政府采购专职机构（没有政府采购的中介机构）。厅长由总统直接任命，工作人员为国家公务员。由10个地方厅和5个海外购买办公室组成，人员935人。

在带有集中采购性质的国家，集中采购机构有的设在财政部，如韩国、新加坡等。有的设有专门的部级或副部级机构，如美国的联邦综合服务局、澳大利亚的采购局、加拿大的工程和服务采购部等。

四、质疑投诉机制

> **思考一下：**
> 为什么要建立政府采购的质疑投诉机制？

供应商质疑和投诉是采购活动中经常遇到的问题，如果这些问题得不到妥善的解决，不仅会影响采购活动的正常开展，还会影响政府的信誉，影响政府与供应商之间的关系。正因为如此，WTO的《政府采购协议》以及许多国家的政府采购制度中包括了对处理质疑和投诉问题的特殊规定，包括机构、程序、时间、条件等。

关于机构设置，《政府采购协议》要求设立一个独立的机构，但这只是将来的趋势，目前各国的做法差异很大。有的国家将这类机构设在财政部门，如新加坡、韩国等；有的国家由法院负责，如英国等；有的国家或地区另设独立机构，如澳大利亚的联邦政府调查委员会，日本的政府采购审查委员会，中国香港特别行政区的投标投诉审裁组织；有的国家由负责管理贸易投诉的行政法庭来负责，如加拿大的国际贸易仲裁法庭，美国的会计总长办公室和服务管理总局合同上诉委员会，美国的法院也可以受理。

同属于行政审议模式的加拿大和美国，也是有差异的。加拿大国际贸易仲裁法庭设有一个秘书处专门处理政府采购的调查投诉。所有质疑需由原上诉机构和被质疑的采购机构提交书面材料进行非正式调查，若上诉人有要求还将举行非正式听证会。仲裁法庭有判决胜诉方支付诉讼费，包括与投标有关的诉讼费的权利。当质疑在审理时，采购行为还可以继续。法庭的决定对采购机构的约束力只限于采购机构在切实可行的程度范围内执行法庭的决定，实际上，法庭的决定通常都得到了执行。美国服务管理总局合同上诉委员会有类似法院的权利，也有类似法院的正式听证程序，上诉人和采购机构都有权利出席，法官有权中止合同行并且将相当大的诉讼费判给胜诉的质疑方。提出质疑的费用通常很高，一般约为 7 万美元，质疑必须在 45 个工作日内解决。

成功地解决投诉问题的补偿机制有道歉、重新审查采购决定、取消采购决定、重新招标、补偿损失、修正有关的采购规划或程序、暂停采购活动等。为了减少采购活动中的争端，很多国家都制定了内部或外部审计和监督程序，以确保政府采购活动的正常进行。发达国家的经验表明，合同上诉的情况不多，以前上诉人经常胜诉，但随着政府采购采为变得越来越有效率并通常遵守《政府采购协议》，上诉方获得胜诉的比率在不断下降。

五、采购专业岗位管理

采购专业岗位管理包括知识面宽阔、强化培训、岗位职业化、实行分工负责和实行行业自律等方面。

（一）具备宽阔的知识面

知识面包括国内、国际；政策、程序；经济、法律；市场、价格；公关、社会；保障、安全等方面。

1. 采购官员的知识构成。各国对财政采购官员的要求是非常高的，他们不仅要懂得政府采购的法规政策，还要懂国际贸易的政策和规则；不仅要熟悉采购程序，还要掌握国内外市场情况；不仅要懂经济知识，还要具备多方面的专业知识；不仅要懂采购技巧，还要善于解决采购过程出现的各种问题。

2. 一般采购人员的知识构成。包括政府采购道德准则知识、国际国内市场运行知识、商业运行规则知识、经济学原理和实践知识、政府采购内容的专业知识、供应管理知识、政府采购法律和法规知识、国际采购法规与惯例知识、国家经济宏观调控和政府采购政策知识、国际货币制度知识、政府采购技术经济知识、采购对象的价格构成和定价知识、社会公共关系知识、政府采购保障与安全知识等。

（二）重视培训和管理

实行中央和地方分级培训和管理制度。为了保证政府采购队伍的职业化、专业化，各国都非常重视对采购官员的培训和管理。负责大宗商品的采购或具有高风险的商品和服务的采购官员，由中央政府培训，负责小额商品的采购官员由部门或地方培训。专业化采购内容主要反映在三个方面：一是需求调研和需求确定，二是对采购标的的成本测算，三是对项目履约的风险防控。

（三）实行岗位职业化专业化

由政府采购监管机构登记注册，培训合格的官员在采购主管部门登记注册，只有注册官员才能上岗。美国不仅有政府采购监管领域的注册政府采购官，更有分布在政府采购多个环节的、人数众多的注册政府采购师，他们和注册会计师一样在本专业领域具有从业资格。全国政府采购委员会全权拥有和掌控两个注册岗位的认证权力。美国完善的注册政府采购师和注册政府采购官认证制度，是其健全的政府采购管理制度体系中重要的组成部分。

（四）实行分工负责

对采购岗位实行流水作业、分工负责。岗位设置包括合同官员、采购官员和采购经办人员。合同官员包括合同谈判官员、合同管理官员、合同终止官员、采购分析官员、成本分析官员、法律顾问等；采购官员和经办人员包括采购、供应程序管理人员，市场及运行分析人员。另外还有质量管理人员、政府财产管理人员，财务人员、审计人员、法律人员、小型企业分析人员、运输管理人员、后勤管理人员等。在采购工作中实行流水作业、各负其责的办法，即将采购的各环节分管，分别由不同的官员负责和经办。上一个环节的官员向一个环节官员交接工作时，必须书面保证本环节具有合法性。在签订合同时，由不同级别的官员签订不同金额的合同，合同金额越大，要求合同签订人的级别越高。按这套机制运作，权责对称，责任明确。

> **讨论一下：**
>
> 如何有效构建政府采购队伍人员的知识结构？

（五）实行行业自律

为了加强对采购官员的管理，很多国家还制定了“政府采购官员行为准则”，同时对违纪的采购官员及供应商进行严惩。如新加坡有关法律规定，受贿官员将将 7 年徒刑，行贿供应商则 5 年内不得进入政府采购市场。

六、采购信息管理

采购信息管理是政府采购管理制度中的一个重要组成部分。所谓采购信息，是指采购管理过程中反映各种采购活动的数字和资料的总称。采购信息管理不仅是指采购信息的发布，还包括采购情况的各项记录信息等。关于采购信息的发布，通常做法是在采购主管机构指定的媒体（如报纸、杂志和网络）上进行。

采购记录信息的内容非常多，各国对政府采购信息的分类也不一样。通过对政府采购各项信息的收集和处理，可以对采购进行地域分析、市场分析以及对政府政策目标落实情况的分析，是对政府采购制度的一种评估方法。

七、中央和地方关系

中央和地方的关系是指政府采购实行分级管理，中央政府和地方政府建立各自的政府采购制度，但两者不是绝对独立的。首先，一个国家只有一部政府采购法，法律规定的原则和要求，中央和地方政府都必须遵守，地方政府在不违背政府采购法规定的原则和要求的前提下，可以制定本地区的政府采购实施细则。其次，由于中央政府与地方政府存在资金往来关系，特别是中央政府要给地方政府大量的转移支付，因此，只要地方政府的采购项目中含中央政府的补助，无论地方政府的法律地位如何，必须按中央政府的采购规则操作。至于地方政府用自有资金安排的采购项目，则完全可以按地方的采购规则执行。

八、采购国际事务

国际事务主要是指有关政府采购问题的对外谈判事务。按国际上的一般做法，一般是由外贸部门负责，也有的国家由财政部门负责。

学习小资料

进一步加大政府采购支持中小企业力度

2022年5月31日，为贯彻落实《国务院关于印发扎实稳住经济一揽子政策措施的通知》（国发〔2022〕12号）有关要求，做好财政政策支持中小企业纾困解难工作，助力经济平稳健康发展，财政部发布了《关于进一步加大政府采购支持中小企业力度的通知》（财库〔2022〕19号）。

关于加大政府采购支持中小企业力度的政策有关事项如下：

一、严格落实支持中小企业政府采购政策。各地区、各部门要按照国务院的统一部署，认真落实《政府采购促进中小企业发展管理办法》（财库〔2020〕46号）的规定，规范资格条件设置，降低中小企业参与门槛，灵活采取项目整体预留、合理预留采购包、要求大企业与中小企业组成联合体、要求大企业向中小企业分包等形式，确保中小企业合同份额。要通过提高预付款比例、引入信用担保、支持中小企业开展合同融资、免费提供电子采购文件等方式，为中小企业参与采购活动提供便利。要严格按规定及时支付采购资金，不得收取没有法律法规依据的保证金，有效减轻中小企业资金压力。

二、调整对小微企业的价格评审优惠幅度。货物服务采购项目给予小微企业的价格扣除优惠，由财库〔2020〕46 号文件规定的 6%—10% 提高至 10%—20%。大中型企业与小微企业组成联合体或者大中型企业向小微企业分包的，评审优惠幅度由 2%—3% 提高至 4%—6%。政府采购工程的价格评审优惠按照财库〔2020〕46 号文件的规定执行。自本通知执行之日起发布采购公告或者发出采购邀请的货物服务采购项目，按照本通知规定的评审优惠幅度执行。

三、提高政府采购工程面向中小企业预留份额。400 万元以下的工程采购项目适宜由中小企业提供的，采购人应当专门面向中小企业采购。超过 400 万元的工程采购项目中适宜由中小企业提供的，在坚持公开公正、公平竞争原则和统一质量标准的前提下，2022 年下半年面向中小企业的预留份额由 30% 以上阶段性提高至 40% 以上。发展改革委会同相关工程招投标行政监督部门完善工程招投标领域落实政府采购支持中小企业政策相关措施。省级财政部门要积极协调发展改革、工业和信息化、住房和城乡建设、交通、水利、商务、铁路、民航等部门调整完善工程招投标领域有关标准文本、评标制度等规定和做法，并于 2022 年 6 月 30 日前将落实情况汇总报财政部。

四、认真做好组织实施。各地区、各部门应当加强组织领导，明确工作责任，细化执行要求，强化监督检查，确保国务院部署落实到位，对通知执行中出现的问题要及时向财政部报告。

本通知自 2022 年 7 月 1 日起执行。

资料来源：中国政府采购网，2022 年 5 月 30 日。

【重要概念】

政府采购	采购人	采购代理机构
政府采购资金	政府采购模式	政府采购形式
政府采购对象	政府采购项目范围	物有所值
国货标准	集中采购目录	采购限额标准

【思考练习题】

1. 简述政府采购的一般特征。
2. 简述我国政府采购的项目范围。
3. 简述我国政府采购的政策目标。
4. 简述政府采购“物有所值”原则的含义。
5. 简述我国政府采购公开透明原则的含义。
6. 简述我国政府采购公平竞争原则的含义。
7. 简述我国政府采购公正原则的含义。
8. 简述我国政府采购诚实信用原则的含义。
9. 简述我国政府采购讲求绩效原则的含义。
10. 简述我国政府采购促进中小企业发展的政策手段。
11. 简述我国政府采购促进环境保护的政策手段
12. 简述政府采购队伍人员的知识结构。
13. 论述我国政府采购改革的成效、问题和对策。

【案例分析】

1. 资料如下：

2022 年 5 月 13 日，反垄断最高执法机构——国家市场监管总局正式宣布：根据前期核查，对知网涉嫌实施垄断行为立案调查。从披露的信息来看，知网的用户主要集中在高校、图书馆、科研学术机构等，而高校、图书馆、科研学术机构属于政府采购主体，是知网学术文献数据库平台服务的主要购买者。有关机构查阅了 2021 年 11 月 16 日— 2022 年 5 月 17 日近半年内发布在中国政府采购网的采购结果，发现知网的成交结果公告达 82 个之多，这还不包括期间大量续签的服务合同。勉强可以称得上是竞争对手的三个知识服务平台，加起来同期也只有 21 个中标成交信息（其中万方 16 个、龙源 1 个、维普 4 个），项目数量占知网的 1/4 多一点，但这三个公司中标、成交的项目金额普遍低于 10 万元，不及知网一般项目金额的 1/10。由此可见，知网在行业中居于明显的支配地位。

同时还还发现，在知网成为成交供应商的 82 个采购项目中，无一例外都采用了缺乏竞争的单一来源采购方式。为什么要采用单一来源方式？在一个成交结果公告中，用单一来源的理由是这样写的：知网系列数据库“是目前唯一能同时提供期刊、博硕士论文、会议论文、报纸、年鉴的全文数据库，核心资源独家和唯一授权比率很高，唯一完全满足我校教学、科研、专业建设需求，故产品具有唯一性”。这个单一来源方式的适用理由昭示了知网在行业中的头部地位，也意味着：作为采购人，无论是高校、还是图书馆、抑或是科研学术机构，在价格谈判上都毫无话语权。大量甚至全部项目采用竞争性差的单一来源采购方式有什么危害呢？

2. 根据上面所提供资料，请分析与讨论：知网的做法违反了政府采购法的哪些规定？知网的这种做法的根源是什么？会带来什么危害？政府采购应该采取什么措施遏制这种现象？

第二章　政府采购当事人

【学习目标和要点】

- 政府采购当事人
- 供应商基本条件
- 采购人的权利与义务
- 供应商的权利和义务
- 采购代理机构的权利和义务
- 社会代理机构基本条件

第一节　政府采购当事人概述

政府采购立法目的之一，就是对政府采购活动各个方面行为主体和利益关系进行规范和约束。政府采购法对政府采购当事人的含义、范围、主要职责、禁止性行为以及权益保护作了明确规定。其目的就是规范政府采购当事人的权利、义务和责任，从而提高政府采购活动的规范性、公平性和透明度，最大限度地保护政府采购当事人的合法权益，同时维护国家利益和社会公共利益，促进廉政建设。

按照我国现行政府采购法律规定的解释，当事人是指在一定范围内具有一定权利和行为能力，依法独立享有特定范围权利和承担特定范围义务的自然人和法人。如果这个特定范围是民事活动，就是民事当事人。如果是指政府采购行为，就是政府采购当事人，包括采购人、采购代理机构和供应商。从政府采购法草案修订征求意见稿来看，政府采购当事人确定为采购人和供应商双方，把采购代理机构、评审专家等其他主体确定为参与人。不管是当事人，还是参与人，不论是采购人、采购代理机构、供应商，还是评审专家，都是政府采购活动的相关主体。政府采购活动是指一个具体的采购项目从准备采购到履行合同完毕整个过程的各项活动，以及与这些活动相关的事后相关活动，包括管理活动、组织实施活动、纠纷处理活动、复议活动、诉讼活动等。本章主要内容将根据权利、义务和责任的不同，分别介绍采购人、采购代理机构和供应商等主要参与人的权利和义务。

一、采购人

采购人顾名思义就是买方，是购买和使用所采购对象的主体。从政府采购性质、使用资金等特点看，政府采购的采购人应当是政府部门。由于我国的国家管理体制与国外不同，具有自己的特色，其机构设置反映了中国国情，所以，政府采购法规定的采购人是指依法进行政府采购的国家机关、事业单位和团体组织。

想一想：

如何辩证认识事业单位的采购人资格？为什么？

（一）国家机关

根据我国管理体制和机构设置情况，国家机关包括国家权力机关、行政机关、审判机关和监察机关。国家权力机关主要是指各级人大机关。行政机关主要是指行政管理机关，即中央和地方各级人民政府及所属部门，另外，还应包括中共中央机关系统。审判机关主要是指各级人民法院。监察机关主要是指各级人民检察院。

（二）事业单位

事业单位在一些国家被称为社会公共事业部门，我国事业单位是由国家为履行社会公益事业而设立的非行政和非营利性机构。目前，根据其职能和财政经费管理体制，分为自收自支、差额拨款和全额拨款三种类型的事业单位。差额拨款和全额拨款的事业单位为采购人，自收自支事业单位可根据实际情况来确定，如果因特殊情况使用财政性资金或进行对社会及公众影响较大的采购活动时，应当作为政府采购人。

（三）团体组织

社会团体，是指为一定目的由一定人员组成的社会组织。如科技、文化、艺术、慈善事业等社会群众团体。成立社会团体除需要一定数目的人员组成以外，还要制定章程、到有关机关登记，有的还须依法申请许可等。

社会团体是当代中国政治生活的重要组成部分。中国社会团体都带有准官方性质。《社会团体登记管理条例》规定，成立社会团体必须提交业务主管部门的批准文件。业务主管部门是指县级以上各级人民政府有关部门及其授权的组织。社会团体实际上附属在业务主管部门之下。中国的社会团体是社会组织的一种。这里主要是指各民主党派、财政供给经费的社会协会、联合会和基金会等。

其他采购实体前已述及，这里不再赘述。

二、采购代理机构

（一）种类

我国政府采购法律法规规定，政府采购代理机构分为两种：一种是政府设立的集中采购机构。另一种是集中采购机构以外的具备一定条件的社会代理机构。集中采购机构是设区的市级以上人民政府依法设立的非营利事业法人，是代理集中采购项目的执行机构。集中采购机构应当根据采购人委托制定集中采购项目的实施方案，明确采购规程，组织政府采购活动，不得将集中采购项目转委托。集中采购机构以外的采购代理机构，是从事采购代理业务的社会代理机构。

根据《全国人民代表大会常务委员会关于修改〈中华人民共和国保险法〉等五部法律的决定》（2014 年 8 月 31 日第十二届全国人民代表大会常务委员会第十次会议决定），自 2014 年 8 月 31 日起，取消财政部及省级人民政府财政部门负责实施的政府采购代理机构（以下简称代理机构）资格认定行政许可事项。在 2014 年 9 月 26 日，财政部印发了《关于做好政府采购代理机构资格认定行政许可取消后相关政策衔接工作的通知》（财库〔2014〕122 号），按照“自愿、免费、一地登记、全国通用”的办法，对取消资格认定后从事政府采购代理业务的社会代理机构实行网上登记管理。

社会代理机构资格认定行政许可取消后，将会带来三点变化。第一，财政部门将取消对代理机构的资格管理。自 2014 年 8 月 31 日起，政府采购代理机构执业将不再需要资格证书，已取得的政府采购代理机构甲、乙级资格证书自动失效，财政部和省级人民政府财政部门不再接收政府采购代理机构资格认定申请，已接受申请的将停止相关资格认定工作。第二，财政部门将对代理机构实行网上登记管理。为满足代理机构信息发布、专家抽取等业务工作需要和便于采购人选择代理机构和政府采购监管部门加强业务监管，代理机构网上登记管理实行“自愿、免费、一地登记、全国通用”的办法。财政部建设新的代理机构管理系统，新系统于2015年1月1日正式上线运行，凡有意从事政府采购业务的代理机构，均可以在中国政府采购网（www.ccgp.gov.cn）或其工商注册所在地政府采购省级分网站（相关网址可在中国政府采购网上查询）进行网上登记。第三，财政部门将对代理机构实行“宽进严管”。财政部按照国务院由事前审批向事中事后监管转变的要求，研究制定代理机构新的具体管理办法。一是定期对代理机构执行政府采购法律法规及相关政策情况进行专项检查，规范采购代理行为。二是加快组建行业协会，依靠行业自律管理，强化代理机购的社会公德意识。三是制定代理机构执业能力评价方法和标准，积极开展行业评价，并打破地区行业保护，形成全国范围内政府采购评价信息的互认共享。四是加大对违法违规行为的处罚力度，代理机构在经营活动中有违法违规行为的，将在一年至三年内禁止其代理政府采购业务。

网上登记信息包括机构名称、法人代表、注册地址、联系方式、专职人员情况等内容。自愿进行网上登记的代理机构需要完成以下两项工作：一是在中国政府采购网或工商注册所在地的省级分网站在线填写上述登记信息；二是扫描上传营业执照、组织机构代码证、税务登记证副本、社会保险登记证书、中级以上专业技术职务证书等相关证明资料。需要说明的是，登记信息和上传资料均应由代理机构自行完成，包括登记后有关信息发生变化，也应由代理机构自行维护和更新。代理机构应对登记信息的真实性、有效性负责，所有登记信息将通过系统向社会公开，接受社会监督。

代理机构资格认定取消后、网上登记系统的政策衔接问题，一是系统建设期间如何保障有意从事政府采购业务的代理机构的正当权益，二是如何不损害原有政府采购代理资格和已申报政府采购代理资格的代理机构的权益。对于第一个层面的衔接，《通知》规定2015年1月1日前，有意从事政府采购业务的新的代理机构，可以携带网上登记信息的相关证明材料原件及复印件，到工商注册所在地省级人民政府财政部门填写《政府采购代理机构登记表》进行纸质登记，完成纸质登记后即可在全国范围内从事政府采购相关业务。对于第二个层面的衔接，《通知》规定，截至2014年8月31日，政府采购代理机构资格证书还在有效期内的代理机构，以及财政部门已接受申请但尚未完成资格认定的代理机构，视同已经完成纸质登记，可以在全国范围内从事政府采购相关业务。

> **思考一下：**
>
> 采购代理机构如何提高代理采购效率？

财政部将严格按照国务院取消行政许可的有关要求，对代理机构不再提出任何资格条件，不做任何事前审核。对于完成网上登记的代理机构，系统自动将其名称纳入中国政府采购网“政府采购代理机构”专栏“政府采购代理机构名单”，并授予相关业务网络操作权限。对于完成纸质登记的代理机构，要求省级以上财政部门现场为其开通相关业务网络操作权限。代理机构资格认定取消后，按照政府采购法的规定，财政部门对代理机构仍然负有监督管理的职责。为防止代理机构提供虚假信息登记，《通知》作如下规定。一是将代理机构所有登记信息通过系统向社会公开，引入同业监督和社会监督。二是任何个人和组织发现代理机构提供虚假登记信息，可以向登记地省级人民政府财政部门举报。对于经查实提供虚假材料进行登记的代理机构，其名称将被列入政府采购代理机构不良行为记录名单，并在中国政府采购网“政府采购代理机构”专栏“政府采购代理机构不良行为记录名单”中予以公告。

自《通知》发布之日起，财政部和省级财政部门将在中国政府采购网“政府采购代理机构”专栏“政府采购代理机构名单”中，公告已完成纸质和视同完成纸质登记的政府采购代理机构名单，采购人可以在名单中选择代理机构。据统计，截至《通知》发布之日，此类政府采购代理机构有3000多家，已经可以基本满足政府采购相关代理业务的需要，资格认定取消不会影响相关业务的开展。

（二）条件

虽然取消了社会代理机构的资格认定，但社会代理机构还应当具备开展代理业务所需条件。我国《采购法实施条例》规定，采购代理机构应当建立完善的政府采购内部监督管理制度，具备开展政府采购业务所需的评审条件和设施。

2018年1月4日财政部颁布新的《政府采购代理机构管理暂行办法》（财库〔2018〕2号）规定，社会代理机构实行名录登记管理。省级财政部门依托中国政府采购网省级分网建立政府采购代理机构名录（以下简称名录）。名录信息全国共享并向社会公开。社会代理机构应当通过工商登记注册地（以下简称注册地）省级分网填报以下信息申请进入名录，并承诺对以下的信息真实性负责：一是代理机构名称、统一社会信用代码、办公场所地址、联系电话等机构信息；二是法定代表人及专职从业人员有效身份证明等个人信息；三是内部监督管理制度；四是在自有场所组织评审工作的，应当提供评审场所地址、监控设备设施情况；五是省级财政部门要求提供的其他材料。登记信息发生变更的，社会代理机构应当在信息变更之日起10个工作日内自行更新。

同时规定，社会代理机构代理政府采购业务应当具备以下条件：一是具有独立承担民事责任的能力；二是建立完善的政府采购内部监督管理制度；三是拥有不少于5名熟悉政府采购法律法规、具备编制采购文件和组织采购活动等相应能力的专职从业人员；四是具备独立办公场所和代理政府采购业务所必需的办公条件；五是在自有场所组织评审工作的，应当具备必要的评审场地和录音录像等监控设备设施并符合省级人民政府规定的标准。

三、供应商

供应商就是卖方，是采购对象的提供者。按照政府采购法律法规规定，供应商必须是法律规定的合格的供应商，并对其资格条件及其证明材料作了明确规定。

根据政府采购法律法规规定，政府采购供应商是指参加政府采购活动，有意愿向采购人提供货物、工程或者服务的法人、其他组织或者自然人。供应商是指在我国境内注册登记的法人和其他组织以及中国公民，不包括在我国境外注册登记的法人和其他组织以及外国公民。法人包括企业法人、机关法人、事业单位法人和社会团体法人。其他组织是指不具备法人条件的组织，主要包括合伙组织、非企业专业服务机构、个体工商户、农村承包经营户等。自然人是指按照《中华人民共和国民法通则》规定的具有完全民事行为能力，并能够承担民事责任和义务的公民。

同时，政府采购法律法规规定，供应商不仅可以是独立的法人、其他组织或者自然人，还可以是两个以上的自然人、法人或者其他组织组成的联合体。以联合体形式进行政府采购活动的，参加联合体的供应商应当向采购人或政府采购代理机构提交联合协议，载明各方的权利和义务，以一个供应商的身份共同参加政府采购。联合体各方应当共同与采购人签订采购合同，就采购合同约定的事项对采购人承担连带责任。无论是单一的自然人、法人或者其他组织，还是由自然人、法人或者其他组织组成的联合体，均必须符合法定的供应商基本资格条件。将来根据发展和改革的需要，只要联合体符合采购项目的全部要求即可，不要求联合体各方都符合供应商资格条件。采购人可以根据采购项目的特殊要求，规定供应商的特定条件，但不得以不合理的条件对供应商实行差别待遇或者歧视待遇。

> **讨论一下：**
>
> 政府采购为什么要规定供应商的准入条件？

我国《政府采购法》第二十二条规定了合格供应商应当具备的基本条件：一是注册于中华人民共和国境内，具有独立承担民事责任能力的法人；二是与采购人、采购人就本次招标的货物或者服务所委托的咨询机构、招标代理机构、以及上述机构的附属机构没有行政或经济关联；三是遵守国家法律、法规和招标代理机构有关招标的规定；四是具有良好的商业信誉和健全的财务会计制度；五是具有履行合同所必需的专业技术能力；六是有依法缴纳税收的良好记录；七是参加政府采购活动近三年内，在经营活动中没有重大违法记录；八是法律、行政法规规定的其他条件。

为了规范供应商资格条件和方便对供应商进行资格审查，《中华人民共和国采购法实施条例》（以下简称《政府采购法实施条例》）第十七条规定了参加政府采购活动的供应商应当如实提供下列资格证明材料。一是法人或者其他组织的营业执照、事业单位法人证书、执业许可证等证明文件，自然人的身份证明。二是财务状况报告，依法缴纳税收和社会保障资金的相关材料。财务状况报告包括经审计的财务报告、银行出具的资信证明、投标担保函等。财务报告包括“四表一附注”。缴税证明材料是指缴纳增值税、所得税的证明材料。依法免税或不需要缴纳社会保障资金的供应商，应通过相应材料证明。三是具备履行合同所必需的设备和专业技术能力的证明材料。四是参加政府采购活动前 3 年内在经营活动中没有重大违法记录的书面声明。重大违法记录，是指供应商因违法经营受到刑事处罚或者责令停产停业、吊销许可证或者执照、较大数额罚款（200 万元以上）等行政处罚。主要是要求供应商提供书面声明函。供应商在参加政府采购活动前 3 年内因违法经营被禁止在一定期限内参加政府采购活动，期限届满的，可以参加政府采购活动。五是具备法律、行政法规规定的其他条件的证明材料。

同时规定，采购项目有特殊要求的，供应商还应当提供其符合特殊要求的证明材料或者情况说明。单位负责人为同一人或者存在直接控股、管理关系的不同供应商，不得参加同一合同项下的政府采购活动。除单一来源采购项目外，为采购项目提供整体设计、规范编制或者项目管理、监理、检测等服务的供应商，不得再参加该采购项目的其他采购活动。

第二节　采购人权利和义务

一、采购人权利

为了保护采购人的合法权益，保障国家利益和社会公共利益，保证政府采购制度规定的实施，政府采购法明确规定了采购人的合法权益，概括起来包括以下内容。

（一）采购需求申请权

采购人有权根据自身工作需要通过编制采购预算向政府有关部门提出项目采购需求申请的权利。采购人为了履行经济社会管理职能、实现社会公益的目的，必然需要占有耗用相应采购对象。因此，为了使政府采购主体正常履行其职能，法律也必然赋予其为履行职能提出对自己所需要采购对象购买申请的权利。因此，采购需求由各采购人提出，构成采购人的一项具体权利。但是，需要说明的是采购人对需要对象的采购，并不完全由自己控制，而是按照财政部门规定的预算编制原则、方法和程序，在预算规定的范围内执行。在编制部门采购预算时，详细确定需要采购货物和劳务的功能、数量、资金来源、供应时间等。预算批复后，执行预算时再详细编制采购计划。

> **讨论一下：**
>
> 采购人应该如何科学编制采购预算？

《政府采购法实施条例》第十五条规定，采购需求应当符合法律法规以及政府采购政策规定的技术、服务、安全等要求。政府向社会公众提供的公共服务项目，应当就确定采购需求征求社会公众的意见。除因技术复杂或者性质特殊，不能确定详细规格或者具体要求外，采购需求应当完整、明确。必要时，应当就确定采购需求征求相关供应商、专家的意见。

（二）代理机构选择权

按照规定，采购人采购集中采购目录以外的采购项目可以自行采购，也可以委托集中采购机构采购，还可以委托社会代理机构代理采购，任何单位和个人不得以任何方式为采购人指定采购代理机构。但基于政府采购特殊性的要求，政府采购必须在政府采购监督管理部门的监管之下进行。监督管理部门监督采购人在法定规则下自主采购，而不是越权采购，更不是剥夺采购人的权利。采购人应当根据项目特点、代理机构专业领域和综合信用评价结果，从登记名录中自主择优选择社会采购代理机构。任何单位和个人不得以摇号、抽签、遴选等方式干预采购人自行选择代理机构。采购人有权自己选择社会代理机构，这是采购人自行的权利，但是绝不意味着采购人可以无条件地、不受限制地任意选择代理机构，即必须在政府采购法定媒体登记备案的社会代理机构名录中自主选择，超出这个范围界限是绝对不允许的。

（三）采购协议签署权

采购人有权按照采购需求与采购代理机构签署委托代理协议，任何单位和个人不得以任何方式为采购人指定代理机构。在采购人与采购代理机构充分协商的基础上通过委托代理协议，明确委托代理的具体内容和事项，包括采购代理范围、权限、期限、档案保存、代理费用收取方式及标准、协议解除及终止、违约责任等具体事项，约定双方权利义务。采购人与代理机构之间的委托关系可以是全面委托，也可以部分委托。一般来说，采购文件的确认、采购合同签订与履行、采购项目的验收等关键环节事宜，不宜委托。

代理机构应当严格按照委托代理协议的约定依法依规开展政府采购代理业务，相关开标及评审活动应当全程录音录像，录音录像应当清晰可辨，音像资料作为采购文件一并存档。采购人和代理机构在委托代理协议中约定由代理机构负责保存采购文件的，代理机构应当妥善保存采购文件，不得伪造、变造、隐匿或者销毁采购文件。采购文件的保存期限为从采购结束之日起至少十五年。采购文件可以采用电子档案方式保存。采用电子档案方式保存采购文件的，相关电子档案应当符合《中华人民共和国档案法》《中华人民共和国电子签名法》等法律法规的要求。

> **思考一下：**
> 采购人哪些权力不易委托给采购代理机构？

（四）采购代理监督权

采购人委托采购代理机构后，应当依法对采购代理人执行委托代理协议的情况进行监督。采购代理机构在受托范围内以采购人的名义进行具体采购活动，但在这期间有可能产生采购代理机构违背采购人利益和社会公共利益进行采购的行为，甚至有可能产生采购代理人与供应商恶意串通获得不正当利益并损害了采购人合法利益的行为。例如，采购代理机构采购的货物或服务不符合采购人的要求，不履行或不完全履行委托代理协议约定的义务，或者采购的商品劳务质量差、成本高等。当采购人发现采购代理机构在代理政府采购活动中有违法行为的，应当及时予以制止，要求其改正。采购代理机构拒不改正的，采购人应当及时向同级人民政府财政部门报告情况，由财政部门依法处理；经认定资格的采购代理机构拒不改正的，采购人应当终止与采购代理机构的委托代理协议。

（五）采购资格审查权

在政府采购中，供应商的资格与提供采购对象的能力将直接关系到采购人的采购质量与效率。因此，采购人按照法律规定要求参加政府采购的供应商提供有关资质证明文件和业绩情况资料；对供应商规定有特殊条件和采购项目对供应商有特定要求，根据法律规定的供应商条件和采购项目对供应商的特殊要求，对供应商的资格进行审查。

但需要注意的是，当采购人将采购事宜委托给采购代理机构以后，供应商的资格审查不应该全部由采购代理机构来进行。为了维护采购人自身的利益和社会公共利益，实现政府采购目的，政府采购中对于委托的采购项目，采购人有权参与采购文件编制、有权确认采购文件、有权参与对供应商资格的审查、有权参与项目评审。采购人参与采购过程权利实现的具体途径主要是派代表作为委托项目的评标委员会成员、谈判小组成员或询价小组的成员等。需要说明的是，委派代表参与采购过程并不意味着对政府采购过程，尤其是评标委员会的评标过

> **思考一下：**
> 不同采购方式对供应商进行资格审查的主体有区别吗？

程进行倾向性干预等。

（六）采购结果确定权

采购人可以在法律规定的范围内，依据采购需求制定的采购标准和规定，根据采购代理机构提交的采购结果和中标、成交建议，确定符合采购要求的优秀供应商。如有充分理由证明评标委员会的评审结果不公正时，采购人有权拒绝确认。当然，采购人也可以将最终确认权委托给评标委员会或者评审小组，或者是采购代理机构代理行使。

长期以来，在政府采购实践中存在大量单次采购金额小、不同采购主体需要多次重复采购的需求，如采购计算机软件、汽车维修和加油等，目前一般通过集中采购机构的协议供货和定点采购来实施。这种做法为小额零星采购活动提供了便利，但也因缺乏专门的制度规范，暴露出一些问题，社会多有反映。因此，借鉴国际经验，财政部令第110号《政府采购框架协议采购方式管理暂行办法》（以下简称《框架协议采购方式》）明确了框架协议采购方式的管理制度，自2022年3月1日起施行，以期从根本上系统性解决相关问题，构筑长效机制。《框架协议采购方式》将框架协议采购分为封闭式框架协议采购和开放式框架协议采购两种形式，并明确以封闭式框架协议采购为主。框架协议主要由集中采购机构和主管预算单位订立。对于集中采购目录以内品目以及与之配套的必要耗材、配件等，由集中采购机构负责征集程序和订立框架协议；集中采购目录以外品目，由主管预算单位负责征集程序和订立框架协议。其他预算单位，如医院、高校等，确有需要的，经其主管预算单位批准，也可以作为征集人组织实施框架协议采购，并按照《办法》关于主管预算单位的规定执行。

（七）采购合同签订权

采购人有权按照法律规定根据确认的评审结果与中标或成交供应商签订采购合同，也可以委托采购代理机构代表其与供应商签订合同。政府采购合同是一种民事合同，适用民事合同的方式来处理政府采购中供应商与采购人之间的关系更符合政府采购当事人之间自愿、平等的关系。采购人委托采购代理机构代表其与供应商签订采购合同，需要提交授权委托书。

（八）采购履约验收权

履约验收是指采购人或采购代理机构依据采购合同对供应商提供的采购对象进行验收，是保证政府采购质量的关键环节。法律规定，采购人或者其委托的采购代理机构应当组织对供应商履约的验收。作为采购对象的使用者，自然有权和必须参与验收。同时为保证合同标的的质量，大型或者复杂的政府采购项目，采购人或者其委托的政府采购代理机构应当邀请国家认可的质量检测机构参加验收工作。验收不合格的，采购人有权拒绝付款或扣留部分货款。

> **讨论一下：**
> 如何提高政府采购项目的验收质量？

（九）自行采购决定权

由于采购人所承担的社会职能不同，需要采购的商品、劳务种类繁多，质量、功能要求各异，有通用性的采购项目，也有特殊性的采购项目。采购项目的不同情况必然产生对商品劳务供应商的特殊要求。为满足部门的特殊需要，就需要采用与之相适应的特殊采购方式。为此，法律对特殊情况下的采购方式进行了明确的规定，赋予有特殊要求的政府采购人特定的权利，即采购人对属于本部门、本系统有特殊要求的项目，可以实行部门集中采购；属于本单位有特殊要求的项目，经省级以上人民政府批准，可以自行采购。财政部第 87 号令《货物和服务招投标管理办法》第九条规定，未纳入集中采购目录的政府采购项目，采购人可以自行招标，也可以委托采购代理机构在委托的范围内代理招标。采购人自行组织开展招标活动的，应当符合下列条件：一是有编制招标文件、组织招标的能力和条件；二是有与采购项目专业性相适应的专业人员。

（十）采购投诉检举权

投诉权是指采购人认为自己的权益受到损害时有权向政府采购监管部门投诉的权利。检举权是指采购人有权向政府有关部门检举政府采购过程中的违法、违规行为。

二、采购人义务

采购人是以履行政府管理职能、实现国家利益和社会公共利益为目标的实体，采购的目的就是高质量、高效率地提供社会公共服务。因此，采购人的行为必须受到政府采购法律法规和制度的约束，必须按照法律法规规定和政策要求办事，遵循国家政府采购的各项规定，不得以单位和个人意志为目的滥用政府采购“游戏规则”。原则上讲，采购人的权利和义务是紧密相关的。采购人如果滥用权利，或者不履行义务，都应该承担相应的责任。采购人义务可以概括为以下几个方面。

（一）依法采购义务

采购人认真执行政府采购的各项政策和规定，依法开展采购活动，是其首要义务和责任，其行为要自觉接受政府采购法律法规的约束。不得以部门和单位利益或者意志为由拒绝执行有关政府采购规定，否则，会受到政府采购监管部门和政府相关部门相应的处理和严厉的制裁。

想一想：

如何鼓励和规范采购人依法采购？

我国《政府采购法实施条例》规定，采购人在政府采购活动中应当维护国家利益和社会公共利益，公正廉洁，诚实守信，执行政府采购政策，建立政府采购内部管理制度，厉行节约，科学合理确定采购需求。采购人不得向供应商索要或者接受其给予的赠品、回扣或者与采购无关的其他商品、服务。

（二）接受监管义务

对采购人的监督检查是政府采购监管部门的职责之一。县级以上各级政府财政部门作为政府采购的监督管理部门，是政策的制定者和监督者，而采购人是执行者。因此，采购人的采购活动应当接受政府采购监督管理部门的监管，在政策执行方面，在对行政领导和机关负责的同时，也应当对政府采购监督管理部门负责。此外，采购人的采购程序、过程和结果还要接受国家审计部门、监察部门的监督检查。采购人有义务积极支持和配合政府采购监督管理部门的工作。同时，政府采购活动的性质和目的决定了采购人的行为还必须接受社会监督。

（三）尊重权益义务

采购人在政府采购活动中，必须尊重供应商的合法权益。在制定政府采购文件时，应当充分进行市场调研，提出符合供应商实际履约能力的资质和业绩要求。在参与供应商资格审查时，必须平等对待各供应商，不得以不合理的要求影响供应商获得采购竞争的资格。在采购过程中，凡不属于应该保守秘密的内容，采购人有义务及时回答供应商的询问和质疑。在采购文件变动时，必须及时通知已经投标的供应商，并相应延长招标期限。在评标和定标过程中，采购人不得与采购代理机构或其他供应商串通，达到以权谋私或获取其他不正当利益的目的。当发生废标情况时，采购人应当将废标理由通知所有投标人。在政府采购活动中，采购人及其相关人员与供应商有利害关系的，应当主动回避。

（四）遵守协议义务

采购人委托采购代理机构进行招标采购活动后，必须遵守代理机构的工作秩序，不得干预采购代理机构按照法定程序开展工作，更不得提出不符合规定的要求，或者与采购代理机构或供应商串通以不正当手段影响采购的公正性。同时，按照法律规定，采购人还有义务监督采购代理机构严格执行政府采购的有关规定，发现问题要及时向政府采购监督管理机构反映。

（五）合同签订义务

采购人必须按照规定与中标、成交供应商签订政府采购合同。法律具体规定了采购人与供应商签订政府采购合同的时间和内容。采购人在政府采购活动中，应当事先将采购需求明确提出并确认下来，一旦进入采购方式程序和中标、成交结果产生后，除发生违法、违纪行为必须废标或需要重新确定中标、成交候选人外，当中标、成交供应商产生后，必须按照规定与中标、成交供应商签订政府采购合同，不得无故更改。否则，要承担相应的法律责任。

（六）信息公开义务

采购人应当按照法律法规制度规定在指定媒体及时向社会发布政府采购需求信息、采购过程信息和采购结果信息，以便于供应商及时获得信息，增强政府采购过程的透明度，接受社会各界的监督。

（七）保管文件义务

采购人必须按照规定妥善保管采购文件。采购人有义务妥善保存反映每项采购活动的采购文件，包括采购活动记录、采购预算、招标文件、投标文件、评标标准、评估报告、定标文件、合同文本、验收证明、质疑答复、投诉处理决定以及其他有关文件、资料。采购文件的保存期限至少为 15 年。应当在人员、设施、制度和资金等方面认真落实法律法规规定。

第三节 采购代理机构权利和义务

一、采购代理机构权利

采购代理机构最基本的职责是通过采购代理行为实现采购人的采购需求。政府采购代理机构的权利和义务主要是通过采购人与代理机构之间签订的委托代理协议进行约定。但是，政府采购不同于一般的商业采购，为落实政府采购法定原则，实现政府采购的目的，在政府采购的相关法规中对政府采购代理机构的权利和义务作出了相应的规定。政府采购代理机构在政府采购过程中依法享有以下权利。

（一）采购委托接受权

采购代理机构接受采购人委托办理政府采购事宜，必须与采购人签订委托代理协议，这既是其义务，也是其权利。签订代理协议之后，采购代理机构在合同约定的范围内，依法组织实施具体采购工作，包括编制招标文件、发布采购信息；组织接标、开标、评标和定标等活动；按照委托协议的要求，代理采购人与中标供应商签订采购合同等。应当注意的是，采购代理机构发现采购人在政府采购活动中有违法行为的，应当及时建议采购人改正。采购人拒不改正的，采购代理机构应当及时向采购人同级的人民政府财政部门报告情况，由财政部门依法处理。

（二）干预代理拒绝权

采购代理机构依法接受采购人的采购委托之后，必须按照政府采购法律法规规定具体承办有关采购事宜，享有协议约定的权利。其具体内容因委托代理协议约定的内容不同而有所不同，一般主要包括：一是答复供应商询问和质疑；二是组织开标；三是协调组织评标活动。在整个政府采购招投标过程中，政府采购代理机构有权拒绝、防范任何单位和个人对招投标过程的非法干预，保证政府采购过程合法有序的进行。

想一想：

委托代理协议的构成要件包括哪些？

（三）采购履约监督权

采购代理机构按照委托约定监督合同履行和对采购结果进行验收。由于政府采购在代理机构代理情况下，代理机构参与了包括招标文件的制作、招标、评标、开标等整个政府采购过程，又具有较高的专业水平，可以按照委托协议的要求，在代理合同约定的范围内代理采购人监督合同的履行和进行政府采购合同履行的验收工作，有利于保证政府采购合同全面履行，实现政府采购的目的。

（四）采购网络完善权

一个成熟的招标代理机构必须建立自己的采购信息网络，不断完善采购信息网络，提高代理采购水平。通过建立采购信息网络，适应其业务不断发展变化需要，收集、整理和完善招标投标资料库和其他与业务相关的信息系统，包括供应商、产品和服务信息等。同时为了保证政府采购效率，适应政府采购管理的信息化趋势，政府采购代理机构还应该拥有现代信息技术设备，并能够运用现代科技手段完成政府采购代理工作。

（五）代理费用收取权

政府采购社会代理机构有权按国家有关规定收取采购代理服务费。社会代理机构的性质是企业，其收入的来源主要是通过代理采购服务并收取服务费实现持续经营，这也是采购代理服务机构进行采购代理服务的主要目的。《政府采购代理机构管理暂行办法》（财库〔2018〕2号）第十五条规定，代理费用可以由中标、成交供应商支付，也可由采购人支付。由中标、成交供应商支付的，供应商报价应当包含代理费用。代理费用超过分散采购限额标准的，原则上由中标、成交供应商支付。代理机构应当在采购文件中明示代理费用收取方式及标准，随中标、成交结果一并公开本项目收费情况，包括具体收费标准及收费金额等。

二、采购代理机构义务

采购代理机构作为政府采购活动中的一个特殊利益主体，应当对包括自身在内的政府采购当事人负责，自觉履行政府采购法律法规规章规定的义务，依法开展代理采购活动，维护国家利益和社会公共利益。就政府采购的具体操作过程而言，其义务表现为以下几个方面。

（一）接受委托义务

> **讨论一下：**
>
> 政府采购代理机构的收入来源主要包括哪些内容？

采购代理机构应当遵守法律法规规定，接受委托并为采购人提供良好服务。特别是对于集中采购机构而言，有义务接受采购人集中采购目录内采购项目的采购委托，实施采购活动。社会代理机构应当按照采购活动的基本规则依法进行采购代理服务。任何单位和个人都不得干预和指定社会代理机构代理政府采购采购业务。

（二）信息公开义务

采购代理机构有义务将有关政府采购信息和招标结果向社会公开，接受社会监督。政府采购信息发布的内容及其方式因政府采购方式不同而不同。采购代理机构对代理的采购项目，应当按照法定信息公开方式和内容，在指定的政府采购信息披露媒体上发布采购相关信息。

（三）保守秘密义务

采购代理机构在代理采购活动中，必须严格依法保守供应商的商业秘密和有关采购信息秘密。采购代理机构在依法发布政府采购信息的同时，必须履行其所承担有关保密义务，有义务保守在代理政府采购业务中不能公开的供应商的资料、信息以及有关商业秘密。

（四）接受监督义务

采购代理机构应当依法接受政府采购监管机构的监督检查。具体包括：一是依法接受并配合政府采购监督管理部门的监督、考核工作，如实提供有关资料和数据，接受政府采购监督管理部门的业务培训和指导；二是自觉接受监察、审计部门的监督、监察、审查和社会其他主体的监督；三是任何单位和个人都有权对采购代理活动进行监督。但是，法律同样禁止任何单位、个人以政府采购监督检查之名对政府采购代理机构的正常代理活动进行非法干预。

（五）答复质疑义务

采购代理机构在政府采购活动中，有义务按照采购委托代理协议规定权限对供应商提出的疑问和质疑按照有关规定及时作出答复，但答复的内容不得涉及商业秘密。

（六）保存档案义务

采购代理机构应当按照法律法规规定建立真实完整的采购档案，妥善保管每项政府采购活动的采购文件。在法定的保护期限保存采购文件，不得伪造、变造、变更、隐匿或者销毁政府采购的有关文件。

（七）禁止行为义务

具体包括以下内容：一是在依法接受采购人委托的代理业务中，不得向采购人行贿或者采取其他不正当手段谋取代理业务；二是在评审过程中，其工作人员不得发表影响评审委员会独立评审的任何倾向性、歧视性言论影响评标委员会的评标结果，并采取措施保证评审委员会独立评审；三是应依法管理供应商的投标保证金，不得挪用或者擅自处置供应商的投标保证金；四是不得向投标人和其他供应商收取不应收取的任何费用，如履约保证金；五是在代理政府采购过程中不得以任何名义组织对供应商进行考察等各项活动；六是不得接受或者邀请被禁止参加政府采购活动的供应商参加政府采购活动；七是不得强制供应商组成联合体参加政府采购，不得限制供应商之间的竞争，等等。

第四节　供应商权利和义务

一、供应商权利

供应商在政府采购活动中承担着向采购人提供合格的、符合采购人需要的采购对象的责任。没有供应商的参与，就没有政府采购。其权利必须得到充分尊重和保障。按照政府采购法律法规规定，供应商的权利包括以下方面。

（一）公平参与采购权

财政部令第 87 号第十七条规定，采购人、采购代理机构不得将投标人的注册资本、资产总额、营业收入、从业人员、利润、纳税额等规模条件作为资格要求或者评审因素，也不得通过将除进口货物以外的生产厂家授权、承诺、证明、背书等作为资格要求，对投标人实行差别待遇或者歧视待遇。供应商有权公平地参与政府采购活动。政府采购法要求，政府采购供应商原则上不搞资格认定工作，供应商只要符合政府采购法律规定的条件就等于获得了政府采购资格。政府采购监督管理部门、采购代理机构不得设置任何条件歧视供应商。其资格审查，是审查供应商是否符合法律规定。在进行供应商资格审查时，必须公正、平等地开展审查工作，不能设定特殊的、歧视性的条件阻止特定供应商取得合格资格。

（二）获得采购信息权

财政部令第 101 号第四条规定，政府采购信息发布应当遵循格式规范统一、渠道相对集中、便于查找获得的原则。供应商公开、平等地获得政府采购信息，是政府采购宗旨和原则的客观要求。供应商只有在能够获取信息的基础上，才能决定是否参加政府采购。因政府采购范围广、规模大，这项权利能否得到保障，直接决定着供应商的经济效益。采购人和采购代理机构必须按照公开透明原则，将应该公开的政府采购信息在指定媒体上及时披露，以便供应商及时掌握有关需求信息，作出经营决策。

（三）质疑投诉提出权

供应商有权进行质疑和投诉并获得答复。由于供应商在政府采购活动中处于相对弱势地位，为保障其知情权并发挥其监督作用，政府采购法对供应商有权依法询问、质疑和投诉作出了规定，并对采购人、采购代理机构和政府采购监督管理部门的答复、处理方式和时限等作出明确的规定。一是供应商对采购活动事项有疑问的，可以向采购人或者采购代理机构提出询问，采购人或者采购代理机构应当及时作出答复，但答复的内容不得涉及商业秘密。二是供应商认为采购文件、采购过程和中标、成交结果使自己的权益受到损害的，可以在规定的时间内，以书面形式向采购人或者采购代理机构提出质疑。采购人或者采购代理机构应当在规定的时间内作出书面答复。三是质疑供应商对采购人、采购代理机构的答复不满意，或者采购人、采购代理机构未在规定的时间内作出答复的，可以依法向同级政府采购监督管理部门投诉，接受投诉的政府采购监督管理部门应当在规定的时间内对投诉作出书面处理决定并通知有关当事人。四是投诉人对政府采购监督管理部门的投诉处理决定不服或者政府采购监督管理部门逾期未作处理的，可以通过行政复议和司法途径依法寻求救济。

（四）要求保守秘密权

> **思考一下：**
> 政府采购供应商维护自身权益的措施有哪些？

供应商有权要求采购人或采购代理机构保守其商业秘密。政府采购过程中会涉及供应商的诸多商业秘密，为促进公平竞争，保护合法权益，任何接触到这些商业秘密的采购人、采购代理机构、评标专家等，在采购方式的执行过程中，必须在供应商之间保守有关商业秘密。这既是供应商的法定权利和采购人或采购代理人的法定义务，也是采购人和政府采购代理机构应具备的基本道德水准和职业操守，同时也是采购人及其代理机构通过政府采购行为维护和提高政府形象应该做到的基本事项。

（五）签订采购合同权

供应商有权自主、平等签订政府采购合同。供应商中标以后，有权根据采购文件的要求，自主地签订政府采购合同，并要求采购人遵守承诺，严格履行合同。所谓自主地签订采购合同，是指在签订正式合同时，任何单位和个人，不得随意变更采购文件中所规定的中标和成交条件，不得以各种理由增加中标供应商的负担。在采购人变更或修改合同时，有权要求就合同变更事项进行协商，并维护自身正当的利益。经采购人同意，中标、成交供应商可以依法采取分包方式履行采购合同。

（六）依法监督采购权

供应商有权根据法律法规规定对政府采购活动进行监督。国际经验表明，供应商的监督是最有效的监督。在我国政府采购实践中，供应商有权了解政府采购的法律法规、方式、程序和步骤，有权了解招投标的整个过程，有权了解政府采购的有关规定，应当也能够成为政府采购工作的有力监督者。供应商有权对政府采购全过程的合法性、合规性进行监督。任何供应商都有权向政府采购有关部门检举政府采购过程中的违法违规行为。只有充分发挥供应商的监督作用，政府采购的原则和宗旨才能得到真正的保障。

（七）拒绝非法收费权

供应商对采购人或采购代理机构及其他有关部门在政府采购活动中的各种乱收费行为和各种不正当要求，可以依法拒绝等。

（八）采购回避申请权

供应商有权对采购人员及相关人员参与采购活动提出回避申请。法律规定，在政府采购活动中，供应商认为采购人员及相关人员与其他供应商有利害关系的，可以申请其回避。

二、供应商义务

供应商在享有一定权利保护自身合法权益的同时，也必须承担相应的义务。供应商的义务主要包括以下内容。

（一）遵纪守法义务

> **想一想：**
> 如何做一个合格的政府采购供应商？

供应商作为政府采购的重要当事人，必须认真遵守政府采购各项法律法规和制度规定，以树立自身良好形象。例如，必须依法正确处理与其他供应商的关系，积极参与公平竞争，不得以任何不正当的手段诋毁、排斥其他供应商参与竞争。必须依法处理与采购人、采购代理机构及其工作人员的关系，实现政府采购的目的，不得与采购人、采购代理机构及其工作人员和其他供应商串通，损害国家利益、社会公共利益和其他相关人的合法权益；不得向采购人、采购代理机构及其工作人员、评审委员会成员及其他相关人员行贿或者采取其他不正当手段谋取利益；在招标采购过程中，供应商不得私下与采购人进行协商谈判等。

（二）接受检查义务

供应商必须自觉接受有关方面的监督检查。在政府采购活动中，供应商应该依法提供真实有效的证明自己参加政府采购的资格、资质和能力的资料，并依法接受、积极配合采购人、采购代理机构、政府采购监管部门和其他有关部门的审查、监督检查，如实反映情况，提供有关材料。任何弄虚作假，提供虚假证明材料，骗取政府采购供应商资格的行为、拒绝接受监管部门和其他相关部门监督检查的行为均是违法行为，将受到法律制裁，并承担相应的法律责任。

（三）履行合同义务

供应商履行合同承诺是法律规定的义务，包括以下内容。一是供应商中标或成交后，应当按规定与采购人签订政府采购合同，并严格按照承诺履约，不得拒绝与采购人签订政府采购合同，不得擅自变更或者终止政府采购合同；二是应当严格按照投标文件、协议、合同及承诺约定的条件履行义务，全面履行合同义务。供应商应当主动积极配合政府采购项目的验收工作；三是为采购人依法履行义务和行使权力提供必要的条件，实现政府采购合同的顺利履行。

学习小资料

“双一流”大学进黑名单，留给我们什么启示?

2021 年 12 月 6 日，四川省甘孜藏族自治州财政局做出行政处罚决定书（甘财罚〔2021〕3 号）：经调查，C 大学与四川省地质矿产勘查开发局四〇二地质队组成联合体，参与四川省甘孜藏族自治州应急管理局甘孜州活断层普查服务采购项目（项目编号：5133202019000148）05 包投标，包括 C 大学在内的联合体最终成为该项目 05 包的中标供应商，中标金额为 526.48 万元，并与采购人签订了政府采购合同。在投标文件的《中小企业声明函》中，联合体声明为微型企业，属于提供虚假声明函谋取中标行为。造假事实确凿，有该采购项目档案材料、包括 C 大学投标文件为证。

行政处罚决定书称：根据《政府采购法》第七十七条的规定，供应商提供虚假材料谋取中标、成交的，处以采购金额千分之五以上千分之十以下的罚款，列入不良行为记录名单，在一至三年内禁止参加政府采购活动，财政部门决定对 C 大学做出 05 包采购金额 526.48 万元千分之五的罚款，即 26324 元，列入不良行为记录名单，在一年内禁止参加政府采购活动的行政处罚。

同时还发现，在另一则行政处罚决定书中，四川省地质矿产勘查开发局四〇二地质队，也因为在投标文件的《中小企业声明函》造假，受到了同样三罚并举的行政处罚。

资料来源：政府采购信息网，亚利聊政采 340，2022 年 1 月 25 日。

【重要概念】

政府采购当事人	采购人	供应商
采购代理机构	采购需求申请权	

【思考练习题】

1. 简述政府采购供应商应当具备的法定基本条件。
2. 简述政府采购代理机构应当具备的基本条件。
3. 简述采购人的法定权利。
4. 简述采购人的法定义务。
5. 简述政府采购代理机构的法定权利。
6. 简述政府采购代理机构的法定义务。
7. 简述供应商的法定权利。
8. 简述供应商的法定义务。

【案例分析】

1. 资料如下：

2021 年 7 月 15 日，重新修订的《行政处罚法》正式施行。作为设定行政处罚种类、适用条件、程序的基本法，新的《行政处罚法》对包括政府采购在内的行政管理和执法领域，必将带来全面深刻的影响。

某市委托采购代理机构组织一个大型博览会运营管理服务项目采购，预算 150 万元，最终 A 供应商以 130 万元的金额成交，一个月后项目验收支付结算。财政部门接到举报后查实：A 供应商 3 个业绩证明材料均系伪造，还查出 A 供应商响应时，还找到供应商 B、C 帮忙一起响应，B 报价 150 万元、C 报价 140 万元，作为酬谢，A 供应商给 B、C 各 2 万元。随后，财政部门对供应商 A、B、C 三家均处以采购金额千分之五的罚款，列入不良行为记录名单，3 年内禁止参加政府采购活动，并没收三个供应商的全部违法所得。

2. 根据上面所提供资料，请分析与讨论：罚款的采购金额是什么？什么是违法所得？三家供应商违反了政府采购哪些规定？应该如何严格执行政府采购法律法规的规定？

第三章 政府采购管理程序

【学习目标和要点】

- 政府采购管理程序
- 采购项目预算确立
- 政府采购模式选择
- 招投标范围和限额
- 政府采购合同订立
- 政府采购意向公开

第一节 政府采购管理程序地位

政府采购程序包括管理程序和执行程序，管理程序主要是从监督管理的角度进行规定；执行程序主要是从执行的角度对采购方式的执行程序进行规定。本章内容以管理程序为主进行阐述。明确政府采购管理程序，既是建立政府采购制度的重要内容，也为做好政府采购监管工作打下坚实的基础。政府采购工作在某种程度上说具有范围广、环节多、链条长、难度大等特点。因此，政府采购管理程序规定是否严密和完整，直接关系到政府采购行为的规范及政府采购目标的实现。政府采购管理程序在政府采购制度中的地位，主要体现在以下几个方面。

一、规范政府采购行为准则

任何一项制度改革都必须制定和遵循一定的行为准则。采购是一项规范的活动，有一个完整的过程。作为一项活动，必须有规则，否则就没有秩序。作为过程，必须有先后顺序，否则就会乱章法。换句话说，有规矩才会成方圆。这里的“规矩”就包括采购管理程序，规定采购活动应当遵循的步骤及次序，规定各步骤中采购当事人的权利与义务及采购人应当开展的工作及衡量标准。有了这些“规矩”，就确立了政府采购的“游戏规则”，政府采购当事人和有关关系人就有了行为准则，采购行为自然就得到了规范，也就有了“方圆”，有利于采购活动的顺利开展和政府采购目标的圆满实现。

二、规范政府采购原则表现形式

《政府采购法》规定的公开透明、公平竞争、公正和诚实信用等原则，是政府采购监管部门和执行当事人应当遵循的四大基本原则。政府采购原则是政府采购行为的总体规范，但并不是抽象的要求，要通过必要的程序详细地体现出来。具体地说，公开透明原则，要求采购活动全面做到公开。以采购方式的选择为例，要求采购人开展采购活动时要采用公开招标方式，要发布招标公告和中标公告；采用公开招标以外采购方式的，要获得政府采购监督管理部门的批准；采用法定采购方式的，采购人在采购活动完成后，应当将采购结果予以公告等。公平竞争原则，要求统一披露政府采购信息，要给予投标人足够的响应时间，要请符合资格条件的供应商参与采购活动，要按照平等、自愿原则签订采购合同等。公正原则，要求采购活动中要有监督制约，不得出现干预行为，一旦发生有失公正的行为就应当废标等。诚实信用原则，要求供应商如实提供有关资格文件，要按采购文件要求签订和履行合同等。

> **想一想：**
>
> 政府投资的采购项目，要求建筑公司必须是项目所在地注册的公司，合法吗？

三、规范政府采购监管基础

《政府采购法》作为规范政府采购行为的基本法，有关政府采购的规定，都要通过规范程序予以落实。政府采购程序越详细、越严密，政府采购的监督管理就越具有针对性、越容易到位。《政府采购法》全面规定了采购人、采购代理机构、供应商必须遵循的一系列内容。如《政府采购法》规定采购人必须把年度采购项目编入政府采购预算，否则会导致不能付款；规定的集中采购目录和限额标准，是采购人必须遵循的采购项目范围；采购人必须按照政府采购法规定的系列政府采购政策，在审查供应商资格、制定采购文件和评标过程中加以认真落实；关于供应商的资格，要求采购人在采购活动中进行审查；政府采购合同要在相应的实施阶段报政府采购监督管理部门备案等。有了明确的政府采购程序，政府采购监督管理部门才可能有效地履行监督管理职责，通过监督程序的合法性来保障采购行为的规范性和采购结果的合法性。

第二节 政府采购管理程序内容

围绕政府采购监督管理部门的有关职责，政府采购法律法规和规章制度对政府采购管理程序进行了全面细致的规定。完整的政府采购管理程序内容可归纳为四大阶段 11 个步骤，详见表 3－1。

表 3－1 政府采购管理程序

	阶段	步骤
政府采购管理程序	1. 采购项目批准	1. 政府采购预算编制和批准
	2. 采购合同形成	2. 确定采购模式
		3. 选择采购方式
		4. 执行采购方式
		5. 确定中标、成交供应商
		6. 订立采购合同
		7. 采购合同备案
	3. 采购合同管理	8. 执行采购合同
		9. 履约验收
		10. 审核付款
	4. 采购文件保存	11. 妥善保存政府采购文件

一、采购项目批准阶段

采购项目批准阶段是政府采购管理程序的第一阶段。主要是解决采购项目的确立问题，是采购程序的第一步。采购项目确立的方式是通过编制和批准采购预算来进行的。按照政府采购法规定，政府采购资金为财政性资金。财政性资金是通过政府预算进行管理的，所以，政府采购资金也必须实行预算管理。

（一）确立采购项目的意义

通过审批年初预算确立年度采购项目，一是为政府采购监管和执行提供依据；二是遵循国际惯例；三是推进我国政府预算制度改革；四是加强政府采购计划性管理。

按照政府采购法规定，政府采购应当严格按照批准的预算执行；负有编制部门预算职责的部门在编制下一年度部门预算时，应当将该财政年度政府采购的项目及资金预算列出，报本级财政部门汇总。部门预算的审批，按预算管理权限和程序进行。

（二）确立采购项目的含义

《政府采购法》规定的含义归纳起来有以下几个要点：

1. 编审政府采购预算是政府采购程序的第一个环节。部门预算的实施有利于明确和细化政府采购项目。

2. 政府采购项目必须列入财政预算。部门和单位在编制的下一财政年度部门预算中，应当将政府采购的项目及资金预算列出，并报本级财政部门；没有列入预算的采购活动，政府不得拨款；没有资金保证的采购项目不能开展采购活动。

> **讨论一下：**
>
> 政府采购资金为什么必须实行预算管理？

3. 部门预算的审批按预算管理权限和程序进行。政府采购预算没有单独编审程序，政府采购项目确立的过程，是随着部门预算的编审程序而完成的。

4. 经批准的部门预算才是政府采购执行的依据。政府采购项目必须按规定用途使用，采购项目不得超过预算定额。只有经批准后的采购项目，才有资金保障，具有履行采购合同的支付能力。

5. 采购项目不得超过预算定额。批准的采购预算通常考虑到了确保该采购项目质量的各项费用，在执行中不应当突破。否则，采购人应当调整采购需求，或者调整本部门的支出预算，总之要自求平衡，按照采购合同约定履行付款义务。

在《政府采购法》相关规定执行中，应特别注意以下问题：一是依法深化部门预算编制改革。二是采购人要增强采购预算意识。三是政府采购管理机构要积极配合部门预算编制工作。四是要区分政府采购预算、部门预算、政府采购计划之间的关系。

（三）编制政府采购计划

政府采购实施计划即政府采购计划，简称“采购计划”。用以指导政府采购预算的执行。编制好政府采购计划对于增强政府采购工作的前瞻性和计划性、提高采购工作效率、促进采购单位做好政府采购工作意义重大。

按照《政府采购法实施条例》和有关制度规定，采购人是政府采购计划的编制主体，对采购需求和采购实施计划的合法性、合规性、合理性负责。主管预算单位负责指导本部门采购需求管理工作。采购人在部门预算批复后，应当依据集中采购目录、采购限额标准和已批复的部门预算及时编制政府采购计划。在部门预算执行中，部门预算调整后，采购人还应当根据批复调整后的部门预算及时调整或者编制新的政府采购计划。一般来说，政府采购计划的内容应当包括采购项目的名称、具体构成、采购数量、技术规格、服务要求、使用时间、项目预算金额、采购组织形式和方式等内容，同时还应充分考虑如何落实政府采购政策功能。对于需要申请批准的内容，如采购进口产品、采购方式的变更等内容，也应该在采购计划中标明。另外，政府采购计划实行备案制，即编制完成后，及时报本级政府财政部门备案。

（四）公开采购意向

推进采购意向公开是优化政府采购营商环境的重要举措。做好采购意向公开工作有助于提高政府采购透明度，方便供应商提前了解政府采购信息，对于保障各类市场主体平等参与政府采购活动，提升采购绩效，防范抑制腐败具有重要作用。根据《深化政府采购制度改革方案》和《财政部关于促进政府采购公平竞争优化营商环境的通知》（财库〔2019〕38号）有关要求，财政部于2020年3月2日发布了《政府采购意向公开有关工作安排通知》（财库〔2020〕10号），其主要内容如下。

1. 公开依据和时间。2020年7月1日起实施的采购项目，中央预算单位和北京市、上海市、深圳市市本级预算单位应当按规定公开采购意向。原则上省级预算单位2021年1月1日起实施的采购项目，省级以下各级预算单位2022年1月1日起实施的采购项目，应当按规定公开采购意向；具备条件的地区可适当提前开展采购意向公开工作。采购意向由预算单位定期或者不定期公开。部门预算批复前公开的采购意向，以部门预算“二上”内容为依据；部门预算批复后公开的采购意向，以部门预算为依据。预算执行中新增采购项目应当及时公开采购意向。采购意向公开时间应当尽量提前，原则上不得晚于采购活动开始前30日公开采购意向。因预算单位不可预见的原因急需开展的采购项目，可不公开采购意向。

2. 公开主体和渠道。采购意向由预算单位负责公开。中央预算单位的采购意向在中国政府采购网（www.ccgp.gov.cn）中央主网公开，地方预算单位的采购意向在中国政府采购网地方分网公开，采购意向也可在省级以上财政部门指定的其他媒体同步公开。主管预算单位可汇总本部门、本系统所属预算单位的采购意向集中公开，有条件的部门可在其部门门户网站同步公开本部门、本系统的采购意向。

3. 公开的内容。采购意向按采购项目公开。除小额零星采购和由集中采购机构统一组织的批量集中采购外，按项目实施的集中采购目录以内或者采购限额标准以上的货物、工程、服务采购均应当公开采购意向。采购意向公开的内容应当包括采购项目名称、采购需求概况、预算金额、预计采购时间等，政府采购意向公开参考文本见附件。其中，采购需求概况应当包括采购标的名称，采购标的需实现的主要功能或者目标，采购标的数量，以及采购标的需满足的质量、服务、安全、时限等要求。采购意向应当尽可能清晰完整，便于供应商提前做好参与采购活动的准备。采购意向仅作为供应商了解各单位初步采购安排的参考，采购项目实际采购需求、预算金额和执行时间以预算单位最终发布的采购公告和采购文件为准。

4. 政府采购意向公开参考文本如下所示。

（单位名称）

____年____（至）____月

政府采购意向

为便于供应商及时了解政府采购信息，根据《财政部关于开展政府采购意向公开工作的通知》（财库〔2020〕10号）等有关规定，现将（单位名称）____年____（至）____月采购意向公开如下：

序号	采购项目名称	采购需求概况	预算金额（万元）	预计采购时间（填写到月）	备注
	填写具体采购项目的名称	填写采购标的名称，采购标的需实现的主要功能或者目标，采购标的数量，以及采购标的需满足的质量、服务、安全、时限等要求	精确到万元	填写到月	其他需要说明的情况
	……				
	……				

本次公开的采购意向是本单位政府采购工作的初步安排，具体采购项目情况以相关采购公告和采购文件为准。

××（单位名称）

年　月　日

二、采购合同形成阶段

采购合同形成阶段是政府采购管理程序的第二个阶段。在政府采购预算执行过程中，以政府采购合同签订为标志，把采购合同签订之前阶段叫作采购合同形成阶段。其具体内容包括确定采购模式、选择采购方式、执行采购方式、确定中标或成交供应商、订立采购合同和采购合同备案等6个步骤。

（一）确定采购模式

1. 确定采购模式的含义。法律规定的含义包括以下几个方面：

（1）规定我国政府采购的执行模式。即实行集中采购和分散采购相结合的执行模式。

（2）确定政府采购项目范围的管理体制。目前从全国范围看，省一级的集中采购范围必须执行统一标准，不能区别对待。将来有必要在全国保持统一性，否则就会出现随意性。

（3）规定集中采购范围的确定方法。按照法律规定，集中采购范围由省级以上人民政府确定，其方式是将属于集中采购范围的采购项目或品目编制成集中采购目录，以政府文件或政府批转财政部门文件形式予以公布。纳入集中采购目录的采购项目，不仅是通用商品，还包括特殊商品。

> **想一想：**
>
> 政府采购目录和限额标准为什么要由省级以上人民政府公布确定？

（4）规定纳入集中采购目录的采购项目的采购形式。即纳入集中采购目录的政府采购项目，应当实行集中采购。集中采购的具体形式视采购项目特点，由集中采购机构采购或者由部门组织集中采购。

2. 采购项目的实施。目的是明确政府采购项目的实施主体。具体含义包括以下几个方面：

（1）明确采购项目所有人。按照法律规定，适用政府采购法的采购项目，都是采购人的项目，集中采购机构不是采购项目的所有者。

（2）间接地对采购项目进行分类。按照法律规定，我国的政府采购项目分为两大类。其中，集中采购项目是指列入集中采购目录的采购项目，分散采购项目是指集中采购目录之外且达到限额标准以上的采购项目。

（3）间接规定我国集中采购的形式。根据法律规定，我国的集中采购分为集中采购机构的采购和部门集中采购两种形式。

（4）规定纳入集中采购目录的采购项目的具体实施主体。考虑到集中采购目录中具体项目的特点，法律规定，一是集中采购目录中的通用政府采购项目，必须由集中采购机构代理采购，部门和单位不允许自行采购。二是集中采购目录中涉及某些部门的特殊项目，属于非通用的，应当由相关部门实行集中采购，不必委托集中采购机构代理采购。三是如果纳入集中采购目录中的采购项目，但采购人按其专业要求需要特别定制，不宜实行集中采购，难以归集形成批量的项目，可以由该单位自行组织采购，但事前必须得到省级以上人民政府的批准，否则为违法行为。

（5）规定分散采购项目的采购组织形式。分散采购项目可以由采购人自行组织采购，也可以部分或者全部委托给采购代理机构代理采购。分散采购项目属于集中采购机构的自愿受托采购范围，这些项目是由采购人自行组织采购，还是委托给集中采购机构代理采购，由采购人自行确定。

3. 执行中应注意的问题。由于集中采购目录和采购限额标准是决定《政府采购法》适用范围的标准之一，因此法律规定对政府采购的管理和实践活动影响巨大。在执行中应注意以下几个方面：一是要全面认识政府采购问题；二是要明确集中采购目录的发布机构；三是限额标准的制定应逐步集中；四是集中采购目录和采购限额标准一般应当按年度提前颁布；五是集中采购目录应按照组织主体分类编列；六是科学确定政府采购的限额标准。

（二）选择采购方式

1. 政府采购方式的种类。政府采购法律法规对政府采购方式作了明确规定。截至2022 年 1 月，我国政府采购方式包括招标、竞争性谈判、单一来源采购、询价、竞争性磋商、框架协议采购等六种。其中，招标是目前政府采购的主要采购方式。

2. 政府采购方式的选择。按照法律规定，开展政府采购活动时，必须采用政府采购法律法规规定的采购方式以及国务院政府采购监督管理部门认定的其他采购方式，不得采用法律规定以外的方式。如果采用六种特定采购方式以外的其他采购方式，必须报国务院政府采购监督管理部门认定。

选择采购方式，是指采购人或者集中采购机构根据法律规定经批准选择招标采购方式还是非招标采购方式。采购人或者集中采购机构接到采购任务后，要全面客观地计算采购资金总额，其中，同类品目按照批量进行计算。如果采购资金总额达到了招标限额标准，应当采用招标采购方式。如果情况特殊需要采用招标以外采购方式的，必须在采购活动开始前获得设区的市、自治州以上政府采购监管部门的批准。如果应该采取公开招标方式而擅自采取其他采购方式，则是法律不允许的。

3. 工程招标采购方式的选择。政府采购工程进行招标投标的，适用《招标投标法》，但招标投标法没有规定的，应当适用《政府采购法》。《政府采购法实施条例》规定，政府采购工程以及与工程建设有关的货物、服务，采用招标方式采购的，适用《中华人民共和国招标投标法》（以下简称《招标投标法》）及其实施条例；采用其他方式采购的，适用《政府采购法》及其实施条例。前款所称工程，是指建设工程，包括建筑物和构筑物的新建、改建、扩建及其相关的装修、拆除、修缮等；所称与工程建设有关的货物，是指构成工程不可分割的组成部分，且为实现工程基本功能所必需的设备、材料等；所称与工程建设有关的服务，是指为完成工程所需的勘察、设计、监理等服务。政府采购工程以及与工程建设有关的货物、服务，应当执行政府采购政策。

> **想一想：**
>
> 政府采购工程要执行政府采购政策吗？

一是我国招标投标法律法规具体规定了在中华人民共和国境内进行工程建设项目必须进行招标的范围。自 2018 年 6 月 1 日起施行的《必须招标的工程项目规定》（国家发改委第 16 号令）第二条规定，全部或者部分使用国有资金投资或者国家融资的项目包括：使用预算资金 200 万元人民币以上，并且该资金占投资额 10% 以上的项目；使用国有企业事业单位资金，并且该资金占控股或者主导地位的项目。第三条规定，使用国际组织或者外国政府贷款、援助资金的项目包括：使用世界银行、亚洲开发银行等国际组织贷款、援助资金的项目；使用外国政府及其机构贷款、援助资金的项目。第四条规定，不属于本规定第二条、第三条规定情形的大型基础设施、公用事业等关系社会公共利益、公众安全的项目，必须招标的具体范围由国务院发展改革部门会同国务院有关部门按照确有必要、严格限定的原则制订，报国务院批准。

2018 年 6 月 6 日国家发展改革委颁布的《必须招标的基础设施和公用事业项目范围规定》第二条规定，不属于《必须招标的工程项目规定》第二条、第三条规定情形的大型基础设施、公用事业等关系社会公共利益、公众安全的项目，必须招标的具体范围包括：煤炭、石油、天然气、电力、新能源等能源基础设施项目；铁路、公路、管道、水运，以及公共航空和 A1 级通用机场等交通运输基础设施项目；电信枢纽、通信信息网络等通信基础设施项目；防洪、灌溉、排涝、引（供）水等水利基础设施项目；城市轨道交通等城建项目。

二是我国招标投标法律法规对招标的具体数额确定的管理方式、规避招标方式的行为等作出了规定。《必须招标的工程项目规定》的第五条规定，国家规定范围内的项目，其勘察、设计、施工、监理以及与工程建设有关的重要设备、材料等的采购达到下列标准之一的，必须招标：施工单项合同估算价在400万元人民币以上；重要设备、材料等货物的采购，单项合同估算价在200万元人民币以上；勘察、设计、监理等服务的采购，单项合同估算价在100万元人民币以上。同一项目中可以合并进行的勘察、设计、施工、监理以及与工程建设有关的重要设备、材料等的采购，合同估算价合计达到前款规定标准的，必须招标。

4. 货物、服务公开招标方式的选择。公开招标具体数额标准实行由中央、地方两级人民政府规定的管理体制。数额标准是界定是否采用公开招标方式的界限，此标准是强制性的，凡达到公开招标数额标准的货物和服务采购，都必须采取公开招标方式。公开招标数额标准适用于集中采购项目，也适用于集中采购以外限额标准以上的政府采购项目。

（三）执行采购方式

执行采购方式，是指在政府采购方式确定的基础上，采购人应当按照国家和地方政府制定的政府采购法律、法规规定的各种政府采购方式的程序开展采购活动，不能以种种理由不执行或者以创新为由简化政府采购方式的程序。按照政府采购法律法规规定，在执行政府采购方式时，应当注意以下问题：

> **讨论一下：**
>
> 规定采购人公布采购预算的作用是什么？

1. 履行审批手续。如果采购人有特殊要求进行自行采购，必须按法定程序进行审批。如果是采购进口产品，也必须按规定履行审核手续等。

2. 实现委托采购。在执行采购方式时，如果采购人缺乏独立招标能力，应当把采购事务委托给通过政府采购监管媒体名录登记备案的具有相应能力的社会中介机构承办，双方通过签订委托代理协议约定各自的权利和义务。

3. 严格规范程序。无论是执行何种政府采购方式，采购人和采购代理机构都必须按照法律规定的程序开展采购活动。

4. 适时公布预算。公布采购项目预算是对《预算法》《政府采购法》相关规定的落实和细化，是促进市场公平竞争维护市场正常秩序的必然，是促进部门预算编制科学化的需要。在招标采购中，采购人或采购代理机构应当在开标前公布采购预算。未在采购公告中公布采购预算的，评标结束后，不能以供应商报价均超过了采购预算、采购人不能支付为由予以废标。任何在采购文件发出时不公开采购预算之后才公开的行为，均属于修改采购文件，要按照对采购文件进行澄清或者修改的规定执行。应当注意：一是在采购项目预算没有突破的情况下，各分包的估算采购金额可以相互调剂使用；二是采用竞争性谈判和询价采购方式时，也要考虑上述因素；三是如果采购项目无采购项目预算金额，则不适用超预算废标和重新开展采购活动的规定；四是采购项目预算金额是对供应商规定的最高限价，规定供应商报价的下限，是没有法律依据的，因此是不允许的。

5. 依法变更方式。《政府采购法》第二十七条规定，因特殊情况需要采用公开招标以外的采购方式的，应当在采购活动开始前获得设区的市、自治州以上人民政府采购监督管理部门的批准。第二十九至三十二条分别规定了邀请招标、竞争性谈判、单一来源、询价四种采购方式的具体适用情形。2013 年我国政府采购规模中公开招标方式采购的占 83.3%，成为名副其实的绝对采购方式，但其缺点带来的局限性也越来越明显。从国际惯例看，公开招标仅适用于采购需求能够详细描述的项目采购这一情形，且公开招标也不是唯一的主导方式。从西方发达国家的实践来看，采购方式的应用应当灵活多样，其选择采购方式的主要标准是两个：一是项目需求特点，即按需求是否可在采购前详细描述来区分；二是效率要求，即以效率要求来判断是否给予所有潜在的供应商平等参与权。美国联邦采购公开招标只有 8% 左右，2011 年德国公开招标仅占 43.7%，英国仅为 19%。

思考一下：

等标期和投标有效期有什么不同？

我国政府采购法实施多年来的实践表明，各级政府及政府采购监管部门过于强调公开招标的作用，忽略了采购效率对提高政府行政效能的影响和实现“物有所值”的价值目标。特别是近年来，国家大力推动政府购买公共服务、政府和社会资本合作项目、科技创新等重要工作，其采购需求在采购前无法详细描述，从采购技术上看本身就无法通过招标方式开展采购，如果强行采用招标方式采购则无法保证采购目标的落实，影响国家推进事业单位改革、化解政府存量债务防范财政金融风险等目标的实现。

在招标采购中，在投标截止时间前提交有效投标文件的供应商，或开标后符合资格条件的供应商，或对招标文件实质性条款做出响应的供应商不足三家的，除采购任务取消外，采购人或采购代理机构应当向设区的市、自治州以上人民政府财政部门报告，由财政部门按照以下情形处理。一是招标文件没有不合理条款且招标程序符合规定的，应当根据采购项目的实际情况，批准采取非招标采购方式。采取竞争性谈判、单一来源采购方式的，采购人或采购代理机构应当按照规定程序重新组织采购活动。二是招标文件存在不合理条款或招标程序不符合法律规定的，应当责成采购人或采购代理机构修改招标文件，并按照规定程序重新组织招标活动。

6. 规范等标时间。采购人应当根据采购项目的复杂性和供应商准备投标的实际需要，合理设定等标期。自招标文件开始发出之日起至投标人提交投标文件截止之日止，不得少于二十日。但是，随着政府采购制度改革的逐步完善，为了进一步提高政府采购效率，符合下列特殊情形之一的，可以适当缩短等标期，但不得少于十日。一是采购技术规格统一、现货货源充足、价格透明的产品；二是废标后不改变资格条件和采购需求再次招标的；三是已公开的采购意向包含具体采购需求的；四是国务院政府采购监督管理部门规定的其他情形。

7. 采用邀请招标方式的，采购人应当按以下方式之一确定被邀请供应商：一是按法规规定进行供应商资格预审，从符合相应资格条件的供应商中随机选择三家以上的供应商；二是从省级以上人民政府财政部门设立的供应商库符合相应资格条件的供应商中随机选择三家以上的供应商。

> **讨论一下：**
>
> 邀请招标的条件是什么？与公开招标的异同？

8. 采取单一来源采购方式进行采购的，采购人或采购代理机构应当事先取得采购人同级财政部门的批准。同时，应当在财政部门批准前将采购信息和经专家论证的唯一供应商名称在财政部门指定的媒体上公告，公告的时间不得少于五个工作日，政府采购法律法规规定情形的除外。

9.《政府采购法》所称供应商的报价均超过了采购预算，是指所有投标供应商报价均超过采购预算。部分供应商报价超过采购预算，致使报价未超过采购预算的供应商不足三家的，视同供应商的报价均超过了采购预算。

（四）确定中标、成交、入围供应商

1. 确定标准。不管执行何种法定采购方式，都要依据采购文件中事先规定的评标或者确定成交的标准，确定中标或者成交供应商。为了实现政府采购制度的政策目标，在同等条件下，应当优先考虑将政府采购合同授予符合国家政府采购系列政策要求的供应商。

2. 及时公告。除单一来源采购方式外，中标或者成交供应商确定后，要向其发送中标、成交、入围通知书，同时要将结果通知所有参加投标（参加谈判或者被询价）的未成交供应商。中标、成交、入围结果要在财政部门指定的媒体上发布公告，接受政府采购当事人和社会各界的监督。

3. 根据《政府采购法实施条例》第四十九条规定，中标、成交、入围供应商拒绝与采购人签订合同的，采购人可以按评审报告推荐的中标、成交、入围候选人名单排序，确定下一候选人为中标、成交、入围供应商，也可以重新开展政府采购活动，无需向财政部门报批。采购人应当向财政部门报告供应商违规行为，财政部门应当按照政府采购法律法规规定追究有关供应商法律责任。政府采购活动或中标供应商不存在违法违

规情形的，采购人可以根据采购项目的实际情况，综合考虑递补供应商的经济性和效率等因素，自主确定是否重新开展采购活动或确定下一候选人为中标或者成交供应商。对于供应商履约验收不合格、双方解除合同的情况，应当按照合同法有关规定或者合同约定执行，原则上不得顺延确定中标或成交供应商。需要重新选定供应商的，应当重新开展采购活动。

（五）订立采购合同

1. 适用法律的规定。政府采购合同为民事合同，适用民法典。也就是说，采购人与供应商之间在政府采购合同的订立、合同效力、合同履行、合同变更、合同终止、违约责任等方面，必须按照民法典的规定执行。但是创新采购合同、政府和社会资本合同适用行政协议的相关规定。法律、行政法规等对相关领域采购合同的法律适用另有规定的，从其规定。

2. 合同定价方式。政府采购合同采取以下合同定价方式。

（1）固定价格。所谓固定价格，是指合同订立时已经确定合同价格，非由法定式约定事由不得变更的定价方式。对于采购时可以准确结算采购成本的情形，采购人应当选择固定价格的合同定价方式。合同订立时采购数量能够确立的，应当采用固定总价的定价方式；合同订立时采购数量无法确定的，应当采用固定单价的定价方式。

合同履行中因国家政策变化、物价调整等情形不能导致合同价格发生重大变化，不进行调整显失公平的，应当在合同订立时约定合同价款调整的条件和方法。合同当事人不得通过调整合同价格规避竞争。

（2）成本补偿。所谓成本补偿，是指合同订立时无法无法确定价款，需合同履行完毕后才能够确定的定价方式。对于合同履行中存在不确定性而无法准确估算采购成本，且无法适用任何固定价格的情形时，合同当事人可以按照固定酬金加供应商合同履行过程中产生的可列支成本确定合同价格，但不得超过合同规定的最高限价。合同当事人不得约定按照成本比例支付酬金。

有技术创新、节约资源和提前交付能够更好实现经济社会效益等情形的，采购人可以在合同中约定绩效激励条款，依据供应商提供的货物、工程和服务质量、满意度或者资金节约率等支付合同价款。

适用货物、工程和服务采购，应当采用固定价格定价方式。创新采购合同、政府和社会资本合作合同可以采用成本补偿定价方式。采购人可以根据项目特点，采用固定价格、成本补偿与绩效激励相结合的综合定价方式。

3. 必备条款的规定。财政部会同国务院有关部门对政府采购合同的必备条款作出规定。按照合同法的规定，合同内容一般包括当事人的名称或者姓名和住所，合同标的名称、规格型号、数量、单价及合同价款、质量要求，服务要求，履行期限、地点和方式，违约责任，解决争议的方法等。政府采购合同应当列示节能环保、自主创新、扶持中小企业等政府采购政策内容。

4. 订立合同的原则。采购人和供应商之间的权利和义务，应当按照平等、自愿的原则以合同方式约定。

5. 自签或者代签的规定。一是政府采购合同一般只能由采购人与中标、成交供应商签订。二是采购人可以委托采购代理机构代表其与供应商签订政府采购合同，但应当提交采购人的授权委托书，作为合同附件。三是采购代理机构接受采购人委托签订政府采购合同，不能以代理机构名义签订，而必须以采购人名义签订。

想一想：

为什么要对政府采购合同实行备案制？

6. 签订合同期限的规定。一是按规定时间签订合同。要在中标、成交、入围通知书发出之日起 30 天内，按照采购文件确定的事项签订政府采购合同或本框架协议。二是承担法律责任。鉴于中标、成交、入围通知书发出后采购合同已经形成，因此，具有法律效力。采购人改变中标、成交、入围结果的，或者中标、成交、入围供应商放弃中标、成交、入围项目的，要承担相应的法律责任。

7. 合同形式的规定。一是签订书面合同。包括合同书、信件和数据电文（包括电报、电传、传真、电子数据交换和电子邮件）等可以有形地表现所载内容的形式。二是事前确认。如采用信件、数据电文等形式订立的，按照合同法的规定，要在合同成立之前签订确认书。

8. 其他规定。政府采购合同或相关协议确定合同金额或合同标的时，不得采取赠品、回扣等方式。中标、成交、入围通知书发出后，除发生不可抗力外，中标、成交、入围供应商应当与采购人签订政府采购合同。中标、成交、入围供应商放弃中标、成交、入围项目，拒绝与采购人签订合同的，其投标保证金应当由采购人没收并上缴同级国库，给采购人造成损失的，还应当赔偿损失，并作为不良行为记录在案。采购人可以按顺序确定下一中标、成交、入围候选人为中标、成交、入围供应商，并与其签订政府采购合同。采购人改变中标、成交、入围结果的或以超出采购文件规定的理由拒绝与供应商签订政府采购合同的，应当依法承担法律责任。

9. 合同公开。为防止暗箱操作，保证政府采购公开、公平、公正，加强社会监督，有效抑制“天价采购”“豪华采购”，《政府采购法实施条例》第五十条规定，采购人应当自政府采购合同签订之日起 2 个工作日内，将政府采购合同在省级以上人民政府财政部门指定的媒体上公告，但政府采购合同中涉及国家秘密、商业秘密的内容除外。同时注意，在公开政府采购合同时，应当注意对个人隐私权的保护，如个人姓名、联系方式等。

（六）采购合同备案

《政府采购法》第四十七条规定，政府采购项目的采购合同自签订之日起七个工作日内，采购人应当将合同副本报同级政府采购监督管理部门和有关部门备案。

1. 备案主体和机关。采购合同备案，是指采购人将采购合同副本按时报同级政府采购监管部门备案。如果现行其他有关规定有要求的，还要送有关部门备案。一是有利于财政部门和政府其他有关部门对政府采购活动实施监督；二是财政部门审核拨付政府采购资金的重要依据。其他有关部门，是指依照其他有关法律、行政法规的规定对政府采购负有行政监督职责的政府有关部门，主要包括经贸、水利、交通、铁道、发航、信息产业等行政主管部门、建设行政主管部门等。

2. 备案时间。按照法律规定，采购合同自签订之日起 7 个工作日内，采购人要将合同副本报同级政府采购监管部门备案，不包括法定节假日。

三、采购合同管理阶段

政府采购合同签订以后，就进入采购合同的管理阶段。在这一阶段，管理主体发生了变化，主要是由采购人对供应商履行采购合同的情况进行管理。具体包括执行采购合同、履约验收和审核付款三个步骤。

（一）执行采购合同

1. 合同分包的规定。《政府采购法》第四十八条规定，经采购人同意，中标、成交供应商可以依法采取分包方式履行合同。政府采购合同分包履行的，中标、成交供应商就采购项目和分包项目向采购人负责，分包供应商就分包项目承担责任。一是经采购人同意，中标、成交供应商可以依法采取分包方式履行合同。值得注意的是，政府采购合同分包履行不等于政府采购合同全部转让，不得将全部项目或者采购项目中的主体或关键性项目转让给其他供应商，并不得再次分包。采购人不得强迫或者采取其他非法手段要求供应商分包，更不能与供应商恶意串通进行分包。二是政府采购合同分包履行的，供应商就采购项目和分包项目向采购人负责，分包供应商就分包项目承担责任。三是适用优先或强制政府采购优惠政策的采购项目不得采取分包方式履行合同。

2. 合同变更、中止或者终止的规定。《政府采购法》第四十八条规定，经采购人同意，中标、成交供应商可以依法采取分包方式履行合同。政府采购合同分包履行的，中标、成交供应商就采购项目和分包项目向采购人负责，分包供应商就分包项目承担责任。其含义指：一是政府采购合同的双方当事人不得擅自变更、中止或者终止合同；二是政府采购合同继续履行将损害国家利益和社会公众利益的，双方当事人应当变更、中止或者终止合同；三是有过错的一方应当承担赔偿责任，双方都有过错的，各自承担相应的责任。

> **讨论一下：**
> 如何提高政府采购合同的执行效率？

3. 签订补充合同的规定。即政府采购合同履行中，采购人需追加与合同标的相同的货物、工程或者服务的，在不改变合同其他条款的前提下，可以与供应商协商签订补充合同，但所有补充合同的采购金额不得超过原合同采购金额的百分之十。补充合同的标的必须与原合同标的相同，除了数量和金额改变以外，不得改变原合同的其他条款。

期限较长的创新采购、政府与社会资本合作等合同，符合下列情况之一的，双方当事人经过协商一致可以变更合同，但是不得对合同内容进行实质性修改。一是采购人在采购文件明确可能引起合同变更的情形，需要变更的具体内容和变更程序，并在采购合同中载明的；二是出现采购人或者供应商不可预见的情形，可以增加的采购金额不超过原合同金额百分之三十的。

（二）履约验收

《政府采购法》规定，采购人或采购代理机构应当按照采购文件、政府采购合同规定的标准和方法，及时组织对政府采购项目供应商履约的验收。大型或者复杂的政府采购项目，应当邀请国家认可的质量检测机构参加验收工作。验收方成员应当在验收书上签字，并承担相应的法律责任。

1. 采购人要组织好验收工作。采购人要指定验收人员，全权负责验收签字工作。采购人将采购事务委托采购代理机构承办的，采购代理机构应当根据委托代理协议的规定，代理采购人组织验收。

2. 大型或者复杂的采购项目应请专业机构参加验收。在通常情况下，大型或者复杂的采购项目，对验收人员的技术要求比较高。为了增强验收能力，采购人应当邀请经过国家认可的专业检测机构参加验收。如果请专业检测机构参加验收，采购人或者受其委托的采购代理机构仍然为验收方。

3. 验收方的权利与义务。验收方对供应商的履约进行验收，最后要将验收情况在验收书上如实说明，并亲笔签字。验收方要对自己的验收意见负责，如果验收意见与事实不符，损害采购人或者供应商的合法权益，应当承担相应的法律责任。

（三）审核付款

《政府采购法实施条例》第五十一条规定，采购人应当按照政府采购合同规定，及时向中标或者成交供应商支付采购资金。政府采购项目资金支付程序，按照国家有关财政资金支付管理的规定执行。

审核付款，是指财政部门对采购人的支付申请进行审核后，向供应商直接拨付采购资金的行为。政府采购项目不同于一般的商业项目，由于有政府资金提供强有力的保障，在资金支付方面的能力是没有疑问的。所以说，除特殊情况外，一般不存在预付资金问题。如果供应商有预付要求的，必须降低报价。

> **想一想：**
> 应该如何提高政府采购项目的验收质量？

国库集中支付包括财政集中支付和财政授权支付两种方式。供应商的履约验收合格后，采购人应当按照采购合同约定支付采购资金。对于纳入财政直接支付的项目，由采购人向财政部门申请拨款，由财政部门直接将采购资金拨付给履约供应商。其他采购项目由采购人直接向履约供应商付款。

四、保存采购文件阶段

对于一个具体的采购项目而言，采购人货款付讫后，采购活动基本结束。但从政府采购管理程序的角度看，采购人的工作还未结束，还必须做好采购文件的整理和保存工作。

（一）必要性

采购文件是反映采购活动过程及各项决策的记录，完整妥善地保存采购文件，可以为政府采购的统计分析、总结经验教训、接受监督检查、处理纠纷等项工作提供客观依据。保存采购文件是国际通行做法。

（二）法律规定含义

1. 保存主体。根据法律规定，有义务保存采购文件的主体是指采购人和采购代理机构。其中，采购代理机构包括集中采购机构和社会中介代理机构。

2. 保存时间。采购文件的保存期限为从采购结束之日起至少保存 15 年。

3. 保存内容。保存采购文件的内容包括活动记录、采购预算、招标文件、投标文件、评标标准、评估报告、定标文件、合同文本、验收证明、质疑答复、投诉处理决定及其他有关文件、资料等。

采购活动记录至少应当包括下列内容：一是采购项目类别、名称；二是采购项目预算、资金构成和合同价格；三是采购方式，采用公开招标以外的采购方式的，应当载明原因；四是邀请和选择供应商的条件及原因；五是评标标准及确定中标人的原因；六是废标的原因；七是采用招标以外采购方式的相应记载。

4. 保存形式。《政府采购法实施条例》第四十六条规定，《政府采购法》第四十二条规定的采购文件，可以用电子档案方式保存。

《政府采购法》对政府采购档案管理有较为详细的规定，包括应当保存档案资料的内容及15年的保存期限。政府采购档案资料内容多，需要保存的时间长，纸质档案保管不便，保存成本高，如何依法妥善保管政府采购档案，是采购人和采购代理机构面临的现实难题。随着采购活动中电子化水平的不断提高，采购文件以电子档案方式保存变得势在必行。

（1）电子档案应当满足采购文件保存的目的要求。《政府采购法》关于政府采购档案管理的规定主要基于三个：一是统计分析；二是积累采购经验；三是作为证据接受监督检查和审查。以电子文档方式保存采购文件，完全能够满足上述目的要求。采购人和采购代理机构在采购活动和日常管理中，要有具体制度和措施，保证电子档案真实可信，特别是要保证档案具备证据价值。如在采购活动中，要求供应商提交完整且不可修改的投标文件、谈判和磋商响应文件以及报价书的电子文档，作为电子档案保存。而采购人或者采购代理机构自行扫描供应商的纸质响应文件就不能作为电子档案存档。

（2）电子档案要符合《档案法》和《电子签名法》的规定。首先，符合《中华人民共和国档案法》（以下简称《档案法》）的规定。按照《档案法》的表述，档案是直接形成的历史记录。“直接形成”说明档案继承了文件的原始性，“历史纪录”说明档案在继承文件原始性的同时，也继承了文件的记录性，是再现历史真实面貌的原始文献。政府采购档案，应当真实记录政府采购活动的过程，能够反映采购活动的真实面貌。其次，符合《中华人民共和国电子签名法》（以下简称《电子签名法》）的规定。电子档案是指以数据电文形式储存的档案，因此电子档案还要符合《电子签名法》的规定。

> **思考一下：**
>
> 供应商的纸质响应文件扫描件能作为电子档案存档吗？

《电子签名法》的规定包含内容如下。一是数据电文满足原件形式要求。《电子签名法》第五条规定，符合下列条件的数据电文，视为满足法律、法规规定的原件形式要求：

能够有效地表现所载内容并可供随时调取查用；能够可靠地保证自最终形成时起，内容保持完整、未被更改。但是，在数据电文上增加背书以及数据交换、储存和显示过程中发生的形式变化不影响数据电文的完整性。二是数据电文满足文件保存要求。《电子签名法》第六条规定，符合下列条件的数据电文，视为满足法律、法规规定的文件保存要求：能够有效地表现所载内容并可供随时调取查用；数据电文的格式与其生成、发送或者接收时的格式相同，或者格式不相同但是能够准确表现原来生成、发送或者接收的内容；能够识别数据电文的发件人、收件人以及发送、接收的时间。三是采用电子方式采购的，招标文件、投标文件、澄清变更文件等采购过程文件的数据电文签名要符合可靠电子签名的条件。可靠的电子签名是指电子签名同时符合下列条件：电子签名制作数据用于电子签名时，属于电子签名人专有；签署时电子签名制作数据仅由电子签名人控制；签署后对电子签名的任何改动能够被发现；签署后对数据电文内容和形式的任何改动能够被发现。

（三）执行中注意问题

1. 专人负责。采购人和采购代理机构应当安排或指定专人负责本单位采购文件的收集和保存采购文件，并提供采购文件保存场所及必要的设备。

2. 保证采购文件的完整性、安全性和保密性。采购人和采购代理机构要建立采购文件档案管理制度，全面保存每项采购活动的采购文件。要加强采购文件的安全管理工作，防止调换、遗失、损坏等情况的发生。采购文件中的供应商投标文件，因涉及供应商的商业机密，没有得到有关方面的许可，不得对外提供。

3. 及时积累采购文件。采购人和采购代理机构内部具体开展采购活动的单位，在开展每项采购活动期间，要按政府采购法规定的采购文件及采购记录要求，注意及时收集、编写采购文件或者记录。每完成一个采购项目，及时将采购文件进行整理，交内部有关机构保存。不能等到年终统一整理，否则容易丢失资料，难以保证采购文件的完整性。

4. 采购人和采购代理机构要高度重视采购文件的保存工作，接受财政等部门的监督检查。未按法律规定保存采购文件的，将会受到严厉惩罚。按照政府采购法第七十六条规定，采购人、采购代理机构违反本法规定隐匿、销毁应当保存的采购文件或者伪造、变造采购文件的，由政府采购监督管理部门处以二万元以上十万元以下的罚款，对其直接负责的主管人员和其他直接责任人员依法给予处分；构成犯罪的，依法追究刑事责任。

学习小资料

开标一览表分项报价与报价清单不一致，到底如何修正？

某单位办公用房定制办公家具采购项目，招标文件规定：办公柜组（共7项）最高限价为154.25万元；会议桌椅项目（共6项）最高限价为95.744万元。超过分项最高限价的投标文件无效。在开标环节，A公司开标一览表的投标报价总价为210.5488万元，低于办公柜组加上会议桌椅总价；办公柜组71.45万元，低于招标文件限定的154.25万元最高限价；但会议桌椅为139.0988万元，远远高于招标文件限定的95.744万元的最高限价。也就是说，开标一览表中A公司会议桌椅的分项报价，超过了招标文件规定的最高限价。

在评审环节，评标委员会却发现：A公司投标文件中总价虽然没有变，但投标文件报价明细表却出现了与开标一览表不一致的情形，会议桌椅项目、办公柜组项目的报价与开标一览表中的两项报价互换，变成了办公柜项目（共7项）为139.0988万元；会议桌椅项目（共6项）为71.45万元。也就是说，在投标文件报价明细表中，其分项报价是符合招标文件规定的分项最高限价的。

紧接着，评标委员会启动了澄清程序，A公司书面承认其开标一览表分项价格有误，澄清内容如下：总报价为210.5488万元，办公柜组的报价为139.0988万元，会议桌椅报价为71.45万元，投标报价以澄清价格为准。评标委员会认可了A公司的澄清结果，评标结果A公司中标。投标人B公司对这一结果不满，认为A公司的开标一览表分项报价与投标文件报价明细表明细不一致，应适用《政府采购货物和服务招标投标管理办法》（财政部令第87号，以下简称87号令）第五十九条第一款第一项的规定：投标文件中开标一览表（报价表）内容与投标文件中相应内容不一致的，以开标一览表（报价表）为准，以开标一览表确定A公司的会议桌椅报价，A公司的澄清事项属于对投标文件的实质性修改，因为开标一览表的分项报价超招标文件规定的分项报价的最高限价，投标文件应当被判为无效。

处理投诉的财政部门认为：对于上述分项报价搞反的问题，中标人A公司按照评标委员会的要求进行了书面澄清，表示开标一览表报价有误，会议桌椅报价为71.45万元，并通过了资格审查和符合性审查。同时，根据报价明细表的内容，会议桌椅按单价汇总金额为71.45万元，可以佐证A公司开标一览表将会议桌椅报价和办公柜组报价填反，属于笔误，其澄清未改变投标文件的实质性内容，且不属于87号令第五十九条规定的情形。中标供应商A公司会议桌椅报价为71.45万元，未超过招标文件规定的最高限价。B公司的投诉事项不成立。B公司不服，经过行政复议、向法院提起行政诉讼，一审二审后审理终结，行政复议机关、两审法院均支持了财政部门的处理意见，驳回了B公司的请求。

到底该如何正确处理呢？请依据政府采购法律法规发表你的观点。

资料来源：政府采购信息网，亚利聊政采339，2022年1月18日。

【重要概念】

政府采购管理程序	采购项目确立	工程招标限额
政府采购合同备案	政府采购文件	政府采购活动记录
政府采购意向公开	工程招标范围	政府采购计划

【思考练习题】

1. 按照我国政府采购法规定，确立采购项目的含义是什么？
2. 按照我国政府采购法规定，确立采购模式的含义是什么？
3. 按照我国政府采购法规定，如何做好采购意向公开工作？
4. 按照我国相关法律规定，工程招标的范围和限额是什么？
5. 按照我国政府采购法规定，如何规范执行政府采购方式？
6. 我国政府采购法关于合同订立和分包的规定内容是什么？
7. 按照我国政府采购法规定，如何做好政府采购项目验收工作？
8. 按照我国政府采购法规定，如何做好采购文件的保存工作？
9. 政府采购活动记录应该包括哪些内容？
10. 政府采购管理程序包括哪些方面内容？
11. 如何正确认识政府采购程序的地位？

【案例分析】

1. 资料如下：

某起重机招标项目，采购预算为600万元，共有6家投标供应商，评标方法为综合评分法，经过评审，合格投标为4家，得分最高的是东方公司，其报价也最低，排在中标候选供应商的首位。采购人意向的供应商位居第二，其负责人与现场监管人员“协商”欲授意评标委员会进行“技术处理”，遭到监管人员的断然否决。采购人心有不甘，提出以“标后考察”名义否决东方公司，同样遭到监管人员的无情回绝。监管人员指出，定标必须以评标报告为依据，可以实行“标后考察”，但其主要目的是核实投标资料的真实性和供应商的实际履约能力和营运状况，要坚持实事求是原则，尊重客观事实。看到监管人员如此坚决，采购人只得作罢。

2. 根据上述资料，请分析与讨论：采购人的做法违反了政府采购法律法规的哪些规定？会带来什么危害？应该采取什么措施遏制这种现象？

第四章　政府采购方式

【学习目标和要点】

- 政府采购方式种类
- 邀请招标适用条件和程序
- 竞争性谈判适用条件和程序
- 竞争性磋商适用条件和程序
- 框架协议适用条件和程序
- 单一来源适用条件和程序
- 废标规定和废标后的处理

第一节　政府采购方式分类

一、政府采购方式意义

明确政府采购方式是建立政府采购制度的核心内容，目的是确立政府采购行为的基本规则。政府采购法律法规确定了我国政府采购应当采用的方式，以及对采购方式运用应当遵循的管理事项。

（一）是建立政府采购制度的首要内容

政府采购的历史演变表明，确立政府采购方式是从无序采购到政府采购的一个历史性标杆。在实行政府采购制度以前，各国都存在政府采购行为，但对此都没有系统且有效的约束机制。随着社会发展和民主进步，政府支出规模与日俱增，采购事项越来越多，市场商品日益丰富，传统采购方法出现的问题也不断增加，社会反应强烈，政府面临巨大压力，在这种社会背景下，政府采购方式便应运而生。

历史上的第一种采购方式是公开招标。这种采购方式由于竞争充分，而且有利于公平交易，更便于纳税人进行监督，实施效果非常好，从根本上杜绝了传统采购存在的弊端。随着政府采购制度的逐步完善，政府采购方式也逐步出现了多样化趋势。自采购方式多样化以后，对采购方式选择进行管理的制度也逐步形成。一是建立采购方式体系，并实行分类管理。二是分别明确采购方式的适用条件，便于实际应用。三是规定选择采购方式的原则。通常都是要选择公开招标方式，严格限制其他采购方式的运用。四是细化各采购方式的运行程序，加强规范化建设。

随着政府采购方式的不断完善，围绕着政府采购方式的有效实施，政府采购管理逐步拓宽，相继产生了集中采购制度，供应商市场准入制度，政府采购合同管理制度，政府采购投诉管理制度等，政府采购制度也随之完善。我国实行政府采购制度也是从确立政府采购方式着手的。与国际上不同之处是，公开招标方式始于企业，后进入政府机构，这种格局与我国特定国情有关。从我国《政府采购法》的框架和内容上看，政府采购方式处于《政府采购法》的核心地位，绝大部分条款都是围绕采购方式作出相应的规定。

（二）是贯彻落实政府采购目标和原则的有效途径

我国政府采购法律规定了实行政府采购制度的五大目标和四项原则。这些目标和原则都必须通过一定的载体才能实现，这类载体就是政府采购方式。

在政府采购活动中，政府采购的行为始于采购方式的选择。我国政府采购法中明确规定了政府采购的七种方式，而且对采购方式的程序和条件也作出了相应规定。这些规定从根本上限制了选择采购方式的随意性，从采购活动的源头上约束采购人的行为。理论和实践都证明，科学确定采购方式，尽可能选择竞争程度高的采购方式，是提高采购资金使用效益的有效途径。落实维护国家利益和社会公共利益的要求同样离不开采购方式。在政府采购方式执行期间，如果政府采购当事人的合法权益受到损害，可以依法采取维权措施，维护政府采购的公平和公正。促进廉政建设并不是实行政府采购制度的直接目标，但通过执行采购方式客观上能达到这一效果。

> **想一想：**
>
> 为什么说政府采购方式是政府采购制度的核心内容？

二、政府采购方式分类

（一）按招标范围分类

按招标范围，可将采购方式分为公开招标采购、选择性招标采购和限制性招标采购。

1. 公开招标采购。公开招标，是指采购人依法以招标公告的方式邀请非特定的供应商参加投标的采购方式。较之于其他采购方式，公开招标有以下优点：一是有利于实现政府宏观调控的目标；二是有利于促进公平竞争；三是有利于提高采购效益；四是有利于加强监督。正因为如此，公开招标是最主要的招标方式，特别是在政府采购制度改革初期，大多数采购都是通过公开招标的方式实现的。

2. 选择性招标采购。是指通过公开程序，邀请供应商提供资格文件，只有通过资格审查的供应商才能参加后续招标；或者通过公开程序，确定特定采购项目在一定期限内的候选供应商，作为后续采购活动的邀请对象。选择性招标方式确定有资格的供应商时，应平等对待所有的供应商，并尽可能邀请更多的供应商参加投标。

3. 限制性招标采购，也称“邀请招标”。是指不通过预先刊登公告程序，直接邀请一定数量的供应商参加投标，邀请供应商的数量应该足以引起竞争。一般来说，邀请招标只是公开招标的一种补充形式，是公开招标的例外，只有在不适宜采用公开招标的场合才可使用。

（二）按是否具备招标性质分类

> **讨论一下：**
>
> 物业服务采购能够采用招标采购方式吗？

按是否具备招标性质，可将采购方式分为招标采购和非招标采购两大类。确定采用招标采购和非招标采购的重要标准之一是采购金额标准，即招标限额。一般来说，达到一定金额标准以上的采购项目，采用招标采购方式；不足一定金额的采购项目，采用非招标采购方式。

1. 招标采购。是指通过招标的方式，邀请所有的或一定范围的潜在供应商参加投标，采购实体通过某种事先确定并公布的标准从所有投标人中评选出中标供应商，并与之签订合同的一种采购方式。一般分为公开招标和邀请招标两种方式。招标性采购按接收投标人的范围，分为国际竞争性招标采购、国内竞争性招标采购、国际限制性招标采购和国内限制性招标采购。

国际竞争性招标采购是指没有国籍限制，采购实体通过国际性媒体公开发布招标公告，邀请所有符合要求的供应商参加投标的一种采购方式。国内竞争性招标采购是指采购实体使用本国文字在国内主要媒体上发布招标公告，邀请国内所有符合要求的供应商参加投标的一种采购方式。国际限制性招标采购是指采购单位不发布招标公告而直接邀请国外供应商参加投标的一种采购方式。国内限制性招标采购是指采购实体不发布招标公告而直接邀请国内供应商参加投标的一种采购方式。

2. 非招标采购。是指除招标采购方式以外的采购方式。在有些情况下，如需要紧急采购、技术复杂不能事先确定标准或者采购来源单一等，招标方式并不是最经济的，需要采用招标方式以外的采购方式。另外，在招标限额以下的大量的采购活动，也需要明确采购方式。非招标性采购方式很多，主要有竞争性谈判采购、单一来源采购、询价采购、竞争性磋商采购、框架协议采购、自营工程、创新采购等 7 种方式。

（1）竞争性谈判采购。是指采购实体通过与多家供应商进行谈判，最后从中确定成交供应商的一种采购方式。这种方法适用于紧急情况下的采购或涉及高科技应用产品和服务的采购。

（2）单一来源采购，也称“直接采购”。即没有竞争的采购，它是指达到了竞争性招标采购的金额标准，但所购商品的来源渠道单一，或属专利、首次制造、早日交货、合同追加、原有项目的后续扩充等特殊情况。在此情况下只能由一家供应商供货。

（3）询价采购，也称“货比三家”，是指采购实体一般不需要正式的招标文件，只需向有关供应商（通常不少于三家）发出询价单让其报价，然后在报价的基础上进行比较并确定成交供应商的一种采购方式。这种方式只适用于采购现货或价值较小的标准规格设备，或者小型、简单的土建工程。但是，严格来讲，询价采购还是要编制采购文件，只不过程序上相对简单而已。

思考一下：

同时有目录内和目录外产品，可以委托给社会代理机构采购吗？

（4）竞争性磋商采购。财政部于 2014 年 12 月 31 日颁布实施的《政府采购竞争性磋商采购方式管理暂行办法》（财〔2014〕214 号，以下简称《磋商办法》）规定，竞争性磋商采购方式，是指采购人、政府采购代理机构通过组建竞争性磋商小组（以下简称磋商小组）与符合条件的供应商就采购货物、工程和服务事宜进行磋商，供应商按照磋商文件的要求提交响应文件和报价，采购人从磋商小组评审后提出的候选供应商名单中确定成交供应商的采购方式。

竞争性磋商采购方式是财政部首次依法创新的采购方式，核心内容是“先明确采购需求、后竞争报价”的两阶段采购模式，倡导“物有所值”的价值目标。这种采购方式的创新，一方面，基于近年来我国政府先后推进政府购买服务、推广 PPP 模式等重要改革任务；另一方面，政府购买服务、推广 PPP 模式等工作，具有较强的公共性和公益性，其采购活动应当充分发挥支持产业发展、鼓励科技创新、节约资源、保护环境等政府采购政策功能，以促进经济和社会政策目标的实现。因此，需要明确相关采购活动的法律适用和操作规则。

竞争性磋商和竞争性谈判两种采购方式在流程设计和具体规则上既有联系又有区别：在“明确采购需求”阶段，两者关于采购程序、供应商来源方式、磋商或谈判公告要求、响应文件要求、磋商或谈判小组组成等方面的要求基本一致；在“竞争报价”阶段，竞争性磋商采用了类似公开招标的“综合评分法”，区别于竞争性谈判的“最低价成交”。之所以这样设计，就是为了在需求完整、明确的基础上实现合理报价和公平交易，并避免竞争性谈判最低价成交可能导致的恶性竞争，将政府采购制度功能聚焦到“物有所值”的价值目标上来，达到“质量、价格、效率”的统一。

（5）框架协议采购。我国为了规范多频次、小额度采购活动，提高政府采购项目绩效，根据《政府采购法》《政府采购法实施条例》等法律法规规定，财政部制定了《政府采购框架协议采购方式管理暂行办法》（财政部令第 110 号）（以下简称《框架协议办法》），于 2022 年 3 月 1 日实施。框架协议采购，是指集中采购机构或者主管预算单位对技术、服务等标准明确、统一，需要多次重复采购的货物和服务，通过公开征集程序，确定第一阶段入围供应商并订立框架协议，采购人或者服务对象按照框架协议约定规则，在入围供应商范围内确定第二阶段成交供应商并订立采购合同的采购方式。

框架协议采购方式与其他采购方式相比，主要有以下特点。一是适用范围不同。框架协议采购适用于多频次、小额度采购，不适用于单一项目采购。二是程序不同。框架协议采购具有明显的两阶段特征，第一阶段由集中采购机构或者主管预算单位通过公开征集程序，确定入围供应商并订立框架协议；第二阶段由采购人或者服务对象按照框架协议约定规则，在入围供应商范围内确定成交供应商并订立采购合同。三是供应商范围不同。采用其他采购方式的，一个采购包只能确定一名中标（成交）供应商，而框架协议采购可以产生一名或多名入围供应商。

（6）自营工程。它是土建项目中所采用的一种采购方式，是指采购实体或当地政府不通过招标或其他采购方式而直接使用当地的施工队伍来承建的土建工程。采取自营工程方式，要承担一定的风险：一是事先无法确定工程量有多大；二是工程小而分散，或者工程地点较远，使承包商要承担过高的动员调遣费用；三是必须在不干扰正在进行中的作业的情况下进行施工并完成的工程；四是要面对承包商不感兴趣的工程；五是如果工程不可避免地要出现中断，在此情况下，其风险由采购实体承担比承包商更为妥当。对自营工程必须严格控制，否则会出现地区保护问题。

（7）创新采购。创新采购是根据国家科技创新规划有关要求，对市场已有产品不能满足部门自身履职或者提供公共服务需要，邀请供应商研发、生产创新产品并共担风险的采购方式。符合下列情形之一的，可以采用创新采购方式采购：一是本部门所需货物会有重大技术突破，且能够推广适用的；二是公共交通、智能化城市建设等网络化基础设施建设项目，通过应用新技术或者新理念，形成新的管理模式，能够明显提高绩效目标的。

（三）按采购规模分类

按采购规模分类，可将采购方式分为小额采购方式、批量采购方式和大额采购方式。

1. 小额采购。是指对单价不高、数量不大的零散物品的采购。具体采购方式可以是询价采购，也可以直接到商店或工厂采购。

2. 批量采购。即小额物品的集中采购。其适用条件为：在招标限额以下的单一物品由个别单位购买，而且数量不大，但本级政府各单位经常需要；或单一物品价格不高但数量较大。具体采购方式可以是询价采购、招标采购或谈判采购等。

3. 大额采购。即单项采购金额达到招标采购标准的采购。适用的采购方式有招标采购、竞争性谈判采购等。

（四）按采购手段分类

按采购手段分类，可将采购方式分为传统采购方式和现代化采购方式。

1. 传统采购方式。是指依靠人力来完成整个采购过程的一种采购方式。如通过法定媒体发布采购信息，采购实体和供应商直接参与采购每个环节的具体活动等。

> **想一想：**
>
> 电子采购方式与传统采购方式的异同点有哪些？

2. 现代化采购方式。是指主要依靠现代科学技术的成果来完成采购过程的一种采购方式，如采购卡采购方式和电子采购方式。采购卡类似于信用卡，采购卡由财政部门统一发放给采购实体，采购实体的采购官员在完成采购后付款时，只需划卡就行。采购卡一般适用于小额采购，能够节约大量的纸张费用。电子采购是指运用电子技术进行业务交易，包括电子邮件、电子信息、国际网络技术以及电子信息交换等。通过电子采购来发布采购信息并完成采购交易，解决了传统采购方式难以克服的时间和空间问题，使采购活动更加方便、快捷，大幅度降低了采购成本，提高了采购效率。

（五）按招标阶段分类

按招标阶段分类，可将招标采购分为单阶段招标采购和两阶段招标采购。

1. 单阶段招标采购。这是一种最常见的招标采购方式，就是通过一次性招标，让投标商提交技术标和商务标，依据采购文件确定中标供应商的采购方式。

2. 两阶段招标采购。是一种特殊的招标采购方式，即对同一采购项目要进行两次招标。第一次招标是采购实体要求供应商提交不含价格的技术标，目的是征求各供应商对拟采购项目在技术、质量和其他方面的建议。第二次招标是采购实体根据第一阶段征求的建议修改招标文件，要求供应商按修改后的招标文件提交最终的技术标和价格标。两阶段招标很少使用，只有对大型复杂或技术升级换代快的货物，如大型计算机和通讯系统等，以及特殊性质的土建工程，事先准备好完整、准确的技术规格有困难或不易实现时，才采用两阶段招标方式。

三、国内与国际竞争性招标采购的区别

（一）国际竞争性招标的优缺点

国际竞争性招标是在世界范围内进行招标，国内外合格的投标商均可以投标。要求制作完整的英文标书，在国际上通过各种宣传媒介公开登出广告。其特点是高效、经济、公平。世行根据不同地区和国家的情况，规定了凡采购金额在一定限额以上的货物和工程合同，都必须采用国际竞争性招标。

1. 优点。实践证明，国际竞争性招标虽然程序比较复杂，但确实有很多优点。一是价格合理。由于投标竞争激烈，一般可使买主以有利的价格采购到需要的设备和工程。二是引进技术。即可以引进先进的设备、技术和工程技术及管理经验。三是有效竞争。即可以保证所有合格的投标人都有参加投标的机会。由于国际竞争性招标对货物、设备和工程的客观的衡量标准，可促进发展中国家的制造商和承包商提高产品和工程建造质量，提高国际竞争力。四是公开透明。保证采购工作根据预先约定并为大家所知道的程序和标准公开而客观地进行，因而减少了在采购中作弊的可能。

> **讨论一下：**
>
> 国际招标采购的法律有哪些？在我国采购执行情况如何？

2. 缺点。与其他采购方式相比，国际竞争性招标也存在一些不足。一是招标费用较高。国际竞争性招标有一套周密而复杂的程序，从采购公告、投标人投标、评标和授予合同，一般都要半年到一年以上的时间。招标单位审查标书的工作量比较大，招标费用支出多。参加竞争的投标者越多，每个投标者中标的机会越小，风险越大，损失的投标费用也越多。二是准备文件较多。招标文件要明确规范各种技术规格、评标标准，以及买卖双方的义务等内

容。招标文件中任何含糊不清或未予明确的都有可能导致执行合同意见不一致，甚至造成争执。另外还要将大量文件译成国际通用文字，因而增加很多工作量。三是发展中国家所占份额较少。在世界银行用于采购的贷款总金额中，国际竞争性招标占80%左右，在某些行业比重保持在90%左右，其中，发达国家如美国、德国、日本等国家中标的价值约占80%。主要是这些国家供应商和承包商的技术比较先进，能力较强，而发展中国家的经济贸易实力和工业水平不及发达国家，不熟悉国际性投资，信息不灵，采购组织力量不够有力等。

（二）国内竞争性招标采购的适用条件

在政府采购延伸到国际贸易领域以前，或者是政府采购已经延伸到国际贸易领域，但采购实体所在国家和地区还未加入国际或区域性政府采购协议以前，国内竞争性招标采购的适用条件较为简单，凡是在本国或地区内能够组织生产或承建并能满足采购实体要求的货物或工程，如果要实行竞争性招标采购，就必须采取国内竞争性招标采购方式。如果采购实体所在国家或地区已经加入国际性或区域性政府采购协议，除了协议中明确的适宜国内竞争性招标采购的规定外，在下列条件下也可以实行国内竞争性招标采购。

1. 预期外国供应商对拟定的采购项目明显不感兴趣。例如有的土建工程规模太小；或从整体上工程有相当规模，但施工地点太分散，而且施工时间可能要拖得很长；或拟建的工程在技术上要求不高，如劳动密集型的土建工程，本国的供应商有较强的竞争能力等。在设备或材料的采购中，如果拟购的货物批量太小或者不便于长途运输等，也会使外国供应商不感兴趣。

2. 外国供应商在国内没有相应的售后服务机构。如果采购数量不大，拟购的外国产品的供应商在国内未设负责提供零配件和售后服务的机构，一般是实行国内竞争性招标采购。国内竞争性招标采购有利于缩短采购时间，减少采购成本，加快项目的实施进度。缩短采购时间的标准表现为两个方面。一是能较快地编制标书和技术规格，以缩短整个采购过程所需要的时间。在国际性竞争招标采购中，标书必须使用国际贸易中常用的语言，标书内容要求完整，采用的设计标准应保证国际竞争的公平性，非常复杂。但国内竞争性招标采购可以使用本国语言，在商务、法律等方面也可以比国际竞争性招标采购大大简化，技术标准也可采用本国通用标准等。二是采用国内竞争性招标采购，从发售标书到开标、评标所需要的时间都可以比国际竞争性招标采购少得多。

（三）国内与国际竞争性招标采购的主要区别

国内竞争性招标采购和国际竞争性招标采购的基本程序是类似的，一般都包括编写招标文件、刊登招标公告、资格审查、投标、开标、评标、合同签订等，但二者在整个程序的有关环节上是有所不同的。

1. 对供应商的限制不同。国际竞争性招标采购不能对外国供应商进行限制；而国内竞争性招标采购的投标人只能为本国供应商。

2. 信息发布不同。一是国际竞争性招标采购语言多，时间长。要求在国际性媒体上发布招标公告，招标公告要求用两种以上的语言，即本国语和英语、法语或西班牙语中的任何一种语言，从发布公告到投标所需要的时间一般较长。例如世界银行《采购指南》规定，采用国际竞争性招标，从刊登招标通告到投标截止期之间的时间。货物采购不得少于6周；工程项目一般为60—90天；大型工程或复杂设备至少为12周，特殊情况也可延长。二是国内竞争性招标采购语言单一，时间相对短。只需在国内法定媒体上用本国语言发布招标公告，公告发布后到投标所需要的时间一般较短。如我国法律规定等标期不少于20天。有些情况下时间相对短，但不得少于10天。

3. 资格审查不同。国际竞争性招标采购在对大型、复杂的土建工程以及非标准设备的采购时要对供应商进行资格预审，资格审查的基本要求包括经验、能力及财务状况等，对参加资格审查的供应商不应做出数量上的限制；国内竞争性招标采购主要审查供应商的基本资格，如果对供应商在专业上有特殊要求的，也要对其专业资格进行审查。在对供应商的数量方面，如果有足够的竞争性，可以限制供应商的数量。

4. 投标不同。一是采用国际竞争性招标采购时，投标商不要求事先在当地政府机构注册，也不要求其在当地设有代理商，标书也不必用当地语言，也不能对其提出只能接受由当地银行开出的保函的要求。关于投标所用的货币，如果预期有当地货币支出的，可用当地货币报价，国外支出可以用投标商本国的货币，也可用供应商本国的货币，或使用采购实体指定的任何一种国际通用货币。允许对当地供应商给予合理的优惠，但必须在事先的资格预审文件中作出说明。对运输和保险不应有特别限制，开标必须公开，在评标时不能有含糊的评标标准，最后应把合同授予具有最低评标价并有实质响应的投标商。在合同授予以前不允许与投标商进行价格谈判；二是如果采用国内竞争性招标采购，则应用本国语言投标，接受当地银行开出的保函，用当地货币报价和支付，不实行优惠政策，对运输和保险可以做出适当的限制。与国际竞争性招标采购一样，必须做到公开开标，使用明确的评标标准，把合同授予具有最低评标价并有实质响应的投标商，不得在合同授予以前与投标商就价格问题进行谈判等。

5. 合同履行不同。采用国际竞争性招标采购时，履约保证金不得只限于由当地银行担保，可担保的银行包括：当地银行，在当地有办事机构的外国银行，采购实体可接受的外国银行。工程合同的履约保证金不允许只限于银行保函的形式，采购实体也可以选择由一家保险公司或担保公司开出担保书的形式。对履行期超过一年的合同，可以考虑运用价格调整因素。在履约过程出现争端时，倾向国际仲裁。如果采用国内竞争性招标采购方式，可以规定只接受履约保证金由当地银行担保，工程合同的履约保证金仅限于银行保函的形式。一般不需要进行价格调整，但在高通货膨胀时或长期合同中，要考虑价格调整问题。如果履约过程中出现了争端，由当地法院或用当地程序仲裁。

想一想：

目前我国政府采购法对采购国外货物的规定是什么？

四、政府采购方式的发展趋势

（一）竞争性招标采购仍是主要的采购方式，但比重逐渐下降

1. 竞争性招标采购的优点。在各种政府采购方式中，竞争性招标采购具有其他方式不可比拟的优点，使其成为主要的政府采购方式，其主要优点如下。一是有效地实现物有所值的目标。通过广泛的竞争，使采购实体能够得到价廉物美的商品、工程和服务。二是促进公平竞争。特别是国内竞争招标采购，使所有符合资格的潜在供应商都有机会参加竞争。三是确保交易公正。维护供应商和采购实体双方的利益。利用竞争性招标采购方式时，采购实体对其采购要求、评标标准和方法等，都要事先公告，在具体操作时都是公开进行的，非常透明。四是减少腐败现象的发生。竞争性招标采购程序规范，操作透明，监督健全，使腐败分子无机可乘。

2. 竞争性招标采购的缺点。竞争性招标采购方式也有其不足之处，具体表现如下。一是周期太长，费时太多。从准备招标文件到合同签订，需要很长的时间。因为周期太长，会延误最佳采购时机，有些采购等到合同签订时，原拟购产品早已升级换代，价格或汇率出现了不利的变化等。二是文件烦琐且很难考虑周全。一旦采购实体或供应商有考虑不周全之处，均会处于非常被动的境地，有时采购实体不得不在已耗时做了大量工作后宣布废标。三是影响标准化。竞争性招标采购有可能造成设备规格多样化，影响标准化的实现，并给维修和使用标准备件造成障碍。四是缺乏弹性。有时签订的合同并不一定是采购实体的最佳选择，如教学仪器的打包采购，产品种类多，单件产品价值小，很难保证每种产品的选择使采购人都满意；不得向中标供应商提出招标文件中已做明确规定以外的任何要求；采购实体在有些时候发现某些供应商的投标设备的确非常好，也愿意购买，由于该供应商报价虽然没有突破预算但却不是最低评标价，采购实体就不能选择该投标供应商。这些情况的出现对采购实体和供应商都是一种损失。

讨论一下：

竞争性谈判采购需要召开开标会议吗？

综上所述，尽管竞争性招标采购在公开、公正、公平和竞争性方面有其优势，但由于其自身的缺陷，使得招标采购虽然为一种非常理想的方式，也被世界各国大力推崇，但在实际工作中，真正使用竞争性招标采购方式的比重却不大。资料表明，真正使用竞争性招标采购方式进行的政府采购一般占30%—40%。从总体上来说，竞争性招标采购方式所占的比例还将不断下降。

从国际实践来看，在一个国家内部，实行竞争性招标采购方式的范围在缩小，比例在下降。究其原因，一方面，由于竞争性招标采购方式费时费力，有些采购方式如竞争性谈判采购方式既有竞争性招标采购方式的优点，又能克服其缺点，可以替代竞争性招标采购方式。另一方面，采用其他采购方式还可以规避国民待遇原则和非歧视性原则，为国内供应商提供更多的中标机会。但是，国际性或区域性经济组织对竞争性招标采购却日益重视起来。如在世界贸易组织的《政府采购协议》中，强制规定中央政府在采购的商品、服务和工程价值达到一定金额时，必须实行竞争性招标采购。国际性或区域性经济组织的这些强制性规定，是由于各国更多地使用其他采购方式，这些方式客观上成为一种非关税贸易壁垒，使政府采购市场不能彻底地得到开放，更深层次的原因，是一些发达国家欲借此成功占领发展中国家政府采购市场的途径。

（二）竞争性谈判采购方式逐步占居主导地位

如前所述，除竞争性招标采购方式以外，还有很多采购方式，包括限制性招标采购、单一来源采购、竞争性谈判采购、自营工程等。其中，单一来源采购和自营工程等方式均为特例，它们都是在特定的环境下适用，而且所占的比重非常小，任何国家和国际组织都不主张过多地采用这些方式。在竞争性招标采购方式比重不断下降的同时，限制性招标采购和竞争性谈判采购所占比重不断提高，尤其是竞争性谈判采购在很多国家非常流行。竞争性谈判采购既有竞争性招标采购方式的优势，还可以弥补其不足之处；

1. 时间短，效率高。竞争性谈判采购方式由于其特殊的适用条件，法律规定采购文件公告时间短，因而大大缩短了采购周期。

2. 减少工作量，节约采购成本。由于竞争性谈判采购可以与供应商直接进行谈判，且供应商家数不一定满足三家的条件，在特殊情况下，两家也可以谈，相比之下减少工作量，节约采购成本，在一定程度上提高了采购的成功率和采购效益。

3. 最大程度满足采购人需求。采购实体可以根据实际情况，就拟购商品的品牌、数量、性能、价格、售后服务等情况与供应商进行多次谈判，供应商可以多次报价，最终使采购人能够买到符合预期要求的价廉物美的商品。

4. 有利于保护民族产业。实行竞争性谈判采购方式，可以对供应商的范围和数量进行限制，这就可以让采购实体充分选择国内供应商，并购买国货，进而保护民族产业。

5. 鼓励创新，转移风险。即这种采购方式能够激励供应商将各自的高科技应用到采购商品之中，同时又能转移采购风险。采购实体事前提出拟采购商品的技术性能要求，参与竞争的供应商可各显神通，充分展现各自的科技优势，最终得到的商品的技术性能很可能会超出采购实体的预期要求。同时，采用这种方式政府还可以转移采购风险，即供应商最终提供的产品如果达不到预期的性能，采购实体将拒收，损失将由供应商自己承担。

综上所述，由于竞争性谈判采购方式既能体现充分竞争，又能体现灵活协商，使其逐渐成为占主导地位的采购方式。

（三）政府采购手段的发展趋势

人类社会进入21世纪，广泛推行政府采购制度并充分发挥其在经济社会发展中的积极效用以成为世界各国的共识。在政府采购制度的日趋完善、国家信用制度的逐步确立和政府采购相关当事人依法采购意识不断增强的基础上，随着信息产业的高速发展和信息产品的普遍应用，将会为传统的采购手段带来一次彻底的革命，今后的采购手段将会以电子化为主，通过电子媒体发布采购信息并进行交易。电子贸易将会最大限制地节约人力、物力和财力，缩短采购周期，加快采购进度，提高采购效率。目前，在发达国家基本上已经实现了采购电子化。我国政府采购法规规定，政府采购可以全部或部分通过电子系统进行操作，保证政府采购活动公开统一、安全通畅、高效便捷。

第二节　政府采购方式适用条件

一、公开招标适用条件

（一）适用条件

我国《招标投标法》和《政府采购法》对货物、工程、服务的公开招标采购方式的适用条件和范围都有具体规定。前边已经述及招标投标法规定的必须进行招标的工程类别及标准，这里不再赘述。按照政府采购法规定，在招标数额标准以上的采购项目，一律要求采用公开招标采

> **思考一下：**
>
> 为什么说政府采购流程和招标投标流程是两个不同的概念？

购方式。其含义包括：一是政府采购工程进行招标投标的，适用招标投标法，其中工程公开招标标准要按国务院及授权部门确定的标准执行；二是在执行招标投标法的同时，还应当执行政府采购法有关规定；三是招标投标法没有规定的，应当适用政府采购法；四是不适用招标投标法的政府采购工程项目，应当按照政府采购法规定执行。

（二）区别两个概念

招标投标流程和政府采购流程是两个不同的概念。招标投标流程是招标采购方式执行的程序，只是政府采购规定流程中的一个环节。招标投标流程始于招标文件的制作，止于中标供应商的确定。政府采购流程是一个管理程序，始于采购预算的编制，止于采购文件的保存，比招标投标流程长得多。招标投标法只能规范部分采购流程，不能规范其余环节，而其余环节也应当加以规范。招标投标法属于程序法，只能对招标和投标程序作出规范。要全面规范政府采购工程的采购行为，不仅要明确采购方式和程序，还要从实体上予以规范，包括工程项目采购预算编制要求、采购过程中应当接受的监督管理、采购活动中应当坚持的政策取向、采购合同的订立、采购资金的拨付等。政府采购法延伸了工程采购流程，强化了工程采购项目的监督管理，为实体法。因此，工程采购在执行招标投标规定的同时，还要按政府采购法的有关规定执行。

（三）科学规范公开招标的主导地位

在所有的采购方式中，公开招标最能体现政府采购制度的优越性。因此，在政府采购实践中，特别是我国政府采购制度改革还没有完全成熟的情况下，还必须科学规范公开招标的主导地位。

1. 严格公开招标以外采购方式的采用。政府采购监督管理部门要进行认真审核，严格把关。《采购法实施条例》第 28 条规定，在一个财政年度内，采购人将一个预算项目下的同一品目或者类别的货物、服务采用公开招标以外的方式多次采购，累计资金数额超过公开招标数额标准的，属于以化整为零方式规避公开招标，但项目预算调整或者经批准采用公开招标以外方式采购除外。

2. 增强采购活动的计划性。要解决招标等标期过长的问题，关键是要增强采购活动的计划性，早做准备。采购人可以将采购项目在部门预算“二上”申报的时候着手进行准备，等到预算批复时，公开招标的前期工作基本完成，从而从源头上解决招标时间来不及的问题。

3. 从全局角度看待政府采购项目。这里所说的全局角度：一是指一个部门在一个年度内各内部和所属机构采购的总额；二是指政府集中采购。政府采购项目数量巨大、规模庞大，其总体规模远远超过了招标数额标准。

4. 正确定位，删繁就简。在实践中，采购项目特殊成为采购人选择公开招标以外采购方式的另一个主要原因。政府采购的目的是为了提供公共服务，采购的货物应当是最需要的，而不一定都要最好的。在政府采购中，最需要的产品通常是按照功能确定技术指标或者确定需求，功能指标越准确采购产品的性能则越好。而且，考虑的指标越少，竞争就越强，采购人获得的产品也就更好。

5. 不断创新，提高招标效益。长期以来，在政府采购实践中存在大量单次采购金额小、不同采购主体需要多次重复采购的需求，如采购计算机软件、汽车维修和加油等。这类采购不同于单一项目采购，难以适用现行政府采购法规定的公开招标、邀请招标、竞争性谈判（磋商）、询价和单一来源等采购方式，多年来一般通过集中采购机构的协议供货和定点采购来实施。这种做法为小额零星采购活动提供了便利，但也因缺乏专门的制度规范，暴露出一些问题。例如，有的以资格入围方式选定供应商，造成市场分割，影响公平竞争；有的搞政府采购专供产品，采购价格远超市场价；还有的在设备采购中以本机低价入围，后续耗材价格却远超市场价格。因此，借鉴国际经验，颁布实施《框架协议办法》（财政部令第 110 号），明确了框架协议采购方式的管理制度，以期从根本上系统性解决相关问题，构筑长效机制。同时，还要研究探索其他有效的提高招标效益的方式方法。

二、邀请招标适用条件

（一）邀请招标特点

邀请招标采购方式，也称“限制性招标”，是公开招标采购方式的一种衍生方式。由采购人根据供应商或承包商的资信和业绩，选择一定数量的法人或其他组织（不能少于三家），向其发出招标邀请书，邀请他们参加投标竞争，从中选定中标供应商。公开招标虽然是最能体现充分竞争和“三公原则”的采购方式，但是，正是由于最充分也造成了公开招标采购方式与其他采购方式相比，存在着程序环节多，采购同期长，费用较高等缺陷。邀请招标则不仅在一定程序上能够弥补上述缺陷，而且又能相对充分发挥招标优势，特别是在投标供应商数量不足的情况下作用尤其明显。因此，邀请招标也是一种使用较普遍的政府采购方式。

邀请招标采购方式是公开招标采购方式的一种衍生方式，具有以下特点：一是发布信息的方式为投标邀请书；二是采购人在一定范围内邀请供应商参加投标；三是竞争范围有限，采购人只要向三家以上供应商发出邀请标书即可；四是招标时间大大缩短，招标费用也相对低一些；五是公开程度逊色于公开招标。

（二）邀请招标适用条件

为了防止采购人过度限制供应商数量从而限制有效竞争，使这一采购方式既适用于真正需要的情形，又保证适当程度的竞争性，必须通过法律对其适用条件作出明确规定。按照《政府采购法》第 28 条规定，邀请招标采购方式的适用条件主要有以下两种情形：

> **想一想：**
>
> 如何理解公开招标方式所需费用过大？

1. 具有特殊性，只能从有限范围的供应商处采购的。如保密项目和急需或者因高度专业性等因素使提供产品的潜在供应商数量较少，公开招标与不公开招标都不影响提供产品的供应商数量的。

2. 采用公开招标方式的费用占政府采购项目总价值的比例过大的。若采用公开招标方式，所需时间和费用与拟采购的项目总金额不成比例，即采购一些价值较低的采购项目，用公开招标方式的费用占政府采购项目总价值比例过大的情况，采购人只能通过邀请招标方式来达到经济和效益的目的。

三、竞争性谈判适用条件

竞争性谈判，是指采购人或代理机构通过与多家供应商（不少于三家）进行谈判，最后从中确定成交供应商的采购方式。谈判的内容包括价格、技术规格、设计方案、服务要求等。与公开招标采购方式相比，竞争性谈判具有较强的主观性，评审过程也难以控制，容易导致不公正交易，甚至腐败。因此，必须对这种采购方式的适用条件加以严格限制并对谈判过程进行严格控制。按照《政府采购法》第 28 条规定，货物和服务采用竞争性谈判采购方式的适用条件主要有以下四种情形。

（一）招标后没有供应商投标或者没有合格标的或者重新招标未能成立

经公开招标或邀请招标后，没有供应商投标，或者有效投标供应商数量未达到法定数量，以及重新招标未能成立的。这种情形包含了三种情况：第一，采用公开招标或者邀请招标方式后，没有供应商作出响应，至投标截止期时仍没有供应商前来投标；第二，采用公开招标或者邀请招标方式的，前来投标的供应商都不符合资格条件或者符合资格条件的不足三家；第三，再进行重新招标也不会有结果且重新招标不能成立的。

（二）技术复杂或者性质特殊，不能确定详细规格或者具体要求

主要是指由于采购对象的技术含量和特殊性质所决定，采购人不能确定有关货物的详细

规格，或者不能确定服务的具体要求的，在这种情形下，由于采购需求不明确，难以编写招标文件，无法进行招标。在军事和科研领域通常会遇到这类情形，如电子软件开发与设计。

（三）非采购人所能预见的原因或者非采购人拖延造成采用招标所需时间不能满足用户紧急需要

由于公开招标采购周期较长，当采购人出现不可预见的因素（正当情况）急需采购时，无法按公开招标方式规定程序得到所需货物和服务的。

（四）因艺术品采购、专利、专有技术或者服务的时间、数量事先不能确定等原因不能事先计算出价格总额

采购对象独特而又复杂，以前不曾采购过且很少有成本信息，不能事先计算出价格总额的，是指因采购艺术品或者因专利、专有技术或者因服务的时间、数量事先不能确定等导致不能事先计算出价格总额。或者是对于大型或者成套项目，因项目构成很复杂，而且替代方案很多，在预算既定情况下，难以确定合适的价格，如果招标很可能因出现所有报价高于预算不得不废标的情况，可以选择通过谈判方式解决。

四、单一来源适用条件

单一来源采购，也称“直接采购”，是指达到了限额标准和公开招标数额标准，但所购商品的来源渠道单一，或属专利、首次制造、合同追加、原有采购项目的后续扩充和发生了不可预见紧急情况不能从其他供应商处采购等情况。该采购方式的最主要特点是没有竞争性。单一来源采购方式只有在非常特殊的情况下才使用。按照《政府采购法》第28条规定，货物和服务采用单一来源采购的特殊情况主要有三种。

（一）只能从唯一供应商处采购

唯一是指基于技术、工艺或专利权护、首次制造等原因，货物和服务只能由特定的供应商制造或提供，且不存在任何其他合理的选择或替代的情况。这类情况通常是指专利产品、新型产品、定制产品、独家提供的服务等。

> **思考一下：**
> 采购项目一致性或者服务配套的典型项目有哪些？

（二）发生了不可预见的紧急情况不能或来不及从其他供应商处采购

不可预见情况应当是采购人不可预见的或者非因采购人拖延导致的。不是人为因素导

致的拖延情况。

（三）必须保证原有采购项目一致性或者服务配套的要求，需要继续从原供应商处添购，且添购资金总额不超过原合同采购金额百分之十

在采购实践中，有些采购项目更换供应商会造成不兼容或不一致的困难，不能保证与原有采购项目一致性或者服务配套的要求，需要继续从原供应商处添购，且添购金额不超过原合同采购金额的10%。添购是指在原有采购项目上增加，而不是新购置一种商品，否则属于购买另一种商品。

五、询价采购适用条件

询价采购方式，就是我们通常所说的货比三家，这是一种相对简单而又快速的采购方式。询价就是采购人向有关供应商发出询价通知书让其报价，然后在报价的基础上进行比较并确定最优供应商的一种采购方式。与其他采购方式相比有以下两个明显特征：一是邀请报价的供应商数量应至少有三家；二是只允许供应商报出不得更改的报价。

《政府采购法》第三十二条规定，采购的货物规格、标准统一、现货货源充足且价格变化幅度小的政府采购项目，可以依照政府采购法采用询价方式采购。询价采购方式一般适用于纯粹比价的采购项目。这类采购项目因货物规格、标准统一、现货货源充足且价格变化幅度小，都能符合采购人需求，差别主要是价格因素，因而只需通过价格比较就能确定所需产品。

六、竞争性磋商采购适用条件

财政部发布的《磋商办法》规定了竞争性磋商采购方式的五种适用情形：

（一）政府购买服务项目

自2020年3月1日起施行的《政府购买服务管理办法》（财政部令第102号）规定，政府购买服务，是指各级国家机关将属于自身职责范围且适合通过市场化方式提供的服务事项，按照政府采购方式和程序，交由符合条件的服务供应商承担，并根据服务数量和质量等因素向其支付费用的行为。政府购买服务的内容包括政府向社会公众提供的公共服务，以及政府履职所需辅助性服务。政府购买服务应当遵循预算约束、以事定费、公开择优、诚实信用、讲求绩效原则。

除法律法规另有规定外，下列服务应当纳入政府购买服务指导性目录。一是基本公共服务，包括公共教育、劳动就业、人才服务、社会保险、社会救助、养老服务、儿童福利服务、残疾人服务、优抚安置、医疗卫生、人口和计划生育、住房保障、公共文化、公共体育、公共安全、公共交通运输、三农服务、环境治理、城市维护等领域适宜由社会力量承担的服务事项。二是社会管理性服务，包括社区建设、社会组织建设与管理、社会工作服务、法律援助、扶贫济困、防灾救灾、人民调解、社区矫正、流动人口管理、安置帮教、志愿服务运营管理、公共公益宣传等领域适宜由社会力量承担的服务事项。三是行业管理与协调性服务，包括行业职业资格和水平测试管理、行业规范、行业投诉等领域适宜由社会力量承担的服务事项。四是技术性服务，包括科研和技术推广、行业规划、行业调查、行业统计分析、检验检疫检测、监测服务、会计审计服务等领域适宜由社会力量承担的服务事项。五是政府履职所需辅助性事项，包括法律服务、课题研究、政策（立法）调研草拟论证、战略和政策研究、综合性规划编制、标准评价指标制定、社会调查、会议经贸活动和展览服务、监督检查、评估、绩效评价、工程服务、项目评审、财务审计、咨询、技术业务培训、信息化建设与管理、后勤管理等领域中适宜由社会力量承担的服务事项。六是其他适宜由社会力量承担的服务事项。纳入指导性目录的服务事项，应当实施购买服务。

讨论一下：

政府购买服务的背景和意义是什么？

同时规定，以下各项不得纳入政府购买服务范围：一是不属于政府职责范围的服务事项；二是应当由政府直接履职的事项；三是政府采购法律、行政法规规定的货物和工程，以及将工程和服务打包的项目；四是融资行为；五是购买主体的人员招、聘用，以劳务派遣方式用工，以及设置公益性岗位等事项；六是法律、行政法规以及国务院规定的其他不得作为政府购买服务内容的事项。

（二）技术复杂或者性质特殊，不能确定详细规格或者具体要求

（三）因艺术品采购、专利、专有技术或者服务的时间、数量事先不能确定等原因不能事先计算出价格总额

（四）市场竞争不充分的科研项目，以及需要扶持的科技成果转化项目

（五）按照招标投标法及其实施条例必须进行招标的工程建设项目以外的工程建设项目

其中，前三种情形主要适用于采购人难以事先确定采购需求或者合同条款，需要和供应商进行沟通协商的项目；第四种情形主要适用于科研项目采购中有效供应商不足三家，以及需要对科技创新进行扶持的项目；第五种情形主要适用于政府采购工程类项目，并与招标投标法律制度和《政府采购非招标采购方式管理办法》（财政部令第 74 号）做了衔接。综合来看，竞争性磋商采购方式在政府购买服务、PPP、科技创新扶持、技术复杂的专用设备等项目采购中将具有较高的可操作性和适用性。

七、框架协议采购适用条件

财政部颁布的《框架协议办法》规定了框架协议采购方式的适用条件和其他内容。

（一）适用条件

框架协议采购的适用条件具体包括以下三种情形。

1. 集中采购目录以内品目，以及与之配套的必要耗材、配件等，属于小额零星采购的。即集中采购目录以内品目，以及与之配套的必要耗材、配件等，采购人需要多频次采购，单笔采购金额没有达到政府采购限额标准的。既包括集中采购机构采购项目中的小额零星采购，也包括纳入部门集中采购范围的本部门、本系统有特殊要求的小额零星采购。例如，中央预算单位单笔采购金额小于100万元的计算机、复印机、扫描仪等。

2. 集中采购目录以外，采购限额标准以上，本部门、本系统行政管理所需的法律、评估、会计、审计等鉴证咨询服务，属于小额零星采购的。即集中采购目录以外、采购限额标准以上，本部门、本系统所需的法律、评估、会计、审计等鉴证咨询服务，采购人需要多频次采购，单笔采购金额没有达到政府采购限额标准的。采购限额标准以上，是指同一品目或者同一类别的货物、服务年度采购预算达到采购限额标准以上。主管预算单位能够归集需求形成单一项目进行采购，通过签订时间、地点、数量不确定的采购合同满足需求的，不得采用框架协议采购方式。从前期财政部清理违规设置备选库、名录库、资格库的情况看，采购人在法律、评估、会计、审计等鉴证咨询服务领域订立框架协议的需求比较突出，因此专门将这类服务中的小额零星采购纳入了适用范围。

3. 集中采购目录以外，采购限额标准以上，为本部门、本系统以外的服务对象提供服务的政府购买服务项目，需要确定两家以上供应商由服务对象自主选择的。即集中采购目录以外、采购限额标准以上，为本部门、本系统以外的服务对象提供服务的政府购买服务项目，为了方便服务对象选择，需要确定多家供应商的。例如，实践中的凭单制政府购买服务。《框架协议办法》同时还规定了兜底条款，今后随着实践的发展，财政部还可以规定其他适用框架协议采购方式的情形。

4. 国务院财政部门规定的其他情形。

在制度执行中需要注意以下问题。一是框架协议采购方式不能滥用，以免妨碍市场秩序，冲击项目采购。对前述第一种适用情形，按规定要实施批量集中采购的，不能实施框架协议采购。对前述第二种适用情形，主管预算单位能够归集需求形成单一项目采购，通过签订时间、地点、数量不确定的采购合同满足需求的，不能采用框架协议采购方式。二是框架协议采购为多频次、小额度采购提供了一种可供选择的采购方式。符合前述适用情形的，集中采购机构或者主管预算单位可以实施框架协议采购，也可以按项目采购来执行，并非强制其采用框架协议采购方式。但一旦选择框架协议采购方式，就应当执行《框架协议办法》的规定。

想一想：

为什么工程、物业服务采购不能适用框架协议采购？

（二）框架协议形式

《框架协议办法》规定，框架协议采购形式包括封闭式框架协议采购和开放式框架协议采购。封闭式框架协议采购是框架协议采购的主要形式。除法律、行政法规或者本办法另有规定外，框架协议采购应当采用封闭式框架协议采购。框架协议采购应当实行电子化采购。

（三）框架协议征集人

《框架协议办法》将集中采购机构、主管预算单位及其委托的采购代理机构统称为征集人。

《框架协议办法》规定，集中采购目录以内品目以及与之配套的必要耗材、配件等，采用框架协议采购的，由集中采购机构负责征集程序和订立框架协议。集中采购目录以外品目采用框架协议采购的，由主管预算单位负责征集程序和订立框架协议。其他预算单位确有需要的，经其主管预算单位批准，可以采用框架协议采购方式采购。其他预算单位采用框架协议采购方式采购的，应当遵守本办法关于主管预算单位的规定。主管预算单位可以委托采购代理机构代理框架协议采购，采购代理机构应当在委托的范围内依法开展采购活动。

（四）框架协议采购原则

《框架协议办法》规定，框架协议采购遵循竞争择优、讲求绩效的原则，应当有明确的采购标的和定价机制，不得采用供应商符合资格条件即入围的方法。

（五）框架协议方式审核和备案

集中采购机构采用框架协议采购的，应当拟定采购方案，报本级财政部门审核后实施。主管预算单位采用框架协议采购的，应当在采购活动开始前将采购方案报本级财政部门备案。

八、创新采购

创新采购的适用情形前还述及，这里不再赘述。

第三节　政府采购方式执行程序

一、公开招标执行程序

按照《招标投标法》和《政府采购法》有关规定，公开招标采购方式的执行程序主要包括招标、投标、开标、评标和定标等五个主要环节。但从实际操作来讲，包括的环节还有其他内容。

如上所述，《政府采购法》规定了政府采购工程进行招标投标的，适用招标投标法，但对政府采购货物和服务项目进行招标投标的，未具体规定招标投标程序。政府采购法中之所以未规定政府采购货物和服务项目采用公开招标方式也适用于招标投标法，主要是考虑到货物和服务招标投标的基本程序虽然与招标投标法基本相同，但现行招标投标法中有关程序中的具体规定未能体现货物和服务的特点。也就是说，货物和服务可以走招标投标法规定的程序，但不能执行其中的有关规定。

根据政府采购货物和服务项目的特点，按照政府采购制度改革完善的相关规定，财政部在原 18 号令的基础上，于 2017 年 10 月 1 日颁布实施了《政府采购货物和服务招标投标管理办法》（财政部令第 87 号），详细规定了政府采购货物和服务的招投标程序。货物和服务招投标程序的相关内容将在第五章政府采购招投标实务中再进行阐述，故不再这里详述。

为了规范政府采购公告和公示信息发布行为，提高政府采购活动透明度，2020 年 3 月 18 日财政部财办库〔2020〕50 号文研究制定了《政府采购公告和公示信息格式规范（2020 年版）》（以下简称《采购信息公告格式规范》）。规定了政府采购招标公告的格式模板如下。

招标公告

项目概况

(采购标的) 招标项目的潜在投标人应在(地址) 获取招标文件，并于____年____月____日____点____分（北京时间）前递交投标文件。

一、项目基本情况

项目编号（或招标编号、政府采购计划编号、采购计划备案文号等，如有）：

项目名称：

预算金额：

最高限价（如有）：

采购需求：（包括但不限于标的的名称、数量、简要技术需求或服务要求等）

合同履行期限：

本项目（是/否）接受联合体投标。

二、申请人的资格要求

1. 满足《中华人民共和国政府采购法》第二十二条规定

2. 落实政府采购政策需满足的资格要求：（如属于专门面向中小企业采购的项目，供应商应为中小微企业、监狱企业、残疾人福利性单位）

3. 本项目的特定资格要求：（如项目接受联合体投标，对联合体应提出相关资格要求；如属于特定行业项目，供应商应当具备特定行业法定准入要求）

三、获取招标文件

时间：___年__月__日至___年__月__日（提供期限自本公告发布之日起不得少于5个工作日），每天上午__至__，下午__至__（北京时间，法定节假日除外）

地点：

方式：

售价：

四、提交投标文件截止时间、开标时间和地点

___年__月__日__点__分（北京时间）（自招标文件开始发出之日起至投标人提交投标文件截止之日止，不得少于20日）

地点：

五、公告期限

自本公告发布之日起5个工作日。

六、其他补充事宜

七、对本次招标提出询问，请按以下方式联系

1. 采购人信息

名　称：____________________

地　址：____________________

联系方式：________________

2. 采购代理机构信息（如有）

名　称：________________

地　址：________________

联系方式：________________

3. 项目联系方式

项目联系人：*(组织本项目采购活动的具体工作人员姓名)*

电　话：________________

（说明：格式规范文本中标注斜体的部分是对文件相关内容提示或说明，下同。）

二、邀请招标执行程序

邀请招标一般可分为两个阶段：首先，确定合格供应商范围；其次，通过邀请合格供应商进行招投标。确定合格供应商范围的途径一般有以下几种：一是通过招标进行资格预审；二是建立合格供应商库；三是事先规定供应商的特定资格。因此，按照法律规定，在目前我国财政部门还没有真正建立起完善的供应商库的情况下，一般来说，要通过公开招标的形式实行资格预审，公开、公平、公正地选择符合资格条件的供应商，然后由符合资格条件的供应商参加后续第二阶段投标，投标及以后程序完全执行公开招标的有关规定。

> **思考一下：**
>
> 邀请招标如何有效提高项目采购成功率？

按照法律法规规定，采购人或采购代理机构对供应商进行资格预审的，资格预审公告应当在省级以上人民政府财政部门指定的媒体上公告，公告期限不得少于五个工作日。资格预审公告应当包括采购人、采购项目名称及内容、采购项目需求、资格预审的内容、标准和方法，以及供应商提交资格证明文件的时间和地点。供应商应当在公告规定的期限内，按照公告要求提交资格证明文件。采购人或采购代理机构应当组织评审委员会对供应商进行资格预审。

按照《采购信息公告格式规范》，供应商资格预审公告的格式模板如下。

资格预审公告

项目概况

*(采购标的)*招标项目的潜在资格预审申请人应在*(地址)*领取资格预审文件，并于　　年　　月　　日　　点　　分（北京时间）前提交申请文件。

一、项目基本情况

项目编号（或招标编号、政府采购计划编号、采购计划备案文号等，如有）：

项目名称：

采购方式：□公开招标　□邀请招标

预算金额：

最高限价（如有）：

采购需求：（包括但不限于标的的名称、数量、简要技术需求或服务要求等）

合同履行期限：

本项目（是/否）接受联合体投标。

二、申请人的资格要求

1. 满足《中华人民共和国政府采购法》第二十二条规定

2. 落实政府采购政策需满足的资格要求：（如属于专门面向中小企业采购的项目，供应商应为中小微企业、监狱企业、残疾人福利性单位）

3. 本项目的特定资格要求：（如项目接受联合体投标，对联合体应提出相关资格要求；如属于特定行业项目，供应商应当具备特定行业法定准入要求）

三、领取资格预审文件

时间：　　年　月　日至　　年　月　日（提供期限自本公告发布之日起不得少于5个工作日），每天上午__至__，下午__至__（北京时间，法定节假日除外）

地点：

方式：

四、资格预审申请文件的组成及格式

（可详见附件）

五、资格预审的审查标准及方法

六、拟邀请参加投标的供应商数量

□采用随机抽取的方式邀请____家供应商参加投标。如通过资格预审供应商数量少于拟邀请供应商数量，采用下列方式（□1 或□2 ）。（适用于邀请招标）

1. 如通过资格预审供应商数量少于拟邀请供应商数量，但不少于三家则邀请全部通过资格预审供应商参加投标。

2. 如通过资格预审供应商数量少于拟邀请供应商数量，则重新组织招标活动。

□邀请全部通过资格预审供应商参加投标。（适用于公开招标）

七、申请文件提交

应在____年__月__日__点__分（北京时间）前，将申请文件提交至____。

八、资格预审日期

资格预审日期为申请文件提交截止时间至____年__月__日前

九、公告期限

自本公告发布之日起5个工作日。

十、其他补充事宜

十一、凡对本次资格预审提出询问，请按以下方式联系

1. 采购人信息

名　　称：____________________

地　　址：____________________

联系方式：__________________

2. 采购代理机构信息（如有）

名　　称：__________________

地　　址：__________________

联系方式：__________________

3. 项目联系方式

项目联系人：(组织本项目采购活动的具体工作人员姓名)

电　　话：________________

（说明：采用竞争性谈判、竞争性磋商、询价等非招标方式采购过程中，如需要使用资格预审的，可参照上述格式发布公告。）

三、竞争性谈判执行程序

竞争性谈判是政府采购方式之一，在国际上也广泛流行。从世界上各国有关法律规定看，竞争性谈判采购方式与招标采购方式一样，都规定了相应的程序，使其在公开、公正、公平的原则下，规范地开展采购活动。采取竞争性谈判采购方式的，也必须按要求在指定媒体上公告采取这种采购方式的原因、过程及执行结果。

> **想一想：**
>
> 竞争性谈判采购方式供应商的报价可以公开吗？

（一）法定程序

按照我国《政府采购法》第38条规定，采用竞争性谈判方式采购，要按照下列五个步骤执行：

第一步，成立谈判小组。符合竞争性谈判采购方式的采购项目，一般采购金额较大，具有技术复杂、性质特殊和不确定性等特点，需要由一支专业队伍组织采购活动。为此，法律规定要成立一个谈判小组，小组成员由采购人代表和有关专家三人以上的单数组成，其中专家人数不得少于成员总数的三分之二。

第二步，制定谈判文件。竞争性谈判虽然与招标是两种不同的采购方式，但基本要求相同。采取竞争性谈判采购方式的，也要在谈判活动开始前制定谈判文件。内容包括：谈判的具体程序；拟谈判的内容；合同草案；评定成交的标准；明确谈判小组应当考虑的具体因素及相关要求等。

第三步，确定邀请参加谈判的供应商。谈判小组首先要规定参加谈判的供应商资格条件，然后从符合资格条件的供应商名单中确定并邀请不少于三家的供应商参加谈判。在给供应商发出谈判邀请时要提供谈判文件，作为供应商是否参加谈判决定时的参考依据。

按照《采购信息格式规范》，竞争性谈判公告的格式模板如下。

竞争性谈判公告

项目概况

（采购标的）采购项目的潜在供应商应在（地址）获取采购文件，并于____年____月____日____点____分（北京时间）前提交响应文件。

一、项目基本情况

项目编号（或招标编号、政府采购计划编号、采购计划备案文号等，如有）：

项目名称：

采购方式：□竞争性谈判 □竞争性磋商 □询价

预算金额：

最高限价（如有）：

采购需求：（包括但不限于标的的名称、数量、简要技术需求或服务要求等）

合同履行期限：

本项目（是/否）接受联合体。

二、申请人的资格要求

1. 满足《中华人民共和国政府采购法》第二十二条规定

2. 落实政府采购政策需满足的资格要求：（如属于专门面向中小企业采购的项目，供应商应为中小微企业、监狱企业、残疾人福利性单位）

3. 本项目的特定资格要求：（如项目接受联合体投标，对联合体应提出相关资格要求；如属于特定行业项目，供应商应当具备特定行业法定准入要求。）

三、获取采购文件

时间：____年__月__日至____年__月__日（磋商文件的发售期限自开始之日起不得少于5个工作日），每天上午__至__，下午__至__（北京时间，法定节假日除外）

地点：

方式：

售价：

四、响应文件提交

截止时间：____年__月__日__点__分（北京时间）（从磋商文件开始发出之日起至供应商提交首次响应文件截止之日止不得少于10日；从谈判文件开始发出之日起至供应商提交首次响应文件截止之日止不得少于3个工作日；从询价通知书开始发出之日起至供应商提交响应文件截止之日止不得少于3个工作日）

地点：

五、开启（竞争性磋商方式必须填写）

时间：____年__月__日__点__分（北京时间）

地点：

六、公告期限

自本公告发布之日起3个工作日。

七、其他补充事宜

八、凡对本次采购提出询问，请按以下方式联系

1. 采购人信息

名　　称：____________________

地　　址：____________________

联系方式：____________________

2. 采购代理机构信息（如有）

名　　称：____________________

地　　址：____________

联系方式：____________

3. 项目联系方式

项目联系人：（组织本项目采购活动的具体工作人员姓名）

电　　话：____________

第四步，开展谈判。在谈判活动中，为了维护谈判的公平和公正，谈判小组成员要作为一个集体与单个供应商分别谈判。谈判的任何一方或者谈判小组成员不得透露与谈判有关的其他供应商技术资料、价格和其他信息。在谈判小组与各供应商进行了相同轮次的谈判后，为了更好地实现采购目标，谈判小组可以修改谈判文件，但涉及实质性变动的，要以书面形式通知所有参加谈判的供应商。供应商收到修改谈判文件的通知后，可以决定是否继续参加谈判活动。

第五步，确定成交供应商。谈判小组在谈判结束后，要求所有参加谈判的供应商在规定时间内提出最后报价，最后报价不能更改；超过规定时间提交的报价应当作无效处理。谈判小组要按照谈判文件规定的评定标准，对供应商提交的报价进行评审，确定成交候选供应商名单报采购人。采购人从成交候选供应商名单中按照符合采购需求、质量和服务相等且报价最低的原则确定成交供应商，并将结果通知所有参加谈判的未成交供应商。

（二）竞争性谈判与公开招标的区别

政府采购法律对竞争性谈判和公开招标两种采购方式的执行程序都作出了明确规定，如果机械地按照法定程序执行，会对当事人会造成一些不便。因此，在实践中对程序进行了合理调整。从目前一些地区的实践情况看，两者在程序执行上基本一致，同样包括制定采购文件、公告、递交文件、开标、评标或者谈判、确定中标或者成交供应商等主要环节。但是，不同点还是很明显的，主要包括以下六点。

想一想：

竞争性谈判采购方式在谈判中可以对实质条款作调整吗？

1. 名称不一样。从政府采购的实践来看，采购文件和编号、供应商名称还是比较乱的，影响了政府采购工作的质量，必须对包括采购文件名称和编号、供应商名称等在内的内容从严进行规范。在公开招标时，采购人制定的采购文件叫招标文件，供应商递交的文件叫投标文件，采购文件编号一般要有××财公开招标〔××××年〕第××号（总××号）的字样。而竞争性谈判时，采购人制定的采购文件叫竞争性谈判文件，供应商递交的文件应该叫竞争性谈判响应文件，采购文件编号一般要有××财竞争性谈判〔××××年〕第××号（总××号）的字样。其他采购方式照此处理，以有利于采购文件的规范积累和管理。另外，在招标时，采购结果授予的是中标供应商；在谈判和其他非招标采购方式时，采购结果授予的是成交供应商。

2. 开标内容不同。公开招标的开标内容是公开包括投标价格在内的相关内容，主要内容是唱价格；而竞争性谈判没有开标活动。

3. 等标期不同。公开招标的的等标期法律规定是 20 天。而竞争性谈判的等标期不一定是 20 天，一般要少于 20 天。

4. 报价次数不同。公开招标是要求供应商在投标时一次报出不能更改的价格，俗称“一口价”。而竞争性谈判可以多次报价，可以是两次，也可以是三次，最多三次报价，最后一次是最终报价。一般来说，两次报价就可以解决问题了。

5. 实质性条款变动不同。竞争性谈判可以就一些实质性条款通过谈判进行商榷或调整。在谈判小组与各供应商进行了相同轮次的谈判后，为了更好地实现采购目标，谈判小组可以修改谈判文件，但涉及实质性变动的，要以书面形式通知所有参加谈判的供应商。供应商收到修改谈判文件的通知后，可以决定是否继续参加谈判活动。而公开招标的采购文件一旦确定，内容是不能更改的。

6. 采购方式改变不同。在招标采购中，在投标截止时间前提交有效投标文件的供应商，或开标后符合资格条件的供应商，或对招标文件实质性条款做出响应的供应商不足三家的，除采购任务取消外，采购人或采购代理机构应当向县级以上人民政府财政部门报告，由财政部门按照以下情形处理：如果是招标文件没有不合理条款且招标程序符合规定的，应当根据采购项目的实际情况，批准采取竞争性谈判、询价或者单一来源等方式采购。采取竞争性谈判、询价采购方式的，采购人或采购代理机构应当按照规定程序重新组织采购活动。

四、单一来源执行程序

单一来源是国际上通行的一种采购方式。这种采购方式的适用条件非常特殊，不具备竞争性，因而都没有对其采购程序作出规定。虽然规定具体程序确有一定困难，但对采取单一来源采购方式采购的，应当从法律上给予必要的约束。因此，政府采购法对单一来源采购方式提出一些基本管理要求，未直接作出程序性规定。

采取单一来源采购方式应当遵循以下基本要求。一是执行法定原则。单一来源采购尽管有其特殊性和缺乏竞争性，采购人与供应商应当坚持法律规定的原则开展采购。二是保证采购质量。虽然单一来源采购供货渠道单一，但也要考虑采购产品的质量，否则实行单一来源政府采购本身就没有意义。三是保证物有所值。单一来源采购虽然缺乏竞争性，但也要按照物有所值原则与供应商进行协商，本着互利原则，合理确定价格。除发生了不可预见的紧急情况外，采购人应当尽量避免采购单一来源采购方式。如果采购对象确实特殊，确有采取单一来源采购方式进行采购的必要，应当深入了解供应商提供的产品性能和成本，以便有效地与供应商就价格问题进行协商，尽量减少采购支出。

为了规范单一来源采购方式，虽然在程序上法律法规没有明确规定，但是，实践中做好还得按采购公告、制作响应文件、递交响应文件、评审、成交等程序来进行。按照《政府采购信息格式规范》，单一来源采购公示的格式模板如下。

单一来源采购公示

一、项目信息

采购人：______________

项目名称：______________

拟采购的货物或服务的说明：______________

拟采购的货物或服务的预算金额：______________

采用单一来源采购方式的原因及说明：______________

二、拟定供应商信息

名称：______________

地址：______________

三、公示期限

____年__月__日至____年__月__日(公示期限不得少于5 个工作日)

四、其他补充事宜

五、联系方式

1. 采购人

联 系 人：______________

联系地址：______________

联系电话：______________

2. 财政部门

联 系 人：______________

联系地址：______________

联系电话：______________

3. 采购代理机构（如有）

联 系 人：____________________

联系地址：____________________

联系电话：____________________

六、附件

专业人员论证意见：

单一来源采购方式专业人员论证意见

专业人员信息	姓名：	
	职称：	
	工作单位：	
项目信息	项目名称：	
	供应商名称：	
专业人员论证意见	（专业人员论证意见应当完整、清晰和明确的表达从唯一供应商处采购的理由）	
专业人员签字		日期____年　月　日

注：本表格中专业人员论证意见由专业人员手工填写。

五、询价采购执行程序

> **讨论一下：**
> 询价采购方式与谈判采购方式的异同点有哪些？

询价是政府采购的方式之一，由于缺乏程序性规定，在实践操作上随意性很大，询价效果难以保证，也容易产生腐败。因此，也应当像竞争性谈判和单一来源采购方式一样，对询价采购方式的程序作出规定，以规范询价采购行为。

按照《政府采购法》第 40 条规定，采取询价采购方式的，必须按照下列程序执行：

1. 成立询价小组。适合询价的货物主要是简单标准的货物，在目前市场产品质量参差不齐的情况下，必须对质量符合国家有关规定的合格产品进行询价，不符合国家政策规定和质量不合格产品不得列入询价范围。为此，法律规定要成立一个不少于三人以上单数的询价小组，小组成员有采购人代表，还要有专家，其中专家应占询价小组成员总数的三分之二以上。询价小组在开始询价采购前，要确定下列事项：采购项目的价格构成，是指货物本身售价还是应当包括运费、安装调试费、售后服务费等；评定成交供应商的标准，是以价格最低成交还是综合评审成交。

2. 确定被询价供应商名单。询价小组首先要根据采购需求，制定被询价供应商的资格条件，重点考察供货品种、信誉、售后服务网点等。然后根据资格条件确定被询价供应商名单，并以公平的方式从中选择三家以上供应商作为被询价对象。最后向这些供应商发出询价通知书。通知书中应当载明采购需求、价格构成、评定成交供应商的标准、报价截止时间等事项。

按照《采购信息格式规范》规定，询价方式公告的格式模板如下。

询价公告

项目概况

（采购标的）采购项目的潜在供应商应在（地址）获取采购文件，并于____年____月____日____点____分（北京时间）前提交响应文件。

一、项目基本情况

项目编号（或招标编号、政府采购计划编号、采购计划备案文号等，如有）：

项目名称：

采购方式：□竞争性谈判 □竞争性磋商 □询价

预算金额：

最高限价（如有）：

采购需求：（包括但不限于标的的名称、数量、简要技术需求或服务要求等）

合同履行期限：

本项目（是/否）接受联合体。

二、申请人的资格要求

1. 满足《中华人民共和国政府采购法》第二十二条规定

2. 落实政府采购政策需满足的资格要求：（如属于专门面向中小企业采购的项目，供应商应为中小微企业、监狱企业、残疾人福利性单位）

3. 本项目的特定资格要求：（如项目接受联合体投标，对联合体应提出相关资格要求；如属于特定行业项目，供应商应当具备特定行业法定准入要求）

三、获取采购文件

时间：____年____月____日至____年____月____日（磋商文件的发售期限自开始之日起不得少于5个工作日），每天上午__至__，下午__至__（北京时间，法定节假日除外）

地点：

方式：

售价：

四、响应文件提交

截止时间：____年____月____日____点____分（北京时间）（从磋商文件开始发出之日起至供应商提交首次响应文件截止之日止不得少于10日；从谈判文件开始发出之日起至供应商提交首次响应文件截止之日止不得少于3个工作日；从询价通知书开始发出之日起至供应商提交响应文件截止之日止不得少于3个工作日）

地点：

五、开启（竞争性磋商方式必须填写）

时间：____年____月____日____点____分（北京时间）

地点：

六、公告期限

自本公告发布之日起3个工作日。

七、其他补充事宜

八、凡对本次采购提出询问，请按以下方式联系

1. 采购人信息

名　　称：________________

地　　址：________________

联系方式：________________

2. 采购代理机构信息（如有）

名　　称：________________

地　　址：________________

联系方式：________________

3. 项目联系方式

项目联系人：（组织本项目采购活动的具体工作人员姓名）

电　　话：________________

3. 询价。按照法律规定，被询价的供应商只能一次性报价，报价提交给询价小组后，不得更改。

4. 确定成交供应商。询价小组完成询价工作后，要形成询价报告，提交给采购人，由采购人确定成交供应商。采购人在确定成交供应商时，必须严格执行事先确定的成交供应商评定标准。采购人确定成交供应商后，要将结果通知所有被询价的未成交供应商。

六、竞争性磋商执行程序

竞争性磋商方式与竞争性谈判方式的执行程序基本相同。但由于是一种新的采购方式，按照财政部颁布实施的《磋商办法》规定，竞争性磋商方式的执行程序如下。

（一）方式审批

《磋商办法》规定，达到公开招标数额标准的货物、服务采购项目，拟采用竞争性磋商采购方式的，采购人应当在采购活动开始前，报经主管预算单位同意后，依法向设区的市、自治州以上人民政府财政部门申请批准。

（二）制作磋商文件

《磋商办法》规定，竞争性磋商文件（以下简称“磋商文件”）应当根据采购项目的特点和采购人的实际需求制定，并经采购人书面同意。采购人应当以满足实际需求为原则，不得擅自提高经费预算和资产配置等采购标准。磋商文件不得要求或者标明供应商名称或者特定货物的品牌，不得含有指向特定供应商的技术、服务等条件。磋商文件应当包括供应商资格条件、采购邀请、采购方式、采购预算、采购需求、政府采购政策要求、评审程序、评审方法、评审标准、价格构成或者报价要求、响应文件编制要求、保证金交纳数额和形式以及不予退还保证金的情形、磋商过程中可能实质性变动的内容、响应文件提交的截止时间、开启时间及地点以及合同草案条款等。

> **讨论一下：**
>
> 竞争性磋商技术服务、合同草案不变，可以不需要下一轮报价吗？

（三）公告邀请供应商

《磋商办法》规定，采购人、采购代理机构应当通过发布公告、从省级以上财政部门建立的供应商库中随机抽取或者采购人和评审专家分别书面推荐的方式邀请不少于 3 家符合相应资格条件的供应商参与竞争性磋商采购活动。

符合政府采购法第二十二条第一款规定条件的供应商可以在采购活动开始前加入供应商库。财政部门不得对供应商申请入库收取任何费用，不得利用供应商库进行地区和行业封锁。采取采购人和评审专家书面推荐方式选择供应商的，采购人和评审专家应当各自出具书面推荐意见。采购人推荐供应商的比例不得高于推荐供应商总数的 50%。

采用公告方式邀请供应商的，采购人、采购代理机构应当在省级以上人民政府财政部门指定的政府采购信息发布媒体发布竞争性磋商公告。竞争性磋商公告应当包括以下主要内容：一是采购人、采购代理机构的名称、地点和联系方法；二是采购项目的名称、数量、简要规格描述或项目基本概况介绍；三是采购项目的预算；四是供应商资格条件；五是获取磋商文件的时间、地点、方式及磋商文件售价；六是响应文件提交的截止时间、开启时间及地点；七是购项目联系人姓名和电话。

按照《采购信息格式规范》规定，竞争性磋商公告的格式模板如下。

竞争性磋商公告

项目概况

(采购标的) 采购项目的潜在供应商应在(地址) 获取采购文件，并于＿年＿月＿日＿点＿分（北京时间）前提交响应文件。

一、项目基本情况

项目编号(或招标编号、政府采购计划编号、采购计划备案文号等，如有)：

项目名称：

采购方式：□竞争性谈判 □竞争性磋商 □询价

预算金额：

最高限价（如有）：

采购需求：(包括但不限于标的的名称、数量、简要技术需求或服务要求等)

合同履行期限：

本项目（是/否）接受联合体。

二、申请人的资格要求：

1. 满足《中华人民共和国政府采购法》第二十二条规定

2. 落实政府采购政策需满足的资格要求：(如属于专门面向中小企业采购的项目，供应商应为中小微企业、监狱企业、残疾人福利性单位)

3. 本项目的特定资格要求：(如项目接受联合体投标，对联合体应提出相关资格要求；如属于特定行业项目，供应商应当具备特定行业法定准入要求)

三、获取采购文件

时间：＿年＿月＿日至＿年＿月＿日（磋商文件的发售期限自开始之日起不得少于5个工作日)，每天上午＿至＿，下午＿至＿（北京时间，法定节假日除外）

地点：

方式：

售价：

四、响应文件提交

截止时间：____年____月____日____点____分（北京时间）（从磋商文件开始发出之日起至供应商提交首次响应文件截止之日止不得少于10日；从谈判文件开始发出之日起至供应商提交首次响应文件截止之日止不得少于3个工作日；从询价通知书开始发出之日起至供应商提交响应文件截止之日止不得少于3个工作日）

地点：

五、开启（竞争性磋商方式必须填写）

时间：____年____月____日____点____分（北京时间）

地点：

六、公告期限

自本公告发布之日起3个工作日。

七、其他补充事宜

八、凡对本次采购提出询问，请按以下方式联系

1. 采购人信息

名　　称：________________

地　　址：________________

联系方式：________________

2. 采购代理机构信息（如有）

名　　称：________________

地　　址：________________

联系方式：________________

3. 项目联系方式

项目联系人：（组织本项目采购活动的具体工作人员姓名）

电　　话________________

（四）供应商递交响应文件

《磋商办法》规定，供应商应当按照磋商文件的要求编制响应文件，并对其提交的响应文件的真实性、合法性承担法律责任。

供应商应当在磋商文件要求的截止时间前，将响应文件密封送达指定地点。在截止时间后送达的响应文件为无效文件，采购人、采购代理机构或者磋商小组应当拒收。供应商在提交响应文件截止时间前，可以对所提交的响应文件进行补充、修改或者撤回，并书面通知采购人、采购代理机构。补充、修改的内容作为响应文件的组成部分。补充、修改的内容与响应文件不一致的，以补充、修改的内容为准。

（五）磋商

《磋商办法》规定，磋商小组由采购人代表和评审专家共 3 人以上单数组成，其中评审专家人数不得少于磋商小组成员总数的 2/3。采购人代表不得以评审专家身份参加本部门或本单位采购项目的评审。采购代理机构人员不得参加本机构代理的采购项目的评审。采用竞争性磋商方式的政府采购项目，评审专家应当从政府采购评审专家库内相关专业的专家名单中随机抽取。符合本办法第三条第四项规定情形的项目，以及情况特殊、通过随机方式难以确定合适的评审专家的项目，经主管预算单位同意，可以自行选定评审专家。技术复杂、专业性强的采购项目，评审专家中应当包含 1 名法律专家。

> **讨论一下：**
> 第二轮磋商报价超过第一轮报价，属于无效报价吗？

在进行磋商时，磋商小组所有成员应当集中与单一供应商分别进行磋商，并给予所有参加磋商的供应商平等的磋商机会。在磋商过程中，磋商小组可以根据磋商文件和磋商情况实质性变动采购需求中的技术、服务要求以及合同草案条款，但不得变动磋商文件中的其他内容。实质性变动的内容，须经采购人代表确认。对磋商文件作出的实质性变动是磋商文件的有效组成部分，磋商小组应当及时以书面形式同时通知所有参加磋商的供应商。

磋商文件能够详细列明采购标的的技术、服务要求的，磋商结束后，磋商小组应当要求所有实质性响应的供应商在规定时间内提交最后报价，提交最后报价的供应商不得少于 3 家。磋商文件不能详细列明采购标的的技术、服务要求，需经磋商由供应商提供最终设计方案或解决方案的，磋商结束后，磋商小组应当按照少数服从多数的原则投票推荐 3 家以上供应商的设计方案或者解决方案，并要求其在规定时间内提交最后报价。最后报价是供应商响应文件的有效组成部分。符合本办法第三条第四项情形的，提交最后报价的供应商可以为 2 家。

经磋商确定最终采购需求和提交最后报价的供应商后，由磋商小组采用综合评分法对提交最后报价的供应商的响应文件和最后报价进行综合评分。

（六）推荐成交供应商

《磋商办法》规定，磋商小组应当根据综合评分情况，按照评审得分由高到低顺序推荐3名以上成交候选供应商，并编写评审报告。符合《磋商办法》第二十一条第三款情形的，可以推荐2家成交候选供应商。评审得分相同的，按照最后报价由低到高的顺序推荐。评审得分且最后报价相同的，按照技术指标优劣顺序推荐。

评审报告撰写，应当包括以下主要内容：一是邀请供应商参加采购活动的具体方式和相关情况；二是响应文件开启日期和地点；三是获取磋商文件的供应商名单和磋商小组成员名单；四是评审情况记录和说明，包括对供应商的资格审查情况、供应商响应文件评审情况、磋商情况、报价情况等；五是提出的成交候选供应商的排序名单及理由。

采购代理机构应当在评审结束后2个工作日内将评审报告送采购人确认。采购人应当在收到评审报告后5个工作日内，从评审报告提出的成交候选供应商中，按照排序由高到低的原则确定成交供应商，也可以书面授权磋商小组直接确定成交供应商。

（七）成交结果公告

《磋商办法》规定，采购人或者采购代理机构应当在成交供应商确定后2个工作日内，在省级以上财政部门指定的政府采购信息发布媒体上公告成交结果，同时向成交供应商发出成交通知书，并将磋商文件随成交结果同时公告。

成交结果公告应当包括以下内容：一是采购人和采购代理机构的名称、地址和联系方式；二是项目名称和项目编号；三是成交供应商名称、地址和成交金额；四是主要成交标的的名称、规格型号、数量、单价、服务要求；五是磋商小组成员名单。采用书面推荐供应商参加采购活动的，还应当公告采购人和评审专家的推荐意见。

七、框架协议执行程序

财政部颁布的《框架协议办法》详细规定了框架协议采购的执行程序。一是征集入围供应商。采购人、采购代理机构通过征集程序，确定第一阶段入围供应商并订立封闭式或者开放式框架协议。二是确定成交供应商。采购人或者服务对象根据框架协议约定，采用直接选定、轮候或竞争的方式，从第一阶段入围供应商中选定第二阶段成交供应商并订立采购合同。以封闭性框架协议采购为例，程序如下。

（一）发布征集公告

征集人应当发布征集公告，征集公告应当包括以下主要内容。

1. 征集人的名称、地址、联系人和联系方式。

2. 采购项目名称、编号，采购需求以及最高限制单价，适用框架协议的采购人或者服务对象范围，能预估采购数量的，还应当明确预估采购数量。

3. 供应商的资格条件。

4. 框架协议的期限。

5. 获取征集文件的时间、地点和方式。

6. 响应文件的提交方式、提交截止时间和地点，开启方式、时间和地点。

7. 公告期限。

8. 省级以上财政部门规定的其他事项。

征集人应当编制征集文件。征集文件应当包括以下主要内容：一是参加征集活动的邀请；二是供应商应当提交的资格材料；三是资格审查方法和标准；四是采购需求以及最高限制单价；五是政府采购政策要求以及政策执行措施；六是框架协议的期限；七是报价要求；八是确定第一阶段入围供应商的评审方法、评审标准、确定入围供应商的淘汰率或者入围供应商数量上限和响应文件无效情形；九是响应文件的编制要求，提交方式、提交截止时间和地点，开启方式、时间和地点，以及响应文件有效期；十是拟签订的框架协议文本和采购合同文本；十一是确定第二阶段成交供应商的方式；十二是采购资金的支付方式、时间和条件；十三是入围产品升级换代规则；十四是用户反馈和评价机制；十五是入围供应商的清退和补充规则；十六是供应商信用信息查询渠道及截止时点、信用信息查询记录和证据留存的具体方式、信用信息的使用规则等；十七是采购代理机构代理费用的收取标准和方式；十八是省级以上财政部门规定的其他事项。

（二）供应商递交响应文件

供应商应当按照征集文件要求编制响应文件，对响应文件的真实性和合法性承担法律责任。供应商响应的货物和服务的技术、商务等条件不得低于采购需求，货物原则上应当是市场上已有销售的规格型号，不得是专供政府采购的产品。对货物项目每个采购包只能用一个产品进行响应，征集文件有要求的，应当同时对产品的选配件、耗材进行报价。服务项目包含货物的，响应文件中应当列明货物清单及质量标准。

（三）确定入围供应商

1. 确定第一阶段入围供应商的评审方法包括价格优先法和质量优先法。

2. 价格优先法，是指对满足采购需求且响应报价不超过最高限制单价的货物、服务，按照响应报价从低到高排序，根据征集文件规定的淘汰率或者入围供应商数量上限，确定入围供应商的评审方法。

3. 质量优先法，是指对满足采购需求且响应报价不超过最高限制单价的货物、服务进行质量综合评分，按照质量评分从高到低排序，根据征集文件规定的淘汰率或者入围供应商数量上限，确定入围供应商的评审方法。货物项目质量因素包括采购标的的技术水平、产品配置、售后服务等，服务项目质量因素包括服务内容、服务水平、供应商的履约能力、服务经验等。质量因素中的可量化指标应当划分等次，作为评分项；质量因素中的其他指标可以作为实质性要求，不得作为评分项。

> **思考一下：**
>
> 框架协议采购属于两阶段招标方式吗?

4. 有政府定价、政府指导价的项目，以及对质量有特别要求的检测、实验等仪器设备，可以采用质量优先法，其他项目应当采用价格优先法。

5. 对耗材使用量大的复印、打印、实验、医疗等仪器设备进行框架协议采购的，应当要求供应商同时对 3 年以上约定期限内的专用耗材进行报价。评审时应当考虑约定期限的专用耗材使用成本，修正仪器设备的响应报价或者质量评分。

6. 征集人应当在征集文件、框架协议和采购合同中规定，入围供应商在约定期限内，应当以不高于其报价的价格向适用框架协议的采购人供应专用耗材。

7. 确定第一阶段入围供应商时，提交响应文件和符合资格条件、实质性要求的供应商应当均不少于 2 家，淘汰比例一般不得低于 20%，且至少淘汰一家供应商。采用质量优先法的检测、实验等仪器设备采购，淘汰比例不得低于 40%，且至少淘汰一家供应商。

（四）入围结果公告

入围结果公告应当包括以下主要内容。

1. 采购项目名称、编号。

2. 征集人的名称、地址、联系人和联系方式。

3. 入围供应商名称、地址及排。

4. 最高入围价格或者最低入围分值。

5. 入围产品名称、规格型号或者主要服务内容及服务标准，入围单价。

6. 评审小组成员名单。

7. 采购代理服务收费标准及金额。

8. 公告期限。

9. 省级以上财政部门规定的其他事项。

同时规定，集中采购机构或者主管预算单位应当在入围通知书发出之日起 30 日内和入围供应商签订框架协议，并在框架协议签订后 7 个工作日内，将框架协议副本报本级财政部门备案。框架协议不得对征集文件确定的事项以及入围供应商的响应文件作实质性修改。

征集人应当在框架协议签订后 3 个工作日内通过电子化采购系统将入围信息告知适用框架协议的所有采购人或者服务对象。入围信息应当包括所有入围供应商的名称、地址、联系方式、入围产品信息和协议价格等内容。入围产品信息应当详细列明技术规格或者服务内容、服务标准等能反映产品质量特点的内容。征集人应当确保征集文件和入围信息在整个框架协议有效期内随时可供公众查阅。除剩余入围供应商不足入围供应商总数 70% 且影响框架协议执行的情形外，框架协议有效期内，征集人不得补充征集供应商。征集人补充征集供应商的，补充征集规则应当在框架协议中约定，补充征集的条件、程序、评审方法和淘汰比例应当与初次征集相同。补充征集应当遵守原框架协议的有效期。补充征集期间，原框架协议继续履行。

（五）授予采购合同

确定第二阶段成交供应商的方式包括直接选定、二次竞价和顺序轮候。

1. 直接选定方式。直接选定方式是确定第二阶段成交供应商的主要方式。除征集人根据采购项目特点和提高绩效等要求，在征集文件中载明采用二次竞价或者顺序轮候方式外，确定第二阶段成交供应商应当由采购人或者服务对象依据入围产品价格、质量以及服务便利性、用户评价等因素，从第一阶段入围供应商中直接选定。

2. 二次竞价方式。二次竞价方式是指以框架协议约定的入围产品、采购合同文本等为依据，以协议价格为最高限价，采购人明确第二阶段竞价需求，从入围供应商中选择所有符合竞价需求的供应商参与二次竞价，确定报价最低的为成交供应商的方式。进行二次竞价应当给予供应商必要的响应时间。二次竞价一般适用于采用价格优先法的采购项目。

3. 顺序轮候方式。顺序轮候方式是指根据征集文件中确定的轮候顺序规则，对所有入围供应商依次授予采购合同的方式。每个入围供应商在一个顺序轮候期内，只有一次获得合同授予的机会。合同授予顺序确定后，应当书面告知所有入围供应商。除清退入围供应商和补充征集外，框架协议有效期内不得调整合同授予顺序。顺序轮候一般适用于服务项目。

以二次竞价或者顺序轮候方式确定成交供应商的，征集人应当在确定成交供应商后2个工作日内逐笔发布成交结果公告。成交结果单笔公告可以在省级以上财政部门指定的媒体上发布，也可以在开展框架协议采购的电子化采购系统发布，发布成交结果公告的渠道应当在征集文件或者框架协议中告知供应商。单笔公告应当包括以下主要内容：一是采购人的名称、地址和联系方式；二是框架协议采购项目名称、编号；三是成交供应商名称、地址和成交金额；四是成交标的名称、规格型号或者主要服务内容及服务标准、数量、单价；五是公告期限。

> **想一想：**
>
> 框架协议采购合同可以授予非入围供应商吗？

征集人应当在框架协议有效期满后10个工作日内发布成交结果汇总公告。汇总公告应当包括前款第一项、第二项内容和所有成交供应商的名称、地址及其成交合同总数和总金额。

框架协议采购应当订立固定价格合同。根据实际采购数量和协议价格确定合同总价的，合同中应当列明实际采购数量或者计量方式，包括服务项目用于计算合同价的工日数、服务工作量等详细工作量清单。采购人应当要求供应商提供能证明其按照合同约定数量或者工作量清单履约的相关记录或者凭证，作为验收资料一并存档。

采购人证明能够以更低价格向非入围供应商采购相同货物，且入围供应商不同意将价格降至非入围供应商以下的，可以将合同授予非入围供应商。采购项目适用前款规定的，征集人应当在征集文件中载明并在框架协议中约定。采购人将合同授予非入围供应商的，应当在确定成交供应商后1个工作日内，将成交结果抄送征集人，由征集人按照单笔公告要求发布成交结果公告。采购人应当将相关证明材料和采购合同一并存档备查。

八、创新采购执行程序

创新采购按照研发过程分阶段进行，分为订购和首购两个阶段。

（一）订购阶段遵循下列程序

1. 概念交流。采购人组成谈判小组，邀请符合条件的供应商讨论交流，形成谈判条件，并向所有参与概念交流的供应商提供。谈判文件应当主要包括：创新产品应用场景、主要功能或者绩效目标，项目研发以及购买创新产品的最高费用、最低质量和服务特性、交付时间，减少供应商规则，研发中期谈判约定，响应文件要求和响应时间等。

2. 研发竞争谈判。谈判小组按竞争性谈判的规定与供应商进行谈判，细化研发方案，采用综合评分法确定至少三个研发供应商并分别签订研发合同。

3. 研发中期谈判。研发中期谈判是采购人与供应商根据研发合同约定，在研发不同阶段就研发时间、标志性成果、成本补偿范围和限额等问题进行谈判。谈判应在每一阶段开始前完成。约定期限到期后，供应商应提交成果报告和成本说明，采购人据此支付研发成本补偿费用。供应商未按照约定完成阶段性成果目标的，研发合同终止。

4. 创新产品试用及评审。研发期结束后，供应商按照研发合同要求提交创新产品样品或者完整的解决方案等研究成果。采购人组织对创新产品进行试用或者基础设施改造和项目试运行验收。采购人对通过验收的创新产品，应当支付全部研发、试制或者改造费用，并按照约定的最终评审规则，确定性价比最优的创新产品为首购产品。

（二）首购阶段遵循下列程序

1. 采购人与首购产品供应商签订期限不超过三年的创新产品购买合同。合同有效期内，因技术改进、服务升级需要调整费用的，不得超过合同金额的百分之十。

2. 经国家有关部门论证可推广使用的，可以以首购价格作为最高限价向其他采购人推广应用。

（三）研发合同内容和期限

采购人与供应商应当根据谈判文件和供应商响应文件签订研发合同。研发合同应当包括项目研发以及购买创新产品的最高费用、成本补偿最高金额、最低质量和服务标准、交付时间、最终评审规则的主要内容和权重等基本内容，并明确知识产权的处理原则、研发中期谈判时间和供应商淘汰标准等。

研发和创新产品试用等管理费用总和不得超过合同约定的研发最高费用。

研发合同期限包括创新产品研制、改造和试运行期限，一般不得超过一年，属于特别重大创新项目的，不得超过三年。

第四节　废标和重新招标

招标作为政府采购的一种主要方式，在正常情况下，一般都能顺利进行。但在实践中，由于受到一些主观或者客观因素影响，使招标活动无法继续进行的现象也时而发生。按照法律规定，在这种情况下，通常是采取否决投标、重新招标或者采取其他采购方式等措施加以解决。

按照《招标投标法》和《政府采购法》有关规定，评标委员会经评审，认为所有投标人都不符合招标文件要求的，可以否决所有投标。依法必须进行招标的项目的所有投标被否决的，招标人或者采购人应当重新招标。按照规定，否决投标包括两种情形：一是在评标过程中，评标委员会认为个别投标人的投标文件不符合法定要求或者不能满足招标文件的实质性要求的，可以否决其投标，即废标；二是在评标过程中，因有效投标不足导致投标明显缺乏竞争、不能实现招标目的，评委会可以否决所有投标，招标人应当依法重新招标。

一、否决投标

按照《招标投标法实施条例》第五十一条规定，投标人有下列情形之一的，评标委员会应当否决其投标：一是投标文件未经投标单位盖章和单位负责人签字；二是投标联合体没有提交共同投标协议；三是投标人不符合国家或者招标文件规定的资格条件；四是同一投标人提交两个以上不同的投标文件或者投标报价，但招标文件要求提交备选投标的除外；五是投标报价低于成本或者高于招标文件设定的最高投标限价；六是投标文件没有对招标文件的实质性要求和条件作出响应；七是投标人有串通投标、弄虚作假、行贿等违法行为。

否决投标应当注意的是，第一，除非法律有特别规定，否决投标是评委会做出的处理决定，其他相关主体无权做出。第二，否决投标应当符合法定条件，评委会不能任意否决投标。第三，被否决投标的，不再参加投标文件的详细评审。

财政部令第 87 号第六十三条规定，投标人存在下列情况之一的，投标无效：一是未按照招标文件的规定提交投标保证金；二是投标文件未按招标文件要求签署、盖章；三是不具备招标文件中规定的资格要求；四是报价超过招标文件中规定的预算金额或者最高限价；五是投标文件含有采购人不能接受的附加条件；六是法律、法规和招标文件规定的其他无效情形。

二、重新招标

（一）招投标法律规定的重新招标

我国招标投标法律法规详细规定重新招标的情形有以下几种。一是通过资格预审的申请人少于 3 个，应当重新招标。二是招标人编制的资格预审文件、招标文件的内容违反法律、行政法规的强制性规定，违反公开、公平、公正和诚实信用原则，影响资格预审结果或者潜在投标人投标，依法必须进行招标的项目的招标人应当在修改资格预审文件或者招标文件后重新招标。三是国有资金占控股或者主导地位的依法必须进行招标的项目，招标人应当确定排名第一的中标候选人为中标人。排名第一的中标候选人放弃中标、因不可抗力不能履行合同、不按照招标文件要求提交履约保证金，或者被查实存在影响中标结果的违法行为等情形，不符合中标条件的，招标人可以按照评标委员会提出的中标候选人名单排序依次确定其他中标候选人为中标人，也可以重新招标。四是依法必须进行招标的项目的招标投标活动违反招标投标法和本条例的规定，对中标结果造成实质性影响，且不能采取补救措施予以纠正的，招标、投标、中标无效，应当依法重新招标或者评标。五是投标人少于 3 个的，相关部门规章对不同类别项目重新招标的法定情况作出了具体规定。

（二）政府采购废标和重新招标

> **思考一下：**
> 影响有效投标人数量不足的因素有哪些？

在政府采购活动中，所谓废标是指在招标采购活动中，由于投标供应商不足法律规定的数量，采购当事人有违法违规行为或其他影响招标采购结果公平公正的，采购活动因国家政策等不可抗拒的因素无法进行的等情况，经过一定程序由政府采购监督管理部门批准后，对于已进行的招标予以废除，已确定中标人的，中标无效。政府采购法规定的废标，不是对某一投标人的投标不合格而作无效标处理，而是针对整体招标活动，废止的是正在进行的投标活动。

1. 废标情形。在招标活动中，应当作出废标的情形包括下列四种。

（1）有效投标人不足三家。有效投标人是指符合政府采购法规定条件的供应商或者符合投标文件规定并作出实质性响应的供应商。有效投标人不足三家，就没有达到采用招标采购方式的基本要求，表明竞争性不强，难以实现招标目标。

有效投标人不足三家的废标公告的格式模板如下。

×××采购项目

项 目 编 号：×××

开 标日期：××××年××月××日

该项目因有效投标人不足三家，予以废标。

感谢本项目所有投标人对××政府集中采购工作的支持。

特此公告。

×××政府采购中心

××××年××月××日

（2）采购的公正性受到影响。在采购活动中，有可能发生下列情形：采购人与供应商为排挤其他供应商而串通；供应商之间相互串通，哄抬价格或者排挤其他供应商；招标文件明显有歧视性条款；招标活动受到了外界强烈干扰等。上述这些情形破坏了招标要求的公正、公平的环境，如果继续下去，将严重损害有关当事人的利益。

（3）投标报价均超过了采购预算。根据政府采购法规定，政府采购项目不得突破预算额度。换句话说，就是批准的政府采购项目预算是采购支付的最高限额。一旦各投标人的报价都超过了采购预算，表明投标人的要价超过了采购人的支付能力，采购人不能签订采购合同，为避免不必要的经济纠纷，应停止招标活动。如果部分供应商报价超过采购预算，致使报价未超过采购预算的供应商不足三家的，视同投标人的报价均超过了采购预算。超预算废标公告的格式模板如下。

××单位××设备采购项目废标公告

采购项目名称：××××科技大学××××采购项目

采购人名称：××××大学

采购代理机构全称：××××招标公司

采购代理机构地址：××市××区××路××号××大厦××层××号

采购代理机构联系方式：电话：010－××××××××，传真：010－××××××××

招标公告日期：××××年××月××日

废标日期：××××年××月××日（招标文件编号：××××××）

废标原因：所有投标人的报价均超过了采购预算

项目联系人：×××××

联系方式：电话：010－××××××××　传真：010－××××××××

××招标有限责任公司

××××年××月××日

（4）采购任务取消。政府采购项目一经确立，原则上讲必须开展，不能取消。但在特定情况下，已经确立的采购项目或者已经开始招标的采购项目，必须取消。根据采购实践情况看，这些特定情况包括：因国家经济政策调整，压缩支出等政策因素，取消了原定的采购项目。如20世纪90年代初期，国家为了控制经济过热，就取消或者暂停了许多在建工程项目。再如，某些配套资金项目，涉及部分融资，在招标过程中采购人得知融资部分不能到位等。按照《采购信息格式规范》，采购任务取消公告的格式模板如下。

终止公告

一、项目基本情况

采购项目编号（或招标编号、政府采购计划编号、采购计划备案文号等，如有）：

采购项目名称：

二、项目终止的原因

三、其他补充事宜

四、凡对本次公告内容提出询问，请按以下方式联系

1. 采购人信息

名　　称：________________

地　　址：________________

联系方式：________________

2. 采购代理机构信息（如有）

名　　称：________________

地　　址：________________

联系方式：________________

3. 项目联系方式

项目联系人：（组织本项目采购活动的具体工作人员姓名）

电　　话：________________

关于废标的规定，是为了保护政府采购当事人的合法权益，但在执行中应当注意防止采购人滥用废标权。因此，废标决定必须严格按照法律规定执行，做到慎重、准确。凡是不属于或者不符合法律规定的情形，不能采取废标处理。对发现超越法律规定情形采取废标措施的，要责令有关采购人撤销废标决定，继续招标评标，同时建议有关部门依照有关规定给予查处。为了使废标措施使用得当准确，对比较重大的采购项目废标决定，应当报经同级政府采购监督管理部门批准。招标项目废标后，采购人应当将废标原因及时通知所有的投标人。

2. 废标后的处理。废标是因为招标失败，招标失败表明了采购人没有成功地确定需要的采购对象，预期的招标目标没有实现。那么，采购人在废标后，如何重新确定采购对象，成为政府采购法规定的一个重要内容。

在我国政府采购实践中，曾出现过废标情况，但采购人通常是随意改用其他方式继续开展采购活动，供应商反应较大。为此，政府采购法专门对此作出了规定，即废标后，除

采购任务取消情形外，应当重新组织招标；需要采取其他方式采购的，应当在采购活动开始前获得县级以上人民政府采购监督管理部门或者政府有关部门批准。具体包括以下三个方面的内容。

> **想一想：**
> 采购活动暂停影响投标有效期吗？

（1）终止采购。即采购任务取消的，为采购活动的终结，不得再行开展。

（2）重新招标。法律规定在废标情形下废标的采购项目，采购应当重新组织招标。废标并不意味着招标方式有问题，有可能是采购人确定供应商的资格条件过于苛刻，或者采购标准定得过高，还有可能是信息披露不充分造成投标供应商数量不够等。因此，采购人应当根据废标的具体原因，重新调整供应商的资格条件，或者调整采购需求，重新制定招标文件，继续开展招标活动。对于出现影响采购公正的违法违规行为，违法违规者将受到惩罚。与招标文件没有关系的废标，应当重新组织招标。

（3）经批准后采取其他采购方式。废标后再进行采购的，如果因招标方式不适宜，确实需要采取招标以外其他采购方式的，应当事先获得县级以上人民政府财政部门或者政府有关部门的批准。如果这些部门有废标后采取其他采购方式要获得其批准的规定，应当从其规定。执行中应当注意，采购人要根据废标原因认真做好招标文件的修改工作，尽快按照重新确定的方式开展招标工作。政府采购监督管理部门和政府有关部门要及时处理违法违规者，督促采购人重新组织招标工作。

学习小资料

国家已明令取消的资质，采购文件千万别再用了（1）！

1. 计算机信息系统集成企业资质。原审批部门：工业和信息化部。取消时间：2014年1月。相关依据：《国务院关于取消和下放一批行政审批项目的决定》（国发〔2014〕5号），取消计算机信息系统集成企业资质认定，同时还取消了计算机信息系统集成项目经理人员资质评定、信息系统工程监理单位资质认证和监理工程师资格认定；《工业和信息化部关于计算机信息系统集成行业管理有关事项的通告》（工信部信软函〔2018〕507号），“计算机信息系统集成企业资质认定”已于2014年由国务院明令取消，任何组织和机构不得继续实施。存在上述问题的应立即纠正，确保国务院的“放管服”改革要求落实到位。

2. 城市园林绿化企业资质。原审批部门：各级住房城乡建设（园林绿化）主管部门。取消时间：2017 年 3 月。相关依据：《国务院关于修改和废止部分行政法规的决定》（国务院令第 676 号），删除《城市绿化条例》第十六条（城市绿化工程的施工，应当委托持有相应资格证书的单位承担）；《住房城乡建设部办公厅关于做好取消城市园林绿化企业资质核准行政许可事项相关工作的通知》（建办城〔2017〕27 号），各级住房城乡建设（园林绿化）主管部门不得以任何方式，强制要求将城市园林绿化企业资质或市政公用工程施工总承包等资质作为承包园林绿化工程施工业务的条件。

3. 工程造价咨询企业资质。原审批部门：住房和城乡建设主管部门。取消时间：2021 年 7 月。相关依据：《国务院关于深化“证照分离”改革 进一步激发市场主体发展活力的通知》（国发〔2021〕7 号），取消“工程造价咨询企业甲级资质认定”，取消“工程造价咨询企业乙级资质认定”；《住房和城乡建设部办公厅关于取消工程造价咨询企业资质审批加强事中事后监管的通知》（建办标〔2021〕26 号），住房和城乡建设主管部门停止工程造价咨询企业资质审批，工程造价咨询企业按照其营业执照经营范围开展业务，行政机关、企事业单位、行业组织不得要求企业提供工程造价咨询企业资质证明。

4. 机动车维修经营许可。原审批部门：县级道路运输管理机构。取消时间：2018 年 7 月。相关依据：《国务院关于取消一批行政许可等事项的决定》（国发〔2018〕28 号），取消机动车维修经营许可；《交通运输部关于修改〈机动车维修管理规定〉的决定》（交通运输部令 2019 年第 20 号），“经营许可”修改为“经营备案”。

5. 工程咨询单位。原审批部门：国家发展改革委。取消时间：2017 年 9 月。相关依据：《国务院关于取消一批行政许可事项的决定》（国发〔2017〕46 号），取消工程咨询单位资格认定；《发展改革委：取消“工程咨询单位资格认定”后加强事中事后监管措施》，对工程咨询单位实行告知性备案管理制度。

6. 物业服务企业资质。原审批部门：住房城乡建设部以及省、市级住房城乡建设主管部门。取消时间：2017 年 1 月。取消物业服务企业二级及以下资质认定，2017 年 9 月取消物业服务企业一级资质核定。相关依据：《国务院关于第三批取消中央指定地方实施行政许可事项的决定》国发〔2017〕7 号，取消物业服务企业二级及以下资质认定；《国务院关于取消一批行政许可事项的决定》（国发〔2017〕46 号）取消物业服务企业一级资质核定；《住房城乡建设部办公厅关于做好取消物业服务企业资质核定相关工作的通知》（建办房〔2017〕75 号），不得以任何方式要求将原核定的物业服务企业资质作为承接物业管理业务的条件。

资料来源：政府采购信息网，2022 年 5 月 9 日。

【重要概念】

公开招标	邀请招标	竞争性谈判
询价采购	限制性招标	两阶段招标
单一来源	竞争性磋商	框架协议采购
废标情形	创新采购	

【思考练习题】

1. 简述如何科学规范公开招标采购方式的主体地位。
2. 简述邀请招标方式的适用条件和程序。
3. 简述竞争性谈判方式的适用条件。
4. 简述竞争性谈判方式的执行程序。
5. 简述询价采购方式的执行程序。
6. 简述单一来源方式的适用条件。
7. 简述单一来源方式的执行程序
8. 简述竞争性磋商方式的适用条件。
9. 简述竞争性磋商方式的执行程序。
10. 简述框架协议方式的适用条件。
11. 简述框架协议方式的执行程序。
12. 简述竞争性谈判与招标采购方式的区别。
13. 简述政府采购废标情形及废标后的处理。

【案例分析】

1. 资料如下：

在某物业采购项目的评审过程中，评标结果汇总完成后，评委会发现，排名第一的投标人 A 综合得分为 87.3 分，排名第二的投标人 B 综合得分为 87.1 分，两者仅相差 0.2 分；而投标人 B 的业绩显示其一直为采购人提供物业服务，投标人 A 则不然。评标委员会遂就此问题征询采购人的意见。采购人表示，投标人 B 在为采购人提供物业服务期间，各方面做得非常到位，曾深受领导的喜欢，并多次受到公开表扬，若非该项目按规定必须公开招标，必定花落此家。于是，评标委员会经商议后决定统一修改关于“服务方案”的主观评分分值：将投标人 A 的分值调低 3 分，将投标人 B 的分值调高 3 分。最终，投标人 B 成为中标供应商。期间，采购代理机构工作人员多次劝阻未果，反被评标委员会认定为非法干预评审专家独立评审。

2. 请分析案例中的违法违规行为，并依据政府采购法律法规作出正确解释。

第五章　政府采购招投标实务

【学习目标和要点】

- 招标文件内容
- 招标公告内容
- 开标会议程序
- 评标程序和方法
- 评标报告内容
- 中标公告内容
- 资格预审和后审
- 合同签订与履行

第一节　招投标概述

政府采购招投标有一套完整统一的程序，这套程序不会因国家、地区和组织的不同而存在太大的差异。在目前我国的政府采购招投标实践中，经常发生和接触的主要是国内货物、工程和服务项目的招标采购活动。政府采购法律法规规定了政府采购工程适用招标投标法律法规，由于工程种类繁多，相应的招投标法律法规内容繁杂，因此，为了精简篇幅和突出政府采购的特点，本章主要阐述国内政府采购货物和服务招投标采购的相关内容。

一、概念和特征

（一）概念

招投标作为一种高级、有组织、规范化的商品交易方式，是人类社会发展到一定历史阶段的产物。其产生取决于两个基本条件：一是市场经济制度的确定，竞争与开放的市场体系逐步形成；二是供求关系由卖方市场向买方市场转变。

作为一种交易方式，招投标由招标和投标两种相对的行为组成，没有招标就不可能有投标，没有投标，招标也就无法进行。所谓招标，有广义和狭义之分，广义的招标泛指招标和投标的整个过程，狭义的招标仅指买方通过发布公告或者发出投标邀请，征求供应商或者承包商的活动。所谓投标，是指卖方即供应商或者承包商根据招标公告或者投标邀请参与竞争，以获得合同机会的行为。

（二）特征

招投标与一般的交易活动相比有以下几个方面的特征：一是一种组织严密的交易方式；二是一种竞争性的交易方式；三是是一种公开透明的交易方式；四是一种公平和公正有机统一的交易方式。

二、招标方式

政府采购招标方式根据对投标人限制的程度可分为公开招标和邀请招标。

> **想一想：**
>
> 如何准确理解政府采购招标方式的公平和公正？

公开招标是指由采购人公开发布招标信息，凡符合投标资格的供应商或者承包商，均可参加投标的一种招标方式。

邀请招标也称限制性招标，是指采购人向特定的供应商和承包商发出投标邀请，受到邀请的供应商和承包商方可参加投标的招标方式。

三、招投标程序

招投标之所以是一种高级的、有组织的、规范化的交易方式，就是因为它有一套完整、严密、科学的程序。招投标程序是由前后相继、互相衔接的若干阶段组成。整个过程一般可以分为招标、投标、开标、评标和定标五个主要阶段。这五个阶段各有其相对独立的任务和内容，只有完成上一阶段的任务才可能进入下一阶段。以委托招标为例，具体操作程序如下。

（一）委托方填写委托书

采购人委托采购代理机构招标的，采购人应与代理机构签订招标委托协议。委托协议的主要内容包括：（1）项目基本情况；（2）委托的具体事项；（3）采购人与代理机构各自的责任和义务；（4）委托协议的变更和终止；（5）违约责任；（6）有关费用；（7）其他。政府采购委托代理协议书的具体格式和内容如下所示。

××省政府采购项目委托代理协议书

甲方（采购人）：××××

乙方（采购代理机构）：××××

根据《政府采购法》规定，甲方自愿将本单位政府采购××项目委托乙方组织实施招标采购。乙方愿意接受甲方委托，按照政府采购法律法规有关规定，在甲方委托事宜范围内依法组织政府采购工作。经甲乙双方协商一致，现就有关事宜达成如下协议：

一、项目基本情况

1. 项目品名：××单位××项目

2. 技术规格及要求：

3. 预算金额：××××万元

二、甲方委托乙方的具体事项

1. 采购方式：公开招标

2. 编制、发售招标文件：是

3. 解释招标（谈判）文件：是

4. 在指定媒体上发布招标（采购）公告或投标邀请函：是

5. 落实开标、评标地点：是

6. 编制评标办法：是

7. 抽取专家，组建评标委员会：按照同级政府采购管理部门规定组建

8. 邀请甲方纪检部门现场监督：是

9. 按照规定接收投标（谈判响应文件）：是

10. 组织评审工作：是

11. 整理评审报告送采购人：是

12. 发送中标（成交）通知书：是

13. 在指定媒体上发布中标、成交公告：是

14. 签订政府采购合同：否

15. 项目验收：否

16. 协调处理合同执行中遇到的问题：否

17. 答复供应商的询问和质疑：属操作程序方面的由乙方进行解答，属技术方面的由甲方进行解答。

18. 招标采购活动有关文件报送备案及保存管理：是

三、甲方的权利和义务

1. 招标活动中严格按照法定程序和政府采购管理部门的管理要求执行。

2. 甲方以书面形式指定一名项目联系人，代表甲方处理招标采购过程中的有关事宜。

3. 甲方应向乙方提供委托项目的技术指标、质量标准和服务内容等书面材料和要求。

4. 甲方应对乙方编制的招标文件（谈判文件、询价文件）予以审核并书面确认。

5. 甲方应按照同级政府采购管理部门规定确定评标委员会（谈判小组、询价小组）人员组成。

6. 甲方有权就委托的项目提出合法、合理的要求，提供的技术和商务要求必须体现充分竞争原则，但不得指定供应商或指定采购品牌，以及含有倾向性或者排斥潜在投标人的要求。

7. 甲方有权利派代表参加评标委员会（谈判小组、询价小组），将确定的采购人代表通知采购代理机构并出具书面材料，但不得非法干预、影响评标办法的确定，以及评标过程和结果。项目评审期间除采购人代表、纪检监督之外的人员不得进入项目评审会场。

8. 甲方有权利确定中标、成交供应商，但必须按照评审报告中推荐的中标、成交候选供应商顺序确定。

9. 甲方有权利对乙方在招标采购过程中的行为进行监督。

10. 中标（成交）公告发布之日起七个工作日内不得索取除评标（谈判、询价文件）报告之外的和该项目相关的材料。

11. 甲方有义务保守采购过程中有关商业秘密。

12. 甲方应遵守法律法规和各项政府采购制度。

四、乙方的权利和义务

1. 招标活动中严格按照法定程序和政府采购管理部门的管理要求执行。

2. 乙方应接受甲方监督，维护甲方和供应商的合法权益。

3. 乙方应根据甲方要求向甲方提出科学的招标采购方案，并根据甲方需求提出合理化建议。

4. 乙方应根据甲方要求编制招标文件，并报甲方确认。

5. 乙方应满足甲方的合法、合理要求，但对违法违规以及无理的要求应予拒绝。

6. 乙方可以根据需要，就招标文件征询有关专家或者供应商意见。

7. 乙方应及时答复供应商的询问和质疑。

8. 乙方有义务保守采购过程中有关商业秘密。

9. 乙方有权依法收取采购代理服务费用。

10. 乙方有权向政府采购监督管理部门反映甲方在招标采购过程中的违法违规行为。

11. 乙方应遵守法律法规和各项政府采购制度。

五、委托协议的变更和终止

甲乙双方在协商一致的情况下，可以在法律法规许可范围内对委托协议内容做出变更；如因政策原因，致使采购项目发生更改或撤销，本协议应作相应变更或终止。

六、违约责任

甲乙双方应遵守法律法规和本协议规定，否则，将承担相应的法律责任。因违约造成经济损失的，由违约方承担。

七、有关费用

乙方承担组织项目招标采购活动的全部费用。

乙方按照规定以中标合同金额的××%向中标供应商收取中标服务费。

八、其他

1. 本协议自甲乙双方签字盖章之日起生效。本协议一式两份，甲乙双方各持一份。

2. 其他未尽事宜由双方协商研究决定。

甲方：（盖章）	乙方：（盖章）
负责人签字：	负责人签字：
年　月　日	年　月　日

（二）采购代理机构接受委托

采购代理机构接受委托后进行立项，并审核委托方的要求是否符合国家法律、法规的规定。

> **讨论一下：**
> 为什么采购文件要由采购人确认？

（三）采购代理机构制作招标文件

目前招标文件的格式不是很统一，一般包括投标邀请函、投标方须知、项目技术和商务要求、投标文件格式和合同等五大部分主要内容。

（四）采购人确认招标文件

采购人确认招标文件应在招标文件确认书上签字、盖章。

（五）发布标讯或者发出投标邀请书

公开招标的，采购代理机构应当通过政府采购法定媒体公布招标信息。邀请招标的，由采购代理机构直接向供应商或者承包商发出投标邀请函，或者是在法定媒体发布邀请公告。

（六）组成评标委员会

评标委员会是评标的权威机构，其工作质量直接决定招标的成败。因此，必须严格执行《政府采购法》的有关规定组成评委会。

（七）开标

采购代理机构按照招标文件上的规定举行开标仪式，内容包括：接收投标文件、公布投标单位名称、宣布评标方法、定标原则和注意事项，公证员致公证词。最后进行唱标，内容为投标文件中开标一览表的规定内容。

（八）评委会评标

评标委员会根据招标文件的要求对投标文件进行评审，先进行初评，再进行终评，确定经济和技术响应最优的单位为候选中标供应商。

（九）评委会做出评标结论

评委会做出评标结论，然后由采购代理机构向采购人发出确认函。

（十）采购人确认中标结果

采购人在法律规定时间内确认中标供应商名单，并在确认函上签字、盖章，如有异议必须书面提出，并阐述原因。

（十一）发中标通知书

采购代理机构在获得采购人确认中标结果后，应当向中标供应商发出中标通知书。并同时将中标结果按法律规定在政府采购法定媒体上进行公告。

（十二）签订合同

中标供应商与采购人在规定时间内按招标文件和中标人的投标文件订立书面合同。并在规定时间内将合同副本报送政府采购监管部门备案。

第二节　招标

招标是招标采购的第一阶段，在这一阶段需要做大量的基础性准备工作，包括编制采购计划、编制采购文件、发布标讯等。其具体工作可由采购人自行办理，也可委托给社会中介机构办理。

一、政府采购计划

政府采购计划，即政府采购实施计划，简称“采购计划”。是采购人需求管理活动内容的一部分。采购计划严格说来并不是招标程序的一个组成部分，但它与政府采购招标有着密切的联系。采购计划是招标的依据，招标是采购计划实现的主要方式。2021 年 4 月 30 日财政部颁布的《政府采购需求管理办法》（财库〔2021〕22 号）（以下简称《需求管理办法》）对政府采购实施计划的相关内容均作出了具体规定。所谓采购计划，是指采购人围绕实现采购需求，对合同的订立和管理所做的安排。采购计划根据法律法规、政府采购政策和国家有关规定，结合采购需求的特点确定。根据采购计划期限不同可分为年度采购计划、季度采购计划和具体项目采购计划。

（一）采购计划内容

《需求管理办法》规定，采购计划主要包括以下内容：一是合同订立安排，包括采购项目预（概）算、最高限价，开展采购活动的时间安排，采购组织形式和委托代理安排，采购包划分与合同分包，供应商资格条件，采购方式、竞争范围和评审规则等；二是合同管理安排，包括合同类型、定价方式、合同文本的主要条款、履约验收方案、风险管控措施等。

1. 合同订立安排。采购人应当通过确定供应商资格条件、设定评审规则等措施，落实支持创新、绿色发展、中小企业发展等政府采购政策功能。

> **思考一下：**
>
> 供应商缴纳税收和社保证明材料多少份比较合适？

采购人要根据采购项目实施的要求，充分考虑采购活动所需时间和可能影响采购活动进行的因素，合理安排采购活动实施时间。

采购人要按照有利于采购项目实施的原则，明确采购包或者合同分包要求。采购项目划分采购包的，要分别确定每个采购包的采购方式、竞争范围、评审规则和合同类型、合同文本、定价方式等相关合同订立、管理安排。

根据采购需求特点提出的供应商资格条件，要与采购标的的功能、质量和供应商履约能力直接相关，且属于履行合同必需的条件，包括特定的专业资格或者技术资格、设备设施、业绩情况、专业人才及其管理能力等。

业绩情况作为资格条件时，要求供应商提供的同类业务合同一般不超过 2 个，并明确同类业务的具体范围。涉及政府采购政策支持的创新产品采购的，不得提出同类业务合同、生产台数、使用时长等业绩要求。

采购需求客观、明确且规格、标准统一的采购项目，如通用设备、物业管理等，一般采用招标或者询价方式采购，以价格作为授予合同的主要考虑因素，采用固定总价或者固定单价的定价方式。

采购需求客观、明确，且技术较复杂或者专业性较强的采购项目，如大型装备、咨询服务等，一般采用招标、谈判（磋商）方式采购，通过综合性评审选择性价比最优的产品，采用固定总价或者固定单价的定价方式。

不能完全确定客观指标，需由供应商提供设计方案、解决方案或者组织方案的采购项目，如首购订购、设计服务、政府和社会资本合作等，一般采用谈判（磋商）方式采购，综合考虑以单方案报价、多方案报价以及性价比要求等因素选择评审方法，并根据实现项目目标的要求，采取固定总价或者固定单价、成本补偿、绩效激励等单一或者组合定价方式。

除法律法规规定可以在有限范围内竞争或者只能从唯一供应商处采购的情形外，一般采用公开方式邀请供应商参与政府采购活动。

采用综合性评审方法的，评审因素应当按照采购需求和与实现项目目标相关的其他因素确定。

采购需求客观、明确的采购项目，采购需求中客观但不可量化的指标应当作为实质性要求，不得作为评分项；参与评分的指标应当是采购需求中的量化指标，评分项应当按照量化指标的等次，设置对应的不同分值。不能完全确定客观指标，需由供应商提供设计方案、解决方案或者组织方案的采购项目，可以结合需求调查的情况，尽可能明确不同技术路线、组织形式及相关指标的重要性和优先级，设定客观、量化的评审因素、分值和权重。价格因素应当按照相关规定确定分值和权重。

采购项目涉及后续采购的，如大型装备等，要考虑兼容性要求。可以要求供应商报出后续供应的价格，以及后续采购的可替代性、相关产品和估价，作为评审时考虑的因素。

需由供应商提供设计方案、解决方案或者组织方案，且供应商经验和能力对履约有直接影响的，如订购、设计等采购项目，可以在评审因素中适当考虑供应商的履约能力要求，并合理设置分值和权重。需由供应商提供设计方案、解决方案或者组织方案，采购人认为有必要考虑全生命周期成本的，可以明确使用年限，要求供应商报出安装调试费用、使用期间能源管理、废弃处置等全生命周期成本，作为评审时考虑的因素。

2. 合同管理安排。合同类型按照民法典规定的典型合同类别，结合采购标的的实际情况确定。合同文本应当包含法定必备条款和采购需求的所有内容，包括但不限于标的名称，采购标的质量、数量（规模），履行时间（期限）、地点和方式，包装方式，价款或者报酬、付款进度安排、资金支付方式，验收、交付标准和方法，质量保修范围和保修期，违约责任与解决争议的方法等。

采购项目涉及采购标的的知识产权归属、处理的，如订购、设计、定制开发的信息化建设项目等，应当约定知识产权的归属和处理方式。采购人可以根据项目特点划分合同履行阶段，明确分期考核要求和对应的付款进度安排。对于长期运行的项目，要充分考虑成本、收益以及可能出现的重大市场风险，在合同中约定成本补偿、风险分担等事项。

合同权利义务要围绕采购需求和合同履行设置。国务院有关部门依法制定了政府采购合同标准文本的，应当使用标准文本。属于《需求管理办法》第十一条规定范围的采购项目，合同文本应当经过采购人聘请的法律顾问审定。

履约验收方案要明确履约验收的主体、时间、方式、程序、内容和验收标准等事项。

采购人、采购代理机构可以邀请参加本项目的其他供应商或者第三方专业机构及专家参与验收，相关验收意见作为验收的参考资料。政府向社会公众提供的公共服务项目，验收时应当邀请服务对象参与并出具意见，验收结果应当向社会公告。

验收内容要包括每一项技术和商务要求的履约情况，验收标准要包括所有客观、量化指标。不能明确客观标准、涉及主观判断的，可以通过在采购人、使用人中开展问卷调查等方式，转化为客观、量化的验收标准。

> **讨论一下：**
>
> 政府采购合同履约风险包括哪些方面？

分期实施的采购项目，应当结合分期考核的情况，明确分期验收要求。货物类项目可以根据需要设置出厂检验、到货检验、安装调试检验、配套服务检验等多重验收环节。工程类项目的验收方案应当符合行业管理部门规定的标准、方法和内容。履约验收方案应当在合同中约定。

必须开展需求调查的采购项目，要研究采购过程和合同履行过程中的风险，判断风险发生的环节、可能性、影响程度和管控责任，提出有针对性的处置措施和替代方案。

采购过程和合同履行过程中的风险包括国家政策变化、实施环境变化、重大技术变化、预算项目调整、因质疑投诉影响采购进度、采购失败、不按规定签订或者履行合同、出现损害国家利益和社会公共利益情形等。

（二）采购计划备案

各级财政部门应当按照简便、必要的原则，明确报财政部门备案的采购实施计划具体内容，包括采购项目的类别、名称、采购标的、采购预算、采购数量（规模）、组织形式、采购方式、落实政府采购政策有关内容等。

采购人应当将采购需求管理作为政府采购内控管理的重要内容，建立健全采购需求管理制度，加强对采购需求的形成和实现过程的内部控制和风险管理。

（三）采购计划编制

采购人可以自行组织确定采购需求和编制采购实施计划，也可以委托采购代理机构或者其他第三方机构开展。

（四）采购计划审查

采购人应当建立审查工作机制，在采购活动开始前，针对采购需求管理中的重点风险事项，对采购需求和采购实施计划进行审查，审查分为一般性审查和重点审查。对于审查不通过的，应当修改采购需求和采购实施计划内容并重新进行审查。

> **讨论一下：**
> 如何合理减轻供应商的投标费用负担？

1. 一般性审查。主要审查是否按照《需求管理办法》规定的程序和内容确定采购需求、编制采购实施计划。审查内容包括，采购需求是否符合预算、资产、财务等管理制度规定；对采购方式、评审规则、合同类型、定价方式的选择是否说明适用理由；属于按规定需要报相关监管部门批准、核准的事项，是否作出相关安排；采购实施计划是否完整。

2. 重点审查。是在一般性审查的基础上，进行以下审查。

一是非歧视性审查。主要审查是否指向特定供应商或者特定产品，包括资格条件设置是否合理，要求供应商提供超过 2 个同类业务合同的，是否具有合理性；技术要求是否指向特定的专利、商标、品牌、技术路线等；评审因素设置是否具有倾向性，将有关履约能力作为评审因素是否适当。

二是竞争性审查。主要审查是否确保充分竞争，包括应当以公开方式邀请供应商的，是否依法采用公开竞争方式；采用单一来源采购方式的，是否符合法定情形；采购需求的内容是否完整、明确，是否考虑后续采购竞争性；评审方法、评审因素、价格权重等评审规则是否适当。

三是采购政策审查。主要审查进口产品的采购是否必要，是否落实支持创新、绿色发展、中小企业发展等政府采购政策要求。

四是履约风险审查。主要审查合同文本是否按规定由法律顾问审定，合同文本运用是否适当，是否围绕采购需求和合同履行设置权利义务，是否明确知识产权等方面的要求，履约验收方案是否完整、标准是否明确，风险处置措施和替代方案是否可行。

五是采购人或者主管预算单位认为应当审查的其他内容。

审查工作机制成员应当包括本部门、本单位的采购、财务、业务、监督等内部机构。采购人可以根据本单位实际情况，建立相关专家和第三方机构参与审查的工作机制。参与确定采购需求和编制采购实施计划的专家和第三方机构不得参与审查。

一般性审查和重点审查的具体采购项目范围，由采购人根据实际情况确定。主管预算单位可以根据本部门实际情况，确定由主管预算单位统一组织重点审查的项目类别或者金额范围。必须进行采购需求调查的采购项目，应当开展重点审查。

（五）采购计划档案管理

采购需求和采购实施计划的调查、确定、编制、审查等工作应当形成书面记录并存档。采购文件应当按照审核通过的采购需求和采购实施计划编制。

（六）采购计划监督

财政部门应当依法加强对政府采购需求管理的监督检查，将采购人需求管理作为政府采购活动监督检查的重要内容，不定期开展监督检查工作，采购人应当如实反映情况，提供有关材料。

在政府采购项目投诉、举报处理和监督检查过程中，发现采购人未按本办法规定建立采购需求管理内控制度、开展采购需求调查和审查工作的，由财政部门采取约谈、书面关注等方式责令采购人整改，并告知其主管预算单位，情节严重或者拒不改正的，将有关线索移交纪检监察、审计部门处理。

在政府采购项目投诉、举报处理和监督检查过程中，发现采购方式、评审规则、供应商资格条件等存在歧视性、限制性、不符合政府采购政策等问题的，依照《中华人民共和国政府采购法》等国家有关规定处理。

在政府采购项目投诉、举报处理和监督检查过程中，发现采购人存在无预算或者超预算采购、超标准采购、铺张浪费、未按规定编制政府采购实施计划等问题的，依照《中华人民共和国政府采购法》《中华人民共和国预算法》《财政违法行为处罚处分条例》《党政机关厉行节约反对浪费条例》等国家有关规定处理。

二、采购意向公开

为进一步提高政府采购透明度，优化政府采购营商环境，方便供应商提前了解政府采购信息，保障各类市场主体平等参与政府采购活动，提升采购绩效，防范抑制腐败，根据《深化政府采购制度改革方案》和《财政部关于促进政府采购公平竞争优化营商环境的通知》（财库〔2019〕38 号）有关要求，2020 年 3 月 2 日财政部发布了《关于开展政府采购意向公开工作的通知》（财库〔2020〕10 号）。

（一）公开实施步骤

采购意向公开工作遵循“试点先行，分步实施”的原则。2020 年在中央预算单位和北京市、上海市、深圳市市本级预算单位开展试点。原则上省级预算单位 2021 年 1 月 1 日起实施的采购项目，省级以下各级预算单位 2022 年 1 月 1 日起实施的采购项目，应当按规定公开采购意向；具备条件的地区可适当提前开展采购意向公开工作。

（二）公开主体和渠道

> **思考一下：**
>
> 政府采购执行程序中哪些环节需要做好信息公开工作？

采购意向由预算单位负责公开。中央预算单位的采购意向在中国政府采购网（www. ccgp. gov. cn）中央主网公开，地方预算单位的采购意向在中国政府采购网地方分网公开，采购意向也可在省级以上财政部门指定的其他媒体同步公开。主管预算单位可汇总本部门、本系统所属预算单位的采购意向集中公开，有条件的部门可在其部门门户网站同步公开本部门、本系统的采购意向。

（三）公开内容

采购意向按采购项目公开。除框架协议采购由集中采购机构统一组织的批量集中采购外，按项目实施的集中采购目录以内或者采购限额标准以上的货物、工程、服务采购均应当公开采购意向。采购意向公开的内容应当包括采购项目名称、采购需求概况、预算金额、预计采购时间等，其中，采购需求概况应当包括采购标的名称、采购标的需实现的主要功能或者目标、采购标的数量，以及采购标的需满足的质量、服务、安全、时限等要求。采购意向应当尽可能清晰完整，便于供应商提前做好参与采购活动的准备。采购意向仅作为供应商了解各单位初步采购安排的参考，采购项目实际采购需求、预算金额和执行时间以预算单位最终发布的采购公告和采购文件为准。政府采购意向公开参考文本格式如下。

（单位名称）××××年××（至）××月

政府采购意向

为便于供应商及时了解政府采购信息，根据《财政部关于开展政府采购意向公开工作的通知》（财库〔2020〕10号）等有关规定，现将（单位名称）××××年（至）××月采购意向公开如下：

序号	采购项目名称	采购需求概况	预算金额（万元）	预计采购时间（填写到月）	备注
	填写具体采购项目的名称	填写采购标的名称，采购标的需实现的主要功能或者目标，采购标的数量，以及采购标的需满足的质量、服务、安全、时限等要求	精确到万元	填写到月	其他需要说明的情况
	……				
	……				

本次公开的采购意向是本单位政府采购工作的初步安排，具体采购项目情况以相关采购公告和采购文件为准。

××（单位名称）

××××年××月××日

（四）公开依据和时间

采购意向由预算单位定期或者不定期公开。部门预算批复前公开的采购意向，以部门预算“二上”内容为依据；部门预算批复后公开的采购意向，以部门预算为依据。预算执行中新增采购项目应当及时公开采购意向。采购意向公开时间应当尽量提前，原则上不得晚于采购活动开始前 30 日公开采购意向。因预算单位不可预见的原因急需开展的采购项目，可不公开采购意向。

三、委托招标

（一）委托人与受托人

根据政府采购法规规定，采购人自行组织招标必须具备规定的条件，否则，必须委托政府采购代理机构。因此，在实行招标方式采购时，采购人一般应当委托政府采购代理机构。采购人委托采购代理机构招标的，应当与采购代理机构签订委托协议，确定委托代理的事项，约定双方的权利和义务。在这种委托关系中，采购人是委托人，接受委托的政府采购代理机构是受托人。

讨论一下：

如何编制出高质量的采购文件？有哪些需要注意的问题？

（二）采购人委托招标具体要求

采购人委托招标应当履行一定的手续，其具体要求如下：一是委托招标的必须是采购人；二是必须提供采购项目获得批准的有效文件。

（三）委托协议

委托人与受托人建立委托关系应当订立书面委托协议，即委托合同。采购人填写委托招标合同时，应当注意以下问题：一是委托内容必须合法；二是采购项目应当提供可操作的技术要求，有关项目要求的文件可作为合同的补充文件，采购人在委托招标时，不得指明生产厂家、产品品牌等；三是采购人对招标时间的要求必须符合法律的规定，并应给采购代理机构编制招标文件预留必要的时间。

四、编制招标文件

（一）编制要求

招标文件也叫标书，是由采购代理机构编制的有关招标的各种书面要求。招标文件不是一个单一的文件，而是由若干个相对独立又互相联系的文件组成的文件系统。招标文件是招标的基础性文件，在招标过程中有着十分重要的作用。第一，它是招投标双方的行动准则和指南。第二，它是供应商参加投标和编制投标文件的依据。第三，它还是签订政府采购合同的基础。因此，编制招标文件必须做到完整、准确和合法的要求。

（二）招标文件内容

1. 招标文件主要内容。采购代理单位应当根据招标项目的特点和需求编制招标文件。按照财政部令第 87 号第 20 条规定，货物和服务招标文件应当包括以下主要内容。

（1）投标邀请；

（2）投标人须知（包括投标文件的密封、签署、盖章要求等）；

（3）投标人应当提交的资格、资信证明文件；

（4）为落实政府采购政策，采购标的需满足的要求，以及投标人须提供的证明材料；

（5）投标文件编制要求、投标报价要求和投标保证金交纳、退还方式以及不予退还投标保证金的情形；

（6）采购项目预算金额，设定最高限价的，还应当公开最高限价；

（7）采购项目的技术规格、数量、服务标准、验收等要求，包括附件、图纸等；

（8）拟签订的合同文本；

（9）货物、服务提供的时间、地点、方式；

（10）采购资金的支付方式、时间、条件；

（11）评标方法、评标标准和投标无效情形；

（12）投标有效期；

（13）投标截止时间、开标时间及地点；

（14）采购代理机构代理费用的收取标准和方式；

（15）投标人信用信息查询渠道及截止时点、信用信息查询记录和证据留存的具体方式、信用信息的使用规则等；

（16）省级以上财政部门规定的其他事项。

对于不允许偏离的实质性要求和条件，采购人或者采购代理机构应当在招标文件中规定，并以醒目的方式标明。

2. 供应商资格规定。在上述招标文件主要内容中，供应商的资格条件是招标文件中需要高度重视并依法确定的内容，除依据《政府采购法》第二十二条和《政府采购法实施条例》第十七条的规定外，《政府采购法实施条例》第二十条规定，采购人或者采购代理机构有下列情形之一的，属于以不合理的条件对供应商实行差别待遇或者歧视待遇。

（1）就同一采购项目向供应商提供有差别的项目信息；

（2）设定的资格、技术、商务条件与采购项目的具体特点和实际需要不相适应或者与合同履行无关；

（3）采购需求中的技术、服务等要求指向特定供应商、特定产品；

（4）以特定行政区域或者特定行业的业绩、奖项作为加分条件或者中标、成交条件；

（5）对供应商采取不同的资格审查或者评审标准；

（6）限定或者指定特定的专利、商标、品牌或者供应商；

（7）非法限定供应商的所有制形式、组织形式或者所在地；

（8）以其他不合理条件限制或者排斥潜在供应商。

3. 科学编制采购需求。为落实《深化政府采购制度改革方案》，加强政府采购需求管理的有关要求，实现政府采购项目绩效目标，根据《政府采购法》和《政府采购法实施条例》等有关法律法规，财政部制定了《采购需求管理办法》。政府采购货物、工程和服务项目的需求管理适用本办法。

（1）主体责任。所谓政府采购需求管理，是指采购人组织确定采购需求和编制采购实施计划，并实施相关风险控制管理的活动。采购需求管理应当遵循科学合理、厉行节约、规范高效、权责清晰的原则。采购人对采购需求管理负有主体责任，按照《采购需求管理办法》的规定开展采购需求管理各项工作，对采购需求和采购实施计划的合法性、合规性、合理性负责。主管预算单位负责指导本部门采购需求管理工作。

（2）采购需求内容。采购需求，是指采购人为实现项目目标，拟采购的标的及其需要满足的技术、商务要求。技术要求是指对采购标的的功能和质量要求，包括性能、材料、结构、外观、安全，或者服务内容和标准等。商务要求是指取得采购标的的时间、地点、财务和服务要求，包括交付（实施）的时间（期限）和地点（范围），付款条件（进度和方式），包装和运输，售后服务，保险等。采购需求应当符合法律法规、政府采购政策和国家有关规定，符合国家强制性标准，遵循预算、资产和财务等相关管理制度规定，符合采购项目特点和实际需要。采购需求应当依据部门预算（工程项目概预算）确定。

确定采购需求应当明确实现项目目标的所有技术、商务要求，功能和质量指标的设置要充分考虑可能影响供应商报价和项目实施风险的因素。

想一想：

采购需求能要求供应商提供产品样品吗？

（3）采购需求示范标准。为助力打好污染防治攻坚战，推广使用绿色包装，财政部先行统一印发了《商品包装政府采购需求标准（试行）》《快递包装政府采购需求标准（试行）》（财办库〔2020〕123 号）的通知（以下统称《包装需求标准》），并且提出了明确要求。一是政府采购货物、工程和服务项目中涉及商品包装和快递包装的，要参考包装需求标准，在采购文件中明确政府采购供应商提供产品及相关快递服务的具体包装要求。二是采购文件对商品包装和快递包装提出具体要求的，政府采购合同应当载明对政府采购供应商提供产品及相关快递服务的具体包装要求和履约验收相关条款，必要时要求中标、成交供应商在履约验收环节出具检测报告。三是政府框架协议采购项目和电子卖场也要积极推广应用包装需求标准，对商品包装和快递包装符合包装需求标准的产品加挂标识，引导采购人优先选择。

商品包装政府采购需求标准（试行）如下：

一、适用范围

本标准规定了商品使用的塑料、纸质、木质等包装材料的环保要求。

二、商品包装环保要求

1. 商品包装层数不得超过 3 层，空隙率不大于 40%；

2. 商品包装尽可能使用单一材质的包装材料，如因功能需求必须使用不同材质，不同材质间应便于分离；

3. 商品包装中铅、汞、镉、六价铬的总含量应不大于 100mg/kg；

4. 商品包装印刷使用的油墨中挥发性有机化合物（VOCs）含量应不大于 5%（以重量计）；

5. 塑料材质商品包装上呈现的印刷颜色不得超过 6 色；

6. 纸质商品包装应使用 75% 以上的可再生纤维原料生产；

7. 木质商品包装的原料应来源于可持续性森林。

三、检测方法

1. 商品包装中重金属（铅、汞、镉、六价铬）总量的检测按照 GB/T 10004－2008《包装用塑料复合膜、袋干法复合、挤出复合》规定的方法进行。

2. 商品包装印刷使用的油墨中挥发性有机化合物（VOCs）的检测按照 GB/T 23986－2009《色漆和清漆　挥发性有机化合物（VOC）含量的测定　气相色谱法》规定的方法进行。

快递包装政府采购需求标准（试行）如下：

一、适用范围

本标准中的快递包装主要指快递封装材料，包括封套、胶带、面单、包装袋/箱、填充物、集装袋、周转箱等。

二、快递包装环保要求

1. 快递包装中重金属（铅、汞、镉、六价铬）总量应不大于 100mg/kg；

2. 快递包装印刷使用的油墨中不应添加邻苯二甲酸酯，其挥发性有机化合物（VOCs）含量应不大于 5%（以重量计）；

3. 快递包装中使用纸基材的包装材料，纸基材中的有机氯的含量应不大于 150mg/kg

4. 快递包装中使用塑料基材的包装材料不得使用邻苯二甲酸二异壬酯、邻苯二甲酸二正辛酯、邻苯二甲酸二（2－乙基）己酯、邻苯二甲酸二异癸酯、邻苯二甲酸丁基苄基酯、邻苯二甲酸二丁酯等作为增塑剂；

5. 快递中使用的塑料包装袋不得使用聚氯乙烯作为原料，且原料应为单一材质制成，生物分解率大于 60%；

6. 快递中使用的充气类填充物不得使用聚氯乙烯作为原料，且原料为单一材质制成，生物分解率大于 60%；

7. 快递中使用的集装袋应为单一材质制成，其重复使用次数应不小于 80 次；

8. 快递中应使用幅宽不大于 45mm 的生物降解胶带；

9. 快递包装中不得使用溶剂型胶粘剂；

10. 快递应使用电子面单；

11. 直接使用商品包装作为快递包装的商品，其商品包装满足《商品包装政府采购需求标准（试行）》即可；

12. 快递包装产品质量和封装方式应符合相关国家或行业标准技术指标要求。

三、检测方法

1. 快递包装中重金属（铅、汞、镉、六价铬）总量的检测按照 GB/T10004 - 2008《包装用塑料复合膜、袋干法复合、挤出复合》规定的方法进行。

2. 快递包装印刷使用的油墨中挥发性有机化合物（VOCs）的检测按照 GB/T 23986 - 2009《色漆和清漆　挥发性有机化合物（VOC）含量的测定　气相色谱法》规定的方法进行。

3. 快递包装所使用的盟料包装的生“物降解率的检测按照 GB/T20197 - 2006《降解塑料的定义、分类、标识和降解性能要》规定的方法进行。

4. 快递包装使用纸基材的包装材料中有机氯的检测按照 GB/T22904 - 2008《纸浆、纸和纸板总氯和有机氯的检定》规定的方法进行。

5. 快递包装中使用的生物降解胶带的生物降解率的检测按照 GB/T19277. 1 - 2011《受控堆肥条件下材料最终需氧生物分解能力的测定　采用测定释放的二氧化碳的方法　第 1 部分：通用方法》规定的方法进行。

（4）确定采购需求。一是规范准确。采购需求应当清楚明了、表述规范、含义准确。技术要求和商务要求应当客观，量化指标应当明确相应等次，有连续区间的按照区间划分等次。二是客观量化。需由供应商提供设计方案、解决方案或者组织方案的采购项目，应当说明采购标的的功能、应用场景、目标等基本要求，并尽可能明确其中的客观、量化指标。三是标准明确。采购需求可以直接引用相关国家标准、行业标准、地方标准等标准、规范，也可以根据项目目标提出更高的技术要求。

（5）开展需求调查。采购人可以在确定采购需求前，通过咨询、论证、问卷调查等方式开展需求调查，了解相关产业发展、市场供给、同类采购项目历史成交信息，可能涉及的运行维护、升级更新、备品备件、耗材等后续采购，以及其他相关情况。面向市场主体开展需求调查时，选择的调查对象一般不少于 3 个，并应当具有代表性。对于下列采购项目，应当开展需求调查：

讨论一下：

业绩条件能作为供应商投标资格条件吗？

①1000 万元以上的货物、服务采购项目，3000 万元以上的工程采购项目；

②涉及公共利益、社会关注度较高的采购项目，包括政府向社会公众提供的公共服务项目等；

③技术复杂、专业性较强的项目，包括需定制开发的信息化建设项目、采购进口产品

的项目等；

④主管预算单位或者采购人认为需要开展需求调查的其他采购项目。

编制采购需求前一年内，采购人已就相关采购标的开展过需求调查的可以不再重复开展。按照法律法规的规定，对采购项目开展可行性研究等前期工作，已包含《采购需求管理办法》规定的需求调查内容的，可以不再重复调查；对在可行性研究等前期工作中未涉及的部分，应当按照《采购需求管理办法》的规定开展需求调查。

（三）资格预审文件内容

按照财政部令第 87 号第二十一条规定，采购人或者采购代理机构应当根据采购项目的特点和采购需求编制资格预审文件。资格预审文件应当包括以下主要内容。

1. 资格预审邀请；
2. 申请人须知；
3. 申请人的资格要求；
4. 资格审核标准和方法；
5. 申请人应当提供的资格预审申请文件的内容和格式；
6. 提交资格预审申请文件的方式、截止时间、地点及资格审核日期；
7. 申请人信用信息查询渠道及截止时点、信用信息查询记录和证据留存的具体方式、信用信息的使用规则等内容；
8. 省级以上财政部门规定的其他事项。

资格预审文件应当免费提供。

（四）编制程序

1. 组织编写人员。一般的招标采购项目，采购代理机构的工作人员可以按照以往的案例进行招标文件的编制工作。但遇到一些比较复杂的新项目时，在组织编写人员时还应聘请有关的技术专家和行业主管部门的人员进行审查论证。

2. 研究委托要求。内容包括项目背景、技术要求和商务要求以及财政主管部门的采购批准标准。

3. 了解与招标项目有关的国家法律、法规的要求。

4. 向招标项目行业主管部门了解行业管理要求，同时进行市场调查。

5. 与委托方共同确定对投标人的资格、技术及商务要求。对投标人资格的确定是招标工作中的一个重要环节。因为通过限定投标人资格，可以从侧面影响到招标的公正和公平性。所以，在与委托方讨论这个问题时，应先了解项目的基本规模和难度，并结合行业管理的政策，制定出一个合适的标准。这个标准不能太严，不然会导致由于参加投标人不足而出现招标无效的情况；也不能太松，否则会因为投标人水平不高，出现不公平竞争，从而影响招标质量。

> **思考一下：**
> 个人所得税扣缴凭证能否作为投标依法纳税凭证？

6. 制定评比内容、评标方法和定标原则。

7. 制作招标文件。

（五）招标文件的确认

招标文件制作完成以后，采购代理机构应向委托方全面介绍招标文件内容，如双方意见不一致，应共同协商取得共识之后，采购代理机构将最终的招标文件交由委托方确认，委托方确认方式应为委托方代表签字并加盖公章。委托方采购文件确认函格式如下。

关于××省××局××项目谈判文件的确认函

××招标采购有限公司：

你公司报来关于我单位《××省××局××项目》的谈判文件已收悉。经审核，同意所写全文内容。请你公司将正式谈判文件按照国家法律法规和规章制度等有关规定的程序进行发售，同时送正式谈判文件到我单位备案。如遇问题，请及时与我们联系。

联系人：×××

联系电话：×××

（采购单位××盖章）

二〇二二年××月××日

（六）招标文件的修改

在招标文件修改时，一般应注意以下几个原则问题。

1. 获得采购人的确认。由于招标文件的修改文件是招标文件的组成部分，所以其修改内容必须获得委托方的确认才成立。

2. 在法定时间内进行修改。招标采购单位对已发出的招标文件进行必要澄清或者修改的，应当在招标文件要求提交投标文件截止时间十五日前，在财政部门指定的政府采购信息发布媒体上发布更正公告，并以书面形式通知所有招标文件收受人。该澄清或者修改的内容为招标文件的组成部分。

3. 及时通知投标人，必须在法定时间内向所有投标人发出招标文件修改文件，不得有针对性或排他性。

4. 符合有关要求。招标文件的修改文件内容也应遵循对招标文件的各项要求，否则其合法性也将受到质疑。

政府采购招标文件更正公告格式如下。

×××单位土壤源热泵空调系统成套设备采购及安装项目更正公告

××省×××招标采购有限公司受×××单位委托，就其土壤源热泵空调系统成套设备采购及安装项目进行公开招标采购，现对相关内容更改如下：

一、原招标公告相关信息

原招标项目名称：×××新校区土壤源热泵空调系统成套设备采购及安装项目

原招标项目编号：×××招标采购〔2022〕50号（总第×××号）

首次公告日期：××××年××月××日

公告媒体：×××招标网、×××省政府采购网

二、更正信息

原公告第四项报名信息4.3报名时提交的资料现变更为：工商营业执照、法定代表人授权委托书、被授权人的身份证、制造商出具的专项授权书、企业资质证书、企业安全生产许可证、项目经理的建造师证书、安全生产考核合格证书、2017年以来投标人及拟派项目经理承担地源热泵空调项目的业绩（提供相应的合同、用户联系方式及用户反馈意见）。

三、本次招标联系事项

招标代理机构：×××招标采购有限公司

联 系 人：×××　×××

电　　话：××××－×××××××××　××××××××

传　　真：××××－×××××××××

地　　址：×××市×××路×××号

邮政编码：××××××

×××单位

×××招标采购有限公司

××××年××月××日

五、编制标底

（一）标底的意义

标底，也称“预定价格”，是指采购人对采购项目可接受的最高采购价格。标底是采购预算的具体化。一方面，采购人通过编制标底可以对招标项目的价格进行有效控制，对高于标底的投标有权予以拒绝；另一方面，通过编制标底采购人可以更具体了解市场情况，从而避免招标的盲目性。

（二）编制标底方法

标底的编制要以招标项目批准的预算为基本依据，也就是说采购人所编制的标底不得高于批准的预算，如果标底高于预算的，采购人必须按照法定程序变更预算后，方可委托招标。编制标底时，应当考虑合同数量、履行前景、履行期限、供给状况、合同条件及其他有关情况。在实践中，标底一般根据以下原则确定。

1. 正常交易时以市场价格作为编制标底的基本依据。市场价格一般以权威机构所统计的价格为准，同类产品如果有几种品牌且价格不同时，可选择居中的一种品牌的价格作为市场价格。

2. 依法管制价格以管制价格为标底。

3. 无法确定市场价格时，参照交易实例价格编制标底。

4. 因新开发品、特殊规格品等特殊物品以及劳务的特殊性，无市场价格和适当的交易实例价格时，可以用成本加利润的方法确定标底。

（三）编制标底程序

规范的标底编制程序是保证标底质量的重要条件。实践中，编制标底一般按下列程序进行。

1. 确定编制标底人员。编制标底一般由2—3名工作人员进行，参与标底编制的人员应当熟悉采购业务，客观公正，有较强的责任心。

2. 进行市场调查。无论采购项目的情况如何，编制标底都必须进行必要的市场调查，这是编制标底的必经程序。

3. 编制和确定标底。标底必须确定采购项目总的价格。但对持续一定时间的制造、修理、加工、买卖、供给、使用等合同可以以单价作为标底。

4. 密封标底并送委托的采购代理机构保存。

六、招标公告或者投标邀请

（一）招标公告和投标邀请的方式及时间

招标公告是采购代理机构接受采购人的委托后向社会公开发布的招标信息，是公开招标的必经程序。公告的发布方式和时间直接关系到招标的成败。

公开招标应当按照政府采购监管机关规定的方式在其法定媒体上向社会公开发布招标公告。法定媒体包括报纸、杂志和网络。

投标邀请书是采购代理机构向特定的供应商发出的邀请其参加投标的法律文书。它主要适用于邀请招标方式。招标邀请书主要以信函的方式发出，实践中，也可以采用公告、电信、电报的方式。

招标公告和投标邀请都必须在法律规定的时间发出，以保证供应商有比较充裕的时间为参加投标作准备，如世界银行规定，国际性招标公告从刊登公告到投标截止之间的时间不得少于 45 天。工程项目一般为 60—90 天，大型工程或复杂设备为 90 天，特殊情况可延长为 180 天。我国政府采购法规定，等标期不得少于 20 天。财政部令第 87 号第十六条规定，招标公告、资格预审公告的公告期限为 5 个工作日。

（二）招标公告和投标邀请书的内容

招标公告和投标邀请书属于要约邀请，是采购人希望供应商向自己发出要约的表示。因此，其内容应当简要地说明招标的有关情况，以引起供应商的投标兴趣。

> **想一想：**
>
> 确定政府采购货物与服务项目投标有效期多长时间比较恰当？

1. 招标公告。按照财政部令第 87 号第十三条规定，货物和服务的公开招标公告应当包括以下主要内容。

（1）采购人及其委托的采购代理机构的名称、地址和联系方法；

（2）采购项目的名称、预算金额，设定最高限价的，还应当公开最高限价；

（3）采购人的采购需求；

（4）投标人的资格要求；

（5）获取招标文件的时间期限、地点、方式及招标文件售价；

（6）公告期限；

（7）投标截止时间、开标时间及地点；

（8）采购项目联系人姓名和电话。

政府采购货物招投标公告范例格式如下。

××省××厅综合行政执法制式服装和标志采购项目－公开招标公告

项目概况：

××省××厅综合行政执法制式服装和标志采购项目招标项目的潜在投标人应在“××省公共资源交易中心网站”。获取招标文件，并于2022年××月××日09时00分（北京时间）前递交投标文件。

一、项目基本情况

1. 项目编号：××财招标采购－2022－555

2. 项目名称：××省××厅综合行政执法制式服装和标志采购项目

3. 采购方式：公开招标

4. 预算金额：44335431.20元。最高限价：44335431.20元

序号	包号	包名称	包预算（元）	包最高限价（元）
1	××政采（2）20220752－1	××省××厅综合行政执法制式服装和标志采购项目（包1）	9302616	
2	××政采（2）20220752－2	××省××厅综合行政执法制式服装和标志采购项目（包2）	7917120	
3	××政采（2）20220752－3	××省××厅综合行政执法制式服装和标志采购项目（包3）	7048436	
4	××政采（2）20220752－4	××省××厅综合行政执法制式服装和标志采购项目（包4）	6947272	
5	××政采（2）20220752－5	××省××厅综合行政执法制式服装和标志采购项目（包5）	3190599.2	
6	××政采（2）20220752－6	××省××厅综合行政执法制式服装和标志采购项目（包6）	9929388	

5. 采购需求（包括但不限于标的的名称、数量、简要技术需求或服务要求等）

5.1 本项目采购人××省××厅以统采分签方式为全省各级××部门采购执法服装和标志，即××省××厅通过公开招标确定中标人后，全省各级××部门再分别与中标人签订采购合同。上表中包预算金额为预计采购金额，具体采购数量和金额以××省××厅本级及有采购需求的各地市、县（区）交通运输局（本文中简称“实际采购人”）实际定制数量为准。

本项目每个包均包含××省××厅本级及有采购需求的各地市、县（区）××局的采购内容，全省约××人（男××，女××），该人数为预估数量，最终采购数量以各地实际采购人实际订购数量为准。各包每人配发内容及数量如下：

包1：冬执勤服×套；短款防寒服×件；

包2：春秋执勤服×套；

包3：常服（含上衣、裤子）×套；常服配套衬衣×件；领带×条；

包4：夏装制式衬衣（长袖）×件；夏装制式衬衣（短袖）×件；男士单裤×条；女士单裤、裙子共×条；

包5：大檐帽（男）×顶；卷檐帽（女）×顶；大檐凉帽（男）×顶；卷檐凉帽（女）×顶；布面栽绒防寒帽×顶；大帽徽（男）×枚、大帽徽（女）×枚、小帽徽（女）×枚；臂章×副；肩章（硬肩章、软肩章、套式肩章）各×副；胸徽（硬胸徽、软胸徽）各×枚；胸号（硬胸号、软胸号）各×枚；

包6：单皮鞋×双；皮凉鞋×双；棉皮鞋×双；腰带×条。

5.2 交付时间：

包1—包4：在接到实际采购人通知后45日内完成交货（含量体时间）。

包5：在接到实际采购人通知后45日内完成交货。

包6：在接到实际采购人通知后30日内完成交货。

5.3 交付地点：实际采购人指定地点，具体地点以合同约定为准。

5.4 本招标项目供应商可以同时参与包1—包5多个包投标，但至多只能中标一个包。评审按包号由小到大的顺序进行评审，每包推荐三名中标候选人，已被推荐为前一包第一中标候选人的，可正常参与后续包评审，但不具有被推荐为其他后续包第一中标候选人的资格；后续包中标候选人顺序按得分由高到低排序顺延。

6. 合同履行期限：二年

7. 本项目是否接受联合体投标：否

8. 是否接受进口产品：否

二、申请人资格要求

1. 满足《中华人民共和国政府采购法》第二十二条规定

2. 落实政府采购政策满足的资格要求：无

3. 本项目的特定资格要求

3.1 供应商应为核心投标产品的直接生产者（制造商）；

3.2 根据《关于在政府采购活动中查询及使用信用记录有关问题的通知》（财库〔2016〕125 号）和××财购〔××××〕××号的规定，对列入失信被执行人、税收违法黑名单、政府采购严重违法失信行为记录名单的供应商，拒绝参与本项目采购活动。（查询渠道："中国执行信息公开网"（http：//zxgk. court. gov. cn/shixin/）网站、"信用中国"网站（www. creditchina. gov. cn）、中国政府采购网（www. ccgp. gov. cn））；

3.3 单位负责人为同一人或者存在直接控股、管理关系的不同供应商，不得参加同一合同项下的政府采购活动。

三、获取招标文件

1. 时间：××××年××月××日至××××年××月××日，每天 00：00 23：59（北京时间，法定节假日除外。）

2. 地点："××省公共资源交易中心网站"。

3. 方式：凡有意参加投标者，登录××省公共资源交易中心网站，点击首页

【市场主体登录】按钮进入××省公共资源"智慧交易"系统－市场主体系统。在"市场主体系统"界面点击"免费注册"，进入市场主体注册界面，按网站要求完成信息注册，并办理 CA 数字证书，凭领取的 CA 数字证书并按网上提示自行下载招标文件及相关资料。（具体办理事宜请查询××省公共资源交易中心网站－公共服务－办事指南－《新交易平台使用手册（培训资料）》）

4. 售价：0 元

四、投标截止时间及地点

1. 时间：××××年××月××日××时××分（北京时间）

2. 地点：加密电子投标文件须在投标截止时间前通过"××省公共资源交易中心网址"系统指定位置上传。逾期上传的或者未上传指定地点的投标文件，采购人不予受理。

五、开标时间及地点

1. 时间：××××年××月××日××时××分（北京时间）

2. 地点：××省公共资源交易中心开标室。

六、发布公告的媒介及招标公告期限

本次招标公告在《××省政府采购网》《××省公共资源交易中心门户网站》

《中国政府采购网》上发布，招标公告期限为五个工作日。

七、其他补充事宜

1. 本项目须递交投标样品，样品递交事宜详见招标文件第五章采购需求。

2. 本项目落实相关政府采购政策。

3. 本项目采用“远程不见面”开标方式，供应商无须参加开标会议；供应商应当在投标截止时间前，登录××省公共资源交易中心远程开标大厅，在线准时参加开标活动并在规定时间内进行投标文件解密、答疑澄清（如有）等活动，在规定时间内投标文件未解密的供应商，视为放弃投标。不见面服务的具体事宜请查阅河南省公共资源交易中心网站。

八、凡对本次招标提出询问，请按照以下方式联系

1. 采购人信息

名称：××省××厅

地址：××省××市××区××南路×××号

联系人：××老师

联系方式：××××-××××××××

2. 采购代理机构信息（如有）

名称：××建设工程有限公司

地址：××市××区××街×号××大厦×座××××号/××省××市××路××号行署××广场××座××层

联系人：×××、×××

联系方式：××××-××××××××转××××/××××

3. 项目联系方式

项目联系人：×××、×××

联系方式：××××-××××××××转××××/××××

2. 邀请招标公告。财政部令第87号第十四条规定，采用邀请招标方式的，采购人或者采购代理机构应当通过以下方式产生符合资格条件的供应商名单，并从中随机抽取3家以上供应商向其发出投标邀请书。

（1）发布资格预审公告征集；

（2）从省级以上人民政府财政部门（以下简称财政部门）建立的供应商库中选取；

（3）采购人书面推荐。

采用上述第一项方式产生符合资格条件供应商名单的，采购人或者采购代理机构应当按照资格预审文件载明的标准和方法，对潜在投标人进行资格预审。

采用第二项或者第三项方式产生符合资格条件供应商名单的，备选的符合资格条件供应商总数不得少于拟随机抽取供应商总数的两倍。

随机抽取是指通过抽签等能够保证所有符合资格条件供应商机会均等的方式选定供应商。随机抽取供应商时，应当有不少于两名采购人工作人员在场监督，并形成书面记录，随采购文件一并存档。

投标邀请书应当同时向所有受邀请的供应商发出。

招标公告模板已在第四章讲述。

第三节 投标

一、索取招标文件

所谓投标，是投标人按照招标文件相关规定所开展的一系列活动。投标人，是指响应招标、参加投标竞争的法人、其他组织或者自然人。

招标文件是投标人编制投标文件的依据。因此，供应商如欲参加投标必须首先索取招标文件，了解招标的有关基本情况，详细研究招标文件的各项要求，以决定是否参加投标。

公开招标的，凡符合招标公告规定的资格要求的供应商均可向采购代理机构索取招标文件。索取招标文件时，供应商应当向采购代理机构出示证明其投标资格的有关文件。邀请招标的，获得邀请的供应商方可参加投标。被邀请的供应商拟参加投标的，可凭招标邀请书向采购代理机构索取招标文件。

实践中，无论是公开招标还是邀请招标一般都是由供应商派员亲自到采购代理机构索取招标文件。采购代理机构发售招标文件时要进行登记。售标登记时对每一家购标单位均应单独登记，并做好保密工作。特殊情况下，招标文件可采用有偿邮寄方式索取，也可代购，但均应按招标公告要求提供相关资料。邮购的招标文件应要求购标单位在收到招标文件后予以书面确认。

二、资格预审

（一）资格预审公告的内容

资格预审是采购代理机构在投标开始前对拟参加投标的供应商就其是否符合投标资格

所进行的审查。资格预审是保证招标活动顺利进行的重要手段。通过资格预审可以有效地提高招标工作质量，降低招标成本。

资格预审是招标的必经程序，资格预审由采购代理机构根据招标文件进行。实践中，资格预审有两种情况。一是一般性资格预审。即采购代理机构向社会公开发布公告，对希望参加政府采购招标的供应商进行集中全面的资格审查，凡经审查合格者在有效期内可以参加政府采购招标。这种资格预审相当于招一次资格标。二是特定的资格预审。即对拟参加特定项目投标的供应商是否符合本次投标资格进行的审查。这种资格预审与具体的招标活动相联系，一般在公告以后投标截止时间以前进行。本文所指的资格预审主要是指后者。

财政部令第 87 号第十五条规定，资格预审公告应当包括以下主要内容。

1. 本办法第十三条第一至四项、第六项和第八项内容；

2. 获取资格预审文件的时间期限、地点、方式；

3. 提交资格预审申请文件的截止时间、地点及资格预审日期。

特定的资格预审与具体的招标活动相联系，因项目的具体情况和要求不同，资格预审的重点也不尽相同，就一般情况而言，主要应当审查以下几方面的内容。

> **思考一下：**
>
> 资格预审与资格后审的区别？

1. 供应商名称、地址等是否真实。

2. 工商注册和登记的有关情况，是否依法成立。

3. 供应商的基本情况，包括法定代表人的姓名、员工人数、技术人员人数、经营业绩、经营规模等。

4. 供应商是否具有履行合同的能力，主要包括供应商的资信状况，为完成合同所必需的技术力量、生产设备和管理能力等。

5. 供应商是否有良好的商业信誉，是否有因违法行为而被禁止参加政府采购投标的情形。

6. 供应商的投标代表是否经合法授权、授权证明是否符合要求。

资格预审公告范例格式如下。

××省××总队机关项目预算造价咨询服务资格预审公告

项目概况

××省××总队机关项目预算造价咨询服务 招标项目的潜在资格预审申请人应在××高新开发区××大道××号××科技园××栋××室领取资格预审文件，并于××××年××月××日××点××分（北京时间）前提交申请文件。

一、项目基本情况

项目编号：DPZC－2022FM－008

项目名称：××省××总队机关项目预算造价咨询服务

采购方式：竞争性谈判

预算金额：30.00万元（人民币）

最高限价（如有）：30.00万元（人民币）

采购需求：

项目名称	简要技术要求	数量	采购预算（元）	最高限价（元）
××省××总队机关项目预算造价咨询服务	详见服务内容	1	300000.00	300000.00

（1）工程项目预算造价编制；

（2）信息化建设项目预算造价编制；

（3）服务项目预算造价编制；

（4）设备、装备等货物采购（含消防车辆、消防器材、工程机械、精密仪器、大型设备、办公设备、办公家具等）预算造价编制；

（5）其他项目相关预算造价编制。

合同履行期限：一年

本项目（不接受）联合体投标。

二、申请人的资格要求

1. 满足《中华人民共和国政府采购法》第二十二条规定；

2. 落实政府采购政策需满足的资格要求：本项目为专门面向中小企业采购项目，各供应商应按政府采购促进中小企业发展相关规定及采购文件的响应文件组成中的“《中小企业声明函》”格式填写并在响应文件及资格审查证明材料中提供《中小企业声明函》，否则视为无效响应。

3. 本项目的特定资格要求：供应商营业执照中必须包含工程造价咨询等相关服务范围。

三、领取资格预审文件

时间：××××年××月××日至××××年××月××日，每天上午9：00至12：00，下午14：00至17：00。（北京时间，法定节假日除外）

地点：××区××大道××号××园××栋××室

获取资格预审文件的方式：现场领取

四、资格预审申请文件的组成及格式

可详见附件

五、资格预审的审查标准及方法

资格审查

六、拟邀请参加投标的供应商数量

邀请全部通过资格预审供应商参加投标。

七、申请文件提交

应在××××年××月××日××点××分（北京时间）前，将申请文件提交至××区××大道××号××园××栋××室。

八、资格预审日期

资格预审日期为申请文件提交截止时间至××××年××月××日前

九、公告期限

自本公告发布之日起5个工作日。

十、其他补充事宜

无

十一、凡对本次资格预审提出询问，请按以下方式联系

1. 采购人信息

名 称：××省××总队

地址：××省××市××区××路××号××大厦

联系方式：××××－×××××××××

2. 采购代理机构信息

名 称：×××工程咨询有限公司

地 址：××区××大道××号××园××栋××室

联系方式：××××－×××××××××

3. 项目联系方式

项目联系人：××助理

电 话：××××－×××××××××

（二）资格预审程序

资格预审应当按规定的程序进行，以确保供应商参与投标的合法权益不受非法侵害，具体程序如下。

1. 采购代理机构编制资格预审文件，主要是资格预审申请表和预审须知，详细列明资格预审的主要内容和各项要求。

2. 供应商根据预审须知的要求填写资格预审申请表，并在规定的时间内向采购代理机构递交资格预审申请表和有关证明文件。

3. 采购代理机构审查资格预审申请表和有关证明文件是否真实，供应商是否符合招标文件规定的资格要求。

4. 采购代理机构根据审查结果向所有申请资格预审的供应商分别发出预审合格或者不合格通知。

资格预审的结果决定供应商是否有权参加投标。经预审合格的供应商方可参加投标，不合格者将丧失投标资格。供应商对资格预审有异议的，可以要求采购代理机构重新审查，对审查结果仍有异议的，可以向采购主管部门投诉。

三、澄清招标文件

招标文件是投标人投标的基础，其内容是否清楚、明确，会直接影响投标人投标的质量。为使投标人准确理解招标文件的有关内容，法律赋予投标人要求采购人对招标文件的有关内容进行澄清的权利。采购人或者采购代理机构可以在招标文件提供期限截止后，组织已获取招标文件的潜在投标人现场考察或者召开开标前答疑会。组织现场考察或者召开答疑会的，应当在招标文件中载明，或者在招标文件提供期限截止后以书面形式通知所有获取招标文件的潜在投标人。

（一）书面澄清

书面澄清是指采购人根据投标人的请求就招标文件的有关内容所做的书面解释，澄清招标文件应当注意以下几个方面的问题。

1. 投标人请求澄清招标文件必须采用书面形式，包括信件、传真、电报等。澄清请求必须具体且与招标文件有关。同时，有权要求澄请招标文件的，必须是已索取招标文件的供应商，否则，采购人可以拒绝答复。

> **想一想：**
>
> 采购文件澄清和询问的区别和联系？

2. 采购人澄清招标文件也必须采用书面形式。采购人澄清招标文件可以亲自进行，也可委托或者授权采购代理机构进行，但都得采用书面形式。之所以如此，是因为采购人对招标文件的任何澄清都将成为招标文件的组成部分并作为投标人编制投标文件的依据。

由采购代理机构代为澄清的，澄清文件必须经采购人确认。未经授权，采购代理机构擅自对招标文件进行澄清的，由此给采购人或者投标人造成的损失由采购代理机构承担。

3. 告知参加活动的供应商。澄清文件在发送给提出澄清要求的供应商的同时，还应发送给所有已索取招标文件的供应商，以保证投标人公平地获得招标信息，但应注意的是，发送给其他供应商的澄清文件不得说明问题来源。

4. 在规定时间内进行。采购人或者采购代理机构可以对已发出的招标文件、资格预审文件、投标邀请书进行必要的澄清或者修改，但不得改变采购标的和资格条件。澄清或者修改应当在原公告发布媒体上发布澄清公告。澄清或者修改的内容为招标文件、资格预审文件、投标邀请书的组成部分。澄清或者修改的内容可能影响投标文件编制的，采购人或者采购代理机构应当在投标截止时间至少 15 日前，以书面形式通知所有获取招标文件的潜在投标人；不足 15 日的，采购人或者采购代理机构应当顺延提交投标文件的截止时间。澄清或者修改的内容可能影响资格预审申请文件编制的，采购人或者采购代理机构应当在提交资格预审申请文件截止时间至少 3 日前，以书面形式通知所有获取资格预审文件的潜在投标人；不足 3 日的，采购人或者采购代理机构应当顺延提交资格预审申请文件的截止时间。

（二）标前会议

标前会议一般是大型、复杂的招标项目所采用的澄清招标文件的一种方式。其特点在于采购人可以面对面地向投标人解释招标文件的有关问题，从而直接迅速地解决投标人的疑问。

1. 会议组织。一般由采购代理机构具体组织。会议召开前，采购代理机构应当通知所有已索取招标文件的供应商。会议地点一般在采购代理机构所在地，特殊情况下也可在现场进行。

2. 会议程序。会议由采购代理机构主持，一般按下列程序进行。一是采购人介绍招标项目的情况和投标的有关要求，并详细地说明供应商比较关心的问题。经采购人授权该项工作也可由采购代理机构完成。二是供应商就招标文件的有关问题提问。提问仅限于招标文件本身。超出此范围的问题，采购人有权拒绝回答。三是采购人就供应商提出的问题做出回答。采购人回答提问可以一问一答，也可以待所有供应商提问完毕后逐一回答。采购人回答问题必须明确清楚，不得模棱两可、含糊其辞。

3. 会议记录。标前会议的情况应当由采购代理机构的工作人员做详细记录，并制作成会议文件发送给所有已索取招标文件的供应商，包括出席会议和未出席会议的供应商。会议记录与书面澄清文件一样，将作为招标文件的补充。会议记录一般应当证明以下事项：会议举行的时间、地点和出席会议的供应商及其代表，会议的主持人和采购人的代表，采购人介绍采购项目的情况，供应商代表提出的问题及采购人代表对问题的答复，记录人姓名等。会议记录应由主持人、采购人代表和记录人签名。根据会议记录制作的会议文件应经采购人确认并加盖采购人单位印章后方可发出。

四、投标准备

投标人要在激烈的竞争中取胜，关键在于其竞争实力，但也不可忽视投标前的准备工作。投标前的准备因招标项目的不同而有所不同，一般来说，主要有以下几个方面。

（一）成立投标小组

为了保证投标的质量，拟参加投标的供应商一般要成立专门负责该项工作的投标小组。投标小组由管理、技术、经营等方面的人员组成，其主要任务是收集资料、研究投标项目、制作投标文件等。

（二）研究招标文件

要参与竞争首先要全面准确地把握招标项目的有关情况，招标文件则是了解招标项目的基本材料。研究招标文件时应当重点把握以下几个方面的内容。

1. 招标项目的质量、数量和各项技术规格要求。
2. 交货、竣工或者提供服务的时间。
3. 采购代理机构对编制投标文件的要求。
4. 评标的标准和方法。
5. 合同条款。

> **讨论一下：**
> 标前会一定要举行吗？与开标会、评标会的区别是什么？

（三）收集和研究有关材料

要在投标竞争中取胜仅研究招标文件是不够的，还必须充分掌握与招标有关的其他方面的材料，主要包括以下内容。

1. 有关法律法规。主要有两个方面：一是有关政府采购的方式方法、程序和市场交易的法规，如政府采购法、合同法、招标投标法等；二是与招标采购项目直接有关的法规，如涉及工程项目的要了解房地产法、建筑法等，涉及物资的要了解物资管理等方面的法规，涉及服务项目的要了解服务管理等方面的法规。

2. 有关政策。政策是法律的具体化。投标前，供应商应当重点了解的是政府采购政策，包括政府采购计划、采购标准、市场准入等方面的内容，同时，应当了解与采购项目有关的产业政策等。

3. 其他有关资料。主要是招标项目所在地的政治、经济、文化和自然环境等方面的资料。

（四）进行市场调查

招标活动是在开放的市场中进行的。通过市场调查既可以掌握市场的竞争状况，又可以正确地判断自已的竞争实力，从而确定恰当的投标策略。市场调查的内容主要有：一是市场价格；二是市场供需状况；三是竞争对手的情况。

（五）合理确定投标价格

合理确定投标价格是能否在投标竞争中取胜的关键。投标报价从内容上看，主要是由两部分组成，即成本和利润。因此，供应商在确定投标价格时．应当分两步进行。

1. 认真核算成本。包括直接成本、间接成本和不可预见成本。核算成本的基本要求是：一要完整全面；二要客观准确。

2. 合理确定利润。一般说来，以下两种因素是供应商在确定利润时应当予以考虑的：一是投标的目标；二是竞争的激烈程度。

五、编制投标文件

采购代理机构对编制投标文件有严格的规定，投标文件是具有法律效力的文件，是评委会进行评标时的主要依据来源。因此，编制投标文件是投标工作的核心部分，投标文件编制得好坏，将直接关系到投标的成败。

（一）投标文件内容

投标文件是根据招标文件的要求编写的，其主要内容在招标文件中都会有明确的规定。供应商提交的投标文件必须满足招标文件的规定和要求。以货物和服务投标文件为例，主要包括以下内容。

> **想一想：**
> 投标文件的商务标主要包括哪些内容？

1. 法人代表授权书。包括规定格式、法人和代理人签字和公司盖章等。

2. 投标书。其内容主要是供应商阐述对招标文件的确认，对所提供的投标文件的内容及其责任的承担以及投标文件有效期的确认等。

3. 开标一览表。开标一览表是招标方在开标仪式上公开公布的重要内容之一，其内容主要包括投标对象的内容、数量、价格、完工期等。

4. 投标分项价格表。其内容是对开标一览表中投标价格的具体叙述。一般投标价格中应包括三大主要部分：设备（或服务）价格（含各种税款）、安装及运输费用、人员培训和售后服务费用。

5. 货物简要说明一览表。其内容是对所投设备（或服务）的各种性能指标做准确描述。根据招标项目的不同，其具体内容要求有较大的差异。

6. 投标资格证明文件。应当提交的资格、资信证明文件；为落实政府采购政策，采购标的需满足的要求，须提供的证明材料；其内容与投标资格预审时要求相同，所提供的文件必须是经供应商法定代表人或授权人签署，并加盖公章的原件及其复印件。

7. 投标货物符合招标文件所规定的证明文件。其内容包括国家有关部门批准生产和产品合格的证明文件，或由有关部门提供该种产品具备合法在国内销售的证明文件。

8. 符合政府采购规定要求的中小企业、监狱企业等资质书面声明函。

9. 拟签订的合同文本。

10. 反商业贿赂承诺书。供应商要承诺在政府采购活动中不采取不正当手段谋取非法利益。

11. 招标方认为投标方需要说明的其他内容。包括：(1) 法人授权书，必须具备下列条件：供应商法定代表人签字或者盖章、被授权代表签字或者盖章、单位公章；(2) 商务和技术偏差表，必须按规定内容详细填列；(3) 经过审计的供应商财务报表（四表一附注）；(4) 公司经营业绩，包括时间、同类采购对象、数额、份数、业绩所在的地区和系统、原件验证、用户评价等要求；(5) 售后服务计划书，要求按规定的内容进行全面响应，包括售后服务费用价格的具体分析、人员、地点、时间、方式等做出具体安排，有时要求供应商和制造商都要出具响应；(6) 反商业贿赂承诺书，必须按规定格式填列、签字和盖章；(7) 投标有效期，要求必须响应，1 天都不能少；(8) 付款条件，一般要求必须响应。(9) 质保期和交货期，一般情况下要求必须响应，有时作为加减分条款等。(10) 其他有关资料。

（二）投标文件修改

投标文件是法律性文件，所以在编制投标文件时，投标方应本着严肃、负责的态度，尽可能减少人为错误，特别是实质性的错误，如不签字盖章、不提供原件、漏报项目、报错价等。法律对投标文件的修改有着非常严格的规定，在投标截止时间之前，投标单位可对投标文件进行修改，其修改文件作为投标文件的有机组成部分。

六、投标

严格来说，投标是由编制投标文件等一系列活动构成的，这里所说的投标仅指供应商编制投标文件后递交投标文件的行为。

投标文件就其法律性质来说，是供应商向采购人发出的要约。因此，投标文件的各项内容（各个相对独立的文件）都应当加盖单位印章并由其法定代表人或者其授权的代理人签署。

递交的投标文件应当密封并应在投标截止时间以前投送到招标文件指定的地点。在实践中，传统的递交投标文件主要有两种方式。一是由供应商派专人送交；二是通过邮递的方式送交。其中，第一种方式应用最为普遍。在公共资源交易中心平台建立以后，一般做法是按照平台招投标相关规定网上提交标书，即网上投标。

第四节　开标和评标

一、开标

（一）开标含义及任务

开标是指投标截止后采购代理机构按照一定程序启封所有在投标截止时间以前密封送达的投标文件，并公开各投标人投标报价的招标阶段。这是一个独立的招投标阶段，具有承前启后的作用。开标的主要任务是公开公布投标报价一览表的主要内容，增强招标的透明度。

（二）开标时间和参加人员

> **思考一下：**
> 评审专家为什么不能参加开标会？

开标应当按招标文件规定的时间、地点和程序，由采购代理机构以公开方式、在公证机关的监督下进行。开标时间一般也是投标截止时间，这样做主要是为了保障投标人的合法权益，避免因招标时间过长使投标人与采购人之间的关系长期处于不确定状态，从而影响投标人的生产经营活动。投标时间截止后立即开标，其优越性在于可以使整个招标活动更加紧凑，有利于招标活动的迅速进行。同时，也为投标人参加开标活动提供了方便，避免投标人因投标和开标反复奔波，节省投标人的时间，同时也可以避免产生不必要的疏漏。

在有些特殊情况下，可以暂缓或推迟开标时间，如招标文件发售后对原招标文件做了变更和补充；开标前，发现有足以影响采购公正性的违法或不正当行为；采购单位接到质疑或诉讼；出现突发事故；变更或取消采购计划等。

开标时，招标人应通知采购人和投标人代表以及采购监管部门、审计部门等参加。采购人评委代表和其他评审专家不能参加开标会议。经通知后，采购人或投标人未派代表参加开标，或者有关部门未派工作人员到场的，视同认可开标结果，并不影响开标的进行。

（三）开标程序

开标活动由采购代理机构主持。采购代理机构应当指定一名工作人员为开标主持人，主持开标活动，并指定监标、唱标和记录的工作人员。开标会议一般分两个阶段进行。第一阶段为会前准备阶段，第二阶段为开标会议议程。

第一阶段，会前准备阶段的任务包括：

1. 投标截止时间前 5 分钟，通知未送达标书的投标人送达投标书。

2. 工作人员对所送达的投标书、投标人进行验证登记、签收。

3. 组织所有到会人员签到。

第二阶段，开标会议议程包括：

1. 宣布开标会议纪律。

2. 公布在投标截止时间前投标文件的递交情况。

3. 介绍到会单位及人员。

4. 招标人或监督部门代表讲话。

5. 由投标人代表检查标书密封情况，并宣布检查结果。一般是由各投标单位或投标单位代表按顺序在现场检查投标文件的密封情况，有公证机关派员出席的场合，由公证人员现场检查投标文件的密封状况，宣布密封状况验证结论。

6. 按照投标人签到的逆顺序开标唱标。

7. 唱标时公布投标人名称、标段名称、投标报价、并记录在案。由负责唱标的工作人员按投标签到逆顺序，逐个开启投标报价一览表，并宣读每个投标人投标报价一览表的有关内容。在唱标的同时，记录员应在唱标记录表上逐一登录唱标的内容。

8. 投标人代表、招标人代表、监标人、记录人等有关人员在开标记录上签字确认。该记录表作为原始件存档。

9. 开标会到此结束，转入评标程序，请投标人等候验证。

开标的全过程应当由记录人员详细记录，并由开标主持人、记录人、监标人、唱标人以及其他出席开标的有关人员签名，以备查询。

开标会议程序范例格式如下。

××省××卷烟厂市场宣传促销物资（货物类）采购项目开标会议

大家好，受××卷烟厂的委托，由××招标有限公司主持今天的开评标会议。××××年××月××日上午9：00整，主持人宣布××卷烟厂市场宣传促销物资（货物类）采购项目开标会议”正式开始。

1. 宣布开标纪律。

（1）到会人员应自觉维护会场秩序，遵守会务人员安排。

（2）所有与会人员的通信工具暂停使用。

（3）非工作原因，不得来回走动。

（4）投标人如有异议，可向招标人和监督部门书面陈述，不得高声喧哗，妨碍正常开标。

2. 公布在投标截止时间前投标文件的递交情况。

3. 介绍到会单位及人员。

招标人：××卷烟厂

监督部门：××局委办

4. 招标人或监督部门代表讲话。

5. 由投标人代表检查标书密封情况，并宣布检查结果。

6. 按照投标人签到的逆顺序开标唱标。

7. 唱标时公布投标人名称、标段名称、投标报价、并记录在案。

8. 投标人代表、招标人代表、监标人、记录人等有关人员在开标记录上签字确认。

9. 开标会到此结束，转入评标程序，请投标人等候验证。

招标人：××卷烟厂

招标代理：××招标有限公司

××××年××月××日

（四）开标应注意问题

> 讨论一下：
> 竞争性谈判采购方式能改为其他采购方式吗？

1. 开标时，投标文件中开标一览表（报价表）内容与投标文件中明细表内容不一致的，以开标一览表（报价表）为准。投标文件的大写金额和小写金额不一致的，以大写金额为准；总价金额与按单价汇总金额不一致的，以单价金额计算结果为准；单价金额小数点有明显错位的，应以总价为准，并修改单价；对不同文字文本投标文件的解释发生异议的，以中文文本为准。

2. 投标截止时间结束后参加投标的供应商不足三家的，除采购任务取消情形外，招标采购单位应当报告设区的市、自治州以上人民政府财政部门，由财政部门按照以下原则处理：一是招标文件没有不合理条款、招标公告时间及程序符合规定的，同意采取竞争性谈判、询价或者单一来源方式采购；二是招标文件存在不合理条款的，招标公告时间及程序不符合规定的，应予废标，并责成招标采购单位依法重新招标。

二、评标机构

评标委员会是评标的权威机构，其工作公正与否将直接导致招标的成败。所以，法律对评标委员会的组成和工作程序都有严格的规定。其中，评委会的组成必须执行下列有关规定。

一是结构合理。财政部令第 87 号第四十七条规定，评标委员会由采购人代表和评审专家组成，成员人数应当为 5 人以上单数，其中评审专家不得少于成员总数的三分之二。采购项目符合下列情形之一的，评标委员会成员人数应当为 7 人以上单数：采购预算金额在 1000 万元以上、技术复杂和社会影响较大的项目。

二是专家回避。招标采购单位就招标文件征询过意见的专家，不得再作为评标专家参加评标。同时，评审专家存在下列情况的也应当主动回避：参加采购活动前 3 年内与供应商存在劳动关系；参加采购活动前 3 年内担任供应商的董事、监事；参加采购活动前 3 年内是供应商的控股股东或者实际控制人；与供应商的法定代表人或者负责人有夫妻、直系血亲、三代以内旁系血亲或者近姻亲关系；与供应商有其他可能影响政府采购活动公平、公正进行的关系。

三是身份定位。采购人代表一般不得以专家身份参与本部门或者本单位采购项目的评标。

四是禁止行为。采购代理机构工作人员不得参加由本机构代理的政府采购项目的评标。

五是保密抽取。评标委员会成员名单原则上应在开标前确定，在评标结果公告前应当保密。

六是评委条件。评标专家应当熟悉政府采购、招标投标的相关政策法规，熟悉市场行情；有良好的职业道德，遵守招标纪律；从事相关领域工作满 8 年并具有高级职称或者具有同等专业水平；不满 70 周岁，身体健康，能够承担评审工作。

七是动态管理。各级人民政府财政部门应当对专家实行动态管理，表彰先进，淘汰不合格人员。

八是随机抽取。县级以上招标采购单位应当从同级或上一级财政部门设立的政府采购评审专家库中，通过随机方式抽取评标专家。

九是自行选定。财政部令第 87 号第四十八条规定，对技术复杂、专业性强的采购项目，通过随机方式难以确定合适评审专家的，经主管预算单位同意，采购人可以自行选定相应专业领域的评审专家，包括单位本身的专家。

三、评委会工作规则

评标委员会工作必须本着公平、公正的原则，按照法定程序进行评标，维护采购人和投标人双方的合法权益。

（一）评审专家职责

评标工作由采购代理机构负责组织，具体评标事务由招标采购单位依法组建的评标委员会负责，并独立履行下列职责：

1. 审查投标文件是否符合招标文件要求，并作出评价；

2. 要求投标供应商对投标文件有关事项作出解释或者澄清；

3. 推荐中标候选供应商名单，或者受采购人委托按照事先确定的办法直接确定中标供应商；

4. 向招标采购单位或者有关部门报告非法干预评标工作的行为。

财政部令第 87 号第六十二条规定，评标委员会及其成员不得有下列行为：

1. 确定参与评标至评标结束前私自接触投标人；

2. 接受投标人提出的与投标文件不一致的澄清或者说明，本办法第五十一条规定的情形除外；

3. 违反评标纪律发表倾向性意见或者征询采购人的倾向性意见；

4. 对需要专业判断的主观评审因素协商评分；

5. 在评标过程中擅离职守，影响评标程序正常进行的；

6. 记录、复制或者带走任何评标资料；

7. 其他不遵守评标纪律的行为。

评标委员会成员有前款第一至五项行为之一的，其评审意见无效，并不得获取评审劳务报酬和报销异地评审差旅费。

> **想一想：**
> 是不是所有采购活动都必须进入公共资源交易中心进行？

（二）评标原则

1. 评标工作应遵循公平、公正、保密的原则。

2. 对所有投标方的投标评估，都采用相同的程序和标准。

3. 招标文件和现场考察资料是评标的依据，评标要严格按照招标文件的要求和条件进行。

4. 评标结果应最大限度地满足招标文件的要求。

（三）评标预备会

为保证评标工作的质量，对于一些采购金额较大且评标工作较复杂的采购项目召开评标预备会。一般安排在开标仪式之后、评标之前进行，由采购代理机构主持，评标委员会成员、采购人代表及全体评标工作人员参加。

会议的内容主要有：一是宣布评委成员名单、评委工作纪律；二是采购单位介绍采购项目背景情况和采购预期目标；三是采购代理机构介绍评标工作安排、分工、程序等；四是采购代理机构介绍招标文件中规定的评标方法等与评标有关的需要引起评委高度重视的重点问题和内容。

（四）评标方法

财政部令第 87 号第五十三条规定，评标方法分为最低评标价法和综合评分法两种。

1. 最低评标价法。最低评标价法（又称最低评审价法）是指投标文件满足招标文件全部实质性要求，且评标价最低的投标人为中标候选人的评标方法。即在全部满足招标文件实质性要求前提下，依据统一标准评定最低评标价，以最低评标价的投标人作为中标候选供应商或者中标供应商的评标方法。技术、服务等标准统一的货物服务项目，应当采用最低评标价法。采用最低评标价法评标时，除了算术修正和落实政府采购政策需进行的价格扣除外，不能对投标人的投标价格进行任何调整。

应当注意的是，最低评标价不是最低报价。在采用此方法时，如认为最低标的总价或部分标价偏低，明显不合理，有降低质量、不能诚信履约的可能，应通知供应商限期进行解释。如供应商未在规定的时间内进行解释，或所作的解释不合理，则该供应商不能作为候选中标供应商，并以第二个最低标供应商为准。如第二个供应商有上述情形，则以此类推。

财政部令第 87 号第三十一条规定：采用最低评标价法的采购项目，提供相同品牌产品的不同投标人参加同一合同项下投标的，以其中通过资格审查、符合性审查且报价最低的参加评标；报价相同的，由采购人或者采购人委托评标委员会按照招标文件规定的方式确定一个参加评标的投标人，招标文件未规定的采取随机抽取方式确定，其他投标无效。

2. 综合评分法。综合评分法是指投标文件满足招标文件全部实质性要求，且按照评审因素的量化指标评审得分最高的投标人为中标候选人的评标方法。评审因素的设定应当与投标人所提供货物服务的质量相关，包括投标报价、技术或者服务水平、履约能力、售后服务等。资格条件不得作为评审因素。评审因素应当在招标文件中规定。评审因素应当细化和量化，且与相应的商务条件和采购需求对应。商务条件和采购需求指标有区间规定的，评审因素应当量化到相应区间，并设置各区间对应的不同分值。

评标时，评标委员会各成员应当独立对每个有效投标人的标书进行评价、打分，然后汇总每个投标人每项评分因素的得分。货物项目的价格分值占总分值的比重不得低于 30%；服务项目的价格分值占总分值的比重不得低于 10%。执行国家统一定价标准和采用固定价格采购的项目，其价格不列为评审因素。

价格分应当采用低价优先法计算，即满足招标文件要求且投标价格最低的投标报价为评标基准价，其价格分为满分。其他投标人的价格分统一按照下列公式计算：

$$\text{投标报价得分} = (\text{评标基准价} \div \text{投标报价}) \times 100$$

$$\text{评标总得分} = F_1 \times A_1 + F_2 \times A_2 + \cdots + F_n \times A_n$$

F_1，F_2，…，F_n 分别为各项评审因素的得分；

A_1，A_2，…，A_n 分别为各项评审因素所占的权重（$A_1 + A_2 + \cdots + A_n = 1$）。

评标过程中，不得去掉报价中的最高报价和最低报价。

因落实政府采购政策进行价格调整的，以调整后的价格计算评标基准价和投标报价。

财政部令第 87 号第三十一条规定，使用综合评分法的采购项目，提供相同品牌产品且通过资格审查、符合性审查的不同投标人参加同一合同项下投标的，按一家投标人计算，评审后得分最高的同品牌投标人获得中标人推荐资格；评审得分相同的，由采购人或者采购人委托评标委员会按照招标文件规定的方式确定一个投标人获得中标人推荐资

> **思考一下：**
>
> 非单一产品采购项目如何确定相同投标品牌供应商家数？

格，招标文件未规定的采取随机抽取方式确定，其他同品牌投标人不作为中标候选人。

非单一产品采购项目，采购人应当根据采购项目技术构成、产品价格比重等合理确定核心产品，并在招标文件中载明。多家投标人提供的核心产品品牌相同的，按前两款规定处理。

3. 最优质量法。根据发展和改革的需要，还应及时推出使用最优质量法。即指竞标文件满足采购文件全部实质性要求，价格已定，按照质量因素的量比指标评审得分由高到低排序确定中标、成交、入围供应商的评审方法。执行政府定价或者对质量有特殊要求的采购，可以采用最优质量法。

采购人在采用这一方法时，可以在采购文件中规定根据生命同期成本以及后续采用耗材、升级服务成本等，对供应商报价或者评审得分进行修正。

（五）评标程序

评标应当遵循下列工作程序：

1. 投标文件初审。初审分为资格性检查和符合性检查。资格性检查，依据法律法规和招标文件的规定，对投标文件中的资格证明、投标保证金等进行审查，以确定投标供应商是否具备投标资格。符合性检查，依据招标文件的规定，从投标文件的有效性、完整性和对招标文件的响应程度进行审查，以确定是否对招标文件的实质性要求作出响应。

财政部令第87号第六十三条规定，投标人存在下列情况之一的，投标无效：一是未按照招标文件的规定提交投标保证金的；二是投标文件未按招标文件要求签署、盖章的；三是不具备招标文件中规定的资格要求的；四是报价超过招标文件中规定的预算金额或者最高限价的；五是投标文件含有采购人不能接受的附加条件的；六是法律、法规和招标文件规定的其他无效情形。

财政部令第87号第六十五条规定，评标委员会发现招标文件存在歧义、重大缺陷导致评标工作无法进行，或者招标文件内容违反国家有关强制性规定的，应当停止评标工作，与采购人或者采购代理机构沟通并作书面记录。采购人或者采购代理机构确认后，应当修改招标文件，重新组织采购活动。

2. 澄清有关问题。对投标文件中含义不明确、同类问题表述不一致或者有明显文字和计算错误的内容，评标委员会可以书面形式（应当由评标委员会专家签字）要求投标人作出必要的澄清、说明或者纠正。投标人的澄清、说明或者补正应当采用书面形式，由其授权的代表签字，并不得超出投标文件的范围或者改变投标文件的实质性内容。

投标文件报价出现前后不一致的，除招标文件另有规定外，按照下列规定修正：一是投标文件中开标一览表（报价表）内容与投标文件中相应内容不一致的，以开标一览表（报价表）为准；二是大写金额和小写金额不一致的，以大写金额为准；三是单价金额小数点或者百分比有明显错位的，以开标一览表的总价为准，并修改单价；四是总价金额与按单价汇总金额不一致的，以单价金额计算结果为准；五是同时出现两种以上不一致的，按照前款规定的顺序修正。修正后的报价经投标人确认后产生约束力，投标人不确认的，其投标无效。

3. 比较与评价。按招标文件中规定的评标方法和标准，对资格性检查和符合性检查合格的投标文件进行商务和技术评估，综合比较与评价。在评标中，不得改变招标文件中规定的评标标准、方法和中标条件。

4. 推荐中标候选供应商名单。中标候选供应商数量应当根据采购文件确定，但必须按顺序排列中标候选供应商。

采用最低评标价法的，评标结果按评审价由低到高顺序排列。评审价相同的并列。投标文件满足招标文件全部实质性要求且评审价最低的投标人为排名第一的中标候选人。采用综合评分法的，评标结果按评审后得分由高到低顺序排列。得分相同的，按评审价由低到高顺序排列。得分且评审价相同的并列。投标文件满足招标文件全部实质性要求，且按照评审因素的量化指标评审得分最高的投标人为排名第一的中标候选人。

财政部令第 87 号第六十四条规定，评标结果汇总完成后，除下列情形外，任何人不得修改评标结果：一是分值汇总计算错误的；二是分项评分超出评分标准范围的；三是评标委员会成员对客观评审因素评分不一致的；四是经评标委员会认定评分畸高、畸低的。

评标报告签署前，经复核发现存在以上情形之一的，评标委员会应当当场修改评标结果，并在评标报告中记载；评标报告签署后，采购人或者采购代理机构发现存在以上情形之一的，应当组织原评标委员会进行重新评审，重新评审改变评标结果的，书面报告本级财政部门。

> **讨论一下：**
>
> 非招标采购方式由谁审查供应商资格？

投标人对本条第一款情形提出质疑的，采购人或者采购代理机构可以组织原评标委员会进行重新评审，重新评审改变评标结果的，应当书面报告本级财政部门。

5. 编写评标报告。评标报告是评标委员会根据全体评标成员签字的原始评标过程记录和评标结果编写的文件。财政部令第 87 号第五十八条规定，评标报告应当包括以下内容：一是招标公告刊登的媒体名称、开标日期和地点；二是投标人名单和评标委员会成员名单；三是评标方法和标准；四是开标记录和评标情况及说明，包括无效投标人名单及原因；五是评标结果，确定的中标候选人名单或者经采购人委托直接确定的中标人；六是其他需要说明的情况，包括评标过程中投标人根据评标委员会要求进行的澄清、说明或者补正，评标委员会成员的更换等。

评标报告范例格式如下。

评标报告

一、招标项目基本情况：

××招标采购有限公司受××省××通信中心委托，就××省××服务监督电话12398系统进行公开招标。

（一）招标项目简要说明

××省××服务监督电话12398系统，包括服务器、操作系统、数据库软件等，（具体规格及要求详见招标文件）

招标方式：公开招标

资金来源：财政资金

（二）招标过程

本次招标公告于××××年××月××日在《中国政府采购网》《××省政府采购网》《××招标采购网》等相关网站上发布，在规定时间内共有8家单位报名并购买了招标文件，名单如下：

序号	投标人	备注
1	××××实业有限公司	
2	××××网络科技有限公司	
3	××××计算机有限公司	
4	××××信息技术股份有限公司	
5	××××信息技术有限公司	
6	××××科技发展有限公司	
7	××××通用信息技术有限公司	
8	××××电子有限公司	

截至××××年××月××日上午9：00时，共有5家单位递交了投标文件；递交投标文件单位名单如下：

序号	投标人	备注
1	××××信息技术股份有限公司	
2	××××信息技术有限公司	
3	××××科技发展有限公司	
4	××××通用信息技术有限公司	
5	××××电子有限公司	

二、开标

开标会于××××年××月××日上午9：00在××招标采购有限公司开标大厅举

行了开标会。招标人、××招标采购有限公司、投标人代表参加了本次开标会。招标代理机构对所有投标文件正本解封唱标，开标情况详见开标记录。

三、评标过程

（一）评标组织

评标工作由评标委员会完成，根据《中华人民共和国招标投标法》《中华人民共和国政府采购法》等相关法规，评标委员会由招标人代表1人，有关技术、经济等方面的专家4人组成（见评委签到表），参加评标的专家开标前从相关专家库中随机抽取。评标委员会组成如下表：

序号	姓名	工作单位	职称/职务
1	杨××	××××会计事务所	高会
2	管××	×××省信息中心	高工
3	张××	××××大学	教授
4	李××	××××学院	教授
5	范××	××省交通通信中心	业主

（二）评标原则

评标活动遵循公平、公正、科学和择优的原则。

（三）资格审查

经审查，所有投标人资格均符合招标文件要求。

（四）初审情况

评标开始后，首先由招标公司主持，介绍项目情况、评标委员会成员、监督人员及评标原则、程序和纪律。评标委员会民主选举×××为主任评委。

评标前，评委会签署《评审专家廉洁自律承诺书》。

评标委员会根据有关法律法规和本次评标的评标原则、评标程序及办法、对每一投标人的投标文件进行评议。

投标报价如下：人民币（元）

序号	投标人名称	投标报价	备注
1	××××信息技术股份有限公司	1330000.00	
2	××××信息技术有限公司	1380000.00	
3	××××科技发展有限公司	1489000.00	
4	××××通用信息技术有限公司	1493000.00	
5	××××电子有限公司	1490000.00	

符合性审查。经审查，所有投标人符合性审查均符合招标文件要求。

四、商务评议

评标委员会对各合格投标人的投标文件的商务条款进行评审，并根据招标文件规定进行商务打分（详见评议打分表）。

五、技术评议

评标委员会对各合格投标人的投标文件技术部分进行评审，并根据招标文件规定进行技术打分（详见技术评议表、打分表）。得分汇总及排序表如下：

序号	投标人名称	最终得分	排序
1	××××信息技术股份有限公司	93.90	2
2	××××信息技术有限公司	94.92	1
3	××××科技发展有限公司	67.80	5
4	××××通用信息技术有限公司	79.33	4
5	××××电子有限公司	79.64	3

六、结论

推荐中标候选人：

评标委员会根据招标文件的规定，一致同意推荐：

第一中标候选人为：××××信息技术有限公司

第二中标候选人为：××××信息技术股份有限公司

第三中标候选人为：××××电子有限公司

××投标采购有限公司

××××年××月××日

（六）资格后审

在没有进行资格预审的情况下，采购人和招标代理机构可根据采购文件规定，对候选中标供应商是否有能力圆满履行合同进行资格后审。

资格后审将充分考虑投标人或生产商的财务、技术、生产能力和商业信誉等。采购人和招标代理机构将按招标文件规定提交的资格证明文件和采购人认为有必要的、合适的资料为基础，采用合适的方式进行审查。审查方式包括对资格文件的核验、考察工厂和客户，考察过程中所产生的费用加入相应包的供货合同中。

> **讨论一下：**
>
> 供应商报价异常偏低，谁来认定？如何处理？

如果审查通过，采购人将把合同授予该投标人；如果审查没有通过，采购人和招标代理机构将拒绝其投标，并对下一个候选中标供应商能否令人满意地履行合同义务作类似审查。

第五节 合同签订和履行

一、采购人确认评标结果

（一）采购人确认评标结论

按照规定，一是采购代理机构应当在评标结束后两个工作日内将评标报告送交采购人。采购人应当在收到评标报告后五个工作日内，按照评标报告中推荐的中标候选供应商顺序确定中标供应商；中标候选人并列的，由采购人或者采购人委托评标委员会按照招标文件规定的方式确定中标人；招标文件未规定的，采取随机抽取的方式确定。也可以事先授权评标委员会直接确定中标供应商。采购人在收到评标报告五个工作日内未按评标报告推荐的中标候选人顺序确定中标人，又不能说明合法理由的，视同按评标报告推荐的顺序确定排名第一的中标候选人为中标人。二是采购人自行组织招标的，应当在评标结束后五个工作日内确定中标供应商。

评标结果确认函范例格式如下。

关于××省××局数据库应用开发项目
评标报告的批复暨中标结果的确认函

××招标咨询有限公司：

你公司报来关于我单位××省××局数据库应用开发项目（招标编号：××财招标采购－2022－2090）的评标报告已收悉。经审核，评标程序符合法律规定，结果客观公正，你公司圆满完成了本次采购活动组织任务。现同意按照评标委员会推荐的评标结果排序，确认中标结果如下：

中标人为：××计算机软件与系统有限公司

成交金额为：9990000 元人民币。

请尽快将中标结果予以公告，并及时发出中标通知书。

（采购单位盖章）

××××年××月××日

采购人无正当理由，应当按照推荐的候选中标供应商名单顺序确认中标供应商。确认评标结论应由采购单位负责人，或者其指定的代表在评标结论上签名并加盖单位印章。

（二）评标结果通知

中标供应商确定后，依据财政部令第 87 号有关规定按下列方式通知评标结果。一是采购人或者采购代理机构应当自中标人确定之日起 2 个工作日内，在省级以上财政部门指定的媒体上公告中标结果，招标文件应当随中标结果同时公告。中标结果公告内容应当包括采购人及其委托的采购代理机构的名称、地址、联系方式，项目名称和项目编号，中标人名称、地址和中标金额，主要中标标的的名称、规格型号、数量、单价、服务要求，中标公告期限以及评审专家名单。中标公告期限为 1 个工作日。邀请招标采购人采用书面推荐方式产生符合资格条件的潜在投标人的，还应当将所有被推荐供应商名单和推荐理由随中标结果同时公告。二是在公告中标结果的同时，采购人或者采购代理机构应当向中标人发出中标通知书；对未通过资格审查的投标人，应当告知其未通过的原因；采用综合评分法评审的，还应当分别告知未中标人本人的评审得分与排序。

中标公告的范例格式如下。

××大学“××××”讲坛制作项目中标公告

一、项目编号

××设招第 2022052 号（DX220208F）（招标文件编号：××设招第 2022052 号（DX220208F））

二、项目名称

“××××”讲坛制作项目

三、中标（成交）信息

供应商名称：××××互娱文化有限公司

供应商地址：××市××区××路××号××大厦×座××室

中标（成交）金额：260（万元）

主要标的信息如下：

序号	供应商名	服务名称	服务范围	服务要求	服务时间	服务标的
1	××××互娱文化有限公司	“××××”讲坛制作	详见招标文件	详见招标文件	详见招标文件	详见招标文件

四、评审专家（单一来源采购人员）名单

×××、×××、×××、×××、×××

五、代理服务收费标准及金额

本项目代理费收费标准：详见招标文件

本项目代理费总金额：2.5 万元（人民币）

六、公告期限

自本公告发布之日起 1 个工作日。

七、其他补充事宜

无

八、凡对本次公告内容提出询问，请按以下方式联系

1. 采购人信息

名　称：××大学

地址：××市××区××大学

联系方式：××老师，×××－××××××××

2. 采购代理机构信息

名　称：××招标有限公司

地　址：××市××区××南路××号××大厦

联系方式：×××、×××、×××、×××、×××，×××－××××××××、××××××××

3. 项目联系方式

项目联系人：×××、×××、×××、×××、×××

电　话：×××－××××××××、××××××××

（三）对评标结果的异议

投标供应商对中标公告有异议的，应当在中标公告发布之日起七个工作日内，以书面形式向招标采购单位提出质疑。招标采购单位应当在收到书面质疑后七个工作日内，对质疑内容作出书面答复。

质疑供应商对招标采购单位的答复不满意或者招标采购单位未在规定时间内答复的，可以在答复期满后十五个工作日内按有关规定，向同级人民政府财政部门投诉。财政部门应当在收到投诉后三十个工作日内，对投诉事项作出处理决定。

处理投诉事项期间，财政部门可以视具体情况书面通知招标采购单位暂停签订合同等活动，但暂停时间最长不得超过三十日。

二、签订采购合同

（一）签订时间和地点

采购人或者采购代理机构应当自中标通知书发出之日起三十日内，按照招标文件和中标供应商投标文件的约定，与中标供应商签订书面合同。中标供应商拒绝与采购人签订合同的，采购人可以按照评审报告推荐的中标或者成交候选人名单排序，确定下一候选人为中标或者成交供应商，也可以重新开展政府采购活动。所签订的合同不得对招标文件和中标供应商投标文件作实质性修改。政府采购合同应当包括采购人与中标人的名称和住所、标的、数量、质量、价款或者报酬、履行期限及地点和方式、验收要求、违约责任、解决争议的方法等内容。

一般来说，签订合同的时间应当尽量提前。签约地点一般在采购代理机构所在地，也可在采购人所在地进行。中标人在外地的，可以由采购人和中标人分别在其所在地签署。

（二）签订合同依据

双方当事人签订采购合同应当以招标文件和中标的投标文件为依据，不得变更合同的实质内容。合同的主要条款不明确的，当事人可本着协商一致的原则，通过协商解决。经协商不能达成一致意见的，依据民法典的有关规定确定。

在签订采购合同时，采购人可以在招标文件规定的范围内对采购货物或者服务的数量予以增加或者减少。我国规定增减幅度不得超过中标金额的10%，并不得变更单价。

（三）签订合同要求

1. 招标人不得向中标人提出任何不合理的要求，作为订立合同的条件。招标人和中标人不得私下订立背离合同实质性内容的协议。

2. 招标文件、中标人的投标文件和澄清文件等，均应作为签约的合同文本的基础。

> **想一想：**
>
> 政府采购有预付款吗？为什么？

3. 如采购人或中标人拒签合同，则按违约处理。对违约方收取中标金额一定比例的违约金。

4. 如果中标人不按约定谈签合同，招标代理机构和采购人将报请取消其中标决定，并没收其投标保证金。招标代理机构和采购人可在候选中标单位中重新选定中标单位。

5. 政府采购合同订立后 7 个工作日以内，采购代理机构应当将合同副本报政府采购监管机关备案。采购人应当自政府采购合同签订之日起 2 个工作日内，将政府采购合同在省级以上人民政府财政部门指定的媒体上公告，但政府采购合同中涉及国家秘密、商业秘密的内容除外。

政府采购货物合同范例格式如下。

××××项目合同

合同编号：（中标通知书上提供的合同编号）

需方：

供方：

本合同于××××年××月××日由需方和供方按下述条款签署。

在需方为获得（货物和服务简介）货物和伴随服务，邀请供方参加了该项目竞争性招标，并接受了供方以总金额（币种，用文字和数字表示的合同价）（以下简称“合同价”）的投标。双方以上述事实为基础，签订本合同。

本合同在此声明如下：

1. 本合同中的词语和术语的含义与合同条款中定义的相同。

2. 下述文件作为合同签订的基础，是构成本合同的主要组成部分，并与本合同一起阅读和解释。

（1）合同条款（详见招标文件）

（2）合同条款资料表（附后）

（3）合同条款附件（详见招标文件）

附件 1：供货范围及分项价格表

附件 2：技术规格

附件 3：交货计划

（4）中标通知书

3. 供方在此保证全部按照合同规定向需方提供货物和服务，并负责可能的弥补缺陷。

4. 需方在此保证全部按照合同规定的时间和方式向供方支付合同价或其他按合同规定应支付的金额。

双方在上述日期签署本协议。

需方代表姓名：×××　　供方代表姓名：×××

需方代表签字：×××　　供方代表签字：×××

需方名称：　　供方名称：

合同条款资料表如下：

条款号	内容
	需方名称、地址：××农业大学 供方名称、地址：
2	项目现场：××农业大学
8	检验与测试的条件和方式：投标设备送到项目现场后，由设备制造商授权的技术人员现场安装调试，安装调试完成，由需方进行验收
16	应提供的伴随服务有：（详见招标文件第七章） 技术培训：（详见招标文件第七章） 安装调试：投标人派出技术人员到最终用户现场安装调试
18	质量保证期：（详见招标文件第七章）
18	维修与更换故障件的期限：（详见招标文件第七章）
20	付款方式：货物送至项目现场，安装调试后，经需方验收合格后一周内支付合同总额的90%。验收合格之日起正常运行满90日后付清10%余款 付款条件：申请付款时必须提交以下文件和资料： 1. 资金支付申请书； 2. 由需方签字的验收报告； 3. 商业发票； 4. 进口产品提交海关报关单及商检证明 付款方法：供应商填写《资金支付申请书》，开具抬头为用户的普通发票并送交用户；用户填写《验收报告》，供应商凭《资金支付申请书》和《验收报告》由××农业大学支付货款

三、合同履行要求

（一）合同变更

政府采购合同需要变更的，采购人应当将有关合同变更的内容及时书面报政府采购监管机关。

（二）合同终止

政府采购合同履行过程中，因某些特殊情况需要终止合同的，采购人应当将终止合同的理由以及相应的措施，及时书面报告政府采购监管机关。

（三）违纪报告

供应商有违反政府采购合同的行为，采购人应当将有关供应商违约的情况以及拟采取的措施，及时书面报政府采购监管机关。

> **讨论一下：**
> 政府采购合同需要公开吗？为什么？

（四）合同转让

中标人应当按照合同约定履行义务，完成中标项目。中标人除非在特殊情况下并经采购人同意，不得向他人转让中标项目的关键部分，也不得将中标项目肢解后分别向他人转让。

四、合同验收

合同的履行是整个采购过程中决定性的阶段，合同履行情况的好与坏，决定着整项采购的成败。根据规定，合同履行结果的验收人为采购人。具体分两种情况：第一种情况是集中采购的，验收人为集中采购机关和相关产品使用单位，对货物、工程和服务有特殊要求的，集中采购机关可以会同使用单位共同组织验收；第二种情况是分散采购的，一般情况下由采购人组织验收，验收时间和地点以及技术要求和标准等，以双方签订的合同为依据。

根据采购种类的不同，验收的规定也稍有区别。

1. 采购标的为技术要求一般的通用物品或服务，如电脑、办公家具、办公用具、会议地点等，由验收人验收确认即可，验收单位认为有必要时，可聘请有关专业人士协助验收。

2. 采购标的为工程或技术要求较高、比较复杂的物品或服务，如修缮工程、绿化工程、医疗设备等，验收人需成立由三人以上的专家组成的验收小组进行验收。所有验收都必须按采购监管机构规定的格式填写验收报告书，验收人及负责人签字，并加盖验收单位公章。对所有的验收报告，政府采购主管部门可根据需要进行检查、核实。

3. 公共服务项目合同验收结果公告范例格式如下。

公共服务项目验收结果公告

一、合同编号：×××

二、合同名称：×××

三、项目编号（或招标编号、政府采购计划编号、采购计划备案文号等，如有）：×××

四、项目名称：×××

五、合同主体

采购人（甲方）：×××

地　　　址：×××

联 系 方 式：×××

供应商（乙方）：×××

地　　　址：×××

联 系 方 式：×××

六、合同主要信息

服务内容：×××

服务要求：×××

服务期限：×××

服务地点：×××

七、验收日期：×××

八、验收组成员（应当邀请服务对象参与）：×××

九、验收意见：×××

十、其他补充事宜：×××

五、合同价款支付

合同价款支付必须严格按照采购文件和国库制度规定进行。采购人依照合同约定需要向供应商付款的，应当向政府采购监管机关报送下列文件，以备审核。一是政府采购直接支付申请书；二是验收报告书；三是供应商开具的发票。经审核符合规定的，政府采购监管机关方可办理政府采购的拨款手续。

学习小资料

ISO 三体系认证可以设置为评分项吗？

据政府采购信息统计，某地 2020 年对供应商提供虚假材料的处罚中，有 2/3 以上涉及 ISO 三体系认证，在供应商严重违法失信行为记录中，三体系造假呈现高发态势。

由三体系带来的这些争议一直不断，近两年尤为突出。在政府采购实践中，主要表现为三个问题：三体系认证能否设为供应商资格条件？能否设置为评审因素？是否构成对中小企业的歧视性？

通过公开信息可知，ISO 三体系具体包括：质量管理体系 ISO9001、环境管理体系 ISO14001 以及职业健康安全管理体系 ISO45001。三体系认证是对企业内部质量、环境、职业健康安全管理制度的认证，主要通过对企业的组织构架、岗位设定、职责划分、岗位流程的制度文件的审核进行评价。目前在国内从事三体系认证的机构主要有五六百家认证公司和各类认证中介，认证机构和三体系认证证书均可通过“国家认证认可监督管理委员会”网站查询。截至 2019 年 9 月，全国申办质量管理体系认证证书的企业及其他主体超过 55 万家、申办环境管理体系认证证书的接近 24 万家、申办职业健康安全管理体系认证证书的接近 20 万家。

概括起来，三体系认证具有以下特点：(1) 认证对象是申请认证方的内部管理制度文件而非企业实际生产的产品或提供的服务本身；(2) 认证机构是第三方性质的认证公司、中介而非行政机关；(3) 认证是企业自主申请而非强制性；(4) 认证需要企业付费而非免费。

据了解，在空调、物业、家具、办公设备等政府采购项目中，要求提供三体系证书几乎成为“标配”。经查询中国政府采购网发现，某物业保洁服务竞争性谈判项目，将“提供三体系证书”设置为资格条件；某基地建设招标项目将“提供三体系证书”设为实质性要求；某家具公开招标项目将三体系证书设为“投标人综合实力”评分项，每一个证书 2 分、三体系共计 6 分。那么这些设置是否合规合理呢？根据政府采购法律法规规定，显然是不合适的。

那么可以将三体系证书列为评分项吗？原则上也是不合适的。三体系认证审核的是供应商的内部质量、环保、职业健康安全方面的管理制度文件，而并不是针对供应商实际生产的产品或提供的服务，因此，三体系认证只能证明供应商的内部质量、环保、职业健康方面的安全管理制度文件是符合认证规范的，并不能由此直接评价该供应商提供的产品或服务是否合格、优质。

在政府采购实践中，由于大量要求提供三体系证书，直接推动了企业对于申办认证的追逐，办理三体系认证的电商平台随处可见。一些认证中介还用鲜活的正反例子渲染三体系认证在招标投标如何重要，某某某企业产品如何好，却因拿不出三体系认证而落败。经询问，申办三体系认证需要缴纳一笔不菲的费用。以物业企业为例：三体系申报认证的时间约为 30 天，45 人以内规模的三证费用总共 1.2 万—1.8 万元不等；45 人以上每增加25人费用增加500元。需要注意的是，三体系认证有效期三年，每个年度的审核费用为4000元，另外，供应商还需要承担办证中介派人现场辅导费用、审核人员的差旅费。中国政府采购网最近有一则采购三体系认证的成交公告，采购人第一次支付的金额就达18.6万元。三体系认证还对应着供应商不同的经营范围，一些供应商为了避免在竞争中处于劣势，就需要再加钱办理其他的经营业务的三体系认证。这些费用对于中小企业来说是一个不小的成本压力和竞争门槛。

资料来源：政府采购信息网，亚利聊政采335，2021年12月21日。

【重要概念】

招标文件	投标文件	开标程序
最低评标价法	综合评分法	评审程序
评标记录	投标保证金	资格预审
资格后审	委托代理协议书	政府采购需求
政府采购计划	采购需求调查	

【思考练习题】

1. 简答招投标的一般特征。
2. 简述委托代理协议书的重要内容。
3. 简述政府采购招投标主要程序内容。
4. 简述招标文件的一般内容。
5. 简述招标公告的一般内容。
6. 简述开标会议程序和应注意的事项。
7. 简述评标委员会组成的相关法律规定。
8. 简述评标程序和应注意的问题。
9. 简述最低评标价法的法律规定内容。
10. 简述综合评分法的法律规定内容。
11. 简述评审报告的法定内容。
12. 采购需求的内容包括哪些?

13. 如何确定采购需求？

14. 开展需求调查的项目包括哪些？

15. 采购实施计划的内容包括哪些？

【案例分析】

1. 资料如下：

某采购人 2022 年 3 月 1 日组织一批空调采购，预算金额 2000 万元，文件规定采用综合评分法评标。采购公告发布后，有 A、B、C、D、E、F 共 6 家供应商投标，投标报价分别为 1980 万元、1930 万元、1950 万元、1940 万元、1920 万元和 1910 万元。其中，供应商 A 和供应商 B 投的是同一个品牌。供应商 C 和供应商 D 投的是同一个品牌。开标后，从政府采购专家库抽取的 5 位专家开始进行评审。评审过程中，供应商 D 为了获得中标机会，要求对自己的投标文件进行澄清，得到评审专家的许可。最后评审专家根据采购文件规定要求，推荐 B、E、F 三家供应商为候选中标供应商。评审结束后，代理机构将评审结果 5 个工作日报采购人确认。中标公告于 3 月 28 日（周三）发布后，供应商 D 因自身原因没有中标，于中标公告后 10 工作日提出质疑，没有得到圆满答复后又再次提出质疑。

2. 根据上面所提供资料，请分析与讨论：案例中存在哪些违法违规行为？并依据法律法规规定作出正确解释。

第六章　政府集中采购

【学习目标和要点】

- 集中采购形式和业务范围
- 集中采购目录和限额标准
- 集中采购机构性质及设立原则
- 集中采购机构工作要求
- 集中采购机构考核内容

第一节　集中采购形式及业务范围

一、政府采购模式

政府采购模式一般划分为集中采购、分散采购、集中采购与分散采购相结合等三种模式。

（一）集中采购

集中采购是指由政府设立的职能机构统一为其他政府机构提供采购服务的一种采购组织实施形式。集中采购的实施主体为集中采购机构。一个部门统一组织本部门、本系统采购活动，也称为集中采购。在我国，集中采购是指采购人将集中采购目录以内的货物、工程和服务委托集中采购机构代理采购、实施部门集中采购或依法自行实施采购的行为。

（二）分散采购

分散采购是指由各预算单位自行开展采购活动的一种采购组织实施形式。分散采购的实施主体是各采购人。在我国，分散采购是指采购人将集中采购目录以外、采购限额标准以上的货物、工程和服务依法自行实施采购或委托政府采购代理机构采购的行为。

（三）集中采购和分散采购相结合

从世界范围内各国的实践来看，不存在纯粹的集中采购和分散采购模式，大多数国际实施集中采购和分散采购相结合的采购模式。集中采购与分散采购相结合是指一级政府的政府采购组织形式既有集中采购，也有分散采购，两者同时并存。集中采购和分散采购各有利弊，集中采购和分散采购的程度要根据本国国情和采购需要来确定。

二、集中采购形式

（一）集中采购形式

从国际上看，集中采购通常具有特定含义，指集中采购机构开展的采购活动。考虑到我国具体国情，集中采购含义得到了拓展。根据政府采购法规定，我国的集中采购分为政府集中采购和部门集中采购两种形式。

政府集中采购是指集中采购机构代理目录及标准规定的政府集中采购目录中项目的采购活动；部门集中采购是指经批准的主管预算单位（主管部门）组织本部门、本系统列入目录及标准的部门集中采购项目的采购活动。

政府主管部门应当明确内设机构牵头负责政府采购工作。属于政府集中采购目录的项目，应当按照规定委托集中采购机构代理采购。属于部门集中采购项目，已经设立部门集中采购机构的，应当由部门集中采购机构具体组织实施；未设立的，可以由其他政府采购代理机构具体组织实施。

（二）我国实行集中采购的原因

> **思考一下：**
>
> 集中采购机构可以收取代理服务费吗？为什么？

1. 要避免过度集中。我国的采购规模庞大，而且呈不断增长势头，尤其是中央单位的采购支出比重很高。过分集中容易减少采购次数，增大每次采购的规模，既不利于中小企业参与竞争，也加大了中标企业的生产经营压力，还有可能形成新的垄断。

2. 及时满足单位采购需求。我国是一个单一制国家，上一级政府机构通常按照体系建立，点多面广，特别是中央单位的机构遍及全国各地，如果过度集中，容易延长采购时间，不利于及时满足驻在地方的中央单位的采购需求。

3. 发挥部门专业采购优势。在我国实行政府采购制度的初期，要重视实效，尤其是要发挥部门经过长期积累形成的对专业项目的采购优势，调动各部门开展政府采购的积极性。

三、集中采购业务范围

（一）集中采购目录

1. 集中采购目录的确定。按照我国政府采购法规定，集中采购机构的业务范围由集中采购目录确定。集中采购目录由省级以上人民政府公布，但实行分级管理体制。属于中央预算的政府采购项目，其集中采购目录由国务院确定并颁布；属于地方预算的政府采购项目，其集中采购目录由省、自治区、直辖市人民政府或者其授权机构（财政部门）确定并颁布。具体制定方式是由财政部门拟定集中采购目录，报同级人民政府批准发布。在省级地区，财政部门可以申请政府授权，直接制定并颁布集中采购目录。

为充分发挥集中采购制度优势，不断提升集中采购服务质量和专业水平，进一步推进统一全国集中采购目录及标准相关工作，规范并逐步在全国统一集中采购目录，逐步规范集中采购范围，建立集中采购机构竞争机制的基础和保障，特别取消了市、县级集中采购目录，实现集中采购目录省域范围相对统一。

一是为落实“放管服”改革精神，强化采购人主体责任，部门集中采购项目不再列入目录，由各中央部门自行确定，报财政部备案后实施。《中央预算单位政府集中采购目录及标准（2020 年版）》《实施方案》分别明确了货物、工程、服务三大类别的执行方式。其中，货物类分成六个方面：（1）台式计算机、便携式计算机、复印机、打印设备、空调机（包括分体变频壁挂机、分体变频柜机、分体定速壁挂机、分体定速柜机）；（2）服务器、多功能一体机、扫描仪、投影仪、复印纸、打印用通用耗材；（3）计算机软件、计算机网络设备、视频会议系统及会议室音频系统、空调机（指精密空调、机房空调等商用空调）；（4）乘用车、客车；（5）电梯；（6）办公家具。工程类分为两个方面：（1）限额内工程；（2）装修、拆除、修缮工程。服务类分为七个方面：（1）印刷服务；（2）车辆维修保养及加油、机动车保险；（3）物业管理服务；（4）云计算服务；

(5) 互联网接入服务；(6) 工程造价咨询服务；(7) 工程监理服务。

> **讨论一下：**
> 政府采购如何贯彻“放管服”改革政策精神?

二是强化细化采购人的主体责任。主体责任包括四个方面。(1) 合理编制采购需求。在确定采购需求前，应当认真开展采购需求调查，根据国家经济和社会发展政策、部门预算及绩效目标、采购管理制度、市场情况编写采购需求。国采中心将继续加强各品目采购需求标准体系建设，为各采购人编制采购需求提供参考。(2) 实事求是确定采购方式。应当根据需求特点合理选择，200 万元以下的项目优先采用邀请招标、竞争性谈判、竞争性磋商等非公开招标方式，提高采购效率，实施方案里针对目录内不同的品目确定了执行方式，采购人应该熟悉目录内各个品目的限额标准及对应的采购方式、平台等。(3) 加强履约验收管理。项目完成后，应当严格按照采购合同开展履约验收工作，确保采购结果实现相关的绩效和政策目标。国采中心也将不断完善电子卖场等小额分散采购项目供应商履约管理机制，加强单独委托项目履约服务，协助各单位开展履约验收工作。(4) 完善内控管理。各部门主管预算单位应当积极发挥本部门（本系统）政府采购监督管理职责，建立健全本部门（本系统）政府采购内控管理机制，各采购单位应当持续完善对采购各环节的内部控制和风险管理，堵塞管理漏洞，强化内控执行。国采中心将按照国家有关法律政策要求，网上公示相关交易信息，接受社会监督，同时，将系统发现的采购人规避公开招标和批量集中采购、采购价格畸高等异常情况及时推送至主管预算单位，通过技术手段，帮助各单位加强内控管理。

另外，财政部于 2019 年 12 月 31 日制定了《地方预算单位政府集中采购目录及标准指引（2020 年版）》（财库〔2019〕69 号），2020 年 1 月 1 日起正式实施，详见表 6－1。

表 6－1　　地方预算单位政府集中采购目录及标准指引（2020 年版）

序号	品目		编码	备注
计算机设备及软件（A0201）				
	计算机设备		A020101	
1		服务器	A02010103	
2		台式计算机	A02010104	
3		便携式计算机	A02010105	
	输入输出设备		A020106	
	打印设备		A02010601	
4		喷墨打印机	A0201060101	
5		激光打印机	A0201060102	
6		针式打印机	A0201060104	

续表

序号		品目	编码	备注
	显示设备		A02010604	
7		液晶显示器	A0201060401	
	图形图像输入设备		A02010609	
8		扫描仪	A0201060901	
	计算机软件		A020108	
9		基础软件	A02010801	
10		信息安全软件	A02010805	
办公设备（A0202）				
11		复印机	A020201	
12		投影仪	A020202	
13		多功能一体机	A020204	
14		LED 显示屏	A020207	
15		触控一体机	A020208	
	销毁设备		A020211	
16		碎纸机	A02021101	
车辆（A0203）				
17		乘用车	A020305	
18		客车	A020306	
机械设备（A0205）				
19		电梯	A02051228	
电气设备（A0206）				
20		不间断电源（UPS）	A02061504	
21		空调机	A0206180203	
其他货物				
22		家具用具	A06	
23		复印纸	A090101	
服务				
24		互联网接入服务	C030102	
25		车辆维修和保养服务	C050301	
26		车辆加油服务	C050302	
27		印刷服务	C081401	
28		物业管理服务	C1204	
29		机动车保险服务	C15040201	
30		云计算服务		

注：表中所列项目不包括高校、科研机构所采购的科研仪器设备。

（1）关于集中采购机构采购项目。各地应依据《地方目录及标准指引》，结合本地区实际确定本地区货物、服务类集中采购机构采购项目，可在《地方目录及标准指引》基础上适当增加品目，原则上不超过10个。各地可结合本地区实际自行确定各品目具体执行范围、采购限额等。政府采购工程纳入集中采购机构采购的项目，由各地结合本地区实际确定。集中采购目录原则上不包含部门集中采购项目，部门集中采购项目由各主管预算单位结合自身业务特点自行确定，报省级财政部门备案后实施。

（2）关于分散采购限额标准和公开招标数额标准。为落实“放管服”改革精神，降低行政成本，提高采购效率，省级单位政府采购货物、服务项目分散采购限额标准不应低于50万元，市县级单位政府采购货物、服务项目分散采购限额标准不应低于30万元，政府采购工程项目分散采购限额标准不应低于60万元；政府采购货物、服务项目公开招标数额标准不应低于200万元，政府采购工程以及与工程建设有关的货物、服务公开招标数额标准按照国务院有关规定执行。

（3）公开招标数额标准

政府采购货物或服务项目，公开招标数额标准不应低于200万元。政府采购工程以及与工程建设有关的货物、服务公开招标数额标准按照国务院有关规定执行。

2. 集中采购目录的调整。各级政府集中采购目录并非固定不变，应当视政府集中采购机构的能力以及社会对政府集中采购机构的认同程度，适时集中采购目录的内容及结构，实行动态管理，可以定为一年，也可以定为几年，并且在政府预算编制准备工作开始前确定并公布。

调整和优化的重点包括：一是不断优化集中采购的项目范围；二是适度提高公开招标限额标准和采购限额标准；三是逐步规范部门集中采购工作。

> **讨论一下：**
>
> 我国政府集中采购为什么采取“双轨制”？

（二）集中采购业务范围

按照规定，纳入集中采购目录的采购项目，必须委托集中采购机构代理采购。由于集中采购分为政府集中采购和部门集中采购两种形式，纳入集中采购目录的采购项目也要分清各自业务范围。

一是属于集中采购目录中的通用政府采购项目，主要是指采购人普遍使用，可归集形成采购规模的标准化产品，必须由集中采购机构代理采购，部门和单位不允许自行采购。二是集中采购目录中涉及某些部门的特殊项目，即属于非通用的，只适合某一部门或者系统使用的项目，应当由相关部门集中采购机构实行集中采购。

另外，如果纳入集中采购目录中的采购项目，属于个别单位的特殊需求，即已经纳入集中采购目录，但采购人按其专业要求需要特别定制，不宜实行集中采购，难以归集形成批量，不具备批量特征的项目，在事前得到省级以上人民政府批准后，可以由该单位自行组织采购，否则为违法行为。

根据我国部分地区政府采购的实践情况，由于个别地方政府还没有成立集中采购代理机构，该地区纳入政府采购目录的采购项目由该地区的政府采购社会代理机构进行采购。

根据我国政府采购法规定，政府集中采购机构还可以代理分散采购，即对未纳入集中采购目录且在限额标准以上的采购项目，采购人可以依法自行采购，也可以委托集中采购机构进行代理采购。

综上所述，可以将政府集中采购的业务范围分为两大类，一类是法定业务，即纳入集中采购目录中的通用政府采购项目；另一类是自愿委托业务，即采购人将限额标准以上的采购项目自愿委托政府集中采购办理。无论是哪一类业务，采购人都必须与政府集中采购机构签订委托代理协议，依法确定委托代理事项，约定双方的权利和义务。

第二节　集中采购机构设置及职责

一、集中采购机构设立原则和条件

（一）集中采购机构设立原则

设置集中采购机构是政府行为，为了规范集中采购机构的设立，应当按照政府采购法规定遵循以下三个原则。

> **想一想：**
>
> 集中采购机构保障采购质量和效率的手段是什么？

1. 限制性原则。限制性原则即县级以上地方人民政府可以根据本级政府采购项目组织集中采购的需要设立集中采购机构，并报上级人民政府备案。

2. 非强制性原则。非强制性原则即县级以上地方人民政府是否设立集中采购机构，应当根据集中采购规模具体确定。如果集中采购的规模不太大，或者本地区有足够数量的社会招标代理机构，可以承担政府采购代理业务的，也可以不设立专门的集中采购机构。如果集中采购的规模足够大，在集中采购机构设置上，可以设一个，也可以设多个。

3. 独立设置原则。独立设置原则即集中采购机构应当依法独立设置，隶属于同级人民政府，不得与任何政府部门、法人或其他组织存在隶属关系或其他利益关系。换句话说，集中采购机构不得设立在行政机关内，没有主管部门，应当为政府设置的直属机构。

（二）集中采购机构设立条件

根据我国政府采购法规定，设立集中采购机构应当具备下列条件。

1. 有独立承担民事责任的能力；
2. 有一定数量的政府采购执业资格专业人员；
3. 拥有固定的办公场所和开展政府采购招标代理业务所需设施及办公条件；
4. 具有完善的内部管理制度、业务操作流程和采购业务资料库。

（三）部门集中采购机构的设立

根据我国政府采购法规定，省级以上人民政府可以根据政府采购项目实际需要，批准部门或者系统设立负责部门集中采购事宜的专门机构。

未经批准设立负责办理部门集中采购事宜专门机构的部门或者系统，应当确定本部门或者系统的某一个内设机构负责办理部门集中采购事宜。

二、集中采购机构职责

（一）机构职责

根据我国政府采购法律规定，集中采购机构的职责主要是代理采购。集中采购机构是政府采购的代理机构，属于政府采购的执行机构，不具备政府采购的行政管理职能。其主要职责如下。

1. 根据采购人委托，组织实施集中采购目录中通用政府采购项目的采购；
2. 与采购人商定采购需求、技术规格、供应商资格条件以及其他商务条件等内容；
3. 根据采购人委托，参与合同验收；
4. 对本机构组织的政府采购项目执行情况进行跟踪问效；
5. 制定本机构内部监督管理制度及操作规程；
6. 接受采购人委托，代理分散采购项目采购。

（二）准确定位

按照法律规定，政府集中采购机构类似中介机构，其职责视采购人委托的具体事项而定。也就是说，政府集中采购机构的职责，来自采购人的临时让渡。必须坚持在采购人委托的权限内办理采购事务。代采购人承办采购事务，既不能推卸责任，也不能超越权限。

> **思考一下：**
> 政府集中采购机构为什么没有管理职能？

总之，政府集中采购机构一定要尊重采购人，严格按委托协议办事，不争不抢。当然，这并不是说要政府集中采购机构屈从于采购人，采购人想怎么样就怎么样。要坚持原则，对采购人的合理要求，即符合法律规定和制度规定的要求，要尽可能予以满足，对超出法律法规和制度规定的不合理要求，要坚决予以抵制，不能迁就，这样才能显示出与社会其他代理机构的不同。

三、集中采购机构内部监管制度

集中采购机构处于财政部门、采购人和供应商三者之间，成为政府采购能否达到采购效率更高、采购质量优良和目标的关键，同时它又是法律规定唯一对集中采购目录内的政府采购事宜进行具体操作的单位，容易造成腐败欺诈行为的出现，从而影响到政府采购法和政府采购制度的实施，因而必须建立健全内部监督管理制度，使内部监督、社会监督和国家监督三者结合形成一个统一的监督控制体系。

集中采购机构的内部监督管理制度包括科学的决策机制和明确的采购程序、不同采购岗位的规范设置与相互制约、完善有效的内部监督检查制度等三个方面。做到采购活动的决策和执行岗位职责明确，并相互监督、相互制约。经办采购的人员与负责采购合同审核、验收人员的职责权限应当明确，并相互分离。

第三节 集中采购机构考核

总结国外教训，为有效防止集中采购机构滥用职权，我国政府采购法明确规定了财政部门和监察部门分别从业务和人员两个方面实施对集中采购机构的考核监管，同时提出了严格具体的工作要求和考核管理内容。

一、集中采购机构工作要求

（一）采购价格要低于市场平均价格

采购价格是指具体采购对象的价格；市场平均价是指具体采购对象的成本加上合理利润，既不是市场价格，也不能低于成本。集中采购机构开展的采购活动，与采购人开展的采购活动一样，必须低于市场平均价，这是推行政府采购制度的基本要求。由于集中采购机构有规模优势，具有实现这一目标的条件。这项工作要求就是要促进集中采购机构发挥采购规模优势，采用充分竞争的采购方式，获得规模效益，降低采购成本，体现实行政府采购在节约财政资金、提高财政资金使用效益方面的优越性。

> **讨论一下：**
>
> 集中采购如何避免采购价格高于市场平均价格？为什么？

要有效实现采购价格低于市场平均价格的目的，必须通过编制好政府采购实施计划，集中统一归集同类产品采购活动，进一步发挥好集中采购的优势。从下面范例可以看出，采购预算440.1万元，成交金额276.61万元，节资率37.15%，足以证明集中采购效果的优势和良好效果。

中央国家机关2022年空调批量集中采购项目—5月成交公告

一、项目基本情况

1. 项目编号：GC－HCD220367

2. 项目名称：中央国家机关2022年空调批量集中采购项目—5月

3. 采购方式：竞争性磋商

4. 预算金额：440.1万元

二、中标（成交）信息

1. 初审情况：在响应截止时间前，本项目共有3家响应人递交了响应文件，均通过初审。

2. 供应商名称及地址

××制冷设备有限公司，佛山市顺德区北滘镇林港路。

3. 中标（成交）金额：人民币276.61万元

三、主要中标（成交）标的信息

公司名称	配置参考名称	品牌型号	单价（不包括原厂质保服务）（元）	六年期原厂质保服务价格占响应产品价格比例	七年期原厂质保服务价格占响应产品价格比例	八年期原厂质保服务价格占响应产品价格比例	数量（台）	联系人信息
广东美的制冷设备有限公司	分体变频壁挂机 1P	美的 KFR－26GW/G2－1	2400	0	0	0	184	联系人：张×× 联系电话：××××××××××
	分体变频壁挂机 1.5P	美的 KFR－35GW/G2－1	2500				602	
	分体变频壁挂机 2P	美的 KFR－50GW/G1－1	4000				93	
	分体变频柜机 2P	美的 KFR－51LW/BDN8Y－YA401(1)A	4000				17	
	分体变频柜机 3P	美的 KFR－72LW/BDN8Y－YA401(1)A	5500				35	
	分体变频柜机 5P	美的 KFR－120LW/BSDN8Y－PA401(2)A	8500				22	

成交服务要求详见磋商文件，成交货物参数详见公告附件。

四、评审专家名单

×××（组长）、×××、×××、×××、×××

五、代理服务收费标准及金额：免费

六、公告期限

自本公告发布之日起 1 个工作日。

七、其他补充事宜

推荐供应商情况：××电器股份有限公司、××制冷设备有限公司、××空调股份有限公司

八、凡对本次公告内容提出询问，请按以下方式联系

1. 采购人信息

采购人名称：中央国家机关政府采购中心

地址：北京市西城区西直门内大街西章胡同

联系电话：××××××××　××××××××

2. 采购执行机构信息

采购人名称：中央国家机关政府采购中心

地址：北京市西城区西直门内大街西章胡同

联系电话：×××××××××　×××××××××

3. 项目联系方式

项目联系人：×××　×××

联系电话：×××××××××　×××××××××

中央国家机关政府采购中心

2022 年 5 月××日

（二）采购效率要高

采购效率包括采购次数要少，采购周期要短，按时履行委托协议规定事项，目标是要及时满足采购人的需要。这项工作要求旨在促进集中采购机构加强内部管理，提高采购业务能力，增强采购的计划性，缩短采购周期，按照与采购人签订的采购委托协议书要求，及时完成受委托的采购项目，保证采购人相关工作的正常开展。

（三）采购质量优良

采购质量是指对采购对象的规格、性能、安全等方面的要求，采购质量不仅指采购对象本身，还涉及售后服务水平。政府采购对象的质量直接关系到政府提供公共服务的水平。因此，必须保证采购质量，实现物有所值的目标。这就要求集中采购机构在人员构成上要有质量管理等方面的人才，要全面提高人员素质，熟悉市场，准确掌握采购人的采购需求，确定科学的评标标准，强化检验和验收工作，替采购人把好质量关。

（四）采购服务良好

集中采购机构工作最核心的是要树立为采购人服务的思想，要把为采购人服务当成是采购中心的中心工作。这是正确履行采购中心职能的一个重要方面。应该承认，实际工作中有些项目的采购价格、采购质量还没有得到采购人和社会的充分肯定，集中采购机构工作人员还确实存在着不求人的心态，坐等采购人上门，充分反映代理采购服务的思想不端正。《政府采购法》第十七条对集中采购机构提出了严格要求，就是要清除集中采购机构容易滋生的官僚主义作风、责任心不强，工作效率不高、服务意识淡薄等弊端。作为集中采购机构一定要牢记，积极主动地为采购人提供优质高效服务是其“天职”。

上述四项工作要求是对集中采购机构的基本要求，它们各自不是孤立的，而是一个有机整体。集中采购机构能否做到上述四项工作要求，直接关系到集中采购范围的大小，甚至关系到集中采购机构的发展前景，更重要的是反映和代表了政府采购的形象和声誉。因此，集中采购机构必须不断加强自身建设，加强采购人员的管理，增强责任心，提高服务水平。政府采购监管机构要对这四项工作要求制定具体的考核标准和办法，督促集中采购机构依法优质开展集中采购代理活动。

> **讨论一下：**
> 集中采购机构为什么没有营利考核指标？

二、集中采购机构考核内容

为了充分发挥集中采购的优势，加强对集中采购机构的监督管理，促进集中采购机构认真履行工作要求，预防集中采购活动中的腐败，政府采购法律法规和规章都相应建立了政府采购监督管理部门对集中采购机构的考核制度的制度规定。《政府采购法》第六十六条规定，政府采购监督管理部门应当对集中采购机构的采购价格、节约资金效果、服务质量、信誉状况、有无违法行为等事项进行考核，并定期如实公布考核结果。《政府采购法实施条例》第六十条规定，除政府采购法第六十六条规定的考核事项外，财政部门对集中采购机构的考核事项还包括：一是政府采购政策的执行情况；二是采购文件编制水平；三是采购方式和采购程序的执行情况；四是询问、质疑答复情况；五是内部监督管理制度建设及执行情况；六是省级以上人民政府财政部门规定的其他事项。财政部门应当制定考核计划，定期对集中采购机构进行考核，考核结果有重要情况的，应当向本级人民政府报告。财政部监察部共同颁发了《集中采购机构监督考核管理办法》（财库〔2003〕120号）的通知，考核对象包括对集中采购机构工作人员的考核以及对集中采购机构的考核。综合上述有关规定，考核的具体内容包括：一是集中采购机构执行法律、法规和政策的情况，有无违法违纪行为；二是采购文件的编制情况；三是采购方式和采购程序的执行情况；四是集中采购机构建立和健全内部管理制度和执行情况；五是集中采购机构对投标保证金等的管理情况；六是集中采购机构从业人员的职业素质、专业技能和廉洁自律情况；七是采购价格、资金节约情况；八是集中采购机构对询问、质疑的答复处理情况；九是集中采购机构的服务质量情况；十是省级以上人民政府财政部门规定的其他事项。

（一）《政府采购法》规定的考核内容

1. 专业岗位要求落实情况。政府采购工作是一项政策性强、涉及面广、专业水平要求高的工作，涉及经济科学、自然科学、社会科学等多学科知识，要求采购人员不仅要熟悉政府采购的法律法规和政策，还应当掌握招标投标、合同管理、商品性能等多方面的知识和技能。集中采购机构作为由政府批准设立的法定采购代理机构，在为采购人承办代理采购事项中负有极其重要的职责，对集中采购的采购人员理当要有更高的要求，集中采购机构的采购人员都应当成为政府采购方面的专业人才。只有这样，才能适应采购工作的需要，确保采购活动高效率、高质量开展。

为此，一是考核采购岗位确定是否合理。政府采购监督管理部门必须对集中采购机构的各个岗位进行认真的分析研究，按照采购活动的不同环节合理确定专业岗位，具体规定每个专业岗位的任职要求。应当建立岗位间的制衡机制，采购需求制定与内部审核、采购文件编制与复核、合同签订与验收等岗位原则上应当分开设置。二是考核人员配备是否合理。政府采购监督管理部门要依法明确集中采购机构从业人员资格及有关行为准则，并对相关岗位人员提出特殊要求。集中采购机构在配备采购人员时，必须严格按照政府采购监督管理部门规定的专业岗位任职要求进行，不可以将不符合专业岗位任职要求的人员安排在采购岗位上。三是考核采购人员培训教育情况。集中采购机构要按照高标准、严要求的原则安排工作人员，加强对其工作人员的管理、培训和教育。政府采购监督管理部门在加强培训的同时，要从政治思想、专业水平、业绩、职业道德等方面，对集中采购机构的人员定期进行检查和考核。考核不合格的工作人员，不得继续从事集中采购工作。

2. 内部监督管理制度落实情况。集中采购机构代理采购人的采购事务，掌握着分配商业机会的权利，成为供应商关注的重点对象，其工作人员有可能受利益驱动，搞不公平竞争。为了防患于未然，加强外部监督、提高集中采购机构工作人员法制意识非常必要，但还要建立起内部监督制约机制。根据《政府采购法》规定，一是考核建章立制情况。集中采购机构要健全内部规章制度，分清各内部机构和工作人员的职责。建立健全内部政府采购事项集体研究、合法性审查和内部会签相结合的议事决策机制。对于涉及民生、社会影响较大的项目，采购人在制定采购需求时，还应当进行法律、技术咨询或者公开征求意见。二是考核内部机构设置情况。集中采购机构内部机构的设置，要将决策和执行分开，采购活动的经办人与采购合同审核、验收人员的职责要明确而且要分离。也就是说，集中采购机构内部机构要按照采购环节设置，将完整的采购程序交由不同机构共同完成，各环节间要形成合作与制约的关系，避免由固定人员完成全部采购活动的现象发生。三是考核人员轮岗情况。在实际工作中，还应当建立内部工作人员轮岗交流制度，按照政府采购岗位风险等级设定轮岗周期，风险等级高的岗位原则上应当缩短轮岗年限。不具备轮岗条件的应当定期采取专项审计等控制措施。建立健全政府采购在岗监督、离岗审查和项目责任追溯制度。这些措施是为了保护集中采购机构的工作人员，维护集中采购机构良好形象，提高集中采购机构工作人员整体素质。政府采购监督管理部门要对集中采购机构落实内部监管要求的有关情况进行检查和考核，发现问题要及时纠正。

3. 工作要求落实情况。《政府采购法》第十七条明确规定了集中采购机构的四项工作要求。为了便于集中采购机构理解和落实这些工作要求，政府采购监督管理部门要进一步逐项细化，并明确具体的衡量标准。一是明确工作时限。对信息公告、合同签订、变更采购方式、采购进口产品、答复询问质疑、投诉处理以及其他有时间要求的事项，要细化各个节点的工作时限，确保在规定时间内完成。二是细化处理方案。应当厘清利益冲突的主要对象、具体内容和表现形式，明确与供应商等政府采购市场主体、评审专家交往的基本原则和界限，细化处理原则、处理方式和解决方案。三是强化风险意识。发挥内部审计、纪检监察等机构的监督作用，加强对采购执行和监管工作的常规审计和专项审计。畅通问题反馈和受理渠道，通过检查、考核、设置监督电话或信箱等多种途径查找和发现问题，有效分析、预判、管理、处置风险事项。而且，在每个财政年度要进行检查和考核，督促和指导集中采购机构履行各项工作要求。

> **想一想：**
>
> 集中采购机构内部机构应该如何规范设置？

4. 法律法规落实情况。这方面考核内容很多，是对集中采购机构作为执行机构应当依法开展采购活动的各项情况进行考核。主要考核内容有：执行法律、法规的情况，有无违法违纪行为；纳入集中采购目录的采购项目进展情况；与采购人签订并落实委托代理协议情况；政府采购信息的发布情况；政府采购政策的贯彻落实情况；采购方式的选择情况；采购程序的执行情况；采购合同订立及实施情况；对供应商的询问、质疑答复情况；供应商的投诉情况；采购文件的保存情况；有关资金的收取和使用情况等。

政府采购监督管理部门对集中采购机构的考核，可以实行定期考核与不定期考核相结合、综合考核与专项考核相结合等方式。考核结果应当报送有关部门，同时在指定媒体上向社会公告。

（二）《政府采购法实施条例》规定的考核内容

1. 政府采购政策的执行情况。《政府采购法》第九条、第十条规定了政府采购的经济和社会发展政策目标，《政府采购法实施条例》第六条规定了落实政策目标的具体措施。集中采购机构作为政府专门设立的代理集中采购项目的执行机构，在执行、落实政府采购方面应当发挥表率作用，在采购文件编制、评审活动组织中，全面落实法律法规和国务院财政部门制定的各项政府采购政策。例如，强制或优先采购节能和和环境标志产品，未经财政部门审批不得采购进口产品，预留给中小企业的项目只接受中小企业参加采购活动，对小型和微型企业在规定的范围内给予价格扣除等。

2. 采购文件编制水平。采购文件是采购活动中重要的法律文件，包括招标文件、谈判文件、磋商文件、询价通知书等，其编制水平直接影响政策实施效果和项目采购质量。编制采购文件既要符合法律、法规和政府采购规章、政策规定，也要符合采购标准和满足采购需求。在实践中，对采购文件大多是采用格式化的文本，往往采购代理机构对编制采购文件不甚重视，将采购人提出的采购需求填人格式文本就认为编制了采购文件。考核时，财政部门应从以下几方面对采购文件进行审查：一是采购文件是否落实经济和社会发展政策目标；二是采购文件对采购项目成交价格或成本进行估算的情况；三是采购文件是否考虑履约风险防控；四是采购文件的整体水平，包括内容是否全面、逻辑是否严密、表达是否严谨、结构是否合理、文字是否通顺等。

> **思考一下：**
>
> 集中采购机构如何规范专业化发展？

集中采购机构应向专业化方向发展。专业化水平不仅体现在操作过程与采购程序的规范，还应体现在采购文件编制，尤其是采购需求的编制和审核把关上。集中采购机构有责任按专业化要求保证需求完整、明确、合规，对采购项目进行经济成本测算及充分考虑履约风险，提出相关合理商务条件及拟定合同文本。

3. 采购方式和采购程序的执行情况。政府采购方式和采购程序的法定性是政府采购的重要特征。《政府采购法》第二十六条对政府采购的方式作了规定，即政府采购方式为公开招标、邀请招标、竞争性谈判、单一来源采购、询价和国务院等政府采购监管部门认定的其他采购方式。《政府采购法》第二十九条、第三十一条、第三十二条分别对邀请招标、竞争性谈判、单一来源采购和询价的适用情形作了规定，第四章专门规定了政府采购程序。财政部以《政府采购竞争性磋商采购方式管理暂行办法》（财库〔2014〕214 号）新认定了竞争性磋商采购方式，并规定了相应的采购程序。《采购法实施条例》第四章对《政府采购法》规定的采购程序进行了细化，使之更具有可作性。在政府采购代理工作中，集中采购机构应当严格按照上述法定的采购方式和采购程序执行。

一是根据法律、法规和政府采购规章、规范性文件的规定，结合采购项目实际情况选择采购方式。集中采购机构是否正确执行采购方式，应着重从以下两个方面考核：一方面，公开招标数额标准以上的项目是否未经财政部门审批擅自采用非公开招标；另一方面，选择适用邀请招标、竞争性谈判、竞争性磋商、单一来源采购和询价采购方式是否符合政府采购法律法规以及相关制度规定的情形。

二是严格按照法律、法规和政府采购规章、规范性文件规定的采购程序实施采购活动。为保证公平竞争，《政府采购法》和《政府采购法实施条例》对采购程序作了明确规定，每种采购方式都有相应的采购程序，特别是招标程序更为复杂，其程序包括资格审查、招标公告或邀请、投标、开标、评标、定标、中标通知等，各环节都有相应的程序规定。竞争性谈判程序包括成立谈判小组、制定谈判文件、确定邀请参加谈判的供应商名单、谈判、确定成交供应商等环节。询价程序包括成立询价小组、确定被询价的供应商名单、询价、确定成交供应商等环节。集中采购机构应当严格按照法定的程序实施采购，任何法定环节的缺失或偏离都可能影响公平竞争，导致采购结果的无效。

4. 询问、质疑答复情况。集中采购机构应当按照《政府采购法》和《政府采购法实施条例》的有关规定处理供应商的询问和质疑，依法维护供应商的合法权益。财政部门应当从以下几个方面考核集中采购机构是否依法受理并处理供应商询问和质疑：一是是否拒绝受理供应商依法提出的询问和质疑；二是是否针对供应商的询问、质疑事项进行答复；三是认定的事实是否清楚，适用法律是否正确；四是是否在规定的时间作出答复。

5. 内部监督管理制度建设及执行情况。《政府采购法》第六十一条对集中采购机构的内部监督管理问题了规定，即集中采购机构应当建立健全内部监督管理制度。采购活动的决策和执行程序应当明确，开相互监管、相互制约。经办采购的人员与负责合同审核、验收人员的职责权限应当明确，并相互分离。关于集中采购机构的监督，除了政府采购监管部门等外部监督外，集中采购机构的内部监督至关重要。建立健全内部监督管理制度包括诸多方面的内容，最核心的问题就是在集中采购机构内部形成一种相互制衡的约束机制。一是集中采购机构采购活动的决策和执行程序应当明确，并相互监督、相互制约。集中采购机构必须明确、合理制定政府采购活动决策和执行程序，并使决策和执行两套程序相互监督、相互制约，决策程序中不能包含执行程序，更不能以执行程序代替决策程序。二是集中采购机构经办采购的人员与负责采购合同审核、验收人员的职责权限应当明确，并相互分离。经办采购的人员不能负责采购合同的审核和验收，负责采购合同审核、验收的人员不能经办采购。在实践中，部分集中采购机构人员力量较为薄弱，往往是决策程序与执行程序不分，采购人员与合同审核、验收人员不分，没有建立内部监督制度，或者虽建立有相关制度，但由于认识上的问题往往并未严格执行，难以形成有效的内部监督。

> **讨论一下：**
>
> 集中采购机构如何建立完善内控机制？

为了进一步提高行政事业单位内部管理水平，规范内部控制，加强廉政风险防控机制建设，2012 年 11 月财政部印发《行政事业单位内部控制规范（试行）》（财会〔2012〕21 号，以下简称《规范》），单位内部控制的目标主要包括：合理保证单位经济活动合法合规、资产安全和使用有效、财务信息真实完整，有效防范舞弊和预防腐败，提高公共服务的效率和效果。遵循的原则包括：全面性原则、重要性原则、制衡性原则和适应性原则。

《规范》第四章第三节还专门规定了政府采购业务控制的内容。具体内容包括：(1) 应当建立健全政府采购预算与计划管理、政府采购活动管理、验收管理等政府采购内部管理制度。(2) 应当明确相关岗位的职责权限，确保政府采购需求制定与内部审批、招标文件准备与复核、合同签订与验收、验收与保管等不相容岗位相互分离。(3) 应当加强对政府购项目预算与计划的管理。建立预算编制、政府采购和资产管理等部门岗位之间的沟通协调机制。根据本单位实际需求和相关标准编制政府来的项目预算，按照已批复的项目预算安排政府采购计划。(4) 应当加强对政府采购活动的管理。对政府采购活动实施归口管理，在政府采购活动中建立政府采购、资产管理、财会、内部审计、纪检监察等部门或岗位互相协调、相互制约的机制。(5) 应当加强对政府采购申请的内部审核，按照规定选择政府采购方式、发布政府采购信息。对政府采购进口产品、变更政府采购方式等事项应当加强内部审核，严格履行审批手续。(6) 应当加强对政府采购项目验收的管理。根据规定的验收制度和政府采购文件，由指定部门或专人对所购物品的品种、规格、数量、质量和其他相关内容进行验收，并出具验收书。(7) 应当加强对政府采购业务质疑投诉答复的管理。指定牵头部门负责、相关部门参加，按照国家有关规定做好政府采购业务质疑投诉答复工作。(8) 应当加强对政府采购业务的记录控制（包括影像资料）。妥善保管政府采购预算与计划、各类批复文件、招标文件、投标文件、评标文件、合同文本、验收证明等政府采购业务相关资料。定期对政府采购业务信息进行分类统计，并在内部进行通报。(9) 应当加强对涉密政府采购项目安全保密的管理。对于涉密政府采购项目，单位应当与相关供应商或采购中介机构签订保密协议或者在合同中设定保密条款。集中采购机构可以参照上述规定建立完善的内部控制机制。

6. 省级以上人民政府财政部门规定的其他事项。该项是授权性条款，赋予省级以上人民政府财政部门根据实际情况规定对集中采购机构的其他考核事项。这里所指的“其他事项”是出于立法技术的考虑而设的兜底条款。如 2013 年 8 月财政部印发《中央预算单位批量集中采购管理暂行办法》（财库〔2013〕109 号），要求集中采购机构按照财政部推进批量集中采购工作安排、及时拟定包括需求标准、评审方式、合同草案条款及采购方式适用标准等内容的实施方案，并按照施方案组织好采购活动，协调处理履约相关问题，保障批量集中采购活动规范、优质、高效地协调推进。在这种情况下、财政部门就可以将批量集中采购的落实情况列为对集中采购机构进行考核的内容。

财政部门对集中采购机构考核应当事先制定考核计划，并通知集中采购机构。2003 年财政部、监察部印发了《集中采购机构监督考核管理办法》（财库〔2003〕120 号），要求财政部门在考核工作中做到“要求明确，事先通知，程序规范，考核认真”。考核计划应包括考核时间、考核内容、专核要求和考核方法。《采购法实施条例》规定财政部门应定期对集中采购机构进行考核，但对定期的期间未作出明确规定。根据《集中采购机构监督考核管理办法》规定，定期考核原则上每半年进行一次，具体期间由财政部门根据实际工作情况确定。

集中采购机构考核结果有重要情况的，应当向本级人民政府报告。重要情况是指集中采购机构组织的采购活动存在重大的违法行为、内部管理机制混乱、采购结果严重偏离采购预期目标等。

另外，2018 年 1 月 4 日财政部颁布的新的《政府采购代理机构管理暂行办法》（财库〔2018〕2 号）第二十条规定了财政部门应当依法加强对社会中介代理机构监督检查的内容：一是代理机构名录信息的真实性；二是委托代理协议的签订和执行情况；三是采购文件编制与发售、评审组织、信息公告发布、评审专家抽取及评价情况；四是保证金收取及退还情况，中标或者成交供应商的通知情况；五是受托签订政府采购合同、协助采购人组织验收情况；六是答复供应商质疑、配合财政部门处理投诉情况；七是档案管理情况；八是其他政府采购从业情况。同时规定，对代理机构的监督检查结果应当在省级以上财政部门指定的政府采购信息发布媒体向社会公开。

三、考核方式方法

（一）定期和定项考核相结合

定期考核原则上每半年进行一次。定项考核根据工作需要随机进行。

（二）定性与定量相结合

对集中采购机构采购次数、采购金额和信息发布等进行定量考核；对采购质量、采购效率和服务水平进行定性综合考评。

（三）自我检查与财政检查相结合

财政监管部门要结合集中采购机构上报的自我检查报告进行考核。

> **想一想：**
>
> 对集中采购机构的专项检查有哪些？

（四）定期与随机检查相结合

除正常考核外，财政部门还可以根据实际情况，采取随机方式进行考核。

（五）专项检查与全面检查相结合

可对一个采购项目或事务进行专项考核，也可对一段时期采购执行情况开展综合考核。

四、考核流程

（一）成立机构，制定方案

财政部门作为政府集中采购机构监管机关，首先组织考核小组对集中采购机构进行考核，制定考核计划和考核方案，能采取量化考核的制定考核标准。考核小组人员除财政部门人员外，还可以邀请监察、审计部门人员参加，必要时邀请采购人、供应商、评审专家和受聘政府采购的监督员参加。量化考核标准具体见表6－2。

表6－2　　政府集中采购机构监督考核表

被考核单位：××政府采购中心　　　　考核期间：××××年度

考核内容	标准分	自评得分	考核得分	备注
一、基础工作考核				
其中：1. 机构设置				
2. 岗位设置				
3. 人员技能				
4. 业务培训				
5. 档案管理				
6. 咨询专家库建设				
二、代理程序考核				
其中：1. 签订委托代理协议				
2. 执行采购方式				
3. 编制采购文件				
4. 发布采购信息				
5. 组织采购活动				
6. 公示采购结果				
7. 督促或组织签订采购合同				

续表

考核内容	标准分	自评得分	考核得分	备注
8. 采购资料备案				
三、工作质量和业绩考核				
其中：1. 遵纪守法情况				
2. 工作效率				
3. 工作效果和服务质量				
四、廉洁自律考核				
其中：1. 廉洁自律制度建设				
2. 廉洁自律表现				
五、信息统计考核				
合　计	100			

考核时间：　××××年××月××日

（二）自我检查

集中采购机构在一周之内按考核要求进行自我检查，形成自查报告，并做好有关考核所需要的文件、数据及资料的整理工作，以备向考核小组提供。

（三）验证核实

考核小组对集中采购机构的自查报告和相关资料进行验证核实，量化打分。考核工作中，集中采购机构对考核小组的意见有分歧时，应当进行协商，协商困难的，应以书面形式将意见报财政部门，财政部门按规定予以答复或处理。

（四）整改建议

财政部门依据考核中发现的问题，向集中采购机构提出改进建议，集中采购机构应按照财政部门的建议进行整改。

（五）结果公告

考核小组要在考核工作结束五个工作日内形成书面考核意见，书面考核意见应当由考核小组集体研究决定，重大事项和情况可向财政部门请示或报告。财政部门做出正式考核报告报同级人民政府，同时抄送监察部门、审计部门和集中采购机构。财政部门将考核结果在财政部、省财政厅指定的政府采购信息发布媒体上公布。

五、违法行为和法律责任

（一）集中采购机构的违法行为和法律责任

> **想一想：**
> 如何有效规范集中采购机构的采购活动？

1. 对经过考核，工作业绩优良的集中采购机构要给予通报表彰。对于集中采购机构在考核中，虚报业绩、隐瞒真实情况的，或者无正当理由拒绝按照财政部门考核意见及时改进工作的，由财政部门或者同级人民政府给予警告或通报批评，情节严重的，可责令停止一至三个月的代理采购业务（此期间业务由采购人委托其他采购代理机构办理），进行内部整顿。其中，涉及集中采购机构领导或工作人员的，监察机关对直接责任人员可根据情节给予行政处分。

2. 集中采购机构发生下列情形，应当责令其限期改正，给予警告，对直接负责的主管人员和其他直接责任人，由其行政主管部门或监察机关给予行政处分。

一是应当采取规定方式而擅自采取其他方式采购的；二是擅自提高采购标准的；三是以不合理条件对供应商实行差别待遇或歧视待遇的；四是在招标过程中违规与投标人进行协商谈判的；五是拒绝有关部门依法实施监督检查的。

3. 集中采购机构发生下列情形的，应当给予警告；情节严重的，可责令停止一至三个月的代理采购业务，进行内部整顿。

一是未按规定在财政部门指定媒体上发布政府采购信息的；二是按规定应当在财政部门指定媒体发布招标公告和中标公告而发布率不足95%的；三是按规定应当在财政部门备案的招标文件、招标结果和合同其备案率不足90%的；四是未经财政部门批准擅自改变采购方式的；五是质疑答复满意率、服务态度和质量满意度较低的；六是违反本办法规定的其他考核内容的。

4. 集中采购机构工作人员有下列情形的，将追究有关直接责任人的责任，并且视情节给予短期离岗学习、调离（辞退）、处分等处罚。构成犯罪的，依法追究刑事责任。

一是与政府采购供应商恶意串通的；二是在采购过程中，接受贿赂或获取其他不正当利益的；三是违反政府采购及招标投标法律、法规、规章制度有关规定的；四是在有关部门依法实施监督检查中提供虚假情况的；五是由于个人工作失误，给采购人、供应商造成重大经济损失或不良影响的。

5. 集中采购机构有下列情形之一的，责令限期改正，情节严重的，给予警告，可以并处一万元以上五万元以下的罚款，对直接负责的主管人员和其他直接责任人员，由其所在单位、上级行政主管部门或有关机关给予处分，并予通报。

一是未依法在指定媒体上发布政府采购信息的；二是未落实优先或强制政府采购政策的；三是未依法在政府采购评审专家库中抽取专家的；四是在邀请招标、竞争性谈判和询价采购中，未按规定程序进行资格预审或选择供应商的；五是未在规定时间将政府采购合同副本报同级政府采购监督管理部门和有关部门备案的；六是未按规定组织对供应商履约情况进行验收的；七是对供应商的质疑逾期未作处理的。

6. 集中采购机构及其工作人员在采购活动中故意作有倾向性或虚假陈述，误导评标委员会、竞争性谈判小组或询价小组中政府采购评审专家的，给予警告，对其处以二万元以上二十万元以下的罚款。对其工作人员处以二千元以上二万元以下的罚款，并由其行政主管部门或有关机关给予处分，并予通报。

> **思考一下：**
>
> 如何强化对集中采购机构的外部监督？

7. 集中采购机构从事营利活动的，责令限期改正，给予警告，有违法所得的，并处没收违法所得，由设立该集中采购机构的人民政府或有关机关对其直接负责的主管人员和其他直接责任人员依法给予处分。

8. 集中采购机构有下列情形之一的，责令限期改正，情节严重的，给予警告；拒不改正的，由设立该集中采购机构的人民政府或有关机关依法给予其直接负责的主管人员和其他直接责任人员处分。

一是内部监督管理制度不健全，或对依法应当分设、分离的岗位人员未分设、分离的；二是将集中采购项目委托其他采购代理机构采购的；三是采购价格明显高于市场平均价格，或质量不符合采购需求，且不能合理说明理由的；四是未依法建立政府采购内部管理系统和业务资料库，管理混乱的。

（二）考核机构的违法行为和法律责任

财政部门或考核小组在考核工作中违反本办法规定，弄虚作假、徇私舞弊或滥用职权的，要给予通报批评；情节严重的，由其上级部门或监察机关依法给予行政处分。构成犯罪的，依法追究刑事责任。

六、集中采购机构分离

政府采购监管机构和集中采购机构两者之间是管理主体和执行主体的关系，是监督与被监督的关系。因此，管理主体履行政府采购的行政管理职能，执行主体行使政府采购的商务职能，管理机构和执行机构要分设，以形成有效的制衡机制。一是机构和人员的相对分离；二是工作职责的分离。

政府采购法规定集中采购机构应当独立设立。为了贯彻实施这一规定，凡设立在财政部门或者其他部门的集中采购机构，要依法与原部门分离，改为政府直属事业单位。

在集中采购机构分离工作中，财政部门要对集中采购机构的依法设置向当地政府提出意见和建议，还要积极探索依法设置集中采购机构的其他形式。符合政府采购法要求的集中采购机构设立方式并不是唯一的。无论采取哪种模式，都要符合法律规定，都要有利于政府采购工作的开展。

学习小资料

采购人理想的代理机构应具备哪些条件？

采购人理想的代理机构应该是什么样子呢？《政府采购信息报》记者在采访中听采购人提到最多的是“采购代理机构团队专业化水平”。

例如，在河南省商丘市公安局警务保障部装备处处长张宏看来，理想的代理机构应当至少具备以下两个条件：一是代理机构专职人员素质，其不但要熟悉政府采购法律法规，还要有一定的相关项目技术知识；二是代理机构自有或租用的开标场地设备齐全，包括监控、录音录像等，不在公共资源交易中心开标的项目，还需要代理机构有自己的场地。

西安建筑科技大学招标与采购办公室副主任魏井福介绍，“高校采购更看重代理机构的整体实力”。首先，因高校采购内容的专业性、经费来源的多样性、采购项目具有“小、零、散”等特点，这就要求代理机构必须认识到这些特点，了解高校采购的特殊性，具有较强的高校代理经验；其次，因政府采购工作的规范性，相关法律法规的复杂性，代理机构必须具有健全的内控机制，规范的工作机制；最后，在政府采购由过程导向向结果导向转变的形势下，代理机构对高校采购需求定制化能发挥的作用也显得非常重要。

魏井福认为，“代理机构服务对接人员的专业素质更是重中之重”。一方面，因为政府采购的专业性、规范性，要求对接人员具有较强的职业素养，例如坚实的法规基础、全面的法律分析能力，能够从立法初衷的高度把握相关法规的主要精神，做好采购人的参谋，做好采购活动组织；另一方面，因高校采购内容的多样性、采购背景的复杂性、采购组织现场各种问题的突发性等，必须要求代理机构组织人员要有条理的分析能力、良好的沟通能力、较强的临场应变能力等。

河南某采购代理机构负责人告诉记者，“我们主要是通过每周内部学习、定期参加监管部门以及专业媒体组织的培训，来提高员工专业素质的”。该公司已经连续 5 年参加了政府采购信息报社组织的代理机构从业人员培训。“我还记得刚开始两年参加的线下培训，当时我们员工是分批去的。现在线上培训更方便了，光去年我们就有 35 个人参加。”据悉，近年来很多省份都在通过社会力量开展代理机构从业人员培训，以提升代理机构的专业水平和服务采购人的能力。

资料来源：政府采购信息网，2022 年 5 月 24 日。

【重要概念】

政府集中采购　　集中采购形式　　部门集中采购

集中采购目录　　集中采购机构内控制度

【思考练习题】

1. 简述集中采购的形式和业务范围。
2. 简述集中采购机构的设置原则和条件。
3. 简述集中采购机构的职责。
4. 简述集中采购机构的工作要求。
5. 简述集中采购机构的考核内容。
6. 简述制定集中采购目录和限额标准的制度规定。
7. 简述集中采购机构的内控管理制度内容。

【案例分析】

1. 资料如下：

某天网工程运营维保服务项目公开招标，预算 320 万元。经评标委员会评审，某运营商当地分公司 A 供应商以 240 万元的价格中标，A 供应商迅速与采购人签订合同并完成履约。但在专家组验收时，专家组成员没有一个人敢签字，原因是招标文件要求该项目所有设备必须是全新的，但供应商的实际履约情况并非如此。A 供应商接到验收不通过的通知后，向当地财政部门提出：如果按照招标文件的要求，中标供应商提供的所有设备应当是全新的。根据项目所需，该项目没有 800 万元预算根本没法做，一定是招标文件有问题。

当地财政部门向采购人、代理机构了解后发现，该项目采购人本意是沿用之前的设备，代理机构在编制招标文件时用了该项目之前的采购文件作为底版进行修改调整，忘了将“所有设备必须是全新的”这一条款去掉。采购人 A 供应商向财政局表示是采购文件错误造成的，采购人同意 A 供应商不按招标文件履约。采购人和 A 供应商均向验收组提供了说明，但验收组专家依然无人敢验收通过。

随后，A 供应商向财政局提出放弃合同、拒绝履约，但是财政局根据相关法律，告诉 A 供应商放弃履行合同的后果：不仅该分公司将被禁止在全国参加政府采购活动，A 供应商的省级总公司、全国总公司均将在一定时间内无法参加政府采购活动。在了解到相关法律要求后，A 供应商不得不忍痛按照要求履约，这意味着 A 供应商在该项目上至少亏损 600 万元。

2. 根据上述材料，请思考以下问题：一是采购文件错误，供应商可以不按照采购文件要求履约吗？二是分公司被禁入政府采购，总公司还能参加政府采购活动吗？

第七章　政府采购预算

【学习目标和要点】

- 政府采购预算编制程序
- 政府采购预算编制内容
- 采购项目绩效目标申报表
- 政府采购预算执行机构
- 政府采购监管部门执行任务
- 政府采购预算调整方式
- 政府采购预算审批过程

第一节　政府采购预算分类

一、政府采购预算概念

政府采购预算是指经法定程序批准的年度政府采购计划。由预算报表和文字说明书两部分组成。包括单位采购预算、部门采购预算和政府采购预算三部分。按我国预算法规定，单位采购预算由采购人负责编制，部门采购预算由部门负责编制，政府采购预算由政府负责编制，政府财政部门负责具体编制政府采购预算。科学地编制政府采购预算，是政府采购规范管理的前提和基础工作。加强政府采购预算管理，对保证事业计划和行政任务的完成，财政预算的顺利完成，规范政府采购行为，保证政府采购活动顺利实施，都具有十分重要的意义。

二、政府采购预算分类

政府采购预算的分类方法有以下几种。

（一）按采购人划分

政府采购预算按照采购人分类，可划分为国家机关采购预算、事业单位采购预算、团体组织采购预算和其他采购实体采购预算。

（二）按采购对象划分

政府采购预算按政府采购对象划分，可分为货物类采购预算、工程类采购预算以及服务类采购预算。

（三）按采购预算编制主体划分

政府采购预算按编制范围划分，可分为单位采购预算、部门采购预算和政府采购预算。单位采购预算是由各采购人编制的反映单位采购内容的年度政府采购计划，是编制政府采购预算的基础。部门采购预算是由各政府部门编制的反映部门采购内容的年度政府采购计划，由单位采购预算汇编而成。政府采购预算是由政府财政部门具体负责编制的反映一级政府采购内容的年度采购计划，是政府预算的有机组成部分。一经批准，必须严格执行。

第二节 政府采购预算编制

一、编制准备工作

编制政府采购预算是一项细致、复杂、技术性强的工作。为了科学、合理地编制好采购预算，保证编制质量，必须做好一系列准备工作。

（一）做好上年度预算执行情况分析研究工作

按照政府预算法律法规规定，编制计划年度政府采购预算，要在报告年度第三季度随部门预算一起开始着手进行编制。所以，全面准确地预计分析本年度的政府采购计划执行情况，是编制下年度采购预算的基础。因此，各采购单位应当对本单位，同时深入下属各单位，对其现有的采购工作进度和工作质量进行详细调查研究，掌握其装备情况，对照正常的配备标准，结合系统内的平均装备水平，找出应该保留和应该更新的装备情况，考虑经济社会发展趋势、工作需要和自身财力，分析本年度扩大政府采购项目的必要性和可能性，使政府采购预算的编制更符合实际。

想一想：

如何科学编制政府采购预算？

（二）做好政府采购预算编制安排部署工作

政府采购预算的编制比较复杂，为规范采购预算的编制，必须认真做好对采购单位和有关人员编制预算的安排部署工作，一般由各级政府财政部门具体安排部署。《中华人民共和国预算法实施条例》第二十二条规定，财政部于每年 6 月 15 日前部署编制下一年度预算草案的具体事项，规定报表格式、编报方法、报送期限等。第二十五条规定，省、自治区、直辖市政府按照国务院的要求和财政部的部署，结合本地区的具体情况，提出本行政区域编制预算草案的要求。县级以上地方各级政府财政部门应当于每年 6 月 30 日前部署本行政区域编制下一年度预算草案的具体事项，规定有关报表格式、编报方法、报送期限等。第二十六条规定，县级以上地方各级政府各部门应当根据本级政府的要求和本级政府财政部门的部署，结合本部门的具体情况，组织编制本部门及其所属各单位的预算草案，按照规定报本级政府财政部门审核。因此，采购单位在编制采购预算前，要认真学习编制政府采购预算的有关规定，并将文件精神向单位领导详细汇报，争取支持。同时，掌握编制政府采购预算的方针、政策、原则、采购目录范围，明确编制采购预算的基本任务、内容、方法、程序、具体要求和报送日期等，真正做好编制单位采购预算的准备工作。

（三）做好国有资产合理调配和利用工作

政府采购是每年采购国有资产增量来源的主要部分。加强非经营性国有资产管理是财政部门、行政事业单位的重要工作之一。财政部令第 35 号《行政单位国有资产管理暂行办法》规定，行政单位必须执行资产统计报告制度，应当建立资产登记档案，并严格按照财政部门的要求做出报告。财政部门、行政单位应当建立和完善资产管理信息系统，对国有资产实行动态管理。财政部令第 36 号《事业单位国有资产管理暂行办法》规定，事业单位应当按照国有资产管理信息化的要求，及时将资产变动信息录入管理信息系统，对本单位资产实行动态管理，并在此基础上做好国有资产统计和信息报告工作。各单位在编制政府采购预算时，要结合政府采购制度的实行，搞好编制政府采购预算与资产管理的协调工作，以充分挖掘现有资产潜力，盘活现有存量资产，使国有资产得到有效利用与合理配置。尤其是当前经济下行压力加大的情况下，政府财力十分有限、公共财政建设压力加大、市场竞争加剧的情况下，更要注意挖掘存量资产潜力，对闲置资产实行统一收缴、统一调配、统一处理，鼓励闲置的非经营性资产盘活使用，或者转为经营性资产。通过盘活存量资产，既可弥补单位政府采购预算资金的不足，又可以腾出资产加快新事业的发展。

（四）做好采购项目科学论证和资金落实工作

政府采购预算是保证落实政府采购项目资金的前提，能够有效保障政府采购工作的质量和信誉。因此，在不断优化跨年度滚动预算项目库的背景下，采购单位财务部门、资产管理部门和业务部门应在单位领导的统一协调下，从单位实际情况出发，实事求是地提出采购项目需求，并进行认真论证，落实相应的资金来源。申请财政专项拨款和在预算执行中申请追加资金进行采购的单位，应从单位实际出发，提出采购项目的可能性研究报告，报财政部门和主管部门审查，以提高确定其预算额度的准确性。同时，规范政府采购预算和资产配置预算编制。各采购单位要按照政府采购法律法规的规定，对照政府采购目录及限额标准，将目录范围内的支出全部编列政府采购预算；涉及跨年度的政府采购项目可按项目规划控制数一次招投标、分次支付，按项目进度将相应年度支出编入财政支出规划。凡是预算支出形成资产的，均应编制资产配置相关预算。

（五）全面做好采购项目的绩效管理工作

特别是在全面强化政府预算绩效管理的新形势下，必须深入推进政府采购预算绩效管理工作。一是健全“全方位、全过程、全覆盖”采购预算绩效管理体系。紧紧围绕全面加强采购预算绩效管理要求，继续完善政策和采购项目预算绩效管理，拓展政府部门整体支出预算绩效管理深度，探索实施政府采购预算绩效管理，不断提升绩效管理质量和水平。在一般公共预算、政府性基金预算、国有资本经营预算全面实施预算绩效管理的基础上，逐步将社会保险基金预算纳入绩效管理覆盖范围，适时开展政府投资基金、政府债务项目等采购预算绩效管理，不断扩大采购绩效管理覆盖范围。二是做好事前采购绩效评估。政府部门建议新出台的支出政策、新安排采购项目必

> **思考一下：**
> 强化政府采购绩效管理的意义是什么？

须先进行事前绩效评估，未开展评估或者评估结果不合格的，不得进入采购预算安排程序，从源头上把好采购预算安排关。三是加强采购绩效目标管理。将采购绩效目标作为采购预算安排的前置条件，严格落实采购绩效目标与采购预算同步报送、同步批复、同步下达、同步公开的要求。将项目政策绩效目标审核结果与预算安排挂钩，对采购绩效目标偏离地区经济社会发展战略和年度重点任务的，以及重要性和紧迫性不强、实施条件不充分的，原则上不安排采购预算。四是做实采购绩效跟踪监控机制。按照“谁支出、谁负责”的原则，政府各部门对采购绩效目标实现程度和采购预算执行进度进行“双监控”，将监控结果与采购预算调剂挂钩，对预计项目支出无法执行、绩效目标无法实现的资金，及时进行调剂或下一年度同类支出原则上不再安排。五是完善采购绩效评价管理。建立单位自评抽查核实机制，健全财政重点评价管理机制和方法，聚焦贯彻落实地区重大决策部署，覆盖面广、社会关注度高的采购项目，推动采购绩效评价工作提质增效。六是强化采购绩效评价结果应用。加强采购预算绩效管理工作考核，制定政府部门财政管理工作绩效考核办法，充分发挥采购预算绩效结果的激励约束作用。硬化采购绩效评价结果挂钩机制，政府各部门在安排采购项目预算、进行政策调整时必须先参考采购绩效评价结果，将部门整体绩效评价结果与部门采购预算规模挂钩，对绩效评价结果较差的项目，适当调减或不再安排采购预算。

二、编制原则和依据

（一）编制原则

政府采购预算是年度政府预算的重要组成部分。编制政府采购预算是政府采购管理的首要和基础工作。依据我国相关法律法规规定，应当遵循以下原则。

1. 政策性原则。编制政府采购预算，不仅是一个经济问题，更是一个重要的政治问题。在编制政府采购预算过程中，应当以国家有关方针、政策和法律制度为依据，充分体现国家在优先采购国货、采购节能产品、采购环保产品、采购自主创新产品、采购扶贫产品等方面的方针政策，根据完成事业计划和行政工作任务的需要，正确处理需要与可能的矛盾，保证重点，兼顾一般，实事求是地进行编制。

2. 实用性原则。在安排年度政府采购预算和项目时，要结合地区和单位实际，统筹规划，瞻前顾后，精打细算，不要盲目追求高标准采购、贪大求洋，应以满足政务活动和公共服务的需要，适当考虑超前发展。同时，也要避免不考虑发展造成刚投入使用即落后，重新建设，导致不必要的损失和浪费。

3. 可靠性原则。政府采购预算一经批准批复，必须严格执行，一般不能调整。因此，在编制政府采购预算时，既要把根据事业发展需要应采购的项目考虑好，还应该注意政府采购资金的来源是否可靠，有无保证，不能预留缺口。包括在政府预算执行中追加的采购项目也必须有可靠的资金来源，以维护政府采购的良好信誉。

4. 完整性原则。预算单位在编制采购预算时，必须根据部门预算编制的有关要求，全面、准确地掌握本部门、本单位的国有资产信息状况，在对市场进行深入广泛调研的基础上，按照政府采购目录、政府收支分类科目和有关预算支出定额的要求，把单位年度政府采购项目的内容，完整、全面地反映在单位政府采购预算表格中，不得在预算之外，另留采购项目，人为地逃避政府采购预算的约束。

5. 统一性原则。财政部门和采购单位在编制政府采购预算时，要按照政府统一设置的政府采购预算表格，统一内容、口径、程序、计算方法填列有关文字和数字信息，然后随部门预算一同按时上报，保证政府采购预算与政府其他预算的协调统一。

6. 绩效性原则。加快构建政府采购全方位、全过程、全覆盖预算绩效管理体系，完善预算绩效管理流程，扩大预算绩效管理范围，加强绩效评价结果应用，努力盘活存量、用好增量，加快实现政府采购预算和绩效管理一体化，着力提高政府采购资源配置效率和使用效益。

（二）编制依据

依据我国相关法律法规规定，政府采购预算的编制依据包括：

> **讨论一下：**
>
> 政府预算与政府采购预算的区别和联系是什么？

1. 方针、政策和法规。为了推动政府采购制度的改革和建设，政府采购预算编制必须遵循各级政府制定的方针、政策、相关法律和规章。截至 2022 年 3 月，与政府采购管理相关的法律主要包括《政府采购法》《预算法》《招标投标法》《合同法》《审计法》《行政复议法》《行政诉讼法》等。财政部规章主要包括《政府采购非招标采购方式管理办法》（财政部令第 74 号）、《政府采购货物和服务招标投标管理办法》（财政部令第 87 号）、《政府采购质疑和投诉办法》（财政部令第 94 号）、《政府采购信息发布管理办法》（财政部令第 101 号）、《政府购买服务管理办法》（财政部令第 102 号）、《政府采购框架协议采购方式管理暂行办法》（财政部令第 110 号）。另有财政部规范性文件 240 余份。

2. 政府采购目录和采购限额标准。按照 2019 年 12 月财政部制定的《地方预算单位政府集中采购目录及标准指引（2020 年版）》（财库〔2019〕69 号），取消市、县级集中采购目录，实现集中采购目录省域范围相对统一，充分发挥集中采购制度优势，不断提升集中采购服务质量和专业水平。省级财政部门定期颁布的政府采购目录和采购限额标准是地方各级政府编制政府采购预算时必须遵循的政府采购项目范围标准。凡是列入政府采购目录范围内和达到采购限额标准的采购项目必须编入预算单位的政府采购预算，不得有人为的漏编行为。

2013 年 10 月 29 日财政部发布了《政府采购品目分类目录》（财库〔2013〕189 号），是制定政府采购集中采购目录的重要参考依据。政府采购品目分类目录如下。

A 货物

A01 土地、建筑物及构筑物

A02 通用设备

A03 专用设备

A04 文物和陈列品

A05 图书和档案

A06 家具用具

A07 纺织原料、毛皮、被服装具

A08 纸、纸制品及印刷品

A09 办公消耗用品及类似物品

A10 建筑建材

A11 医药品

A12 农林牧渔业产品

A13 矿与矿物

A14 电力、城市燃气、蒸汽和热水、水

A15 食品、饮料和烟草原料

A16 炼焦产品，炼油产品

A17 基础化学品及相关产品

A18 橡胶，塑料，玻璃和陶瓷制品

A19 无形资产

A99 其他货物

B 工程

B01 建筑物施工

B02 构筑物施工

B03 工程准备

B04 预制构件组装和装配

B05 专业施工

B06 建筑安装工程

B07 装修工程

B08 修缮工程

B09 工程设备租赁（带操作员）

B99 其他建筑工程

C　服务

C01 科学研究和试验开发

C02 信息技术服务

C03 电信和其他信息传输服务

C04 租赁服务（不带操作员）

C05 维修和保养服务

C06 会议和展览服务

C07 住宿和餐饮服务

C08 商务服务

C09 专业技术服务

C10 工程咨询管理服务

C11 水利管理服务

C12 房地产服务

C13 公共设施管理服务

C14 能源的生产和分配服务

C15 金融服务

C16 环境服务

C17 交通运输和仓储服务

C18 教育服务

C19 医疗卫生和社会服务

C20 文化，体育，娱乐服务

C21 农林牧副渔服务

C22 采矿业和制造业服务

C23 批发和零售服务

C99 其他服务

3. 业务部门提供的采购计划。因为政府采购预算相对于单位的增量资产采购，因此，各预算单位在编制政府采购预算时，要全面掌握本单位的资产存量情况，还应当广泛收集和参考本单位各业务部门提出的符合实际的采购需求和采购实施计划，经过审核研究确定单位采购计划。

4. 单位采购资金额度。为使政府采购预算编制达到真实、可靠的要求，预算单位在编制政府采购预算时，必须对本单位各项收入中能够安排用于货物、工程和服务采购的资金额度进行详细测算，避免在政府采购预算执行中出现不能按期付款的问题。

5. 政府采购对象的市场行情。政府采购对象的市场行情是一个动态的价格，价格估算做到基本准确，有利于合理编制预算。因此，在编制政府采购预算时，不能闭门造车，不能单靠“拍脑袋”，不能简单地以市场价作依据，不能“照搬”以往的采购价，不能简单地“打折扣”编预算，不能为了整数字而“造预算”。一方面，要充分参考近期各类采购对象的中标价；另一方面，要与有关供应商进行磋商，预测有关采购对象的价格变动趋势，从而编制出比较符合实际的政府采购预算。

三、编制程序、内容和方法

（一）编制程序

政府采购预算是政府预算、部门预算的有机组成部分。因此，政府采购预算编制的程序与现行部门预算编制的程序相适应，也采取“自下而上、自上而下、二上二下、上下结合”的程序，简称“二上二下，上下结合”。

> **想一想：**
>
> 政府采购预算编制为什么要执行“二上二下”程序？

1. “一上”。自下而上上报采购预算建议数。各预算单位在编制部门预算时，按照编制预算通知精神的有关要求，同时编制单位采购预算，提出预算建议数，主管部门审查汇总报财政部门审核。

2. “一下”。自上而下下达采购预算控制数。对预算单位汇总上报的包括单位采购预算在内的财务收支计划，由财政部门的主管处室初审并送预算处（有的地方财政部门成立了评审小组）审核后，向各单位下达预算控制数。

3. “二上”。自下而上上报采购预算草案。各预算单位根据财政部门下达的预算控制数，结合本单位预算年度的收支情况，特别是财政拨款补助数变动情况，本着“量入为出，不留缺口”的原则，对相关收支项目进行调整，包括调整单位采购预算，编制单位预算草案。单位在调整采购预算时，应根据事业发展和工作计划，提出具体采购项目的实施时间。单位预算草案编好后，各单位按照规定时间将预算草案报送主管部门审核汇总，由主管部门报财政部门审批。

4. “二下”。自上而下批复采购预算。财政部门将各部门包括单位采购预算在内的部门预算汇总编入本级政府预算，按法定程序批准后，在规定时间内，随单位预算一并批复下达各单位。单位预算一经批准以后，即成为预算执行的依据，各单位必须认真执行，不得任意调整。

（二）编制内容

依据目前我国政府采购预算编制规定，所有采购项目都必须进入财政支出项目库。进库项目政府采购预算编制内容主要包括两个方面：其一是采购项目需求申报表；其二是项目绩效目标申报表。

1. 采购项目需求申报表。编制内容一般包括：采购项目、采购资金来源、数量、型号、需求时间（开工时间和使用时间）等。

> **思考一下：**
>
> 编制采购项目绩效目标申报表的作用？

（1）采购项目。按当年政府或者授权财政部门公布的政府采购目录和采购限额标准进行编制。政府采购目录和采购限额标准是政府采购中需要重点管理的货物、工程和服务的归集，是预算单位编制年度政府采购计划的依据之一。地方政府采购目录和采购限额标准范例如下。

×××省政府集中采购目录及标准（2022年版）

第一，集中采购机构采购项目目录。以下项目必须按规定委托集中采购机构代理采购：

序号	品目	编码	备注
一、货物类			
1	服务器	A02010103	
2	台式计算机	A02010104	
3	便携式计算机	A02010105	
4	喷墨打印机	A0201060101	
5	激光打印机	A0201060102	
6	针式打印机	A0201060104	
7	液晶显示器	A0201060401	

续表

序号	品目	编码	备注
8	扫描仪	A0201060901	
9	基础软件	A02010801	
10	信息安全软件	A02010805	
11	复印机	A020201	
12	投影仪	A020202	
13	多功能一体机	A020204	
14	照相机及器材	A020205	
15	LED 显示屏	A020207	
16	触控一体机	A020208	
17	速印机	A02021001	
18	装订机	A02021003	
19	碎纸机	A02021101	
20	乘用车	A020305	包含新能源汽车
21	客车	A020306	包含新能源汽车
22	电梯	A02051228	
23	不间断电源（UPS）	A02061504	
24	空调机	A0206180203	
25	视频会议系统设备	A020808	
26	录像机	A02091101	
27	通用摄像机	A02091102	
28	摄录一体机	A02091103	
29	家具用具	A06	
30	复印纸	A090101	
二、服务类			
31	云计算服务		
32	安全服务	C0810	仅指其中的保安服务
33	印刷服务	C081401	
34	物业管理服务	C1204	

注：①高校、科研院所采购科研仪器设备不适用表中所列项目，具体按照《×××省财政厅关于省属高校和科研院所科研仪器设备采购管理有关事项的通知》（××财购〔2016〕9号）》执行。

②集中采购目录以内且分散采购限额标准以下的零星采购，按照政府采购网上商城和其他有关规定执行。

③本目录根据财政部《政府采购品目分类目录》（财库〔2013〕189号）制定，目录项目的具体内容按照《政府采购品目分类目录》的对应内容解释确定。

第二，分散采购限额标准。一是除集中采购机构采购项目外，预算单位采购单项或批量预算金额达到采购限额标准的项目，应当按照《中华人民共和国政府采购法》有关规定，实行分散采购。集中采购机构采购项目以外、采购限额标准以下的采购项目，可不执行政府采购法规定的方式和程序。二是省级本级货物、工程、服务项目分散采购限额为 100 万元，市级货物、服务项目分散采购限额为 50 万元，县级货物、服务项目分散采购限额为 30 万元，市级和县级工程项目分散采购限额标准为 60 万元。

第三，公开招标数额标准。一是预算单位采购货物、服务项目，省级本级单项或批量预算金额达到 400 万元以上的、市级和县级单项或批量预算金额达到 200 万元以上的，采用公开招标方式。政府采购工程招标数额标准按照《必须招标的工程项目规定》（国家发改委令第 16 号）执行。二是政府采购工程以及与工程建设有关的货物、服务，采用招标方式采购的，适用《中华人民共和国招标投标法》及其实施条例；采用其他方式采购的，适用《中华人民共和国政府采购法》及其实施条例。

（2）数量。指采购项目的计划采购量。

（3）型号。指计划采购项目的配置标准。

（4）资金来源。指单位用于政府采购项目支出的资金来源渠道。一般包括：

讨论一下：

为什么要扩大政府采购公开招标数额标准？

① 财政拨款。指单位从财政预算拨款中用于政府采购项目的支出部分。

② 其他收入。指单位用上述资金来源以外的资金安排政府采购项目的支出，包括财政专户资金、自筹资金、国家财政转贷资金、银行贷款、国际金融组织贷款等。

（5）需求时间。指政府采购项目通过法定政府采购方式，获取货物、接受服务和工程的开工时间。

单位采购预算申报表具体见表 7－1 样表。

2. 采购项目绩效目标申报表。2021 年 3 月 7 日颁布实施的《国务院关于进一步深化预算管理制度改革的意见》（国发〔2021〕5 号）强调，要将项目作为部门和单位预算管理的基本单元，预算支出全部以项目形式纳入预算项目库，实施项目全生命周期管理，未纳入预算项目库的项目一律不得安排预算。有关部门负责安排的建设项目，要按规定纳入部门项目库并纳入预算项目库。实行项目标准化分类，规范立项依据、实施期限、支出标准、预算需求等要素。建立健全项目入库评审机制和项目滚动管理机制。做实做细项目储备，纳入预算项目库的项目应当按规定完成可行性研究论证、制定具体实施计划等各项前期工作，做到预算一经批准即可实施，并按照轻重缓急等排序，突出保障重点。

表 7－1　　××××年度预算单位政府采购预算申报表

填表单位：（盖章）　　　　单位：万元

<table>
<tr><td rowspan="4">序号</td><td colspan="2">项目</td><td rowspan="4">规格要求</td><td rowspan="4">数量</td><td colspan="8">政府采购资金来源</td><td rowspan="4">需求时间</td></tr>
<tr><td rowspan="3">采购项目</td><td rowspan="3">采购目录</td><td rowspan="3">总计</td><td colspan="3">财政拨款（补助）</td><td rowspan="3">纳入预算管理的政府性基金</td><td rowspan="3">行政事业单位经营性资产收益</td><td rowspan="3">上年专项结转</td><td rowspan="3">其他自有资金</td></tr>
<tr><td colspan="2">经费拨款（补助）</td><td rowspan="2">纳入预算管理收费收入安排的拨款</td></tr>
<tr><td>公用经费定额资金</td><td>财政安排的专项资金</td></tr>
<tr><td>*</td><td>*</td><td>*</td><td>1</td><td>2</td><td>3</td><td>4</td><td>5</td><td>6</td><td>7</td><td>8</td><td>9</td><td>10</td><td>11</td></tr>
<tr><td></td><td></td><td></td><td></td><td></td><td></td><td></td><td></td><td></td><td></td><td></td><td></td><td></td><td></td></tr>
</table>

填表人：

注：①此表填列某年拟在本单位经费中购置需实行政府采购的项目，应结合下达的某年部门预算数填列。咨询电话：12345678

②此表应在某年某月某日前报送对口财政局业务科室，以便汇总编报政府采购预算。

从实际工作来看，行政事业单位预算支出一般分为两大类：基本支出和项目支出。不论是基本支出和项目支出，事关专项支出都必须进财政项目库，都必须编制项目预算绩效目标申报表，填列单位基本情况、绩效目标、绩效指标。基本情况包括项目名称、主管部门和资金来源。绩效目标包括项目周期或者年度绩效目标。绩效指标包括产出指标、效益指标和满意度指标。产出指标包括数量指标、质量指标、时效指标、成本指标等。效益指标包括经济效益、社会效益、生态效益和可持续影响指标等。满意度指标是指服务对象满意度调查指标。政府采购项目绩效目标申报表的格式如表 7－2 所示。

表 7－2　　××级部门预算政府采购项目绩效目标申报表

（××××年度）

<table>
<tr><td colspan="2">项目名称</td><td colspan="4"></td></tr>
<tr><td colspan="2">主管部门</td><td colspan="2"></td><td>单位名称</td><td></td></tr>
<tr><td colspan="2" rowspan="3">项目资金
（万元）</td><td>实施期资金总额：</td><td></td><td>年度资金总额：</td><td></td></tr>
<tr><td>其中：财政拨款</td><td></td><td>其中：财政拨款</td><td></td></tr>
<tr><td>其他资金</td><td></td><td>其他资金</td><td></td></tr>
<tr><td rowspan="2">绩效目标</td><td colspan="3">实施期目标</td><td colspan="2">年度目标</td></tr>
<tr><td colspan="3">目标 1：
目标 2：
目标 3：
……</td><td colspan="2">目标 1：
目标 2：
目标 3：
……</td></tr>
</table>

续表

	一级指标	二级指标	三级指标	指标值	二级指标	三级指标	指标值
绩效指标	产出指标	数量指标	指标 1：		数量指标	指标 1：	
			指标 2：			指标 2：	
			……			……	
		质量指标	指标 1：		质量指标	指标 1：	
			指标 2：			指标 2：	
			……			……	
		时效指标	指标 1：		时效指标	指标 1：	
			指标 2：			指标 2：	
			……			……	
		成本指标	指标 1：		成本指标	指标 1：	
			指标 2：			指标 2：	
			……			……	
		……			……		
	效益指标	经济效益指标	指标 1：		经济效益指标	指标 1：	
			指标 2：			指标 2：	
			……			……	
		社会效益指标	指标 1：		社会效益指标	指标 1：	
			指标 2：			指标 2：	
			……			……	
		生态效益指标	指标 1：		生态效益指标	指标 1：	
			指标 2：			指标 2：	
			……			……	
		可持续影响指标	指标 1：		可持续影响指标	指标 1：	
			指标 2：			指标 2：	
			……			……	
		……			……		
	满意度指标	服务对象满意度指标	指标 1：		服务对象满意度指标	指标 1：	
			指标 2：			指标 2：	
			……			……	
		……			……		

（三）编制方法

1. 单位和部门采购预算的编制方法。各采购单位要根据政府采购监管机关规定的年度政府采购项目范围、各单位的工作任务、中长期发展规划，按照一定的配备标准，结合本单位的具体情况，按照实事求是的原则编制本单位的年度采购预算。在具体编制时，要注意以下几个问题：一是要根据党和国家的方针、政策以及行业发展计划要求和行业配备标准据实进行分年度实施；二是要根据单位自身的财力许可条件，正确处理好单位采购需要和可能的关系；三是采购单位的主管部门要加强对上报的采购预算的审查和监督。

在我国编制政府采购预算的实际工作中，出现了一些不规范的做法。以下几种采购预算编制方法必须引起高度重视。一是直接以“市场价”编制采购预算；二是以“过去采购价”编制采购预算；三是“照搬”外地价格编制采购预算；四是采取“打折扣”方法编制采购预算；五是采取“预估”方法编制采购预算。

> **想一想：**
> 政府采购预算公开的内容包括哪些？

上述种种采购预算编制方法弊端很多：一是降低财政资金使用效率；二是影响采购计划的有效执行；三是影响依法采购。为保证编制政府采购预算的质量，特别要注意以下几点：一是“采购项目”必须具体；二是“技术指标”必须规范；三是“预算金额”要有竞争性。

政府采购项目绩效目标申报表的范例如表7－3所示。

表7－3　××××年度节能减排及环境保护专项资金绩效目标申报表

<table>
<tr><td>项目名称</td><td>节能减排及环境保护专项资金——污染防治专项资金</td><td>市级主管部门</td><td>××市生态环境局</td></tr>
<tr><td rowspan="4">资产情况（万元）</td><td>年度金额：</td><td colspan="2">400000</td></tr>
<tr><td>其中：中央财政资金</td><td colspan="2"></td></tr>
<tr><td>市级财政资金</td><td colspan="2">400000</td></tr>
<tr><td>其他资金</td><td colspan="2"></td></tr>
<tr><td rowspan="2">年度总体目标</td><td colspan="3">年度目标</td></tr>
<tr><td colspan="3">深入贯彻习近平生态文明思想，认真落实党中央、国务院决策部署和全国生态环境保护大会要求，贯彻国家和××市“十四五”规划要求，坚持以改善生态环境质量为核心，扎实推进全市生态文明建设和各项生态环境保护工作。具体包括：一是深化大气污染防治，巩固控制质量改善成效，实现主要大气污染物排放总量持续下降，完成氮氧化物、挥发性有机物减排目标要求；二是加强水生态环境保护，保障饮用水安全，推进水环境治理，促进水生态修复与恢复；三是土壤污染风险得到有效管控，受污染耕地及重点建设用地安全利用得到有效保障。</td></tr>
</table>

续表

	一级指标	二级指标	三级指标	指标值
绩效指标	产出指标	数量指标	优良天数比率	≥73%
		数量指标	重污染天数	≤2.2%
		数量指标	地表水国考断面达到或优于Ⅲ类水体比例	≥70.3%
		数量指标	断面水质达标率	100%
		数量指标	污染地块安全利用率	>93%
		数量指标	受污染耕地安全利用率	>93%
		质量指标	项目验收合格率	100%
		时效指标	截至2022年年底，污染防治资金下达比率	100%
		成本指标	不超过预算控制金额	400000万元
	效益指标	经济效益指标	资源和能源利用率	不断提高
		社会效益指标	污染治理体系和能力	更加完善
		社会效益指标	有利于低碳发展的社会环境	逐步形成
		生态效益指标	空气质量、地表水环境质量	持续改善
		生态效益指标	地下水水质	总体保持稳定
		生态效益指标	土壤污染风险	有效管控
		可持续影响指标	生态文明水平	显著提升
	满意度指标	服务对象满意度指标	服务对象满意度	≥90%

2. 政府采购预算的编制方法。按照有关规定，政府采购监管机关应当根据年内政府采购的有关政策和财政部门下达的预算控制指标，结合本地区的实际情况，将各部门上报的采购预算进行审核、分析后，汇总编制本级政府的年度政府采购预算，报政府审定后，再由有关各级人大专门委员会或者人大常委会工作机构初审后，最后提交同级人民代表大会审批。

（四）政府采购预算审核

政府采购预算的审核，是提高部门预算和政府采购预算编制质量的重要环节。因此，单位和部门政府采购预算草案编制过程中，财政部门要组织相关支出管理机构按照预算绩效管理有关政策制度规定进行认真审核。

财政部门在审核单位采购预算申报表时，应采取以下行之有效的方法：一是要结合采购人的职能特点，有针对性地下达采购项目的预算金额；二是要结合当地的财政收入状况，分析确定采购项目的预算金额；三是要对上年度的采购绩效进行“动态”分析，有连贯性地确定新年度采购项目的预算金额；四是要结合产品价格的市场行情，比较真实地研究确定采购项目的预算金额；五要结合周边地区采购项目的预算金额确定方法，分析制定本地区的预算金额，而不能简单地照搬外地的数据。

审核采购项目绩效申报表的主要包括以下内容。

> **思考一下：**
>
> 公共体育支出项目的产出指标应该有哪些？

一是基本情况审查。包括：（1）项目名称，指预算单位申报项目的具体名称，与项目文本中的名称一致；（2）主管部门，指申报项目单位的省级主管部门全称；（3）单位名称，指项目申报单位全称，与项目文本中的有关内容一致；（4）项目资金，指实施期或年度项目资金总额，按资金来源分为财政拨款、其他资金。

二是绩效目标审查。采购项目支出绩效目标是描述通过该项预算安排的项目支出在一定期限内预期达到的总体产出和效果，包括实施期目标和年度目标。（1）实施期目标，即概括描述申报项目在确定的计划期内预期达到的总体产出和效果，在新设或重新设立时确定，一般不再变动；（2）年度目标，即概括描述项目在本年度内预期达到的产出和效果。

三是绩效指标审查。绩效指标按实施期指标和年度指标分别填列，其中，实施期指标是对实施期目标的细化和量化，年度指标是对年度目标的细化和量化。实施期为一年的预算项目只填写年度指标。

绩效指标一般包括产出指标、效益指标、满意度指标三类一级指标，每一个一级指标细分为若干二级指标、三级指标，分别设定具体的指标值。指标值应尽量细化、量化，可量化的用数值描述，不可量化的以定性描述。

1. 产出指标。反映根据既定目标，相关预算资金预期提供的公共产品和服务情况。可进一步细分为：（1）数量指标，反映预期提供的公共产品和服务数量，如“举办培训的班次”“培训学员的人次”“新增设备数量”等；（2）质量指标，反映预期提供的公共产品和服务达到的标准、水平和效果，如“培训合格率”“研究成果验收通过率”等；（3）时效指标，反映预期提供公共产品和服务的及时程度和效率情况，如“培训完成时间”“研究成果发布时间”等；（4）成本指标，反映预期提供公共产品和服务所需成本的控制情况，如“人均培训成本”“设备购置成本”“和社会平均成本的比较”等。

2. 效益指标。反映与既定绩效目标相关的、前述相关产出所带来的预期效果的实现程度。可进一步细分为：（1）经济效益指标，反映相关产出对经济发展带来的影响和效果，如“采用先进技术带来的实际收入增长率”；（2）社会效益指标，反映相关产出对社会发展带来的影响和效果，如“带动就业增长率”“安全生产事故下降率”等；（3）生态效益指标，反映相关产出对自然环境带来的影响和效果，如“水电能源节约率”“空气质量优良率”等；（4）可持续影响指标，反映相关产出带来影响的可持续期限，如“项目持续发挥作用的期限”“对本行业未来可持续发展的影响”等。

3. 满意度指标。属于预期效果的内容，反映服务对象或项目受益人对相关产出及其影响的认可程度，根据实际细化为具体指标，如“受训学员满意度”“相关群体对××工作的满意度”“社会公众投诉率/投诉次数”等。

4. 其他补充指标。实际操作中其他绩效指标的具体内容，可由部门（单位）根据需要，在上述指标中或在上述指标之外另行补充。

四、审批

政府采购预算的审批严格来说是个审批过程，包括狭义和广义两个方面。狭义上的含义是指在人民代表大会召开期间对政府采购预算的审批。依据我国预算法规定，广义上的政府采购预算的审批过程应该包括政府采购预算的初步审查、审批、批复和备案四个环节和步骤。政府采购预算的审批过程如下。

（一）采购预算初步审查

中央和县以上地方各级政府预算草案应在本级人民代表大会召开前的规定时间内，由各级政府财政部门，将包括政府采购预算在内的政府预算草案的主要内容提交本级人民代表大会有关专门委员会或本级人大常委会有关工作机构进行初步审查。

（二）采购预算的审批

在人民代表大会召开期间，由财政部门代表本级政府向大会报告包括政府采购预算在内的政府预算草案。人民代表大会的专门委员会将对预算草案初步审查结果在人民代表大会召开期间提交人民代表大会讨论。在讨论审议过程中，人大代表有权就有关问题提出质询，财政部门必须作出答复。审查通过后，人民代表大会作出批准决议或修改决议，政府根据人民代表大会的决议对预算草案进行调整核定。政府预算经人民代表大会审查批准后20天内，应及时向社会公布。

（三）采购预算批复

各级政府预算经批准后，本级政府财政部门要及时（20天）向本级政府各部门批复预算，各部门要及时（15 天）向所属单位批复预算。

（四）采购预算备案

政府预算经批准后，各级政府应及时将本级政府预算、下级政府报送备案的预算汇总后，分别报上级政府和同级人大常委会备案。

> **讨论一下：**
> 政府采购预算的审查重点内容是什么？

第三节 政府采购预算执行

政府采购预算经过批准后，就进入了执行阶段。编制政府采购预算仅仅是政府采购管理工作的开始。完成全年政府采购的各项工作任务，还必须做大量的执行管理工作，可以说，政府采购预算执行工作是整个政府采购预算管理的中心环节。

一、组织体系和任务

政府采购预算执行，是一项经常性、艰巨性、复杂性和细致性的工作，必须建立一套完备的、科学的组织体系，才能顺利地完成执行阶段的各项工作任务。依据我国政府采购法规定，政府采购预算执行组织体系主要包括政府采购监管机关、监督机关、国库和政府采购当事人（执行机构）等四个方面。参与政府采购预算执行的各主体及任务如下。

（一）政府采购监管机关

作为政府采购监管机关的财政部门，对政府采购执行的监管是综合性、经常性的监管。在执行中的主要任务包括以下十个方面：一是负责政府采购计划的制定和执行；二是负责政府采购方式的审批；三是负责政府采购资金的支付监督工作；四是负责监管采购人、采购代理机构和供应商的采购执行工作；五是负责协调采购过程中各方面的关系，处理执行中的投诉、复议工作；六是负责组织政府采购相关人员的培训；七是负责政府采购合同备案工作；八是负责收集、统计、发布和管理政府采购信息工作；九是负责检查分析政府采购预算执行情况，保证年度政府采购任务的完成；十是负责完善政府采购法律法规体系。

（二）政府采购监督机关

政府采购监督机关主要包括政府部门、审计和监察机关。

1. 政府部门。其对政府采购监督的主要任务：一是政府各部门负责对所属单位的政府采购业务进行全方位全流程全覆盖的监督。二是政府有关部门对纳入政府采购范围并实施招标方式采购的工程项目采购活动进行监督。这种监督是专业性的，与财政部门的综合监督有所区别。按照国家规定，工业（含内贸）、水利、交通、铁道、民航、信息产业等行业和产业项目的招投标活动的监督，分别由经贸、水利、交通、铁道、民航、信息产业等行政主管部门负责；各类房屋建筑及其附属设施的建造和与其配套的线路、管道、设备的安装项目和市政工程的招投标活动的监督，由建设行政主管部门负责。

2. 审计机关。其主要任务包括事前、事中和事后监督。一是事前监督，主要是对政府重大投资项目的资金安排的监督。二是事中监督，是指在政府采购业务执行中，参与部分环节采购活动，如参与评标活动进行监督，对政府采购重大调整项目执行情况中的政府采购政策执行情况进行审计监督。三是事后监督，这一部分审计监督是重点内容。即针对政府、部门和单位政府采购预算资金使用执行情况及其相关活动的情况进行监督。对政府采购决算草案审批前的审计监督等。这种监督是全方位的监督，主要是通过对政府各部门、采购人、集中采购机构参与政府采购活动的违法违纪行为进行处理并提出完善措施的建议发挥监督作用。

3. 监察机关。其主要任务包括事中和事后监督。一是事中监督，是指在政府采购活动中，参与部分环节采购活动，如通过参与评标活动进行监督。二是事后监督，通过对参与政府采购活动的国家机关、国家公务员和国家行政机关任命的其他人员的违法违纪行为进行处理进行监督。

> **想一想：**
>
> 政府采购项目资金的支出拨付方式是什么？

（三）国库

国库是“国家金库”的简称，是负责办理政府预算资金的收纳、划分报解、保管、支拨和监督等工作的机构。国库是政府采购预算执行的重要环节，是政府采购预算管理的基础工作之一。政府采购管理工作是国库制度体系的核心内容之一。

我国财政国库管理制度改革始于 2001 年 3 月，主要内容包括以下三个方面：建立国库单一账户体系；规范收入收缴程序；规范支出拨付程序。目前已经逐步构建起了中国特色现代财政国库管理体系。按照规定，大部分政府采购支出实行财政直接支付，部分购买支出实行财政授权支付。财政直接支付和财政授权支付的具体支出项目，由财政部门在确定部门预算时列出。

国库作为政府采购预算执行的重要环节，在政府采购预算执行过程中，主要任务是根据相关制度规定，当政府采购项目验收完毕进入资金支付步骤时，依据财政部门作出的支付命令，通过进一步审查后，把采购资金通过相关账户直接支付给供应商，确保采购项目按照政府采购合同完成全部规定程序。

（四）政府采购当事人

政府采购当事人前已述及，这里主要介绍三个参与人主体，包括采购人、采购代理机构和供应商。

1. 采购人。其主要任务包括：一是负责编制和执行部门和单位的政府采购预算需求和实施计划，包括政府采购追加预算和实施计划；二是负责与政府采购代理机构签订委托代理协议；三是负责与政府采购代理机构一起规范执行采购方式；四是负责确认采购文件；五是负责签订采购合同；六是负责对供应商提供货物、工程及服务的验收工作；七是负责受理和答复供应商的质疑，配合政府采购监管机构处理投诉事宜；八是负责本部门、本单位以及配合监管部门开展年度政府采购预算执行的检查分析工作；九是负责政府采购执行分析的统计报告工作；十是按时参加财政部门组织的相关培训活动；等等。

2. 供应商。其主要任务包括：一是通过参与政府采购方式执行活动，根据与采购人签订的合同要求，认真履行采购合同，按时提供符合要求的货物、工程和服务；二是通过依法提出合理有效的质疑和投诉，监督相关部门和单位认真执行政府采购规则；三是在有关部门处理政府采购质疑和投诉时，相关供应商要做好配合调查和处理工作。

3. 采购代理机构。由于采购代理机构的类型不同，其任务也不一样。

（1）社会代理机构。其主要任务包括：一是接受采购人的委托，在委托的事项范围内，按照政府采购规则以高效、优质的服务组织实施采购活动；二是配合采购人处理政府采购质疑事宜；三是配合政府采购监管机构处理投诉事宜；四是按时参加财政部门组织的相关培训活动；五是接受政府采购监管和监督机关的监督检查。

（2）集中采购机构。其主要任务包括：一是接受采购人的委托，在委托的事项范围内以高效、优质的服务，按照政府采购规定规则组织实施政府采购活动；二是配合采购人处理政府采购质疑事宜；三是配合政府采购监管机构处理投诉事宜；四是通过完善内部管理制度和健全内部管理机制，不断提高代理采购水平和质量；五是做好政府采购的统计分析报告工作；六是按时参加财政部门组织的相关培训活动；七是接受政府采购监管和监督机关的监督检查；等等。

二、政府采购预算调整

按照我国政府预算法律法规规定，政府采购预算是政府预算的重要组成部分，经同级人民代表大会批准后，具有法律效力，一般不得随意调整。确因国家政策、财力变化和工作任务发生变动，需要调整政府采购预算时，应按照法定程序进行报批。

在实际工作中，广义的采购预算的调整包括部门和单位采购预算的调整和政府采购预算的调整。单位和部门采购预算的调整是经常发生的业务，主要是一些单位采购预算在年初编制时，由于种种原因，存在编制不太规范、不太准确的地方。在采购预算执行中需要调整时，一般通过增加或减少采购项目金额、增加或减少采购项目数量进行调整，由于上述调整既不影响部门和单位预算平衡，也不影响政府财政预算的平衡，因此，不属于严格意义上的政府采购预算调整。我们所说的采购预算调整是指政府采购预算的调整。

> **思考一下：**
>
> 政府采购预算调整的审批程序是什么？

另外，有些教材把动用预备费和预算调剂也作为政府预算调整的方式，是不对的。因为我国预算法第六十七条规定，经全国人民代表大会批准的中央预算和经地方各级人民代表大会批准的地方各级预算，在执行中出现下列情况之一的，应当进行预算调整：一是需要增加或者减少预算总支出的；二是需要调入预算稳定调节基金的；三是需要调减预算安排的重点支出数额的；四是需要增加举借债务数额的。从以上政府预算法规定来看，我国政府预算法界定政府预算调整的范围和标准主要是从总量标准上界定的。动用预备费和预算科目调剂均不影响预算执行中总量的平衡状态，因此，不属于预算调整的方式，也不属于政府采购预算调整的方式。

（一）政府采购预算调整方式

政府采购预算的调整包括以下两种方式。

1. 政府采购预算的追加和追减。政府采购预算的追加追减，又称追加追减采购预算，是指在年初财政采购预算的基础上，由于执行过程中国家政策、财力状况、工作计划发生变化时，造成政府采购预算金额的增加或者减少的调整活动。造成政府采购预算收支金额的增加叫追加；反之，叫追减。政府采购预算金额的增加，其资金来源包括上级专项拨款、地方财政收入超收使用、调入预算稳定调节基金、使用债务资金等。政府采购预算金额的减少，应相应压缩政府采购预算规模。政府采购预算的追加或追减会引起政府预算规模的增加或减少，按照预算法的规定，必须按照法定程序进行调整。

2. 政府采购预算划转。政府采购预算划转是指在政府采购预算执行中，由于地区行政区划和预算单位隶属关系的改变，必须将其全部预算（包括政府采购预算）划归新的接管地区和部门。预算划转以后，各级政府预算的平衡状态继续保持。

（二）政府采购预算调整的审批

按照我国政府预算法规定，政府采购预算调整的审批程序与政府预算调整的审批程序是一样的。县以上各级政府采购预算的调整方案的审批，是首先由财政部门具体编制方案，然后提交政府审定，再次报同级人大常委会审批。乡级（办事处）政府采购预算的调整方案则由人民代表大会审批。

第四节 政府采购预算执行分析

从目前我国政府采购预算的编制情况看，由于一些改革措施还不到位，科学编制政府采购预算的手段还很有限，加上预算单位加强政府采购预算管理的意识不是很强，造成政府采购预算的编制管理很不理想，主要表现为：一是编制范围小；二是编制内容不是很准确。其结果表现为年初真正进入政府采购预算的资金量较少。从目前我国政府采购预算的执行情况看，由于在政府采购预算执行中出现年初预料不到的各种问题，年底政府采购实际执行数要远远大于预算数，这样就大大制约了编制政府采购决算的意义和质量。因此，从目前我国政府采购实际业务工作内容情况来看，在年底政府编制政府决算的同时，也要同步编制政府采购决算，主要工作内容和重点是对政府采购执行情况的全面检查、分析和总结，应该包括政府采购决算报表和文字说明书，以检验政府采购预算的执行质量和水平，同时也是国有资产形成登记的依据之一。

> **讨论一下：**
> 如何辩证看待目前我国政府采购预算的编制质量状况？

政府采购执行情况的检查分析应该包括两个方面的工作内容：一是政府采购预算执行中的检查分析；二是年终对政府采购全部业务执行情况的检查分析。

为了更好地执行政府采购预算，充分发挥政府采购的职能作用，必须对政府采购预算的执行情况进行经常性的检查分析。在政府采购预算执行过程中，对政府采购预算执行检查分析的机构是指政府采购监管部门、监督部门、有关执行主体通过各种形式和方法，对政府采购活动进行检查和分析。通过检查分析，及时掌握政府采购政策、法律的贯彻执行情况，研究政府采购预算执行中存在的问题，分析计划与现在存在的差距，总结经验，提出建议，采取措施，及时改进和指导政府采购预算执行工作，保证政府采购预算的有效执行。

一、准备工作

对政府采购预算执行情况进行检查分析，必须通过深入实际，调查研究，在掌握和占有资料的基础上进行。

（一）深入实际，调查研究

通过深入实际，调查研究，及时、全面、准确地发现政府采购预算执行中存在的各种问题和主要矛盾，从而明确检查分析的目标和方向，做到有的放矢，事半功倍。

（二）掌握规律，把握重点

政府采购是实现财政支出计划管理的一种制度、方法，财政支出有一定的规律性，政府采购活动也具有一定的规律性。应按照不同时期财政支出政策，结合当地的具体情况来掌握政府采购的规律性，从而确定不同时期检查分析的时机和重点，提高检查分析的工作效率和质量。

（三）搜集资料，熟悉情况

一是要做好历史资料的搜集与整理工作，特别注意同口径的数字整理，为检查分析打好基础；二是通过采购人的计划执行进度和会计报表，及时、直接地反映政府采购预算的执行情况；三是加强与有关部门的联系，掌握开展政府采购过程中存在的现实问题和发展趋势，及时分析出现问题的原因，把问题消灭在萌芽状态，使政府采购监督的关口前移。

二、内容

政府采购预算执行中的检查分析，应主要围绕下列内容开展。

（一）政府采购计划的完成情况

主要是检查分析政府采购是否按计划、程序正确、及时组织实施；政府采购目录、模式、方式的实施情况；追加预算是否经常发生及其原因；政府采购资金支付的执行情况，资金是否按规定及时到位和支付及其原因；政府采购文件的保存情况等。

（二）贯彻执行政府采购政策和法律法规情况

政府采购预算是实现党和国家方针、政策所需财力的基本保证。同时，党和国家方针、政策对政府采购预算执行有重大影响，会引起财力分配上的变化。因此，在检查分析中，一方面，要检查分析政府采购活动是否贯彻落实了党和国家的各项政策措施；另一方面，要检查分析党和国家的各项政策措施的贯彻落实对政府采购预算执行的影响情况。这样，既可以使预算的执行更好地为党和国家方针政策的贯彻落实服务，又可以掌握方针政策措施对预算执行影响的深度和广度，以利于及时调整预算，组织新的平衡。同时，要检查政府采购各利益主体遵守法制情况，以及产生的原因分析，发现问题要及时纠正、处理，依法管理和监督。

（三）政府采购组织管理情况

主要是检查分析政府采购监管机关的监管质量；政府采购代理机构代理政府采购业务的工作质量和效率；采购人、采购代理机构、供应商和社会各界对政府采购工作的满意度；提出进一步改进工作的有效措施等。

三、形式

政府采购预算执行中的检查分析形式，主要包括以下几种。

（一）定期检查分析

定期检查分析，是指在政府采购预算执行了一段时间（如月、季度、半年、全年）后的规定期限内，对预算执行情况进行的综合检查分析。通过定期检查分析，可以系统地、经常地了解政府采购预算执行的全过程，预测政府采购未来的变化趋势，找出规律，进而指导下一阶段的工作。定期检查分析是政府采购执行检查分析的基本形式。

（二）专题检查分析

专题检查分析，是指对政府采购预算执行中出现的或将要出现的一些重大突出问题进行的检查分析。在预算分析中，凡是遇到这类情况，要组织力量，重点深入，专门调查研究，并提供专题的调查报告，供政府和财政部门决策参考，以便采取果断措施，及时解决问题，从而保证预算的顺利进行。专题检查分析是政府采购执行检查分析的辅助形式。

> **想一想：**
>
> 政府采购预算、计划、方案的区别和联系？

（三）典型调查分析

典型调查分析，是指对预算执行中发生的一些典型事例，运用“解剖麻雀”的方法进行检查分析。典型调查分析是政府采购执行检查分析的补充形式。

不论采用哪种检查分析形式，都要注意对信息资料进行综合、归纳、加工和整理，了解政府采购的动态发展，把握政府采购内在的发展规律。

四、方法

编制政府采购决算，就是各级政府通过统计手段，对地区政府采购业务在报告年度内的全部执行情况进行全面总结分析。通过对一年来采购模式、采购人、采购方式、采购对象、采购资金、采购预算级次、采购规模、采购市场分配、投诉处理、采购政策、采购专家库、采购合同、采购机构设置等方面内容的统计分析，总结经验和成绩，发现问题和不足，不断提高计划年度政府采购管理的水平和质量。

具体方法是从以下三个方面进行对比分析。

1. 本期执行数与年度预算数对比。通过比较，可以分析政府采购预算任务的完成程度，明确下一步的工作任务。

2. 本期执行数与上期执行数对比。通过比较，可以分析政府采购工作的发展趋势和方向。

3. 行业之间、部门之间、单位之间相关数据的对比。通过比较，可以掌握政府采购的行业、类别、地区等方面特点，找出差距，改进工作。

政府采购检查分析统计样表详见表7－4至表7－14。

表7－4　　政府采购资金和采购规模统计表　　单位：万元

项目	行	采购预算				采购决算				节约资金				节约率（%）	财政直接支付比重
		总计	预算拨款	其他收入	其他	总计	预算拨款	其他收入	其他	总计	预算拨款	其他收入	其他		
		1	2	3	4	5	6	7	8	9	10	11	12	13	14
合计	1														
货物	2														
工程	3														
服务	4														

表 7－5　　政府采购组织形式统计表　　单位：万元

项目	行	采购次数	采购组织形式										
			总计	集中采购							分散采购		
				合计	集中采购机构采购			部门集中采购			合计	自行采购	委托采购
					小计	自行采购	委托采购	小计	自行采购	委托采购			
		1	2	3	4	5	6	7	8	9	10	11	12
合计	1												
货物	2												
工程	3												
服务	4												

表 7－6　　政府采购市场分配情况及采购方式统计表　　单位：万元

项目	行	政府采购合同授予情况						采购方式							
		国内外			省内外			合计	公开招标	邀请招标	竞争性谈判	询价	单一来源	竞争性磋商	框架协议
		合计	国内	进口	合计	省内	省外								
		1	2	3	4	5	6	7	8	9	10	11	12	13	14
合计	1														
货物	2														
工程	3														
服务	4														

表 7－7　　政府采购主体分类统计表　　单位：万元

项目	行	采购金额合计	按采购单位性质划分			按行业部门分类							
			国家机关	事业单位	团体组织	行政政法	教科文	经济建设	农业	社会保障	企业	金融	其他
		1	2	3	4	5	6	7	8	9	10	11	12
合计	1												
货物	2												
工程	3												
服务	4												

表 7－8　　政府采购合同授予统计表　　单位：万元

项目	行	政府采购合同授予情况					
		国内外			省内外		
		合计	国内	进口	合计	省内	省外
		1	2	3	4	5	6
合计	1						
货物	2						
工程	3						
服务	4						

表 7－9　　**政府采购重要品目统计表**　　单位：万元

采购项目	行	采购数量	采购金额	采购项目	行	采购数量	采购金额
栏次		1	2	栏次		3	4
货物、工程、服务采购金额合计	1			**C　服务**	1		
A　货物	2			C01 科学研究和试验开发	2		
A01 土地、建筑物及构筑物	3			C02 信息技术服务	3		
A02 通用设备	4			C03 电信和其他信息传输服务	4		
A03 专用设备	5			C04 租赁服务（不带操作员）	5		
A04 文物和陈列品	6			C05 维修和保养服务	6		
A05 图书和档案	7			C06 会议和展览服务	7		
A06 家具用具	8			C07 住宿和餐饮服务	8		
A07 纺织原料、毛皮、被服装具	9			C08 商务服务	9		
A08 纸、纸制品及印刷品	10			C09 专业技术服务	10		
A09 办公消耗用品及类似物品	11			C10 工程咨询管理服务	11		
A10 建筑建材	12			C11 水利管理服务	12		
A11 医药品	13			C12 房地产服务	13		
A12 农林牧渔业产品	14			C13 公共设施管理服务	14		
A13 矿与矿物	15			C14 能源的生产和分配服务	15		
A14 电力、城市燃气、蒸汽和热水、水	16			C15 金融服务	16		
A15 食品、饮料和烟草原料	17			C16 环境服务	17		

续表

采购项目	行	采购数量	采购金额	采购项目	行	采购数量	采购金额
		1	2	栏次		3	4
A16 炼焦产品，炼油产品	18			C17 交通运输和仓储服务	18		
A17 基础化学品及相关产品	19			C18 教育服务	19		
A18 橡胶，塑料，玻璃和陶瓷制品	20			C19 医疗卫生和社会服务	20		
A19 无形资产	21			C20 文化，体育，娱乐服务	21		
A99 其他货物	22			C21 农林牧副渔服务	22		
B 工程	23			C22 采矿业和制造业服务	23		
B01 建筑物施工	24			C23 批发和零售服务	24		
B02 构筑物施工	25			C99 其他服务	25		
B03 工程准备	26						
B04 预制构件组装和装配	27						
B05 专业施工	28						
B06 建筑安装工程	29						
B07 装修工程	30						
B08 修缮工程	31						
B09 工程设备租赁（带操作员）	32						
B99 其他建筑工程	33						

表 7－10　　政府采购专项统计表——节能环保　　单位：万元

项目	行	同类产品采购总金额	节能、环保产品采购金额	节能环保产品采购比重（%）
		1	2	3
合计	1			
一、节能产品类	2			
空调机	3			
冰箱	4			
荧光灯	5			
电视机	6			
计算机	7			
打印机	8			
二、节水产品类	9			
便器	10			
水龙头	11			

表 7－11　　政府采购供应商投诉处理统计表

项目		行	省级	地级	县级	总计
			1	2	3	4
收到投诉总量	合计	1				
	受理	2				
	转送有管辖权的部门	3				
	不予受理	4				
受理投诉总量（按处理情况分类）	小计	5				
	撤诉	6				
	驳回	7				
	进行处理	8				
受理投诉总量（按采购方式分类）	小计	9				
	公开招标	10				
	邀请招标	11				
	竞争性谈判	12				
	询价	13				
	单一资源	14				
	竞争性磋商	15				
	框架协议	16				

续表

项目		行	省级	地级	县级	总计
			1	2	3	4
受理投诉总量（按行业领域分类）	小计	17				
	行政政法	18				
	教科文	19				
	经济建设	20				
	农业	21				
	社会保障	22				
	企业	23				
	金融	24				
	其他	25				
受理投诉总量（按被投诉人分类）	小计	26				
	采购人	27				
	招标代理机构	28				
	集中采购机构	29				

表 7－12　政府采购专家库及信息发布统计表

项目		列	省级	地级	县级	合计
			1	2	3	4
专家库建设	已建立专家库数量	1				
	专家人数	2				
专家库使用	已抽取专家的项目数量	3				
	抽取专家次数	4				
	专家参评人数	5				
信息公告	合计	6				
	采购需求信息公告数量	7				
	中标、成交结果公告数量	8				
	政策法规公告数量	9				
	处理决定公告数量	10				

表 7－13　政府采购当事人情况统计表

采购当事人			列	省级	地级	县级	地区合计
				1	2	3	4
采购管理机构	已设置数量		1				
	在编人数		2				
政府采购代理机构	机构数量合计		3				
	省外代理机构	机构数量	4				
		从事政府采购人员数量	5				
	省内代理机构	机构数量	6				
		从事政府采购人员数量	7				

续表

采购当事人		列	省级	地级	县级	地区合计
			1	2	3	4
集中采购机构	已设置数量	8				
	其中，独立于财政设置	9				
采购人	合计	10				
	国家机关	11				
	事业单位	12				
	团体组织	13				
参与政府采购供应商	合计	14				
	中小企业	15				
	其他	16				

表 7-14　　**政府采购政策功能实现程度情况**　　单位：亿元

项目		年份 行	2008	2009	2010	2011	2012	2013	2014	2015	2016	2017	2018	2019	2020	2021	2022
合计		1	2	3	4	5	6	7	8	9	10	11	12	13	14	15	16
节能产品	绝对额	2															
	同类产品规模占比	3															
环保产品	绝对额	4															
	同类产品规模占比	5															
中小微企业	绝对额	6															
	占全部采购金额的比重	7															
其中，小微企业	绝对额	8															
	占中小微企业的比重	9															
扶贫产品	绝对额	10															
	同类产品规模占比	11															

学习小资料

浙江将加大对“专精特新”中小企业政府采购支持力度

浙江省人民政府办公厅近日出台《关于大力培育促进“专精特新”中小企业高质量发展的若干意见》（以下简称《意见》），要求对相关中小企业提高政府采购份额，加大政府采购力度。

《意见》明确了加大创新支持力度、加大知识产权保护力度、加大人才支持力度等10项主要任务，并提出了18条具体支持政策。其中，针对政府采购，《意见》要求，一方面，要提高政府采购份额。落实财政部、工业和信息化部《政府采购促进中小企业发展管理办法》。超过200万元的货物和服务采购项目、超过400万元的工程采购项目中适宜由中小企业提供的，预留该部分采购项目预算总额的40%以上专门面向中小企业采购，其中货物和服务项目预留给小微企业的比例不低于70%、工程项目预留给小微企业的比例不低于60%。顶格执行小微企业享受的政府采购评审价格扣除比例。另一方面，要加大政府采购力度。对“专精特新”中小企业进行重点推荐，其科技创新产品、服务首次投放市场的，在功能、质量等指标能够满足政府采购需求的条件下，政府采购应当率先购买，不得以商业业绩为由予以限制。鼓励采购单位通过政采云制造（精品）馆采购“专精特新”中小企业产品，提高预付款比例，加快资金支付。引导金融机构提高政采贷授信额度，提供利率优惠和绿色通道。

《意见》提出，到2025年，浙江省要累计培育创新型中小企业5万家以上、省级“专精特新”中小企业1万家以上、省级“隐形冠军”企业500家、国家专精特新“小巨人”企业1000家，新增国家制造业单项冠军企业130家左右，打造成为补链强链和引领经济高质量发展的中坚力量，推动“专精特新”中小企业培育发展工作继续走在全国前列。

来源：中国政府采购报，2022年4月18日。

【重要概念】

政府采购预算　　采购预算追加追减

采购预算划转　　政府采购绩效管理

【思考练习题】

1. 简述政府采购预算的编制原则。
2. 简述政府采购预算的编制依据。
3. 简述政府采购预算的编制程序。
4. 简述政府采购预算的编制内容。
5. 简述政府采购绩效目标申报表内容。
6. 简述政府采购预算的调整方式。
7. 简述政府采购预算执行检查分析的内容。
8. 简述政府采购预算的审批过程。

【案例分析】

1. 资料如下：

某区政府采购中心受区青少年宫委托，利用竞争性谈判的方式对其所需修缮工程进行采购。该工程审批预算为 90 万元，在谈判正式开始前，采购中心将其口头告知了评审专家。但预算并未写入谈判文件和专家评标依据中，谈判文件中也未规定超出预算按废标处理。

经过第一轮谈判后，四家供应商的最终报价均超过了项目预算，最接近预算的报价为 92 万元。采购中心认为，根据《政府采购法》，如果投标人报价超过了采购预算，应该由专家写出废标建议，按废标处理；专家认为，此次采购过程公开、公平、公正，推荐的供应商报价接近预算，采购人有能力自行支付。专家在整个评审过程中只负责技术方案的评审，不参与操作流程，专家评审只依据谈判文件执行，谈判文件中并未指明超预算就要废标，因此拒绝写废标建议。采购人虽有能力自行支付超预算部分，但却不知道如此操作是否合法。一时间，评审陷入了僵局，本该上午就结束的评审一度中断了几个小时……

2. 讨论分析下列问题：

本次谈判活动该不该废标？为什么？废标报告应该由谁来写？依据是什么？政府采购预算该不该公开？为什么？

第八章　政府采购救济制度

【学习目标和要点】

- 质疑投诉程序
- 询问的提出和答复
- 质疑的提出和答复
- 投诉的提出和处理
- 政府采购后续救济

第一节　救济程序和步骤

为了保护供应商的合法权益，规范政府采购行为，维护国家利益和社会公共利益，贯彻实施政府采购原则，有效实现政府采购政策目标，必须建立完善的供应商自我救济制度。政府采购救济制度是指供应商在参加政府采购活动过程中，当认为其合法权益受到侵害时可以依法进行救济的一项制度。《政府采购法》和《政府采购法实施条例》对政府采购活动中的救济制度相关内容作了细化规范，《政府采购质疑和投诉办法》（财政部令第94号）更是对政府采购有关质疑、投诉的救济措施做了进一步的规范和优化。随着我国政府采购制度的日臻完善，政府采购救济制度也日趋完善，在规范政府采购市场、维护政府采购当事人合法权益、保障财政资金安全方面起着日益重要的作用。

具体来说，政府采购救济制度包括询问、质疑、投诉、行政复议和行政诉讼等方面内容。政府采购法律法规分别对供应商就有关政府采购事项进行询问、质疑、投诉的范围、内容、方式、途径和时限等内容，采购人或者采购代理机构以及政府采购监督管理部门进行答复的原则、范围、内容、方式和时限，以及不服投诉处理决定的行政复议、行政诉讼救济途径等问题，都作出了明确规定。一般来说，必须依照法律规定程序进行，上一环节的权利未行使，不得行使下一环节权利。政府采购救济制度的具体程序和步骤规定如下。

一、询问

按照政府采购法律法规规定，供应商对政府采购活动事项有疑问的，可以向采购人或者采购代理机构提出询问，采购人或者采购代理机构应当在三个工作日内对供应商依法提出的询问作出答复。供应商提出的询问超出采购人对采购代理机构委托授权范围的，采购代理机构应当告知供应商向采购人提出。政府采购评审专家应当配合采购人或者采购代理机构答复供应商的询问，但答复的内容不得涉及采购项目和供应商的商业秘密。

二、质疑

按照政府采购法律法规规定，供应商认为采购事项和采购文件、采购过程及中标、成交结果使自己的权益受到损害的，可以在知道或者应知其权益受到损害之日起七个工作日内，以书面形式向采购人提出质疑。

> **想一想：**
>
> 资格审查未通过的供应商有权质疑吗？

采购人应当在收到供应商的书面质疑后七个工作日内作出答复，并以书面形式通知质疑供应商和其他有关供应商，但答复的内容不得涉及商业秘密。如果采购人委托采购代理机构采购的，供应商可以向采购代理机构提出质疑，采购代理机构应当依照法律规定就采购人委托授权范围内的事项作出答复，评审专家应当配合采购人或者采购代理机构答复供应商的质疑。

三、投诉

按照政府采购法律法规规定，质疑供应商对采购人、采购代理机构的答复不满意或者采购人、采购代理机构未在规定的时间内作出答复的，可以在答复期满后十五个工作日内向同级政府采购监督管理部门投诉。所谓答复期满，是指采购人、采购代理机构收到供应商书面质疑后的七个工作日已经到期，采购人、采购代理机构仍未作出答复。

政府采购监督管理部门应当在收到投诉后三十个工作日内，对投诉事项作出处理决定，并以书面形式通知投诉人和与投诉事项有关的当事人。政府采购监督管理部门在处理投诉事项期间，可以视具体情况书面通知采购人暂停采购活动，但暂停时间最长不得超过三十日。

今后，根据实际工作需要可适当延长处理投诉中的暂停平均活动时间，由三十日延长到三十个工作日，以利于投诉工作的妥善处理。

四、后续救济

后续救济包括行政复议和行政诉讼。按照政府采购法规定，投诉人对政府采购监督管理部门的投诉处理决定不服或者政府采购监督管理部门逾期未作处理的，可以依法申请行政复议或者向人民法院提起行政诉讼。

第二节　政府采购询问

在政府采购活动中，采购人发布的采购信息内容相当丰富。有的比较简单，十分容易理解，有的可能不够清晰，可能会存在误解；在采购实施过程中，有时可能会存在采购人的一些做法不够透明，使供应商难以理解；当中标、成交有了结果之后，可能由于多方面因素的影响，导致参加政府采购的供应商不能及时了解整个有关政府采购的信息和情况。站在维护政府采购秩序，促进公平竞争的高度，从维护供应商合法权益的角度出发，赋予供应商询问权就显得十分必要。

一、询问提出

询问的提出必须具备一定的条件，具体包括询问主体、询问对象、询问形式和询问内容等四个方面。

（一）询问主体

政府采购法并没有对询问供应商的范围作出明确规定，所以，应该是所有供应商都可以享有对政府采购活动事项进行询问的权利。只要供应商对政府采购活动事项有疑问就可以不受约束地提出询问。

> **讨论一下：**
> 政府采购供应商所有询问事宜都应该及时答复吗？

（二）询问对象

依照政府采购法规定，询问对象包括采购人和采购代理机构。

一是供应商对政府采购活动事项有疑问的，可以向采购人提出疑问。在没有委托的情况下，询问对象为采购人，而不是代理机构。

二是采购人委托采购代理机构采购的，供应商可以向采购代理机构提出询问。询问事项超出采购人委托事项范围的，采购代理机构应当及时告知供应商向采购人提出。

采购代理机构一旦接受采购人的委托办理采购事宜，就开始以采购人名义对外从事采购活动，并与供应商直接打交道。在这种情况下，供应商就可以直接向采购代理机构提出询问。

（三）询问形式

政府采购法律法规并未对询问的具体形式作出明确的规定，由此可以看出，询问的形式既可以采取书面形式，也可以采取口头形式及其他形式。具体采取何种形式进行询问，取决于所采取询问方式的特点以及供应商对信息需要的快捷程度。因此，在实际操作中，询问既可以采取信函、电子件、传真等书面形式，也可以采取电话、面谈等口头方式。

（四）询问内容

政府采购供应商依法享有对政府采购活动事项进行询问的权利。显然，供应商询问的内容应该涉及有关政府采购活动中的具体事项，虽然目前对政府采购活动事项的具体范围并未做出明确的界定，但是，从政府采购相关法律制度的立法精神可以看出，供应商可以询问的内容应当包括政府采购活动的所有方面。

二、询问答复

对询问的答复也必须符合法律法规的规定，具体包括对询问的答复主体、答复时限、答复权限、答复内容和答复形式等五个方面。

（一）答复主体

依照政府采购法律法规规定，答复主体包括采购人和采购代理机构。采购人或采购代理机构应当从保证政府采购活动正常进行、预防和减少供应商质疑投诉、树立政府部门良好形象、维护供应商合法权益的高度，认真对待供应商的询问，并依法、及时、准确、实事求是地做好答复工作。

一是供应商对政府采购活动事项有疑问向采购人提出询问后，采购人应当及时作出答复。如果询问内容超过供应商自身的内容，或者涉及采购项目和其他供应商的商业秘密，采购人有权不予答复。

二是采购人委托采购代理机构采购的，供应商向采购代理机构提出询问后，采购代理机构应当依照法律规定就采购人委托授权范围内的事项作出答复。询问事项超出采购人委托事项范围的，采购代理机构应当及时告知供应商向采购人提出。

（二）答复时限

按照法律法规规定，采购人、采购代理机构对供应商的询问，应当在三个工作日内给予答复，但答复的内容不得涉及采购项目和其他供应商的商业秘密。

（三）答复权限

采购代理机构对供应商提出的询问，必须就采购人委托授权范围内的事项作出答复，至于采购人委托授权范围以外的事项，仍然应当由采购人负责答复。

特别是询问事项可能影响中标、成交结果的，采购人应当暂停签订合同，已经签订合同的，应当中止履行合同。

（四）答复内容

并不是供应商的任何询问，采购人或采购代理机构都必须作出答复。只有供应商依法提出的询问，采购人或采购代理机构才有义务如期作出答复。例如，如果供应商询问的是评标委员会成员的具体评分情况等依法应当保密的内容，或者是其他投标人投标文件中的商业秘密等内容，采购人或采购代理机构就应依法不予答复。当然，即使供应商询问的是不合理甚至不合法问题，采购人或采购代理机构也应当在三个工作日内耐心、细致地说明不予答复的理由和依据。

> **思考一下：**
>
> 供应商可以就“采购人未开展需求调查”提出质疑投诉吗？

（五）答复方式

供应商对政府采购活动事项提出询问应采用何种答复方式，法律也没有作出明确的规定，但从《政府采购法》的立法精神角度思考，可以认为，采购人和采购代理机构应当采取有利于消除供应商疑问的答复方式，就是针对具体询问提出的形式，在实际操作中，询问答复既可以采取信函、电子件、传真等书面形式，也可以采取电话、面谈等口头方式。

第三节　政府采购质疑

2017 年 12 月 26 日颁布，2018 年 3 月 1 日起实施的《政府采购质疑和投诉办法》（以下简称“财政部令第 94 号”）对供应商质疑投诉的提出、答复和处理均作了详细规定。供应商按照政府采购法律法规对政府采购活动事项可以提出质疑，是体现供应商知情权和监督权的一项重要规定。为了充分保障供应商正确行使这项权利，同时也防止供应商不适当地使用质疑的权利，政府采购法律法规必须对供应商提出质疑的条件和质疑的答复作出明确详细的规定。

一、质疑提出

质疑的提出，即质疑的条件，包括质疑主体、质疑对象、质疑范围、质疑证据、质疑时限和质疑形式等六个方面。

（一）质疑主体

依照政府采购法律法规规定，质疑主体必须是直接参加所质疑的政府采购项目采购活动的供应商。否则，不具备质疑的主体条件。

采购人、采购代理机构应当在采购文件中载明接收质疑函的方式、联系部门、联系电话和通信地址等信息。采购文件可以要求供应商在法定质疑期内一次性提出针对同一采购程序环节的质疑。

质疑供应商可以委托代理人进行质疑和投诉。其授权委托书应当载明代理人的姓名或者名称、代理事项、具体权限、期限和相关事项。供应商为自然人的，应当由本人签字；

供应商为法人或者其他组织的，应当由法定代表人、主要负责人签字或者盖章，并加盖公章。代理人提出质疑和投诉，应当提交供应商签署的授权委托书。

潜在供应商已依法获取其可质疑的采购文件的，可以对该文件提出质疑。对采购文件提出质疑的，应当在获取采购文件或者采购文件公告期限届满之日起七个工作日内提出。

（二）质疑对象

依照政府采购法律法规规定，质疑对象包括采购人和采购代理机构。

一是供应商认为法律规定事项使自己的权益受到损害的，可以在知道或者应知其权益受到损害之日起七个工作日内，以书面形式向采购人提出质疑，采购人应当及时作出答复。但答复的内容不得涉及商业秘密。如果质疑超出供应商自身的内容，或者涉及其他供应商的商业秘密，采购人有权不予答复。

这里需要解释的是，“知道”，是指权利人主观上知道自己权利被侵害的事实。“应知”是“应当知道”，是一种法律的推定，指基于客观之情事及一般民众、法人根据其知识经验应尽的注意义务。权利人应当知悉其权利被侵害的事实，但因其自身过失而未知情，在该情况下，法律推定其知道其权利受到侵害。

二是采购人委托采购代理机构采购的，供应商可以向采购代理机构提出质疑，采购代理机构应当依照法律规定就采购人委托授权范围内的事项作出答复。质疑事项超出采购人委托事项范围的，采购代理机构应当及时告知供应商向采购人提出。

采购代理机构一旦接受采购人的委托办理采购事宜，就开始以采购人名义对外从事采购活动，并与供应商直接打交道。在这种情况下，供应商就可以直接向采购代理机构提出质疑。采购代理机构在收到供应商的质疑后，应当及时作出答复，但答复的内容不得涉及商业秘密。

> **想一想：**
>
> 采购项目预算金额应当在哪些文件中公开？

（三）质疑范围

按照政府采购法律法规规定，并非所有的采购文件供应商都可以提出质疑。因为采购文件种类繁多，且范围有广义和狭义之分。采购活动记录、定标文件、采购预算、质疑答复、投诉处理决定、验收证明、投标文件、评标报告等这些采购文件是不可以质疑的。供应商认为下列事项使自己权益受到损害的，可以依法向采购人或采购代理机构提出书面质疑。

1. 采购文件存在限制性、倾向性条款；
2. 采购文件未按规定程序补充、澄清或修改；
3. 采购人员或相关人员与供应商有利害关系，应当回避而没有回避；

4. 采购程序违反规定；

5. 采购当事人之间存在串通行为；

6. 其他供应商提供虚假资料谋取中标、成交；

7. 认为采购文件、采购过程和中标、成交结果使自己权益受到损害的其他事项。采购文件是指采购项目公告、招标文件、资格预审文件、竞争性谈判文件、询价文件，以及采购文件的补充、变更和澄清文件。采购过程是指从采购项目信息公告发布起，到中标、成交结果公告止，即采购文件的发布、发售、开标、评标、澄清、谈判、询价等各个程序环节。中标、成交结果是指在评审委员会评定推荐的候选中标、成交供应商基础上，经采购人最终确定并在法定媒体进行公告的中标、成交结果。

上述这些事项所对应的任何一项活动对供应商而言都至关重要，直接关系到供应商的切身利益，在政府采购活动中受到相关供应商的高度重视。

（四）质疑请求和证据

《政府采购法》所建立的供应商质疑、投诉制度是面向供应商的一种法律救济制度，在制度设计上主要是考虑维护供应商的权益。由于供应商提出质疑和投诉的“门槛”非常低，并且几乎是无成本的。另外，《政府采购法》对于供应商恶意质疑、投诉也没有制定相应的制约措施。在政府采购实践中，一个突出的现象就是，供应商提起质疑、投诉的随意性较大，无效的质疑、投诉较多。过度的质疑、投诉不仅影响了采购效率，而且牵涉了采购人、采购代理机构和财政部门的大量精力，虚耗了宝贵的行政资源。

针对上述现象，《条例》参照《民事诉讼法》“起诉必须符合下列条件：……（三）有具体的诉讼请求和事实、理由……”及《行政诉讼法》“提起诉讼应当符合下列条件：……（三）有具体的诉讼请求和事实根据……”等规定，要求供应商质疑、投诉必须有明确的要求并附必要的证明材料。主要考虑在于：第一，防止供应商滥用质疑、投诉权，影响采购效率；第二，提高质疑答复和投诉处理的针对性，保证工作效率。

供应商提出质疑应当有明确的请求和必要的证明材料。一是质疑请求，指的是供应商在质疑函中提出的，要求采购人、采购代理机构或者财政部门对其予以支持的主张，即供应商希望通过质疑所要达到的具体目标。二是必要的证明材料，是指证明供应商的请求成立的必要材料，即应当有具体的质疑事项及证明其利益受到损害的事实根据，不得进行虚假、恶意的质疑。也就是说，供应商如果没有上述质疑范围内的事项使自己的权益受到损害的事实和理由，就不具有提出质疑的证据。

质疑函应当包括下列内容：一是供应商的姓名或者名称、地址、邮编、联系人及联系电话；二是质疑项目的名称、编号；三是具体、明确的质疑事项和与质疑事项相关的请求；四是事实依据；五是必要的法律依据；六是提出质疑的日期。供应商为自然人的，应当由本人签字；供应商为法人或者其他组织的，应当由法定代表人、主要负责人，或者其授权代表签字或者盖章，并加盖公章。

思考一下：

采购人可以不选第一名候选人作为中标人吗？

质疑证据一般具备以下三个特征：一是质疑证据的客观性，即质疑证据是客观存在的事实，不以人的意志为转移；二是质疑证据的关联性，即质疑证据应当与政府采购当事人互为关联，或者说具有一定的因果关系；三是质疑证据的法律性，质疑证据是否具备法律效力，是否符合法律规范的要求。证据形式主要有书证、物证、视听材料、证人证言、当事人陈述、鉴定结论和勘验笔录等。

质疑答复或投诉处理是围绕当事人的质疑、投诉请求展开的，供应商自己的质疑、投诉请求明确，采购人、采购代理机构才能够有针对性地答复及自我纠正，财政部门才能够准确地定案。质疑、投诉请求是否明白准确、是否有法律和事实依据是决定质疑、投诉案件认定的关键。

质疑、投诉请求指的是供应商在质疑函或投诉书中提出的，要求采购人、采购代理机构或者财政部门对其予以支持的主张，也就是供应商希望通过质疑、投诉所要达到的具体目标。例如，甲供应商参与某政府采购项目投标，其报价最低但未能中标。中标结果公告后，甲供应商先后提出了质疑和投诉。甲供应商的投诉书在罗列了自身投标的各种优势后，最后提出“请求监管部门秉公处理”。这样的投诉请求就是不明确的。类似的实践中比较常见的还有“为什么我公司不能中标”“政府采购公正性何在”“请采购中心明察”“请监管部门主持公道”等。“明确的请求”一般是请求改变现状，而不是情绪化的质问，也不是空洞的“喊冤”。在上述案例中，如果供应商将投诉请求改为“请贵局依法认定该项目原中标无效，另行确定我公司为中标供应商”，那么就更贴近“明确的请求”这一要求了。

“必要的证明材料”是指能证明供应商的请求成立的必要材料。例如，某采购人有一个1.7万平方米的办公楼物业服务项目招标，招标公告中设定的合格投标人资格条件其中一项为“投标人应当具有一级物业服务企业资质”。乙公司是具有三级物业服务企业资质的供应商，就该项目采购公告向采购人提出质疑：根据《物业服务企业资质管理办法》（建设部令第164号）第八条规定，本项目为5万平方米以下的非住宅项目的物业管理业务，三级资质物业服务企业即可以承接。本项目招标公告中要求“投标人应当具有一级物业服务企业资质”，是以不合理条件排斥潜在投标人。请求贵单位依法将此资质条件修改为“投标人应当具有三级或三级以上物业服务企业资质”。随同质疑函，乙公司提供了该项目招标公告网页打印件以及《物业服务企业资质管理办法》的复印件。在这个案例中，乙公司不仅质疑请求是明确的，而且其所提供的证明材料既包含事实依据又包含法律依据，能够支持其质疑请求，可以认为其已经提供了必要的证明材料。

采购人和采购代理机构可以不受理没有证据的质疑。供应商不能滥用权力，影响正常的政府采购进程。

（五）质疑时限

供应商应当在知道或者应当知道其权益受到侵害之日起七个工作日内，向采购人和采购代理机构提出质疑。这是供应商权力行使该权利的具体时效，超过法律规定的时间，将会影响质疑答复工作，实际上也意味着供应商提出质疑的权利的丧失。

从采购活动的实际情况看，具体质疑期限，应当依照下列规定办理。

一是对可以质疑的采购文件提出质疑的，为供应商收到采购文件之日或者采购文件公告期限届满之日起计算，且应当在投标截止之日或递交谈判、询价响应性文件截止之日前提出。在电子化政府采购活动中，供应商下载采购文件后，就表明其已经“知道”。

> **讨论一下：**
>
> 为什么要限定政府采购质疑答复的内容？

二是对采购过程提出质疑的，为各采购程序环节结束之日起计算。

三是对中标、成交结果以及评标委员会、谈判小组、询价小组组成人员提出质疑的，自中标、成交结果公告期限届满之日起计算。

（六）质疑形式

按照政府采购法律法规规定，供应商提出质疑，必须采取书面形式，实行实名制，也是供应商对采购人进行质疑可以选择的唯一形式。如果供应商提出质疑的形式符合法律规定，采购人不得拒绝答复供应商依法提出的质疑。政府采购质疑函范本格式如下。

质疑函

一、质疑供应商基本信息

质疑供应商：________________________________

地址：________________　邮编：________________

联系人：________________　联系电话：________________

授权代表：________________________________

联系电话：________________________________

地址：________________　邮编：________________

二、质疑项目基本情况

质疑项目的名称：______________________________

质疑项目的编号______________________ 包号：______________________

采购人名称：______________________________

采购文件获取日期：______________________________

三、质疑事项具体内容

质疑事项1：______________________________

事实依据：______________________________

____

法律依据：______________________________

____

质疑事项2：______________________________

事实依据：______________________________

____

法律依据：______________________________

____

质疑事项3：______________________________

事实依据：______________________________

____

法律依据：______________________________

____

四、与质疑事项相关的质疑请求

请求：______________________________

签字（签章）：　　　　　　　　　　　　　　　公章：

日期：

质疑函制作说明如下。

1. 供应商提出质疑时，应提交质疑函和必要的证明材料。

2. 质疑供应商若委托代理人进行质疑的，质疑函应按要求列明“授权代表”的有关内容，并在附件中提交由质疑供应商签署的授权委托书。授权委托书应载明代理人的姓名或者名称、代理事项、具体权限、期限和相关事项。

3. 质疑供应商若对项目的某一分包进行质疑，质疑函中应列明具体分包号。

4. 质疑函的质疑事项应具体、明确，并有必要的事实依据和法律依据。

5. 质疑函的质疑请求应与质疑事项相关。

6. 质疑供应商为自然人的，质疑函应由本人签字；质疑供应商为法人或者其他组织的，质疑函应由法定代表人、主要负责人，或者其授权代表签字或者盖章，并加盖公章。

二、质疑答复

对质疑的答复必须符合法律法规的有关规定，包括答复主体、答复时间、答复形式、答复内容和答复处理等五个方面。

（一）答复主体

依照政府采购法律法规规定，质疑答复主体包括采购人和采购代理机构。

一是供应商认为规定事项使自己的权益受到损害向采购人提出质疑后，采购人在没有委托的情况下，应当及时作出答复。

二是采购人委托采购代理机构采购的，供应商向采购代理机构提出质疑后，采购代理机构应当依照法律规定就采购人委托授权范围内的事项作出质疑答复。质疑事项超出采购人委托事项范围的，采购代理机构应当及时告知供应商向采购人提出。

> **思考一下：**
>
> 政府采购活动能收取质量保证金吗？

（二）答复时间

按照政府采购法律法规规定，采购人、采购代理机构不得拒收质疑供应商在法定质疑期内发出的质疑函，应当在收到质疑函后七个工作日内作出答复，并以书面形式通知质疑供应商和其他有关供应商。

供应商对评审过程、中标或者成交结果提出质疑的，采购人、采购代理机构可以组织原评标委员会、竞争性谈判小组、询价小组或者竞争性磋商小组协助答复质疑。

采购人收到供应商提出的书面质疑后，如果对供应商的质疑采取漠视的态度，根本不予理会；或在行为上拖拉，不及时进行研究并作出相应答复；或敷衍了事，搪塞提出质疑的供应商。这些行为不仅会延缓问题的解决，甚至可能激化矛盾，引发不必要的纠纷，并最终影响采购活动的顺利进行。

采购人面对的供应商较多，可能某一供应商提出质疑，也可能多个供应商同时提出质疑；同时，供应商提出质疑的事项可能比较复杂，在供应商提出质疑后，采购人需要一定的时限进行研究，提出答复意见。但是，采购人研究答复的时间也不宜过长，如果采购人研究答复时间过长势必影响采购工作的进程。

（三）答复形式

按照法律规定，采购人和采购代理机构应当以书面形式作出质疑答复，并通知质疑供应商和其他有关供应商。

及时对供应商提出的质疑作出答复，是采购人应尽的义务。采购人只有形成正式的书面答复意见，才能表明自己已经履行了法定义务。采用书面形式之外的其他答复形式都不符合法律规定的答复规定，其答复不具有法律效力，也并不因为已经采用其他形式对供应商进行答复而解除采用书面形式进行答复的义务。

同时，由于在一项政府采购活动中有多个供应商参加，采购人对质疑供应商所提质疑事项作出的答复，很可能既关系到质疑供应商，也涉及参加这一采购活动的其他有关供应商。因此，采购人的书面质疑答复，不仅应当通知质疑供应商，也要通知其他有关供应商。

（四）答复内容

根据规定，采购人和采购代理机构在其作出的书面质疑答复中，内容不得涉及商业秘密。

质疑答复应当包括下列内容：一是质疑供应商的姓名或者名称；二是收到质疑函的日期、质疑项目名称及编号；三是质疑事项、质疑答复的具体内容、事实依据和法律依据；四是告知质疑供应商依法投诉的权利；五是质疑答复人名称；六是答复质疑的日期。

政府采购行为本质上讲是一种具体的商业交易行为，在具体交易行为中，不可避免的存在着采购人和供应商的一些商业秘密。如果采购人和采购代理机构将商业秘密予以公布，或通过质疑答复的形式泄露给其他供应商，就会产生较为严重的不良后果，这本身也是一种违法行为。因此，政府采购法明确要求在对供应商质疑进行答复时不得涉及商业秘密。

（五）答复处理

采购人、采购代理机构认为供应商质疑不成立，或者成立但未对中标、成交结果构成影响的，继续开展采购活动；认为供应商质疑成立且影响或者可能影响中标、成交结果的，按照下列情况处理。

1. 对采购文件提出的质疑，依法通过澄清或者修改可以继续开展采购活动的，澄清或者修改采购文件后继续开展采购活动；否则应当修改采购文件后重新开展采购活动。

2. 对采购过程、中标或者成交结果提出的质疑，合格供应商符合法定数量时，可以从合格的中标或者成交候选人中另行确定中标、成交供应商的，应当依法另行确定中标、成交供应商；否则应当重新开展采购活动。

特别是质疑事项可能影响中标、成交结果的，采购人应当暂停签订合同，已经签订合同的，应当中止履行合同。质疑答复导致中标、成交结果改变的，采购人或者采购代理机构应当将有关情况书面报告本级财政部门。

第四节　政府采购投诉

供应商在认为采购文件、采购过程和中标、成交结果和采购事项使自己的权益受到损害，向采购人、采购代理机构提出质疑得不到及时、正确处理的情况下，与采购人、采购代理机构对立的情绪就会明显增加。虽然造成这种局面的原因多种多样，但是，需要为质疑供应商继续提供一个公正、迅速解决问题的救济途径，以使供应商权益得到有效保护。

我国政府采购法律法规对供应商提出投诉的有关问题由政府采购监督管理部门负责作出了详细规定。

一、投诉提出

根据财政部令第 94 号《政府采购质疑和投诉办法》规定，投诉人提起投诉应当符合投诉主体、投诉条件、投诉请求和证明材料、投诉时限、投诉体制等五项内容规定。

（一）投诉主体

提起政府采购投诉的供应商应该是参与所质疑政府采购活动的供应商，并不是泛指所有参加政府采购的供应商。投诉供应商可以向同级政府采购监督管理部门提出投诉。

县级以上财政部门应当在省级以上财政部门指定的政府采购信息发布媒体公布受理投诉的方式、联系部门、联系电话和通信地址等信息。

> **想一想：**
> 财政部门作为采购人被供应商投诉，应该由谁受理？是否该回避？

供应商可以委托代理人进行质疑和投诉。其授权委托书应当载明代理人的姓名或者名称、代理事项、具体权限、期限和相关事项。供应商为自然人的，应当由本人签字；供应商为法人或者其他组织的，应当由法定代表人、主要负责人签字或者盖章，并加盖公章。代理人提出质疑和投诉，应当提交供应商签署的授权委托书。以联合体形式参加政府采购活动的，其投诉应当由组成联合体的所有供应商共同提出。

投诉与检举、控告具有明显的区别。检举是指机构和个人对于违法失职的国家机关和工作人员的违法失职行为向有关机关揭发事实，请求依法处理的行为。控告是指机构和个人向司法机关揭露违法犯罪事实或犯罪嫌疑人，要求依法予以惩处的行为。检举和控告是任何主体均可以依法行使的对包括政府采购活动在内的社会活动的监督权利，而投诉仅指当事人所为，在政府采购活动中仅指参与所投诉政府采购活动的供应商。

（二）投诉条件

提起投诉前必须已经依法进行过质疑。投诉人提起投诉应当符合下列条件：一是提起投诉前已依法进行质疑；二是投诉书内容符合本办法的规定；三是在投诉有效期限内提起投诉；四是同一投诉事项未经财政部门投诉处理；五是财政部规定的其他条件。

供应商投诉的事项不得超出已质疑事项的范围，但基于质疑答复内容提出的投诉事项除外。

（三）投诉请求和证明材料

供应商投诉的事项仅限于事先提出质疑的事项范围内。投诉时通过提交投诉书的形式书面提出。

投诉人投诉时，应当提交投诉书和必要的证明材料，并按照被投诉采购人、采购代理机构（以下简称“被投诉人”）和与投诉事项有关的供应商数量提供投诉书的副本。投诉书应当包括下列内容：一是投诉人和被投诉人的姓名或者名称、通信地址、邮编、联系人及联系电话；二是质疑和质疑答复情况说明及相关证明材料；三是具体、明确的投诉事项和与投诉事项相关的投诉请求；四是事实依据；五是法律依据；六是提起投诉的日期。

投诉人为自然人的，应当由本人签字；投诉人为法人或者其他组织的，应当由法定代表人、主要负责人，或者其授权代表签字或盖章，并加盖公章。

政府采购投诉书的范本格式如下。

投诉书范本格式

一、投诉相关主体基本情况

投诉人：________________

地　　址：________________邮编：________

法定代表人/主要负责人：________________

联系电话：________________

授权代表：________________联系电话：________

地　　址：________________邮编：________

被投诉人1：________________

地　　址：________________邮编：________

联系人：________________联系电话：________

被投诉人2

……

相关供应商：________________

地　　址：________________邮编：________

联系人：________________联系电话：________

二、投诉项目基本情况

采购项目名称：________________

采购项目编号：________________包号：________

采购人名称：________________

代理机构名称：________________

采购文件公告：是/否 公告期限：________________

采购结果公告：是/否 公告期限：________________

三、质疑基本情况

投诉人于____年____月____日，向________________提出质疑，质疑事项为：________________

采购人/代理机构于____年____月____日，就质疑事项作出了答复/没有在法定期限内作出答复。

四、投诉事项具体内容

投诉事项1：………………………………

事实依据：………………………………

………………………………

法律依据：………………………………

………………………………

投诉事项2

……

五、与投诉事项相关的投诉请求

请求：………………………………

签字（签章）：　　　　　　　　公章：

日期：

投诉书制作说明如下。

1. 投诉人提起投诉时，应当提交投诉书和必要的证明材料，并按照被投诉人和与投诉事项有关的供应商数量提供投诉书副本。

2. 投诉人若委托代理人进行投诉的，投诉书应按照要求列明“授权代表”的有关内容，并在附件中提交由投诉人签署的授权委托书。授权委托书应当载明代理人的姓名或者名称、代理事项、具体权限、期限和相关事项。

3. 投诉人若对项目的某一分包进行投诉，投诉书应列明具体分包号。

4. 投诉书应简要列明质疑事项，质疑函、质疑答复等作为附件材料提供。

5. 投诉书的投诉事项应具体、明确，并有必要的事实依据和法律依据。

6. 投诉书的投诉请求应与投诉事项相关。

7. 投诉人为自然人的，投诉书应当由本人签字；投诉人为法人或者其他组织的，投诉书应当由法定代表人、主要负责人，或者其授权代表签字或盖章，并加盖公章。

（四）投诉时限

供应商必须在投诉有效期限内提起投诉，即质疑供应商的投诉应当在采购人、采购代理机构对质疑答复期期满后十五个工作日内提出。

一是考虑到投诉事项的复杂性。供应商提出投诉的事项，一般来说是对其权益有较为严重影响的事项。由于进入投诉程序后，其处理时间一般较之质疑处理要长，因此，供应商在提出投诉之前也需要考虑权衡。为此，法律规定提出投诉的时间为答复期满后十五个工作日。

二是答复期满后十五个工作日内是一个法律时效问题。供应商进行投诉的法律时效期为答复期满后十五个工作日内，也就是说供应商如果要进行投诉必须在质疑答复期满后的十五个工作日内提出，如果超出规定的期限，其投诉权将依法丧失。

想一想：

政府采购投诉处理的管辖权是如何规定的？

（五）投诉体制

如上所述，我国政府采购管理体制受制于财政预算管理体制，实行统一政策，分级管理，即供应商投诉按照采购人所属预算级次，由本级财政部门处理。因此，投诉供应商只能向采购人或者采购代理机构的同级政府采购监督管理部门投诉，不可能也不允许越级或者降级投诉，也不可以向其他部门投诉，否则，均不会被受理。

按照政府采购法律法规规定，县级以上各级人民政府财政部门负责依法受理和处理供应商投诉。财政部负责中央预算项目政府采购活动中的供应商投诉事宜。县级以上地方各级人民政府财政部门负责本级预算项目政府采购活动中的供应商投诉事宜。

县级以上各级人民政府财政部门负责依法受理和处理本级预算项目政府采购活动中供应商的投诉事宜，并接受上一级人民政府财政部门的监督和指导。跨区域联合采购项目的投诉，采购人所属预算级次相同的，由采购文件事先约定的财政部门负责处理，事先未约定的，由最先收到投诉的财政部门负责处理；采购人所属预算级次不同的，由预算级次最高的财政部门负责处理。

二、投诉处理

（一）审查受理

财政部门收到投诉书后，依据财政部令第 94 号规定，应当在 5 个工作日内进行审查，审查后按照下列情况处理：

1. 投诉书内容不符合财政部令第 94 号第十八条规定的，应当在收到投诉书 5 个工作日内一次性书面通知投诉人补正。补正通知应当载明需要补正的事项和合理的补正期限。未按照补正期限进行补正或者补正后仍不符合规定的，不予受理。

2. 投诉不符合财政部令第 94 号第十九条规定条件的，应当在 3 个工作日内书面告知投诉人不予受理，并说明理由。

3. 投诉不属于本部门管辖的，应当在3个工作日内书面告知投诉人向有管辖权的部门提起投诉。

4. 投诉符合财政部令第94号第十八条、第十九条规定的，自收到投诉书之日起即为受理，并在收到投诉后8个工作日内向被投诉人和其他与投诉事项有关的当事人发出投诉答复通知书及投诉书副本。

政府采购投诉受理书的一般格式如下。

编号：××

××财政局政府采购投诉受理书

××公司：

贵公司关于"××采购项目（招标编号××）"的投诉及与投诉有关的证明材料，我们已于××××年××月××日收悉。

根据《中华人民共和国政府采购法》和《政府采购质疑和投诉办法》规定，经审查，贵公司的投诉符合政府采购投诉的规定和程序，我们代表政府采购监督管理部门现已正式受理，并自受理投诉之日起30个工作日内，根据调查情况对投诉事项作出处理决定，并以书面形式通知与投诉有关的当事人。

（政府采购监督管理部门印章）

××××年××月××日

政府采购投诉不予受理书的一般格式如下。

编号：××

××财政局政府采购投诉不予受理书

××公司：

贵公司关于"××采购项目（招标编号××）"的投诉及与投诉有关的证明材料，我们已于××××年××月××日收悉。

根据《中华人民共和国政府采购法》和《《政府采购质疑和投诉办法》》的规定，经审查，贵公司的投诉不符合政府采购投诉的规定条件和程序，主要为：

1. ；

2. ；

…… 。

为此，我们不予受理（或现驳回投诉）。

贵公司对该决定如有不服，可以依法申请行政复议或者向人民法院提起行政诉讼。

（政府采购监督管理部门印章）

××××年××月××日

处理投诉是政府采购监督管理部门的法定职责，也是一件非常严肃的工作。政府采购监督管理部门在处理投诉过程中，还可能会遇到各种复杂情况，有的投诉事项涉及的问题可能非常重大，如果研究处理时间过短，则不利于问题的慎重解决；如果处理的时间过长，也不利于政府采购活动的正常进行和供应商权益的保护。政府采购监督管理部门收到供应商的投诉后，需要组织人员对投诉事项的有关情况，进行深入细致的调查、取证、审查和核实，充分听取投诉人和其他有关方面的意见，查明事实真相，公正对待所有当事人，不能对采购人、采购代理机构有所偏向，也不能偏向供应商。应当建立规范的投诉处理工作程序，要注意集中研究决定，遇重大事项时，应当组织有关方面的专家研究，确保决定准确无误。在此基础上，依法作出处理规定。

（二）处理原则

财政部门处理投诉，应当坚持依法依规、权责对等、公平公正、简便高效原则，维护国家利益和社会公共利益。

（三）处理时间和形式

具体包括以下内容。

1. 被投诉人应当自收到投诉书副本之日起五个工作日内，以书面形式向财政部门做出说明，并提交相关证据、依据和其他有关材料。被投诉人未提供说明材料的，视同认可投诉事项。

> **讨论一下：**
>
> 在处理投诉期间，采购人或者代理机构可以暂停政府采购活动吗？

2. 财政部门处理投诉事项采取书面审查的办法。财政部门认为有必要时，可以进行调查取证，或者组织投诉人和被投诉人当面进行质证。

3. 财政部门依法进行调查时，投诉人、被投诉人以及与投诉事项有关的单位或人员等应当如实反映情况，并提供相关证明材料。

4. 调查投诉事项涉及或可能涉及犯罪行为重大线索的，财政部门应当按照有关规定移送司法机关处理，并将移交情况和移交文件书面告知投诉人。

（四）调查投诉

财政部门在受理投诉后，应当及时地进行调查并依法作出处理决定。财政部门进行调查投诉的方式有以下几种。

1. 书面调查。财政部门对投诉事项的调查原则上采取书面审查的方式。书面调查是财政部门以书面形式通知被投诉人和与投诉事项相关的供应商进行沟通，以获取调查证据，对投诉事项作出处理的方法。采用书面调查方式对投诉案件进行调查是财政部门依法对投诉事项作出处理决定的首选方法。这种方法的最大优点是简单快捷。考虑到政府采购的效率和政府采购目的的实现，明确规定处理投诉事项原则上应采用书面调查的方式。但是，这种方法也有明显的不足，即调查证据的法律效力有时会受到质疑，使投诉案件不能得到最终处理。

2. 调查取证。财政部门直接组织调查是指由财政部门直接抽调相关人员进行投诉事项的调查取证的调查方式。利用书面调查方式获取的证据材料是第二手材料，其对投诉事项作出处理的充分性有时可能显得不足，利用这些证据材料还不足以或者无法直接对投诉事项作出处理。为此，政府采购监督管理部门认为有必要时，可以进行调查取证。财政部门依法进行调查取证时，投诉人、被投诉人以及与投诉事项有关的单位及人员应当如实反映情况，并提供财政部门所需要的相关材料。应当由投诉人承担举证责任的投诉事项，投诉人未提供相关证据、依据和其他有关材料的，视为该投诉事项不成立；被投诉人未按照投诉答复通知书要求提交相关证据、依据和其他有关材料的，视同其放弃说明权利，依法承担不利后果。投诉人、被投诉人以及与投诉有关的单位和个人不如实地提供相关材料，或者提供虚假材料的应承担相应的法律责任。

需要说明的是，财政部门直接调查并不是一种独立的调查方法，而是以书面调查为基础，对书面调查取得的证据进行进一步完善，以提高处理投诉事件的科学性和公正性。如果在书面调查所获得的证据足以对投诉事项作出最终处理，就无须再由财政部门直接组织调查活动。

> **思考一下：**
>
> 为什么要进行投诉人与被投诉人质证？

3. 组织质证。狭义的质证是仅指诉讼活动中，当事人、诉讼代理人及第三人在法庭的主持下，对当事人及第三人提出的证据就其真实性、合法性、与本案争议事实的关联性以及是否有证明力，是否可以作为本案认定案件事实的根据，进行说明和质辩的活动或过程。广义的质证是指在诉讼、仲裁、或其他争议解决活动中，双方当事人、代理人及第三方所进行的上述活动。政府采购质证属于广义的质证。

质证是指在投诉事项的调查过程中，投诉人与被投诉人双方当事人通过采用质疑、辩驳、对质、辩论以及其他方法证明证据效力的活动。按照我国法律制度的相关规定，质证是一方当事人就另一方所提证据的合理性提出质疑，否定其存在，另一方则据实予以反驳的证据制度。在政府采购投诉事件调查阶段，通过投诉人与被投诉人相互质证，以进一步确认证据的法律效力。质证是在投诉人与被投诉人之间相互进行，质证活动的内容应当以审核证据为中心，紧紧围绕当事人投诉事项所涉及的法律事实进行，以便达到审核证据、正确处理投诉事件的目的。因此，在质证时要注意的是：质证是在书面调查和直接调查的证据不足以使投诉事项得以公正处理的条件下才进行；质证过程必须由财政部门组织有利于投诉事项的公正处理；财政部门直接调查和组织当事人质证，是两个并行程序，并不存在先后顺序，是紧随书面调查之后的可能程序。

（五）驳回投诉

投诉处理过程中，有下列情形之一的，财政部门应当驳回投诉。

1. 受理后发现投诉不符合法定受理条件。

2. 投诉事项缺乏事实依据，投诉事项不成立。

3. 投诉人捏造事实或者提供虚假材料。

4. 投诉人以非法手段取得证明材料。证据来源的合法性存在明显疑问，投诉人无法证明其取得方式合法的，视为以非法手段取得证明材料。

财政部门受理投诉后，投诉人书面申请撤回投诉的，财政部门应当终止投诉处理程序，并书面告知相关当事人。

（六）处理方式

1. 对采购文件的投诉处理。投诉人对采购文件提起的投诉事项，财政部门经查证属实的，应当认定投诉事项成立。经认定成立的投诉事项不影响采购结果的，继续开展采购活动；影响或者可能影响采购结果的，财政部门按照下列情况处理。

（1）未确定中标或者成交供应商的，责令重新开展采购活动。

（2）已确定中标或者成交供应商但尚未签订政府采购合同的，认定中标或者成交结果无效，责令重新开展采购活动。

（3）政府采购合同已经签订但尚未履行的，撤销合同，责令重新开展采购活动。

（4）政府采购合同已经履行，给他人造成损失的，相关当事人可依法提起诉讼，由责任人承担赔偿责任。

2. 对采购过程和采购结果的投诉。投诉人对采购过程或者采购结果提起的投诉事项，财政部门经查证属实的，应当认定投诉事项成立。经认定成立的投诉事项不影响采购结果的，继续开展采购活动；影响或者可能影响采购结果的，财政部门按照下列情况处理。

（1）未确定中标或者成交供应商的，责令重新开展采购活动。

（2）已确定中标或者成交供应商但尚未签订政府采购合同的，认定中标或者成交结果无效。合格供应商符合法定数量时，可以从合格的中标或者成交候选人中另行确定中标或者成交供应商的，应当要求采购人依法另行确定中标、成交供应商；否则责令重新开展采购活动。

（3）政府采购合同已经签订但尚未履行的，撤销合同。合格供应商符合法定数量时，可以从合格的中标或者成交候选人中另行确定中标或者成交供应商的，应当要求采购人依法另行确定中标、成交供应商；否则责令重新开展采购活动。

（4）政府采购合同已经履行，给他人造成损失的，相关当事人可依法提起诉讼，由责任人承担赔偿责任。

3. 投诉人对废标行为提起的投诉事项成立的，财政部门应当认定废标行为无效。

4. 投诉处理决定书。财政部门作出处理决定，应当制作投诉处理决定书，并加盖公章。

投诉处理决定书应当包括下列内容。

（1）投诉人和被投诉人的姓名或者名称、通信地址等；

（2）处理决定查明的事实和相关依据，具体处理决定和法律依据；

（3）告知相关当事人申请行政复议的权利、行政复议机关和行政复议申请期限，以及提起行政诉讼的权利和起诉期限；

（4）作出处理决定的日期。

投诉处理决定书的一般格式如下。

编号：

××财政局政府采购投诉处理决定书

××公司：

贵公司关于“××采购项目（招标编号××）”的投诉及与投诉有关的证明材料，我们已于××××年××月××日收悉。

根据《中华人民共和国政府采购法》和《政府采购质疑和投诉办法》的规定，经调查、审核，贵公司的投诉是符合政府采购投诉规定的，理由是充分的，该“××采购项目（招标编号××）”的活动组织，有严重违反政府采购法规的有关规定的行为，主要为：

1.　　　　　　　　　　　；

2.　　　　　　　　　　　；

……　　　　　　　　　　。

依据《中华人民共和国政府采购法》第××条的规定，我们现作出如下处理决定：

1.　　　　　　　　　　　；

2.　　　　　　　　　　　；

……　　　　　　　　　　。

贵公司对该处理决定如有不服，可以依法申请行政复议或者向人民法院提起行政诉讼。

（政府采购监督管理部门印章）

××××年××月××日

抄报：（同级政府法制办）

抄送：（采购人、代理机构、所有参与该项目投标的供应商）

5. 处理结果公告。财政部门应当将投诉处理决定书送达投诉人和与投诉事项有关的当事人，并及时将投诉处理结果在省级以上财政部门指定的政府采购信息发布媒体上公告。投诉处理决定书的送达，参照《中华人民共和国民事诉讼法》关于送达的规定执行。财政部门应当建立投诉处理档案管理制度，并配合有关部门依法进行的监督检查。

（七）处理时限

财政部门应当自受理投诉之日起 30 个工作日内，对投诉事项作出处理决定，并以书面形式通知投诉人、被投诉人及其他与投诉处理结果有利害关系的政府采购当事人。

财政部门处理投诉事项，需要检验、检测、鉴定、专家评审以及需要投诉人补正材料的，所需时间不计算在投诉处理期限内。

前款所称所需时间，是指财政部门向相关单位、第三方、投诉人发出相关文书、补正通知之日至收到相关反馈文书或材料之日。

财政部门向相关单位、第三方开展检验、检测、鉴定、专家评审、调取证据的，应当将所需时间告知投诉人。

（八）活动暂停

> **想一想：**
> 限额标准、数额标准和规模标准有什么区别？

财政部门在处理投诉事项期间，可以视具体情况书面通知被投诉人暂停采购活动，但暂停时间最长不得超过30日，以后根据改革需要，可适当延长至30个工作日，但不得超过30个工作日。投诉事项处理期间，有下列情形之一的，财政部门可以书面通知采购人暂停采购活动：一是采购人或采购代理机构认为需要暂停的；二是暂停采购活动有利于投诉事项处理的；三是投诉人申请暂停采购活动，财政部门认为其请求合理，决定暂停采购活动的。被投诉人收到通知后应当立即暂停采购活动，在法定的暂停期限结束前或者财政部门发出恢复采购活动通知前，不得进行该项采购活动。

供应商提出投诉，有充足的理由和证据，如果再继续采购活动，就可能因投诉事项使其供应商或采购人权益受到很大损害。在这种情况下，实行采购活动暂停制度显得很有必要。但是，采购活动必须讲求效率，不能无限期停止。因此，法律规定政府采购监督管理部门可以根据具体情况暂停采购活动的同时，明确规定了暂停采购活动的最长期限。

（九）法律责任

1. 采购人、采购代理机构有下列情形之一的，由财政部门责令限期改正；情节严重的，给予警告，对直接负责的主管人员和其他直接责任人员，由其行政主管部门或者有关机关给予处分，并予通报。

（1）拒收质疑供应商在法定质疑期内发出的质疑函；

（2）对质疑不予答复或者答复与事实明显不符，并不能作出合理说明；

（3）拒绝配合财政部门处理投诉事宜。

2. 投诉人在全国范围12个月内三次以上投诉查无实据的，由财政部门列入不良行为记录名单。

投诉人有下列行为之一的，属于虚假、恶意投诉，由财政部门列入不良行为记录名单，禁止其1至3年内参加政府采购活动。

（1）捏造事实；

（2）提供虚假材料；

（3）以非法手段取得证明材料。证据来源的合法性存在明显疑问，投诉人无法证明其取得方式合法的，视为以非法手段取得证明材料。

3. 财政部门及其工作人员在履行投诉处理职责中违反本办法规定及存在其他滥用职权、玩忽职守、徇私舞弊等违法违纪行为的，依照《中华人民共和国政府采购法》《中华人民共和国公务员法》《中华人民共和国行政监察法》《中华人民共和国政府采购法实施条例》等国家有关规定追究相应责任；涉嫌犯罪的，依法移送司法机关处理。

（十）相关问题

1. 投诉费用。财政部门处理投诉不得向投诉人和被投诉人收取任何费用。但因处理投诉发生的第三方检验、检测、鉴定等费用，由提出申请的供应商先行垫付。投诉处理决定明确双方责任后，按照"谁过错谁负担"的原则由承担责任的一方负担；双方都有责任的，由双方合理分担。

2. 完善档案。财政部门应当建立投诉处理档案管理制度，并自觉接受有关部门依法进行的监督检查。

3. 保守秘密。对在投诉处理过程中知悉的商业秘密及个人隐私，财政部门及知情人应当负保密责任。

4. 结果公告。财政部门应当将投诉处理结果在省级以上财政部门指定的政府采购信息发布媒体上公告。

政府采购投诉处理结果案例如下。

> **思考一下：**
>
> 如果采购项目内容较多，在处理投诉期间暂停采购活动应该如何操作？

案例1：投诉处理结果公告

一、项目编号：0724－2101D84N4791

二、项目名称：中山大学附属第一医院采购医疗设备招标项目

三、相关当事人

投诉人：广东康得药业有限公司（以下称投诉人）

地　址：广州市白云区螺涌高桥路64号三楼自编301

被投诉人1：中山大学附属第一医院

地　址：广东省广州市中山二路58号

被投诉人2：国义招标股份有限公司（以下称代理机构）

地　址：广东省广州市越秀区东风东路726号16—18楼

四、基本情况

投诉人因对代理机构就本项目作出的质疑答复不满，向本机关提起投诉。投诉事项1—12为：招标文件相关指标具有排他性与唯一性。本机关依法调查并作出处理决定。

五、处理依据及结果

根据《政府采购质疑和投诉办法》（财政部令第 94 号）第二十九条第（二）项的规定，投诉事项 1—12 缺乏事实依据。

财政部

2022 年 5 月 26 日

案例 2：监督检查处理结果公告

一、项目编号：SDSM2021－3480、SDSM2021－3481、SDSM2021－3482、SDSM2021－3483、SDSM2021－3484

二、项目名称：

山东大学齐鲁医院维保服务项目（一）

山东大学齐鲁医院维保服务项目（二）

山东大学齐鲁医院维保服务项目（三）

山东大学齐鲁医院维保服务项目（四）

山东大学齐鲁医院维保服务项目（五）

三、相关当事人

当事人 1：山东大学齐鲁医院（以下称采购人）

地　址：济南市文化西路 107 号

当事人 2：山东三木招标有限公司（以下称代理机构）

地　址：山东省济南市市中区二环南路 6636 号 8 层 04 单元

四、基本情况

举报人反映：1. 采购人、代理机构未依法对其提出的询问函作出处理；2. 招标文件相关内容指向特定供应商；3. 本项目废标公告的废标理由不真实、不具体、不完整，且未将废标原因分别通知所有投标人。本机关依法调查并作出处理决定。

五、处理依据及结果

举报人反映的问题均缺乏依据。

财政部

2022 年 5 月 26 日

案例3：行政处罚结果公告

一、相关当事人

当事人：中国专利信息中心

地 址：北京市海淀区蓟门桥西土城路6号

二、基本情况

本机关在依法对“国家知识产权局网络安全等级保护测评服务采购项目”（以下称本项目，项目编号：TC210N0BK）投诉处理过程中，发现本项目存在未在财政部指定的媒体上公开采购信息，未从政府采购评审专家库中抽取专家，未对开标、评标现场活动进行全程录音录像等问题，违反了《中华人民共和国政府采购法》第十一条，《中华人民共和国政府采购法实施条例》第三十九条，《政府采购货物和服务招标投标管理办法》（财政部令第87号）第三十九条第二款、第四十八条第一款的规定。

三、处罚结果

根据《中华人民共和国政府采购法》第七十一条、《中华人民共和国政府采购法实施条例》第六十八条第（一）项的规定，本机关决定对中国专利信息中心作出警告的行政处罚。

财政部

2022年4月27日

案例4：投诉处理结果公告

一、项目编号：RHGY－2021－FW－20

二、项目名称：贵州省消防救援总队火灾事故现场三维全景测量分析系统采购项目

三、相关当事人

投诉人：浙江安正科技股份有限公司（以下称投诉人）

地址：浙江省杭州市上城区婺江路217号2号楼8层823室

被投诉人：融汇项目管理股份有限公司（以下称代理机构）

地址：成都市武侯区武侯大道顺江段77号4幢10层2号

当事人：贵州省消防救援总队（以下称采购人）

地址：贵州省贵阳市南明区沙冲南路198号

相关供应商：贵州宏创信息技术有限公司（以下称贵州宏创公司）

地址：贵州省贵阳市云岩区中山东路48号C2幢6层

四、基本情况

投诉人因对代理机构就上述项目作出的质疑答复不满，向本机关提起投诉。投诉事项1为：代理机构未依法告知其评审得分。投诉事项2、3为：贵州宏创公司虚假响应。投诉事项4—12为：中标产品不满足招标文件技术要求。本机关依法调查并作出处理决定。

五、处理依据及结果

根据《政府采购质疑和投诉办法》（财政部令第94号）第三十二条第一款的规定，投诉事项1部分成立，根据第二十九条第（二）项的规定，投诉事项2、3缺乏事实依据。不再对投诉事项4—12进行审查。责令采购人废标。

责令采购人、代理机构就招标文件编制不明确、评审标准中的分值设置未与评审因素的量化指标相对应的问题限期改正，责令代理机构就未依法告知供应商评审得分的问题限期改正。

财政部

2022年5月26日

三、后续救济

根据政府采购法规定，投诉人对政府采购监管部门的投诉处理决定不服或者政府采购监督管理部门逾期未作处理的，可以依法申请行政复议或者向人民法院提起行政诉讼。这里的两种权利的行使没有先后顺序之分，可以任选一种行使。

政府采购监督管理部门对投诉人的投诉事项作出的处理决定，是一项具体行政行为，法律并没有规定这种具体行政行为可以成为最终裁决。因此，投诉人对政府采购监督管理部门的投诉处理决定不服，或者政府采购监督管理部门逾期未作处理的，可以通过行政和司法救济途径依法寻求救济。包括提起行政复议和行政诉讼两种途径。

（一）行政复议

1. 含义。投诉人对政府采购监管部门的投诉处理决定不服或者政府采购监督管理部门逾期未作处理的，可以依法申请行政复议。

行政复议是指公民、法人或者其他组织不服行政主体作出的具体行政行为，认为行政主体的具体行政行为侵犯其合法权益，依法向法定的行政复议机关提出复议申请，行政复议机关依法对该具体行政行为进行合法性、实用性审查，并作出行政复议决定的行政行为，是公民、法人或者其他组织通过行政救济途径解决行政争议的一种途径和方法。

申请人申请行政复议，可以书面申请，也可以口头申请；口头申请的，行政复议机关应当当场记录申请人的基本情况、行政复议请求、申请行政复议的主要事实、理由和时间。

2. 体制。行政复议机关是指依照法律的规定，有权受理行政复议申请，依法对具体行政行为进行审查并作出裁决的行政机关。从行政复议管辖权的角度看，按照行政复议法规定，申请复议人可以向下列机关提出行政复议。

一是对县级以上地方各级人民政府工作部门的具体行政行为不服的，由申请人选择，可以向该部门的本级人民政府申请行政复议，也可以向上一级主管部门申请行政复议。

> **讨论一下：**
>
> 供应商质疑《中小企业声明函》，代理机构该如何答复？

二是对海关、金融、国税、外汇管理等实行垂直领导的行政机关和国家安全机关的具体行政行为不服的，向上一级主管部门申请行政复议。

三是对地方各级人民政府的具体行政行为不服的，向上一级地方人民政府申请行政复议；对省、自治区人民政府依法设立的派出机关所属的县级地方人民政府的具体行政行为不服的，向该派出机关申请行政复议；对县级以上地方人民政府依法设立的派出机关的具体行政行为不服的，向设立该派出机关的人民政府申请行政复议；对政府工作部门依法设立的派出机构依照法律、法规或者规章规定，以自己的名义作出的具体行政行为不服的，向设立该派出机构的部门或者该部门的本级地方人民政府申请行政复议。

四是对国务院部门或者省、自治区、直辖市人民政府的具体行政行为不服的，向作出该具体行政行为的国务院部门或者省、自治区、直辖市人民政府申请行政复议，对行政复议决定不服的，可以向人民法院提起行政诉讼；也可以向国务院申请裁决，国务院依法作出最终裁决。

3. 程序。按照行政复议法的规定，投诉人可以自收到投诉处理决定之日起六十日内，向该政府采购监督部门的本级人民政府申请行政复议，或者向上一级政府采购监督管理部门申请行政复议。

如果投诉处理决定是由财政部做出的，投诉人应向财政部申请行政复议。行政复议机关受到行政复议申请后，应当在五日内进行审查并决定是否受理，不予受理的应当书面告知申请人，决定予以受理的，应当及时进行审查、研究，提出处理意见，自受理申请之日起六十日内作出维持、撤销、变更原投诉处理决定或者认为原投诉处理决定违法的行政复议决定，并书面通知申请人。情况复杂，不能在规定期限内作出行政复议决定的，经行政复议机关的负责人批准，可以适当延长，并告知申请人和被申请人；但是延长期限最多不超过三十日。行政复议机关作出行政复议决定，应当制作行政复议决定书，并加盖印章。行政复议决定书一经送达，即发生法律效力。

（二）行政诉讼

1. 含义。投诉人对政府采购监督管理部门作出的投诉处理决定如有不服，或者政府采购监督管理部门逾期未处理的，也可以不经过复议程序而直接向有管辖权的人民法院提起行政诉讼。

行政诉讼是指公民、法人或者其他组织认为行政机关和法律法规授权的组织作出的具体行政行为侵犯其合法权益，依法定程序向人民法院起诉，人民法院在当事人及其他诉讼参与人的参加下，对具体行政行为的合法性进行审查并作出裁决的制度。行政诉讼是解决行政争议的重要法律制度。所谓行政争议，是指行政机关和法律法规授权的组织因行使行政职权而与另一方发生的争议。行政争议有内部行政争议和外部行政争议之分。行政诉讼与行政复议是我国解决外部行政争议的两种主要法律制度。

2. 作用。行政诉讼是一种司法审查制度，在行政法律监督体系中，行政诉讼是一项不可缺少的事后法制监督制度。行政诉讼是一种行政法律救济制度，行政诉讼是在监督行政机关依法行政的同时保护行政相对人合法权益，在相对人合法权益受到或者可能受到具体行政行为的侵犯时，为相对人提供及时有效的救济。

3. 程序。根据行政诉讼法的规定，投诉人不服投诉处理决定直接向人民法院提起行政诉讼的，应当在收到投诉处理决定之日起三个月内，向作出投诉处理决定的政府采购监督管理部门所在地的基层人民法院提出。如果投诉处理决定是由财政部作出的，投诉人应当向财政部所在地的中级人民法院提出。人民法院接到起诉状后，经审查在七日内立案或者作出裁定不予受理。一经立案，人民法院将及时进行审理，并根据不同情况，自立案之日起三个月内分别作出维持、撤销或者部分撤销原投诉处理决定的第一审判决。有特殊情况需要延长的，由高级人民法院批准，高级人民法院审理第一审案件需要延长的，由最高人民法院批准。投诉人对第一审判决不服，有权在判决书送达之日起十五日内向上一级人民法院提起上诉。逾期不提起上诉的，人民法院的第一审判决或者裁定发生法律效力。当事人不服人民法院第一审裁定的，有权在裁定书送达之日起十日内向上一级人民法院提起上诉。人民法院审理上诉案件，一般在收到上诉状之日起两个月内作出终审判决。有特殊情况需要延长的，由高级人民法院批准，高级人民法院审理上诉案件需要延长的，由最高人民法院批准。

（三）完善我国政府采购救济制度的思考

政府采购救济制度是指供应商在参加政府采购活动过程中，当认为其合法权益受到侵害时可以依法进行救济的一项制度。《政府采购法实施条例》对《政府采购法》中质疑、投诉内容作出了细化规范；《质疑和投诉办法》更是对政府采购监管的救济措施做了进一步的优化。我国政府采购救济制度日趋完善，在规范政府采购市场、维护政府采购当事人合法权益、保障财政资金安全方面起着日益重要的作用。

但是，随着我国政府采购规模的不断扩大，现行救济制度难以完全满足供应商救济需求的问题开始凸显。与此同时，我国加入《政府采购协议》（GPA）的步伐不断加快，为了更好地与GPA相应要求有效对接，政府采购救济制度也需要在行政裁决机构、前置性质疑、投诉程序等方面进行相应调整。

1. 提高政府采购救济主体的独立性。政府采购行为具有明显行政性特征，如果监管机构不能与实施采购行为的行政主体保持独立，其监督管理职能很难充分有效发挥出来。从我国情况来看，根据《政府采购法》的规定，财政部门是负责政府采购监督管理的部门，但由于政府采购活动中的采购人往往是行政机关或事业单位，这就使得财政部门监督的独立性受到一定的质疑。在国际上，由于GPA要求参与国要设立专门的争端受理机构，因此，加入GPA的国家都设立了独立、专门的争议处理机构，如美国设立了合同争议委员会、会计总署、联邦索赔法院等机构，德国设置了政府采购审查办公室、经济部卡特尔局采购庭两种争端处理机构，日本设置了政府采购审查办公室、政府采购审查局专门处理政府采购争议。提高我国政府采购行政救济主体的独立性是发挥政府采购监管职能的必然要求，也是与GPA相应规定对接的必然举措。在未来的政府采购制度改革中，一方面，可以设置独立的政府采购争端受理机构，这样既有助于解决财政部门处理政府采购纠纷的独立性问题，也可以避免其他行政机关干预行政救济审查结论的现象发生；另一方面，也可以在政府采购纠纷审理制度引入"专家辅助人"的参与，充分发挥其第三方的质证作用，从而增强救济主体的独立性。

2. 扩大政府采购救济对象的范畴。《政府采购法》规定，救济对象是参与所质疑项目采购活动的供应商。但在政府采购的活动实践中，对供应商进行清晰界定并不容易，其既可以是与采购人直接签订政府采购合同的直接供应商，也可以是虽未打算直接与采购人签约而仅意在通过为采购人提供所采购的货物或服务从而参与到相关政府采购过程的间接供应商。直接供应商包括参与了特定政府采购合同竞争，但自认因采购人的违规行为而未能赢得政府采购合同的实际参与供应商；又包括有意参与特定政府采购合同竞争，但因采购人的违规行为而未能参与到竞争中去的潜在供应商。间接供应商包括分包商、联合投标体中的供应商以及最终产品或服务供应商等。国际上，GPA 将提供或者能够提供货物或者服务的个人或者组织均纳入了供应商的范畴。这意味着供应商的范畴十分宽泛，但我国现有的政府采购救济制度仅把直接供应商和部分间接供应商纳入了救济对象的范畴，而其他供应商、提供服务的个人或者组织并不在列，导致覆盖面偏窄。因此，在时机成熟的条件下，进一步扩大有权提出质疑的供应商范围，以便更好地维护政府采购当事人的合法权益。

3. 统筹协调不同救济方式的关系。根据接受对象的不同，我国政府采购救济制度有询问、质疑、投诉、行政复议、行政诉讼等救济方式，为更加公正、有效、快速地解决政府采购纠纷，要将不同救济方式统筹考量。一方面，在方式上鼓励发挥磋商调节机制的作用。磋商是 GPA 协议鼓励采购实体和供应商采用的解决争议方式，与其他方式相比，其实质是为采购双方当事人提供平等的对话机会，既有利于维护采购人和供应商的良好关系，也有利于增强程序的便捷性和解决的时效性。另一方面，要简化程序链条，降低寻求救济的成本。我国现有的政府采购救济制度在程序设定上具有循序渐进、环环紧扣的特点，其中质疑是投诉的前置程序，投诉是复议或诉讼的前置性程序，质疑和投诉不得逾越。这意味着供应商如果想通过司法途径获得救济必须经过多重环节，这不利于供应商高效便利地寻求救济。因此，可以考虑将质疑、投诉作为自选程序，这样更有利于降低供应商的维权成本，优化营商环境。

4. 延长政府采购争议处理期限。我国现行的政府采购争议法定处理期限是 30 个工作日，但由于政府采购争议往往覆盖领域较广，涉及不同的行业标准、技术指标等，从而在实践过程中出现了在规定时间内无法完成调查取证的现象，也造成了监管部门积极履职却被认定为程序违法的困境。为了解决这个问题，一方面，建议适当延长投诉处理期限，这也符合国际惯例，如美国法律中规定会计总署收到投诉后 100 天内做出处理决定即可；另一方面，建议同等对待案件各方当事人进行调证的时间和检验、检测、鉴定、专家评审以及需要投诉人补正材料情形的处理时间，可以按照规定予以扣除，从而解决现实中执行困境问题。

学习小资料

哪些违法违规行为应引起高度重视？

截至 2021 年 12 月 29 日，财政部共发布 241 则政府采购信息公告（第一千二百四十六号——第一千四百八十六号），那么在政府采购活动中，采购人、采购代理机构和供应商究竟存在哪些违法违规行为？下面就让我们来盘点一下。

一、违法违规行为数十种

经梳理，财政部2021年政府采购信息公告共依法查处相关参加人四十余种违法违规行为，其中以“供应商提供虚假材料谋取中标”“招标文件编制问题”“采购人、代理机构以不合理条件对供应商实行差别歧视待遇”“招标文件评审标准中的分值设置未与评审因素的量化指标相对应”“投标产品不满足招标文件要求”等违规行为出现次数较多。统计显示，从相关参加人来看，在信息公告提及的十大违法违规行为中，采购人和采购代理机构占八成，供应商占两成。2021年财政部政府采购信息公告提及的十大违法违规行为如下：

1. 招标文件编制问题（违法、有误、不规范、不完整、不严谨）（26次）；

2. 供应商提供虚假材料谋取中标（24次）；

3. 采购人、代理机构以不合理条件对供应商实行差别歧视待遇（17次）；

4. 中标产品不满足招标文件实质性要求、相关指标要求、技术参数要求（12次）；

5. 评审标准中的分值设置未与评审因素的量化指标相对应（11次）；

6. 代理机构未按规定发布成交（中标）公告、信息公告发布不规范（9次）；

7. 代理机构未依法作出质疑答复（6次）；

8. 代理机构拒收质疑函（5次）；

9. 以其他不合理条件限制或者排斥潜在供应商的情形（4次）；

10. 采购人违规组织重新评审（2次）。

二、采购人存在17类问题

梳理发现，信息公告共提及采购人17种违法违规行为，其中“招标文件编制问题”“以不合理条件对供应商实行差别歧视待遇”和“评审标准中的分值设置未与评审因素的量化指标相对应”出现次数较多，位居前三甲。

2021年财政部政府采购信息公告提及采购人八大违法违规行为（至少出现2次）如下：

1. 招标文件编制问题（违法、有误、不规范、不完整）（23次）；

2. 以不合理条件对供应商实行差别歧视待遇（17次）；

3. 评审标准中的分值设置未与评审因素的量化指标相对应（6次）；

4. 以其他不合理条件限制或者排斥潜在供应商的情形（4次）；

5. 采购人违规组织重新评审（2次）；

6. 采购人代表在评审过程中发表了倾向性意见（2次）；

7. 采购人采购方式适用错误（2次）；

8. 未按照政府采购法规定的采购方式和程序执行采购活动（2次）。

三、采购代理机构存在 24 类问题

梳理发现，信息公告共提及代理机构 24 种违法违规行为，其中“招标文件编制问题”“以不合理条件对供应商实行差别歧视待遇”“招标文件评审标准中的分值设置未与评审因素的量化指标相对应”出现次数较多，位居前三甲。

2021 年财政部政府采购信息公告提及采购代理机构十大违法违规行为如下：

1. 招标文件编制问题（25 次）；

2. 以不合理条件对供应商实行差别歧视待遇（17 次）；

3. 招标文件评审标准中的分值设置未与评审因素的量化指标相对应（9 次）；

4. 代理机构未按规定发布成交（中标）公告、信息公告发布不规范（9 次）；

5. 代理机构未依法作出质疑答复（6 次）；

6. 代理机构拒收质疑函（5 次）；

7. 招标文件存在以其他不合理条件限制或者排斥潜在供应商的情形（2 次）；

8. 未按照政府采购法规定的采购方式和程序执行采购活动（2 次）；

9. 代理机构未依法告知供应商投诉权利（2 次）；

10. 代理机构非法干预采购评审活动（2 次）。

四、供应商存在 5 类问题

梳理发现，信息公告共提及供应商 5 种违法违规行为，其中“供应商提供虚假材料谋取中标”“投标产品不满足招标文件要求”出现次数较多，均超过 10 次。

2021 年财政部政府采购信息公告提及供应商违法违规行为：

1. 供应商提供虚假材料谋取中标（24 次）；

2. 中标产品不满足招标文件实质性要求、相关指标要求、技术参数要求、未按要求提供相关证明材料（12 次）；

3. 供应商涉嫌串通投标（1 次）；

4. 供应商公司涉嫌提供虚假业绩，中标无效（1 次）；

5. 供应商提供的相关认证证书无效（1 次）。

资料来源：政府采购信息网实务篇，2021 年 12 月 9 日。

【重要概念】

政府采购询问　　政府采购质疑　　调查取证

政府采购投诉　　政府采购后续救济　　质证
行政复议　　行政诉讼

【思考练习题】

1. 简述政府采购救济制度程序规定。
2. 简述政府采购询问的提出和答复。
3. 简述政府采购质疑的范围。
4. 简述政府采购质疑函的内容。
5. 简述政府采购质疑答复的内容。
6. 简答政府采购投诉的条件。
7. 财政部门调查投诉的方式有哪些?
8. 对采购文件的投诉处理方式是什么?
9. 对采购过程和采购结果的投诉处理方式是什么?
10. 简答政府采购投诉后的救济制度规定。

【案例分析】

1. 资料如下:

2021 年 6 月，A、B、C、D 四家供应商就县教育和科学技术局城区部分小学信息化设备化设备采购项目（第一包、第二包）采购文件提出质疑。因对质疑答复不满，B、C 两家供应商又向当地财政部门投诉。B、C 两家供应商都在投诉中称，该项目招标文件规格参数和评分办法存在唯一性和品牌倾向性，损害了潜在投标人的合法权益，要求修改采购文件规格参数和评分办法，应该让优质设备、优质产品和有实力的潜在供应商能够参与投标。

采购人看到投诉书副本后表示，A、B、C、D 四家供应商的质疑函与 B、C 供应商的投诉书内容基本相同，而且质疑函、投诉函中相同的事项截图完全一致。因此，这四家供应商显然存在恶意串通。

2. 根据上面所提供资料，请依据政府采购法律法规分析和讨论：多家供应商的质疑函、投诉函中相同事项的截图完全一致，能否认定为恶意质疑投诉？串通质疑投诉能否认定为串通投标？

第九章　政府采购信息

【学习目标和要点】

- 政府采购信息公告内容
- 政府采购信息发布内容
- 政府采购法律法规类信息
- 政府采购机会类信息
- 政府采购统计类信息

第一节　政府采购信息管理内容

政府采购信息是指规范政府采购活动的法律法规以及反映政府采购活动状况多种数据和资料的总称。加强政府采购信息管理，是搞好政府采购管理工作的基本环节。特别是在以计算机和互联网为主导的大数据信息时代，充分运用灵活高效的信息手段，是政府采购科学化、精细化、信息化管理的必然选择。政府采购信息管理内容主要包括政府采购信息收集、信息发布、信息记录、信息储存与信息查阅等项内容。

一、政府采购信息收集

（一）信息收集内容

政府采购信息种类繁多，信息量巨大。依据政府采购法律法规规定，凡是能够或者必须在政府采购法定网站公开的信息都是政府采购信息搜集的内容。通过信息搜集和发布为政府采购监管和执行提供良好的示范和参考效应。

1. 政府采购法律、法规类信息。为规范政府采购行为，世界各国、国际性组织以及我国中央和地方政府，都制定了关于政府采购的法律、法规和其他规范性文件。最典型的如世界贸易组织的《政府采购协议》。我国政府虽然没有签署世界贸易组织《政府采购协议》，但为了规范政府采购行为，2003 年国家正式颁布实施《中华人民共和国政府采购法》以来，与政府采购工作相关的法律有 20 多部。随着政府采购制度改革的不断深入和持续推进，截至 2022 年 3 月，形成了“一法一条例六令”为主的政府采购法律法规体系。同时，财政部单独或与有关部委一起围绕该法出台了 270 多个具体的规章和实施细则，各地方政府也先后相继出台了包括政府采购目录标准和采购资金限额标准在内的至少 360 个以上的一系列实施办法。中央和各级地方政府出台的规范性文件按照不同功能还可以划分为采购主体类、采购功能类、交易系统类、采购方式类和其他文件类。对于从事采购的单位和机构而言，掌握和贯彻这些法规与政策，是必然的选择。同时，还要及时注意收集更新不同国家和地区关于政府采购管理方面的信息，包括法律法规、采购案例、采购指南等内容。

2. 政府采购管理动态类信息。中央介绍各级政府关于政府采购监管的各种信息，包括中央和地方政府采购管理动态、采购目录、购买服务管理动态、不同时期监管部门领导讲话、理论实务研究、采购指导性案例、建议提案、专题报道、节能环保目录、评审专家劳务报酬标准、供应商质疑信息、加入 WTO 相关信息、政府和社会资本合作信息等。

3. 政府采购项目公告类信息。包括中央和地方各种采购方式的公告信息。如政府采购项目意向公开、采购文件、招标、中标、更正、询价、邀请、单一、预审、成交、竞争性谈判、竞争性磋商、终止、合同、验收等各类公告信息。

4. 政府采购交易系统类信息。包括采购计划管理系统、评审专家管理系统、信息统计管理系统、代理机构管理系统、采购电子商城信息系统、采购信用评价信息系统等。

5. 政府采购监管类信息。包括政府采购严重违法失信行为记录名单系统、代理机构不良行为记录名单系统、集中采购机构考核结果信息系统、投诉处理结果信息系统、相关责任人监督处罚信息系统等。

> **讨论一下：**
>
> 政府采购网站信息的内容有哪些？

6. 政府采购产品类信息。由于现代社会生产的飞速发展，产品品种、生产技术不断更新，产品的功能结构与成本也在不断变化。因此，科学的政府采购必须建立在及时掌握各种产品不断变化了的信息的基础之上。采购人和采购代理机构需要建立产品跟踪系统，随时掌握产品信息的变化动态，并且按照产品的类别、功能、成本、寿命周期、发展状态等内容进行统计和记录，特别是要对新产品给予充分的关注，政府采购法定媒体需要充实完善政府采购需求指南和产品选购指南等内容信息。

7. 政府采购供应商类信息。供应商信息是政府采购信息库中必不可少的重要内容。作为政府采购的供应商，其经营资格、提供货物和服务的履约能力、市场信息程度等，都直接关系到政府采购的成败。因此，为了保障政府采购的优良效果，政府采购监管部门、政府采购代理机构不仅需要有一个对供应商的评价和管理体系，还必须不断跟踪和了解供应商的信息，包括供应商的分类、供应商实力的调查、供应商是否转产、破产，供应商的资信记录，对供应商违规处理记录等。对于供应商信息进行管理所采用的普遍方法是，在收集到供应商的各种信息后，建立相关的供应商信息库。

8. 政府采购案例类信息。政府采购过程同时也是一个经验积累的过程，采购人或采购机构在采购中，可能既有成功的经验，又有失败的教训，通过对政府采购国内外实务案例建立档案，可以不断从案例中吸取成功的经验，避免不必要的失误。世界上许多国家都十分注重政府采购案例的资料整理工作，如美国《商业日报》政府采购网络版中，就有专门的政府采购案例的内容，以供社会和政府相关专业人士查阅和参考。

（二）信息收集方式

政府采购信息收集工作涉及政府采购监管部门、采购人和代理机构等，应该配备专门的人员，提供相应的经费保障，充分利用采购业务活动机会与现代化技术手段来收集相关采购信息，主要方式有以下几种。

1. 建立队伍调查收集。开展行业与新产品信息研究，建立新产品信息调查队伍。通过专门人士长期跟踪调查各种行业的新产品以及新供应商的发展动向，掌握各类产品最新进展，包括其功能、技术规格、适用范围、成本状况等情况。

2. 通过媒体征集收集。采购人定期在有关报纸和刊物上发布征集关于供应商和新产品的消息，或者直接向供应商发出询问单。在现代市场经济社会，媒体在收集信息方面具有强大的功能。通过媒体征集，凡是对政府采购有兴趣的供应商，都会积极主动地向采购人或采购机构提供其新产品的相关信息，从而有利于采购人扩大其信息收集渠道。

3. 利用社会资料收集。政府采购的某些信息，直接来源于政府统计资料和向社会公开的各种资料。例如，通过政府对供应商情况的统计，政府相关的资料认证、政府各种检查结果、政府部门组织评选出优秀产品或企业、良好的市场评价和社会评价等，都可以了解并掌握相关采购产品和服务的信息及其生产企业的信息。此外，政府采购部门还可以通过媒体、互联网等方式获得国际市场各方面的产品和供应商信息。

4. 采购人自身积累收集。即采购人本身的信息来源。采购人经常进行各种采购活动，在采购活动中必然获得大量的关于产品和供应商的信息，对于这些信息也应该加以整理并充分利用。

二、信息发布和公告

政府采购信息公告，就是相关主体将政府采购的相关信息通过法定媒体以及公开的方式告知采购代理机构、供应商和广大社会公众。信息公告是政府采购管理制度中的重要内容和组成部分，是政府采购信息管理的核心。只有建立完善的政府采购信息公告制度，政府采购公开、平等、透明、规范地进行才有可能实现。

从政府采购信息科学化规范化管理的角度出发，为了方便政府采购相关当事人和社会公众获悉、了解、理解、阅读政府采购相关信息，凡是在政府采购网站和相关媒体能够公开的信息，都是政府采购公告的信息。因此，政府采购信息公告的范围和内容要远远大于政府采购信息发布的范围和内容。

（一）信息发布内容和原则

2020 年 3 月 1 日起实施的《政府采购信息发布管理办法》（财政部令第 101 号）规定了政府采购发布应遵循的主要原则：

> **想一想：**
>
> 政府采购信息发布法定媒体有哪些？

1. 内容规范统一。财政部令第 101 号所称政府采购信息，是指依照政府采购有关法律制度规定应予公开的公开招标公告、资格预审公告、单一来源采购公示、中标（成交）结果公告、政府采购合同公告等政府采购项目信息，以及投诉处理结果、监督检查处理结果、集中采购机构考核结果等政府采购监管信息。政府采购信息应当按照财政部规定的格式编制。

2. 媒体相对集中。政府采购信息应当在省级以上人民政府财政部门指定的媒体上发布。一是范围和内容。财政部负责确定政府采购信息发布的基本范围和内容，指定全国政府采购信息发布媒体。二是分级管理。省级（含计划单列市，下同）财政部门负责确定本地区政府采购信息发布的范围和内容，可以指定本地区政府采购信息发布媒体。三是权限集中。除财政部和省级财政部门以外，其他任何单位和个人不得指定政府采购信息的发布媒体。四是分别发布。政府采购信息应当首先在财政部指定的政府采购信息发布媒体上发布；地方的政府采购信息可以同时在其省级财政部门指定的政府采购信息发布媒体上发布。

3. 及时、真实、准确、合法、完整。财政部门、采购人和其委托的采购代理机构（以下统称“发布主体”）应当对其提供的政府采购信息的真实性、准确性、合法性负责。中国政府采购网及其省级分网和省级以上财政部门指定的其他媒体（以下统称“指定媒体”）应当对其收到的政府采购信息发布的及时性、完整性负责。发布主体发布政府采购信息不得有虚假和误导性陈述，不得遗漏依法必须公开的事项。

4. 上位信息优先。发布主体应当确保其在不同媒体发布的同一政府采购信息内容一致。在不同媒体发布的同一政府采购信息内容、时间不一致的，以在中国政府采购网或者其省级分网发布的信息为准。同时在中国政府采购网和省级分网发布的，以在中国政府采购网上发布的信息为准。

5. 强化媒体责任。规定指定媒体应当及时发布信息，不得擅自改变信息提供者提供的信息内容，应当免费提供信息公开和查阅服务等。

（二）信息公告内容和原则

政府采购信息公告内容非常宽泛，涉及与政府采购制度和实践活动有关的所有信息，包括有关政府采购的法律、法规、规章、政策，招标公告及各类采购方式的中标公告，供应商资格预审条件，投诉处理决定，司法裁决决定，统计资料等。这些信息直接影响到政府采购活动的公开、公平和公正，应当及时向社会公开发布，使社会公众及时了解政府采购制度的发展变化、商业机会、采购要求以及采购活动的进展清况，提高政府采购的透明度，广泛接受社会公众监督。在国际上，还要求公开政府采购预算，提前预告采购机会，公告选择招标以外采购方式的原因，在中标公告中要公布中标金额。目前，我国政府采购信息发布内容还非常有限，但根据政府采购的一般规律以及政府采购法的规定，要逐步加以完善。除涉及商业性秘密外，下列政府采购信息必须在指定媒体上及时公告。

1. 法律、制度类。这类信息涉及政府采购的“游戏规则”，决定着各政府采购当事人的总体行为规范，应当毫不保留地予以公开。这类信息主要包括：

（1）各级人大颁布的有关政府采购的法律。如全国人大颁布的《政府采购法》《中小企业促进法》等。其中，《政府采购法》是我国政府采购的基本法，对我国政府采购的目标、原则、范围、管理、政策、方式、程序、监督检查、法律责任等基本问题作出了规定，同时还明确了政府采购当事人的权利和义务、供应商资格、外国产品及供应商准入等事项。

（2）各级人民政府颁布的政府采购法规规定。如国务院颁布的《政府采购法实施条例》，中央和地方政府集中采购目录、限额标准以及招标数额标准等。

（3）各级政府采购监督管理部门颁布的部门规章。如财政部已经修订颁布实施的6个财政部令，包括《政府采购非招标采购方式管理办法》《政府采购货物和服务招标投标管理办法》《政府采购质疑和投诉办法》《政府采购信息发布管理办法》《政府购买服务管理办法》《政府采购框架协议采购方式管理暂行办法》等，还有财政部颁布实施的包括采购环保产品、节能产品、自主创新产品，限制使用进口产品等方面的规范性文件，以及地方政府财政部门颁布实施的大量规范性文件。

讨论一下：

采购机会类采购公告对供应商产生什么作用？

2. 采购机会类。这类信息涉及政府一个财政年度的总体施政计划及具体采购安排。采购机会类主要包括下列信息：

（1）采购预算。政府施政行为必须有预算保障，没有预算就没有支出，也不应当有施政行为。每年各级人大批准的预算，实际上是对政府提供的公共服务项目的确认，包括拟开展的采购事项及其预算。公告预算安排情况，便于社会公众了解政府活动全貌，也方便供应商全面了解全年政府采购的规模及具体项目，及时做好参与准备工作。

（2）采购预告。预算中安排的采购项目是按照年度确定的采购任务，但具体项目的实施时间却要由采购人根据实际情况另行确定。为此，各级政府采购人的具体采购安排，要按期作出采购预告。预告期限可按季度确定，也可半年一次，增强采购活动的计划性。2020 年 3 月 2 日发布的《政府采购意向公开有关工作安排通知》（财库〔2020〕10 号）规定，采购意向公开时间应当尽量提前，原则上不得晚于采购活动开始前 30 日公开采购意向。因预算单位不可预见的原因急需开展的采购项目，可不公开采购意向。

（3）采购公告。针对具体采购活动发布的招标或者邀请公告，对供应商来说是即期的采购机会。采购公告应当载明的主要信息有：采购人名称，采购项目名称、数量等，采购方式，招标机构，开标、截标日期，投标语言，标书获取方式、地点、价格，履行期限，以及其他有关信息。采购公告需作更正的，还要发布更正公告。更正公告的主要信息包括：采购人名称、采购项目、原公告日期、更正内容等。

3. 采购需求类。采购需求，是指采购人为实现项目目标，拟采购的标的及其需要满足的技术、商务要求。技术要求是指对采购标的的功能和质量要求，包括性能、材料、结构、外观、安全，或者服务内容和标准等。商务要求是指取得采购标的的时间、地点、财务和服务要求，包括交付（实施）的时间（期限）和地点（范围），付款条件（进度和方式），包装和运输，售后服务，保险等。采购需求应当符合法律法规、政府采购政策和国家有关规定，符合国家强制性标准，遵循预算、资产和财务等相关管理制度规定，符合采购项目特点和实际需要。采购需求应当依据部门预算（工程项目概预算）确定。

4. 采购合同类。按照《政府采购法》第六十三条规定，采用法定采购方式的，采购人在采购活动完成后，应当将采购结果予以公布。也就是说，中标结果必须公告，采用招标方式以外的采购方式的，采购机会可以不公告，但成交结果必须公告，实质上是向社会公众及供应商报告采购结果。

中标结果公告的主要信息包括：采购人名称、采购项目名称、采购方式、原公告日期、评标日期、中标金额、中标供应商名称、中标供应商地址、本采购项目的联系人及联系方式。

成交结果公告的主要信息包括：采购人名称、采购项目名称、采购方式及选择采购方式的原因、评定成交日期、成交金额、成交供应商名称、成交供应商地址、本采购项目的联系人及联系方式。

5. 补救机制类。政府采购的补救机制是指对采购活动中出现违法乱纪行为的处理方式，包括询问、质疑、投诉、行政复议、司法裁决等。补救机制类分为两个层次的内容，一是寻求补救机制的方式，包括各补救方式的条件、程序、处理方式等。二是对具体投诉、行政复议或者司法裁决结果的公告。

6. 采购统计类。这类信息涉及年度采购事项的执行情况，是预算执行结果的一种反映，同时也是为政府分析和决策提供依据。应当公告的统计信息主要有：

（1）预算及支付额。包括全国政府采购项目预算总额、实际支付金额、资金节约情况。以上信息还要分地区结构、级次结构分别反映中央和地方的有关情况。

（2）采购对象构成。要从地区结构、级次结构两个方面分别反映政府采购规模中，货物、工程和服务各自的规模及占总规模的比重。

（3）采购方式的采用。要从地区结构、级次结构两个方面分别反映各采购方式的采购规模及其占总规模的比重。

（4）集中与分散程度。要从地区结构、级次结构两个方面分别反映集中采购和分散采购的规模，以及各自占政府采购总规模的比重。

（5）中标或者成交供应商分布。在全国政府采购规模中，要反映采购本国货物、工程和服务的规模与比重。在采购本国货物、工程和服务的规模中，要反映不同地区供应商中标、成交的规模与比重，中小企业供应商中标及成交的规模与比重。

（6）采购政策功能构成。要从地区、级次结构两个方面分别反映节能环保产品、创新产品，支持中小微企业、扶持贫困地区等方面的规模和结构信息。

7. 公开招标公告的内容。货物和服务公开招标公告内容应当包括：一是采购人及其委托的采购代理机构的名称、地址和联系方法；二是采购项目的名称、预算金额，设定最高限价的，还应当公开最高限价；三是采购人的采购需求；四是投标人的资格要求；五是获取招标文件的时间期限、地点、方式及招标文件售价；六是公告期限；七是投标截止时间、开标时间及地点；八是采购项目联系人姓名和电话。

8. 资格预审公告的内容。货物和服务资格预审公告的主要内容应当包括：一是采购人及其委托的采购代理机构的名称、地址和联系方法；二是采购项目的名称、预算金额，设定最高限价的，还应当公开最高限价；三是采购人的采购需求；四是投标人的资格要求；五是获取资格预审文件的时间期限、地点、方式；六是公告期限；七是提交资格预审申请文件的截止时间、地点及资格预审日期；八是采购项目联系人姓名和电话。

9. 中标公告的内容。货物和服务中标公告主要内容应当包括：一是采购人及其委托的采购代理机构的名称、地址、联系方式；二是项目名称和项目编号；三是中标人名称、地址和中标金额；四是主要中标标的的名称、规格型号、数量、单价、服务要求；五是中标公告期限；六是评审专家名单。

10. 采购信息更正公告的内容。其主要内容应当包括：一是采购人、采购代理机构名称、地址和联系方式；二是原公告的采购项目名称及首次公告日期；三是更正事项、内容及日期；四是采购项目联系人和电话。

11. 不良行为记录名单公告的内容。采购代理机构、供应商不良行为记录名单公告，应当包括当事人名称、事由、处理机关和处理结果等内容。

> **想一想：**
>
> 政府采购信息集中发布与分散发布有何不同？

12. 投诉处理决定公告的内容。其主要内容应当包括：一是采购人、采购代理机构名称；二是采购项目名称及采购日期；三是投诉人名称及投诉事项；四是投诉处理机关名称；五是处理决定的主要内容。

总而言之，政府采购的重要或者主要信息原则上都要求及时向社会公布或者公告，但是，当其中有关信息涉及供应商的商业秘密时，如特定的管理技术、专利、成本费用等，为了保护供应商的合法权益，则不应当公开。

政府采购信息公告应当遵循便于获得查找的原则。一是公告名称和联系方式。政府采购信息指定发布媒体应当向社会公告本媒体的名称和联系方式。名称和联系方式发生变更的，应当及时向社会公告，并向负责指定其发布政府采购信息的财政部门备案。二是法律法规公告。政府采购法律、法规、规章和其他规范性文件，集中采购目录、政府采购限额标准，公开招标限额标准等信息，由省级以上人民政府负责在政府采购信息指定发布媒体上公告。三是招标投标信息公告。由采购人或者其委托的采购代理机构负责在政府采购信息法定发布媒体上公告。四是处理结果公告。对集中采购机构的考核结果以及采购代理机构、供应商不良行为记录名单等信息，由同级人民政府财政部门按照有关规定在政府采购信息指定媒体上公告。五是分类公告。属于政府采购监督管理方面的，由同级人民政府财政部门进行公告；属于采购业务方面的，由采购人或者其委托的采购代理机构进行公告。六是信息统计报告。政府采购信息指定发布媒体应当对其发布的政府采购信息进行分类统计，并将统计结果按期报送同级人民政府财政部门。七是信息安全管理。指定媒体应当加强安全防护，确保发布的政府采购信息不被篡改、不遗漏，不得擅自删除或者修改信息内容。八是免费公告。指定媒体应当向发布主体免费提供信息发布服务，不得向市场主体和社会公众收取信息查阅费用。

（三）信息发布公告媒体

政府采购信息指定发布公告媒体发布公告政府采购信息，应当体现公益性原则。财政部指定的媒体应当免费刊登和发布政府采购信息，省级政府采购部门指定的媒体也应该免费刊登和发布政府采购信息。目前财政部指定的发布政府采购信息的媒体，已经形成了报纸（《中国财经报》）、网络（中国政府采购网）和杂志（《中国政府采购》）三位一体的发布体系。

> **讨论一下：**
>
> 如何加强对政府采购信息公告的监管？

（四）信息发布公告管理

1. 注意问题。具体包括以下方面：一是内容够用；二是内容一致；三是时间认定；四是及时公告；五是统计报告；六是变更公告。

2. 加强管理。一是要进一步明确政府采购信息发布内容；二是要加强政府采购信息指定媒体建设；三是要进一步加强监管力度。

三、信息保存与查阅

（一）信息记录与保存内容

由于政府采购信息种类繁多，其采购执行活动的信息记录主要包括政府采购文件与政府采购过程记录两方面。

1. 政府采购文件内容记录。其主要包括：政府采购计划、政府采购预算的原件与批复资料、招标文件、投标文件、评标标准、评估报告、定标文件、合同文本、验收证明、质疑答复、投诉处理决定及其他有关文件、资料等。

2. 政府采购过程内容记录。是指从采购项目信息公告发布起，到中标、成交结果公告止，采购文件的发布、发售、开标、评标、澄清、谈判、询价等各个程序环节。对于政府采购活动的过程，为了能够有效地进行监督和管理，至少应当记录、保存下列内容：（1）政府采购项目的类别、名称，采购的功能要求、规格和数量等；（2）政府采购项目预算、资金构成和合同价格、采购合同的签约人；（3）采用的政府采购方式及选择这种方式的依据与原因；（4）邀请、审查和选择供应商的条件及原因；（5）评标标准及确定中标人的原因；（6）如果有废标情况，记录废标的情况与原因；（7）采用招标以外其他采购方式的，应进行专门的记录，并说明原因。

此外，为了加强政府采购工作的责任感，应该将政府采购活动的主持人、相关参与人员，特别是评委会的组成人员等，都记录在案并予以保存。

（二）信息存储与查阅

政府采购之所以要记录各种相关信息，目的就是为了有效保存，并为社会各方面的监督和查阅提供便利条件。因此，政府采购信息的存储和建立方便快捷的查询系统是十分必要的。在现代信息科学技术高度发达的当今社会，除采用纸质方式存储和查阅外，政府采购最重要的信息存储和查阅方式就是电子信息网络系统。政府采购的数据信息存储和查阅达到一定程度后，可以说也是数字经济的一个重要方面。

政府采购信息管理部门通过建立政府采购专业网站，可以充分发挥网上收集信息、存储信息、发布信息的功能作用。同时，由于政府采购的信息具有相当的公开性，因此，可以为政府采购管理部门的监督检查和社会公众的查阅提供方便。随着电子技术的发展和普及，采购人和采购机构不仅可以实现网上资料的查阅，还可以直接实现网上采购。

第二节　政府采购信息管理系统

建立统一、科学、规范的政府采购信息管理系统，是政府采购信息管理工作一项长期而重要的任务。为了适应经济社会发展和政府采购管理信息化的要求，克服目前政府采购信息管理的局限性，建立一个全面、准确、真实和及时反映政府采购价值运动和实物运动，反映采购效率的信息管理系统具有十分重要的意义。

一、政府采购信息管理系统特点

（一）全面性

政府采购信息是政府采购法律、法规、政策规定以及反映政府采购活动资料和数据的总称。具体包括有关政府采购的法律、法规、规章制度、政策、采购预算、采购计划、招标公告及各类采购方式的中标公告、供应商资格条件、投诉处理决定、司法裁决决定、政府采购统计等。因此，政府采购信息管理系统是一个综合全面反映监督和控制政府采购价值和实物运动的系统，它不仅应当包括政府采购资金收支情况、采购项目预算、计划、执行、控制情况、采购信息发布情况等动态信息，还应包括政府采购统计信息、供应商信息、商品价格信息等静态信息的管理。

（二）复杂性

政府采购信息管理系统全面地反映政府采购资金活动，它不仅在内容上包括了采购资金、资讯信息，涵盖十分广泛，还与其他管理系统和外部市场具有十分复杂的联系。政府采购信息管理系统不仅要能够从外部市场或网络上提取有关信息为己所用，利用外部的商品价格库、供应商库、专家库等公共信息资源为政府采购申请、计划、审批、任务、收标和评标管理、中标通知、合同管理、验货管理、资金拨付申请、采购统计等内部运作程序管理服务，还要能够将已处理的有用信息提供给外部使用，对外发布法律法规、采购公告、相关新闻等以及提供政府采购活动中开标、中标、网上签订合同等环节的电子商务信息。

> **想一想：**
>
> 采购信息真实准确及时性对政府采购信息管理的意义？

（三）真实性

政府采购信息不仅要真实，而且要准确；要遵循政府采购的法律法规，政府采购信息管理要确保报表之间、收支项目之间、信息库之间有关的数据的一致性，增强信息的准确性。同时，信息在提取外部市场信息，在不同部门之间传递，以及由下往上汇总时，必须在规定的时间内完成，以保证执行信息的时效性。

（四）规模性

由于政府采购工作本身的特点，内容全面，信息繁杂，决定了政府采购信息的规模性。管理系统必须收集、处理、存贮和提供大量的政府采购信息，才能为对外信息发布系统、内部管理系统以及电子商务系统等一体化的政府采购信息管理系统夯实基础工作。

二、政府采购信息管理系统内容

政府采购信息管理系统应包括原始数据系统、分析系统、预警系统和反馈系统等，具备查询、调整及拓展等功能。从用途上分，应包括资金管理模块、项目合同管理模块、统计报表管理模块、服务项目管理模块、货物项目管理模块、供应商管理模块和专家管理模块等。

（一）原始数据系统

原始数据的采集是信息系统的基础环节，对后续工作的质量将产生直接影响。其核心工作，就是按照“真实、准确、全面、及时”的原则完整体现所有的政府采购信息。必须研发一套新的相对成熟的系统，把政府采购资金收支计划情况、政府部门采购计划情况、采购项目预算、政府购买服务执行、采购模式执行、采购规模执行、采购方式执行、采购政策执行、合同执行情况、项目验收执行、供应商信息、商品价格信息等主要信息数据纳入该系统并加强其内在逻辑关系，使之成为完整反映政府采购价值运动的信息库的同时，增强信息的准确性。

（二）分析系统

1. 分析政府采购执行情况。分析货物类、工程类、服务类政府采购项目的支出情况以及各项目占总支出的比例；分析政府采购集中采购和分散采购的执行情况及占比情况；分析政府采购项目预算及实际支出情况，通过节约率的指标反映资金使用效益；分析公开招标、邀请招标、竞争性谈判、询价、单一来源、竞争性磋商、框架协议七大采购方式在实际采购中的运用的比例，反映政府采购的规模性和公开透明度；分析国内外、省内外采购货物的比例，反映研究各地经济发展的均衡性；分析各行业部门的采购比例，反映采购资金资源配置的合理性；分析对中小微企业和监狱企业、扶贫产品的采购执行情况，反映政府采购政策的执行效果；反映政府购买服务的执行情况和占比情况；等等。

2. 分析政府采购资金的收支情况。包括对部门和单位政府采购资金预算安排及其支出使用情况的分析；对政府采购项目的资金、计划、付款进度的分析，以保证政府采购资金的安全性和对部门和单位采购资金预算安排的合理性。

3. 分析政府采购价格和数量的合理性。揭示政府采购中的不合理支出和暗箱操作的腐败行为，促进廉政建设。

（三）预警系统

1. 加强资金安全控制。根据各单位政府采购资金预算安排和采购支出情况，分析采购资金流，合理控制资金支出，并对未来的收支情况有合理的预测、判断，并确定警戒线，防止采购资金超出预算规模。

2. 加强支出审核控制。引入商品标准价格指标体系，揭示超过标准价格的不合理采购支出。

3. 加强供应商资格控制。引入供应商诚信体系指标，将不符合政府采购诚信条件的投标商摒除在政府采购市场之外。

4. 加强采购方式控制。对要求采用公开招标方式采购项目的规模设定临界值，促进政府采购的公开。

（四）反馈系统

在对政府采购执行有了全面了解和深入分析之后，可以对政府采购支出情况有一个总体判断，对不合理之处提出纠正意见，对宏观经济需要调控之处，提出相应经济对策，充分发挥政府采购提高资金使用效益，促进廉政建设的功能。这是建立反馈系统的本意所在。因此，反馈系统应具有政府传导和信息反馈机制，通过政策传导，可以把政府采购政策贯彻执行下去；通过信息反馈，可以进一步检验政策措施的合理性，从而实现政府采购信息管理的科学性、安全性、合理性，才能实现与财政预算编审、国库支付、行政事业会计核算、固定资产管理等方面的紧密衔接，才能积极推动财政业务信息链的形成，才能在不断深化财政改革的同时推动政府采购改革的进程。

第三节　政府采购信息管理法律责任

财政部令第 101 号具体规定了采购人、采购代理机构和政府采购监管部门以及信息发布指定媒体在政府采购信息发布中的违法行为和违法责任。

一、采购人、采购代理机构的违法行为和违法责任

财政部令第 101 号第十六条规定，采购人或者其委托的采购代理机构未依法在指定媒体上发布政府采购项目信息的，依照《政府采购法实施条例》第六十八条追究法律责任。采购人或者其委托的采购代理机构存在其他违反财政部令第 101 号办法规定行为的，由县级以上财政部门依法责令限期改正，给予警告，对直接负责的主管人员和其他直接责任人员，建议其行政主管部门或者有关机关依法依规处理，并予通报。

《政府采购法实施条例》第六十八条规定，采购人、采购代理机构有下列情形之一的，依照《政府采购法》第七十一条、第七十八条的规定追究法律责任，包括未依法在指定的媒体上发布政府采购项目信息的和未按照规定执行政府采购政策。

《政府采购法》七十一条规定，采购人、采购代理机构有下列情形之一的，责令限期改正，给予警告，可以并处罚款，对直接负责的主管人员和其他直接责任人员，由其行政主管部门或者有关机关给予处分，并予通报。其行为包括以不合理的条件对供应商实行差别待遇或者歧视待遇。第七十八条规定，采购代理机构在代理政府采购业务中有违法行为的，按照有关法律规定处以罚款，可以在一至三年内禁止其代理政府采购业务，构成犯罪的，依法追究刑事责任。

二、信息发布指定媒体的违法行为和违法责任

财政部令第 101 号第十七条规定，指定媒体违反本办法规定的，由实施指定行为的省级以上财政部门依法责令限期改正，对直接负责的主管人员和其他直接责任人员，建议其行政主管部门或者有关机关依法依规处理，并予通报。

三、财政部门及其工作人员的违法行为和违法责任

财政部令第 101 号第十八条规定，财政部门及其工作人员在政府采购信息发布活动中存在懒政怠政、滥用职权、玩忽职守、徇私舞弊等违法违纪行为的，依照《中华人民共和国政府采购法》《中华人民共和国公务员法》《中华人民共和国监察法》《中华人民共和国政府采购法实施条例》等国家有关规定追究相应责任；涉嫌犯罪的，依法移送有关国家机关处理。

学习小资料

一起彩票印制服务采购投诉案引发的思考

X彩票管理中心委托 M 政府采购中心对电脑热敏型彩票印刷项目进行公开招标，根据采购单位提出的需求，该项目招标文件规定：投标彩票热敏票必须符合其上级对口事业单位《关于调整××印制管理模式的通知》及热敏票的技术参数必须符合该事业单位《××彩票技术要求及检验方法》规定的要求。本项目采购预算 4000 万元，共有 4 家供应商投标，甲公司等 3 家单位报价均在 3900 万元左右，乙公司报价 2421.36 万元。经评审，评标委员会认为乙公司的投标文件不符合招标需求中规定文件的要求，按无效标处理，并推荐甲公司为中标候选人。

乙公司就此结果提出质疑，M 政府采购中心组织原评标委员会进行复查认为，招标文件没有将《关于调整××印制管理模式的通知》作为供应商的资格条件，该文件仅作为招标需求中的实质性要求，乙公司的投标文件不符合招标需求中的要求，按无效标处理并无不妥。

乙公司对质疑答复不服，向O财政局提起投诉，投诉事项包括：第一，本项目评标过程中依据《关于调整××印制管理模式的通知》限定供应商范围为3家企业，排斥其他企业参与公平竞争，中标结果应依法予以废标；第二，面向某事业单位《关于调整××印制管理模式的通知》所确定的3家特定企业与本项目采用招标的形式不符；第三，《关于调整××印制管理模式的通知》核心内容并非规定产品性能标准，而是限定供应商，并且没有在招标文件中公开，不能作为产品标准。

O财政局经审查认为：第一，本项目招标文件要求投标彩票热敏票必须符合《关于调整××印制管理模式的通知》的要求，热敏票的技术参数必须符合《××彩票技术要求及检验方法》的规定，但并未公布上述文件、要求、方法，也未告知供应商获取上述文件的渠道，违反了《政府采购信息公告管理办法》（财政部令第19号，案发时该文件有效）第十条、《政府采购货物和服务招标投标管理办法》（财政部令第18号，案发时有效）第十八条第二款的规定。

第二，本项目招标文件以加粗字体特别提示：除采购文件明确的品牌外，欢迎其他能满足本项目技术需求且性能与所明确品牌相当的产品参加。同时，招标文件又要求，关于投标产品必须符合《关于调整××印制管理模式的通知》的相关规定，造成实际仅有3家企业可参与热敏票印制采购。招标文件前后规定自相矛盾。本项目评标委员会根据招标文件中相互矛盾的条款，对投诉人作出不利的认定，不符合政府采购应当遵循的公开、公平、公正原则。

第三，本项目采购文件将“必须符合《关于调整××印制管理模式的通知》”作为对投标响应供应商的资格性要求或者实质性要求，实质上将投标人限定为文件指定的3家公司，其效果无异于直接在招标文件中标明了该3家特定的投标人，排斥其他企业参与公平竞争，构成事实上的“向指定的供应商进行采购”。据此，O财政局认为该项目采购文件、采购过程违反政府采购相关法律、法规和文件规定，妨碍公平竞争，影响或者可能影响中标结果。鉴于投诉项目尚未签订采购合同，根据政府采购相关法律法规、规章，责令重新开展政府采购活动。

中标单位甲公司对决定不服，向人民法院提起行政诉讼。法院经公开审理认为：本案采购文件具有明显倾向性或者歧视性等问题，给投诉人或者其他供应商合法权益造成或者可能造成损害。被诉行政处理决定认定事实清楚，适用法律正确，程序合法，判决驳回甲公司的诉讼请求。

焦点问题：本项目采购人援引上级文件可否作为采购合法的依据？

资料来源：中国政府采购网，中国政府采购报，2022年4月18日。

【重要概念】

政府采购信息	政府采购发布信息
政府采购公告信息	政府采购信息系统
公开招标公告	资格预审公告
中标公告	成交公告

【思考练习题】

1. 简述政府采购信息的内容。
2. 简述政府采购信息发布的内容。
3. 简述政府采购信息发布的原则。
4. 简述政府采购机会类信息的内容。
5. 简述政府采购法律法规和主要规章制度的内容。
6. 简述政府采购合同类信息的内容。
7. 简述政府采购统计类信息的内容。
8. 简述政府采购信息公告的内容。

【案例分析】

1. 资料如下：

一个农业科研成果扶贫推广项目，预算金额为 80 万元，采购人依据项目特点，分为两个采购包，其中食用菌的预算为 39 万元，灵芝的预算为 41 万元。该地的政府采购法定限额标准为 50 万元，由于每个采购包的预算金额低于采购限额 50 万元的标准，因此，采购人根据内控制度的规定，两包分别采用询价方式采购，未执行政府采购法律法规。采购公告发布后，有供应商提出质疑，认为采购人采购方式适用错误。

2. 根据上面所提供资料，分析与讨论：采购项目分包后，未达到政府采购限额标准可以不适用政府采购法吗？采购人对于《政府采购需求管理办法》（财库〔2021〕22 号）的理解是否准确？

第十章　政府采购监督

【学习目标和要点】

- 政府采购监督体系
- 政府采购监管依据
- 政府采购内控主要措施
- 政府采购监管部门职责
- 监管部门的违法行为与法律责任
- 采购人的违法行为与法律责任
- 供应商的违法行为与法律责任
- 采购代理机构的违法行为与法律责任

第一节　政府采购监督意义和原则

一、政府采购监督的含义

所谓政府采购监督是指所有监督主体对政府采购政策和法律、程序和方式、信息和透明度等方面所进行的全方位监督。包括狭义和广义两个方面。狭义的政府采购监督即政府采购监管部门对政府采购当事人的执行活动所进行的监督。广义的政府采购监督是指包括政府采购监管部门、政府相关部门、政府采购当事人内部、审计、监察、统计、舆论监督在内的所有监督活动。政府采购监督约束机制是提高采购活动透明度的关键环节，也是实现政府采购政策目标和原则要求的切实保证。

二、完善政府采购监督机制的必要性

（一）建立政府采购制度体系的内在要求

政府采购制度是对政府采购监管和执行行为的规范化、具体化、制度化和法制化，其重要作用就是在法律规范的范围内，通过严密有力的制度监督，保证政府采购行为健康有效运行，实现规范政府采购行为、维护政府采购当事人合法权益和社会公共利益、节约财政资金、促进反腐倡廉、提高使用效率等监管目标。从本质上讲，政府采购制度本身就是政府对其购买性支出实施监控的一种有效形式，但政府采购行为在运行过程中易于发生偏差，因此，必须在政府采购制度内部建立一种监督约束机制。

（二）发挥政府采购制度功效的必然要求

有人认为，只要将政府采购活动公开化、集中化，采购过程中的价格问题、回扣问题、质量问题等都会迎刃而解。其实不然，政府采购也有其自身的局限性，需要许多外部条件和制度相配合才能充分体现其效益，如政府采购需要建立完整的采购信息库，以确保采购当局能够及时、有效地对供应商、代理机构进行资格和信用评价，从而对他们实施有效的监督。但是，信息库的建立需要大量的人力、物力和财力的投入，即使在西方发达国家，政府也难以获得全面、充分的信息资源。因此，实施政府采购制度并不能完全解决采购管理中存在的各种问题，规范和完善政府采购制度离不开严密有力的监督约束机制。

目前，我国已推行的政府采购工作中，由于监督约束机制不健全，暴露出很多问题。如政府采购制度的推行尚存在"空白"，很多采购行为没有纳入统一规范的政府采购范围之内；在政府采购实施过程中，违规操作现象时有发生，公开、公正、公平原则没有充分体现；缺乏对违规行为进行处理的法律依据和政策基础，对政府采购的监督力度不够；等等。这些问题的存在，在很大程度上影响了政府采购制度的健康运行，至于有些单位和部门对推行政府采购制度不理解，甚至误以为政府采购制度由"分散腐败"变成"集中腐败"。所以克服政府采购制度本身的局限和缺陷，建立与之相适应的监督约束机制，不论是从完善政府采购制度方面考虑，还是从推行政府采购工作的实际出发，都是非常必要的。

> **想一想：**
>
> 政府采购制度与现代财政制度的关系？

（三）加快建立现代财政制度的客观需要

2018 年 11 月 14 日，习近平总书记主持召开中央全面深化改革委员会第五次会议，审议通过了《深化政府采购制度改革方案》（以下简称《深改方案》），明确提出了“建立以优质优价采购结果和用户反馈为导向，采购主体职责清晰、交易规则科学高效、监管机制健全、政策功能完备、法律制度完善、技术支撑先进的现代政府采购制度”的总体改革目标，以及围绕这一改革总体目标的十二个方面改革任务。政府采购制度是现代财政制度的重要组成部分，深化政府采购制度改革，必须以习近平新时代中国特色社会主义思想为引领，以《改革方案》为改革纲领和行动指南，深入分析新时代政府采购工作面临的形势和任务，按照加快建立现代政府采购制度的要求，统筹规划，分步实施，坚持在改革中推动新发展、开创新局面，更高水平、更高标准谋划和推进政府采购制度改革，全面推进新时代的政府采购制度改革。通过改革，强化事中事后监管。建立和完善政府采购行政裁决工作机制，畅通供应商救济渠道，依法保障供应商的合法权益。发挥政府采购行业协会作用，构建行政监督和行业自律相结合的政府采购监管模式。

三、构建政府采购监督机制的原则

（一）监督与执行相互分离

政府采购过程中，需求方与供给方通过采购经办机构或招标中介组织依据政府给定的制度框架所构建的采购市场进行交易。政府采购一般有四个主要当事主体：监督管理者、执行者、使用者和供应商。监督管理者主要是财政部门；执行者一般指政府采购代理机构；使用者主要是采购人，即政府采购的需求方；供应商是产品或劳务的提供者，即政府采购的供给方。监督管理者与执行者必须相互分离，否则将很难保证监督工作的客观公正性，监管效率必然低下。

（二）依法依规监督

政府采购本身是依法运作的，对其监督也要依法进行。经济手段、行政手段虽是不可缺少的监督手段，但也必须强化法律法规这个主要手段。无论是从国外的成功经验，还是从我国政府采购的发展趋势看，建立健全必要的政府采购法律法规和政策制度体系，依据法律法规开展监督工作，都应当成为政府采购监督工作的努力方向。

（三）专业监督和社会监督相结合

加强对政府采购的监督，除主要依靠政府采购主管部门监督外，还必须发挥现有的政府相关部门、纪检、监察、审计、统计等部门的监督作用，建立以财政监督管理为主，其他部门监督为辅，社会中介机构、供应商、社会舆论监督为补充的监督体系，做到内外结合、专兼结合。

（四）事前、事中和事后监督相结合

对政府采购活动的监督，要从编制政府采购预算和计划环节开始实施。同时，在采购实施过程中，要保证有相应的监督力量参与采购活动全过程，注重“防”和“堵”使监督的关口前移，“要坚持以事前和事中监督为主的原则”，以防患于未然为主要目的。当然，事后监督也有其不可替代的作用。一般来说，在实施政府采购制度的初期，应以事后监督为主；而在政府采购制度规范运行后，则应以事前、事中监督为主。

总之，由于政府采购制度本身的局限决定了必须建立完善监督约束机制，尤其在推行和实施政府采购制度的初期阶段，建立一套相互制衡、约束有力的监督机制的需要就显得更为迫切。如果没有严密有力的政府采购监督体系（尤其是法律监督机制），就极易造成权力的相对集中和采购的暗箱操作。也就是说，具有监督缺陷的政府采购制度不仅不能防范和消除腐败行为，反而会加剧腐败行为。同时也应看到，即使建立了比较完备的政府采购制度，没有相应的监督约束机制，在实际执行中也难免出现问题。因此，作为财政制度重要组成部分的政府采购制度，只有通过一整套的监督约束机制加以规范、协调和制约，才能发挥其应有的功效和作用。

第二节 政府采购监督体系

> **思考一下：**
> 制约我国政府采购监管成效的原因有哪些？

政府采购监督体系是指由政府采购各相关主体内部和相互之间监督与被监督的关系共同构成的有机联系的系统。它既包括政府采购监管部门对政府采购当事人的监督，也包括政府采购当事人对政府采购监管者监管行为的监督，以及政府采购当事人内部和相互之间的监督，还包括审计、监察部门和政府有关部门的监督以及社会监督等。

一、政府采购监管部门对政府采购当事人的监管

政府采购监管部门对政府采购活动的监督范围广、内容多，法律法规不可能对其一一

作出规定。监督检查的内容一般包括：有关政府采购法律、法规、政策的执行情况；政府采购项目及资金预算、采购实施计划、采购程序和采购合同的执行情况；集中采购机构设置和运行情况；政府采购项目、采购标准、采购结果以及其他政府采购信息公告情况；政府采购从业人员执业资格情况；政府采购代理机构从事代理业务情况；采购档案的建立和采购文件保存情况；法律、法规规定的其他内容等。政府采购监管部门对政府采购活动进行监督检查，有权查阅、复制有关文件、资料，相关单位和个人应当予以配合。财政部门监管具体包括以下三个方面的主要内容。

（一）监督检查有关政府采购的法律、行政法规和规章的执行情况

政府采购法是规范政府采购行为的基本法律，围绕政府采购法的贯彻实施，国务院将制定有关实施办法，财政部以及地方各级人民代表大会、政府也要制定一系列的地方性法规、规章和其他具体办法。在政府采购实施过程中，还需要适用招标投标、合同管理等方面的法律、行政法规和规章。所有与政府采购有关的法律制度是否得到全面、正确执行，都会对政府采购活动产生直接影响。因此，政府采购监督管理部门必须加强对有关政府采购的法律、行政法规和规章的执行情况的全面监督检查。

（二）监督检查采购范围、采购方式和采购程序的执行情况

按照法律规定的采购范围、采购方式和采购程序实施采购，是贯彻政府采购公平、公开、公正原则的重要基础。在政府采购实践中，不按照规定的采购范围、采购方式和采购程序实施采购的现象依然不同程度地存在。例如采购人未按照规定编制政府采购实施计划或者未按照规定将政府采购实施计划报本级人民政府财政部门备案；将应当进行公开招标的项目化整为零或者以其他任何方式规避公开招标；未按照规定在评标委员会、竞争性谈判小组或者询价小组推荐的中标或者成交候选人中确定中标或者成交供应商；未按照采购文件确定的事项签订政府采购合同；政府采购合同履行中追加与合同标的相同的货物、工程或者服务的采购金额超过原合同采购金额 10%；擅自变更、中止或者终止政府采购合同；未按照规定公告政府采购合同；未按照规定时间将政府采购合同副本报本级人民政府财政部门和有关部门备案等，严重影响了政府采购的严肃性、公正性，损害了国家利益、社会公共利益和供应商的合法权益。因此，政府采购监督管理部门必须重点抓好采购范围、采购方式和采购程序执行情况的监督检查。

（三）监督检查政府采购人员的职业素质和专业技能

采购人员具备良好的职业素质和较高的专业技能，是有效遏制采购中的腐败行为、

提高政府采购的质量和效益、保证政府采购活动顺利进行的基础和关键。采购人、采购代理机构虽然会对采购人员加强教育和培训，不断提高其职业素质和专业技能，但由于客观条件的限制或者受其他因素的制约，采购人员的职业素质和专业技能往往不可能完全符合采购工作的需要。例如，未依照政府采购法和本条例规定的方式实施采购；未依法在指定的媒体上发布政府采购项目信息；未按照规定执行政府采购政策；违反条例规定导致无法组织对供应商履约情况进行验收或者国家财产遭受损失；未依法从政府采购评审专家库中抽取评审专家；非法干预采购评审活动；采用综合评分法时评审标准中的分值设置未与评审因素的量化指标相对应；对供应商的询问、质疑逾期未作处理；通过对样品进行检测、对供应商进行考察等方式改变评审结果；未按照规定组织对供应商履约情况进行验收等。因此，政府采购监督管理部门在制定采购人员职业素质与专业技能的具体标准和要求的同时，必须大力加强对采购人员的职业素质和专业技能的监督检查。

二、政府采购当事人对政府监管部门的监督

政府采购活动的监督是全方位和相互的，政府采购监管机构的监督是自上而下的监督。单一的自上而下的监督是不够全面的，合理的监督关系应当是监督者本身也是被监督者，因为没有监督的权力必然滋生腐败和渎职。政府采购当事人对政府采购监督管理部门的监督涵盖政府采购的全过程，这也是政府采购法律及其相关规定赋予政府采购当事人的权利。

（一）监督内容

政府采购当事人对政府采购监管部门的监督，主要是对政府采购监管机构在政府采购监管过程中的违法违规行为和不作为行为实施的监督。如监管部门在接到供应商投诉时，未按照法定的期限对供应商的投诉进行处理，或者供应商对作出的投诉处理结果不服，认为侵害了其合法权益，供应商可以依法申请行政复议，或者直接进行行政诉讼等。

（二）监督方式

政府采购当事人对政府采购监管机构的监督方式，主要是通过对政府采购监管部门违法、违规行为或者不作为行为进行检举、控告、申请行政复议和行政诉讼。

讨论一下：

我国政府采购监管最有效的手段有哪些？

三、政府采购当事人的内部监督和相互之间的监督

（一）政府采购当事人内部监督

政府采购当事人内部监督主要是指当事人通过建立和完善内部监督管理控制制度，形成内部监督机制、制约机制和制衡机制，对自身政府采购活动进行监督。就政府采购人整体而言，就是建立采购商品和服务的采购、验收、付款三个环节相互分离、相互制约的机制，即财政部门负责采购计划审批，不直接参与具体采购事务；政府采购代理机构负责组织招标等采购工作，但无权支付货款；采购实体不直接采购，但有最后验收签单权，财政部门只能凭采购实体的签单才能支付货款。就政府采购代理机构而言，就是要建立健全内部监督管理制度，制定并执行科学的采购代理活动的执行程序，实行各采购岗位之间的分离，并相互监督、相互制约，强化对其工作人员应当具有相关职业素质和专业技能的培训；以随机的方式从政府采购专家库中抽取评审专家成员，确保评审过程在公正、独立、安全、保密的情况下进行。就供应商而言，就是通过建立完善的内部管理制度，确保其政府采购资料真实完整，提供的政府采购商品、劳务符合政府采购招标文件的要求。

（二）政府采购当事人之间的相互监督

政府采购当事人之间的相互监督是指通过政府采购法律法规的制度安排，实现政府采购各当事人之间的相互制约和相互监督。供应商通过询问、质疑、投诉、行政复议和行政诉讼制度对采购人、其他供应商、政府采购代理机构和政府采购监督管理机构进行监督；政府采购代理机构通过对供应商资格以及其他政府采购资料的审查对供应商进行监督；采购人通过与代理机构签订委托代理协议并全程参与采购过程对政府采购代理机构和供应商进行监督等。

四、政府部门监督

按照政府采购法规定，依照法律、行政法规的规定对政府采购负有行政监督职责的政府有关部门，应当按照其职责分工，加强对政府采购活动的监督。

加强对政府采购活动的监督是政府采购监管部门的重要职责，依照法律、行政法规的规定，对政府采购负有行政监督职责的政府有关部门，也同样要认真履行职责，加强对政府采购活动的监督。这既是政府有关部门的权力，同时也是政府有关部门的义务，各有关

部门应当严格依照职责分工，各司其职，密切配合，共同做好对政府采购活动的监督工作。

按照政府采购法规定，财政部门的监督管理与现行工程项目安排及工程管理并不冲突。财政部门作为政府采购的监督管理部门，主要负责采购行为的管理，目的是“花好钱”，并不参与政府采购的具体活动，与现行项目立项、工程管理、建筑市场管理以及建筑行业招标中介机构管理等规定并不矛盾，这些工作仍由相关部门现有的职责分工。例如，工程项目的立项和投资计划安排依然由国家发改委负责；项目确定后，财政部门据此编制采购预算；各部门按照确定的项目和批准的预算，根据现行工程管理规定组织实施；建设部门负责工程建设技术标准、定额标准、建设施工单位和中介机构资质管理以及质量监理和建材市场管理等。

按照建立现代财政制度的要求，依据我国政府预算法律法规有关规定，在年初编制部门预算和单位预算的过程中，政府主管部门必须对单位预算和部门预算编制的质量进行严格把关，主要是对列入年度单位预算和部门预算的相关项目支出和政府采购项目的资金使用购买、政府采购方式、政府采购需求标准、政府采购实施计划等方面内容进行全面细致的审核，从而保障公共支出项目和政府采购项目符合相关政策和法律法规的要求。

五、审计、监察机关和有关部门监督

（一）审计机关监督

审计机关是各级政府设立的、对本级各部门以及下级政府预算执行情况和决算以及其他财政性资金的管理和使用情况进行审计监督的专门机构。按照审计法律制度的规定，各级审计机关对相应的各级人民政府及其各部门的财政收支、国有的金融机构和企事业单位的财务收支，以及其他应当接受审计的财政收支、财务收支进行审计监督。政府采购主要是使用财政性资金进行的政府采购行为。因此，这种财政性资金支出活动及其相关活动的情况，自然应当接受审计监督。

> **想一想：**
>
> 如何评价我国利用预算编制手段监督政府采购活动的成效？

加强对政府采购的审计监督，是法律赋予审计机关的职责，也是审计机关应当履行的义务。审计机关既可以对采购人政府采购预算执行情况绩效审计监督，也可对政府采购进行专项审计。审计机关对政府采购的监督是全方位的监督，除了对采购人、集中采购机构、政府采购监管部门实施审计监督外，还可以对集中采购机构以外的采购代理机构、供应商实施审计监督。

审计机关对政府采购活动进行监督，主要是检查政府采购预算与计划编制和执行情况、政府采购方式与程序的执行情况、政府采购合同的履行与验收、采购资金的支付等。审计机关在审计过程中有权查阅、复制政府采购文件、资料，相关政府采购监管部门、采购人、采购代理机构以及供应商都必须依法接受监督，不得拒绝、拖延和谎报，被审计单位负责人应当对本单位提供资料的及时性、真实性和完整性负责，否则将会依法追究相应的法律责任。

审计机关发现政府采购当事人有违法行为的，应当及时通报财政部门。财政部门收到审计机关的通报后，应当依法及时处理。

（二）监察机关监督

监察机关是县级以上人民政府依法设立的专门行使监察职能的机关，依法履行对国家行政机关、国家公务员和国家行政机关任命的其他人员实施监察的职责。根据监察法的规定，监察机关可以依法对参与政府采购活动的国家机关、国家公务员和国家行政机关任命的其他人员实施行政监察监督。监察机关对政府采购实施监察的范围，仅限于对参与政府采购活动的国家机关、国家公务员和国家行政机关任命的其他人员，不包括参加政府采购活动的其他人员。监察机关在监察过程中发现被监察人员存在违法行为的，可以直接进行行政处分，但对违法行为进行行政处罚的，应由政府采购监管部门依法实施。所以，监察机关发现政府采购当事人有违法行为的，应当及时通报财政部门。

（三）有关部门监督

有关部门的监督是指对政府采购工程负有行政监督职责的政府有关部门。对于政府采购工程项目招标投标的监督，应当依据法律、行政法规的规定按照各自的职责分工进行。《招标投标法实施条例》第四条规定，国务院发展改革部门指导和协调全国招标投标工作，对国家重大建设项目的工程招标投标活动实施检查监督。国务院工业和信息化、住房城乡建设、交通运输、铁路、水利、商务等部门，按照规定的职责分工对有关招标投标活动实施监督。有关部门在监督过程中发现政府采购工程在预算执行和政府采购政策执行方面存在违法行为的，也应当及时向财政部门通报，由财政部门在法定职责范围内依法处理。

六、社会监督

保证政府采购依照公平、公开、公正原则规范运行，关键在于建立一个全方位、多层次、科学有效的监督制约机制。在做好上述各种监督工作的同时，还需要全社会任何单位和个人的社会监督。社会监督的主体和对象具有很强的广泛性，而且不受时间、地点和方式等因素的限制，因此，应当充分发挥社会监督的力量，以保证政府采购法的有效实施，维护国家利益和社会公共利益。

第三节　政府采购监管体制和依据

一、政府采购监管部门和职责

按照政府采购法律法规规定，各级人民政府财政部门是负责政府采购监督管理的部门，依法履行对政府采购活动的监督管理职责。这一规定确定了政府采购的执法主体。

（一）设置依据

将各级人民政府财政部门规定为政府采购的监督管理部门，主要考虑到财政部门具备相应的职能和监督管理条件。

1. 政府赋予的职能。在 1998 年机构改革中，国务院赋予了财政部“拟定和执行政府采购政策”的职能，确立了财政部门为政府采购监督管理部门的地位。

2. 财政部门应有的职能。政府采购是财政支出管理的一项制度。政府采购与财政支出管理是一个事物的两个方面，不可分割，不可替代，是财政部门的内在职能。

3. 其他部门替代不了的职能。政府采购是对采购项目的全过程管理，包括编制采购预算，选择采购方式，执行采购程序，拨付采购资金等，其中的预算编制、采购资金拨付等事务是财政部门的特有职能，不可由其他部门替代。

4. 财政部门具有特殊手段。财政部门最有力的手段是采购资金的支付。采购单位如果不按政府采购法规定开展采购活动，财政部门可以拒绝支付采购资金，从而保证了政府采购工作的全面和规范开展。

（二）监管职责

《政府采购法》具体规定了财政部门的十项监督管理职责，具体包括：

1. 预算管理。如具体编制和执行政府采购预算、编制和执行政府采购计划、支付采购资金等。

> **思考一下：**
> 财政部门对政府采购监管最有力的手段是什么？

2. 方式管理。一是审批政府采购法定七种方式；二是采购人因特殊情况需要采用公开招标以外的采购方式的，应当在采购活动开始前获得设区的市、自治州以上人民政府采购监督管理部门的批准。

3. 合同管理。包括制定合同必备条款标准文本和受理合同备案等。

4. 处理投诉。供应商提出投诉的，要受理、审理并及时作出处理。

5. 处理复议。当事人对监督管理部门的投诉处理不服申请复议的，还应处理行政复议事项；当事人对监督管理部门的处罚不服到人民法院起诉的，还应办理应诉事项。

6. 监督检查。包括对政府采购活动及集中采购机构的监督检查。监督检查的主要内容有：有关政府采购的法律、行政法规和规章的执行情况；采购范围、采购方式和采购程序的执行情况；政府采购人员的职业素质和专业技能；等等。各级财政部门要与其他有关政府部门相互合作，共同做好政府采购的监督工作。

7. 处理违法违规行为。对采购人、采购代理机构和供应商的违法行为进行处理。

8. 规定岗位任职要求。包括对政府采购监管机构、集中采购机构和社会中介代理机构人员的任职要求和业务培训等。

9. 制定规章。财政部门依法参与制定或单独制定有关实施或监督管理办法。

10. 信息管理。如指定和管理政府采购信息发布媒体等。

二、政府采购监管体制

政府采购监督管理体制是指各级政府采购监督管理部门之间关于政府采购活动的责权划分的基本制度。政府采购监督管理体制是财政管理体制的重要组成部分。政府采购监督管理体制的确定，既要符合财政管理体制规定的原则，又要符合政府采购的目标、要求和基本特点，这样才能使政府采购监督管理体制规范、高效、充满生机和活力，并发挥其应有作用。

（一）统一指导和分级管理相结合

“统一指导”是指政府采购监督管理的目标与规划、重大方针与政策、以及法律法规和规章的制定等均由中央政府统一制定，统一指导检查全国的政府采购工作。“分级监管”，是指在保持中央统一指导的前提下，赋予各级地方政府一定的政府采购自主管理权限。

确立政府采购监督管理体制，要坚持统一指导；同时，又要赋予不同级次政府采购管理机构以一定的监督管理权限，发挥各级政府采购管理部门的作用和积极性。

（二）综合监管与行业监管相结合

综合监管是指财政部门对政府采购的监督管理。行业监管是指对政府采购活动负有监管职责的其他有关部门，主要是指负责招投标活动的行政监督部门。根据国家有关规定，一是国家发改委负责指导和协调全国的招投标工作，对国家重大建设项目的工程招标投标活动实施检查监督；二是工业和信息化、住房城乡建设、交通运输、铁道、水利、商务等行业和产业项目的招投标活动的监督执法，按照规定的职责分工对有关招标投标活动负责实施监督。有关行政主管部门须将监督过程中发现的问题，及时通知项目审批部门，项目审批部门根据情况依法暂停项目执行或者暂停资金支付。政府采购工程在接受财政部门监管的同时，还要接受工程招标的行业管理。

（三）综合监督与纪律监督相结合

纪律监管涉及政府采购活动中的财经纪律和行政纪律，分别由审计机关和监察机关及有关政府部门履行监管职责。审计机关主要负责政府采购监督管理部门、政府采购各当事人的有关政府采购活动进行审计监督，主要属于事后监督，监督重点是采购资金使用的合法性及有关的财经纪律问题。监察机关主要负责对参与政府采购活动的国家机关、国家公务员和国家行政机关任命的其他人员实施行政监察，也属于事后监督，监督重点是政府采购及公职人员的行为。

三、政府采购监管依据

政府采购活动的监督和管理必须依法进行，这是依法治国在政府采购领域的具体体现。因此，政府采购监督管理的依据是涉及政府采购的相关法律、法规和制度等。

（一）法律

由于政府采购活动涉及的方面非常广泛，由此所形成的法律关系十分复杂，涉及的法律也较多，其中，《政府采购法》是调节政府采购领域法律关系的具有最高法律效力的法律。具体来说，包括《中华人民共和国政府采购法》《中华人民共和国招标投标法》《中华人民共和国预算法》《中华人民共和国合同法》《中华人民共和国行政复议法》《中华人民共和国行政诉讼法》等 16 项法律。

（二）法规

政府采购法规包括以下两个方面。

一是国务院制定的政府采购行政法规。国务院作为最高国家权力机关的执行机关，是最高行政机关，拥有广泛的行政立法权。我国宪法规定，国务院可以根据宪法和法律，规定行政措施，制定行政法规，发布决定和命令。行政法规作为一种法律形式，在我国法律形式中处于低于宪法、法律，高于地方法规、部门规章、地方规章的地位，是在全国范围内普遍适用的。行政法规的立法目的在于保证宪法和法律的实施，行政法规不能与宪法、法律相抵触，否则无效。国务院发布的与政府采购活动直接相关的行政法规、决定、命令，主要包括：《中华人民共和国政府采购法实施条例》《中华人民共和国预算法实施条例》《中华人民共和国审计法实施条例》等。

二是地方人民代表大会及其常务委员会制定的政府采购方面的地方性法规。根据《各级地方人民代表大会和地方各级人民政府组治法》的规定，省、自治区、直辖市的人民代表大会以及省、自治区的人民政府所在地的市和经国务院批准的较大的市的人民代表大会有制定地方性法规的权力。由于我国在政府采购立法中坚持统一管理原则，因此，地方权力机关制定政府采购地方法规不是无限制的，而是要严格按照政府采购法律授权行事。

> **讨论一下：**
>
> 如何正确处理好政府采购综合监管与行业监管的关系？

（三）规章

政府采购方面的规章制度一般包括两个方面。

一是国务院政府采购监督管理部门制定的政府采购规章，俗称中央制度。根据《中华人民共和国宪法》规定，国务院各部委根据法律和国务院行政法规、决定、命令，在本部门的权限内，发布命令、指示和规章。有权制定政府采购部门规章的政府采购监督管理机关是财政部及其他相关部门，其制定的部门规章主要包括：对政府采购法律、法规的具体解释、政府采购监督管理的具体规定、办法等。政府采购监督管理部门制定的规章在全国范围内具有普遍的适用效力，但是，不得与政府采购法律、行政法规相抵触。如财政部发布的《政府采购货物和服务招投标管理办法》《政府采购非招标方式管理办法》《政府采购信息发布管理办法》《供应商质疑和投诉办法》《政府采购购买服务管理办法》《政府采购框架协议采购方式管理暂行办法》等。同时，应该还包括财政部制定的政府采购规范性文件和其他有关政府部门制定的有关政府采购管理的规范性文件。

二是地方政府制定的政府采购规章。根据《地方各级人民代表大会和地方各级人民政府组织法》规定，省、自治区、直辖市以及省、自治区的人民政府所在地的市和国务院批准的较大的市的人民政府，可以根据法律和国务院的行政法规，制定规章。但是，地方政府制定的政府采购的规章，都必须在政府采购的法律、法规明确授权的前提下进行，并不得与政府采购法律、行政法规相抵触。如某省制定的《××省政府采购管理暂行办法》《××省政府采购行为规范》等。

第四节　政府采购法与财政管理

一、政府采购法内容

《政府采购法》内容共分九章八十八条，对政府采购的范围和方式、政府采购当事人、政府采购程序和采购合同、政府采购活动的质疑和投诉、监督检查和法律责任等作出了明确规定。

（一）第一章总则

共有 13 条，对立法宗旨、适用范围、原则、组织形式、政策取向、信息管理和监管部门等内容作出了阐述和规定。

（二）第二章政府采购当事人

共有 12 条，对政府采购当事人和采购人的含义、集中采购机构的设置与管理、有关当事人参加政府采购活动的条件、各当事人的权利与义务、供应商的资格条件及审查管理、联合体投标等内容作出了阐述和规定。

（三）第三章政府采购方式

共有 7 条，对政府采购的各种方式、方式的确定、各种方式的适用条件和有关要求等内容作出规定。

（四）第四章政府采购程序

共有 10 条，对政府采购预算编制、邀请招标中邀请对象的选择程序、废标事项、竞争性谈判采购程序、询价采购程序、验收要求以及采购文件保存等内容作出了阐述和规定。

（五）第五章政府采购合同

共有 8 条，分别对政府采购合同适用法律、合同形式、合同必备条款、合同订立、合同备案、分包履行、补充合同以及合同变更、中止或者终止等问题作出规定。

（六）第六章质疑和投诉

共有 8 条，分别对供应商就有关政府采购事项进行询问、质疑、投诉的方式、途径和时限，采购人或者采购代理机构以及政府采购监管部门答复、处理的方式和时限，不服投诉处理决定的救济途径等问题，作出了明确的规定。

（七）第七章监督检查

共有 12 条，分别对政府采购监管部门加强监督检查的要求和主要内容，集中采购机构设置和采购代理机构与行政机关关系方面的禁止性规定，集中采购机构内部监督管理及对采购人员的要求，采购标准公开，对集中采购机构的考核，审计、监察机关和其他有关部门对政府采购活动、采购人员的监督，以及社会监督等，作出了比较全面的规定。

> **想一想：**
>
> 如何完善政府采购供应商的救济途径？

（八）第八章法律责任

共有 13 条，分别对采购人、采购代理机构及其工作人员，供应商，政府采购监管部门及其工作人员，以及其他单位和个人违反政府采购法规定应当承担的法律责任，作出了较为全面、具体的规定。

（九）第九章附则

共有 5 条，分别对使用国际组织和外国政府贷款进行的政府采购的法律适用、因严重自然灾害和其他不可抗力事件所实施的紧急采购和涉及国家安全和秘密的采购法律范围、军事采购法规、《政府采购法》实施的具体步骤和办法的制定以及《政府采购法》的施行日期等问题，作出了规定。

二、政府采购法与财政管理

《政府采购法》作为规范财政性资金使用的一部专门法律，其颁布和实施，赋予了财政管理新的内容，对现代财政制度的建立，意义重大。

（一）完善了财政管理的法制体系

财政法制建设的内容可分为预算管理类、税收类、国有资产管理类、财务管理类、会计类和财政监督类等大类。政府采购是市场经济的产物。随着我国社会主义市场经济体制的建立和完善，采购支出产生的政府采购市场逐步形成且规模不断扩大，管理的不规范与市场经济的要求形成巨大反差，迫切要求建立符合社会主义市场经济体制要求的政府采购制度。《政府采购法》的颁布和实施，是财政法制化建设取得的又一重大成果，是政府采购法制化建设的里程碑，对于加强财政支出管理，增强财政宏观调控功能，促进社会主义市场经济建设，都具有十分重大的意义。

（二）确立了采购财政支出管理改革的方向和要求

《政府采购法》是规范采购资金使用的一部法律。按照法律规定，采购资金的使用必须实行政府采购，也就是说，要建立政府采购制度，通过对采购行为的规范来加强财政支出管理。具体来讲，就是要按照市场经济的一般原则和政府采购制度的一般规律，确立我国政府采购的行为规范，规范使用财政性资金开展采购活动应当遵循的基本规则，从而实现加强财政支出管理，提高采购资金使用效益，维护国家利益和社会公共利益，保护政府采购当事人的合法权益，促进廉政建设等目标。

（三）对财政管理工作产生重大影响

1995 年以来，政府采购改革与部门预算和国库集中收付制度齐步改革，形成联动效应。具体表现在以下方面。一是改进财政管理办法，减轻支出压力。政府采购制度改革能有效地改变我国长期以来“重预算、轻支出”的管理方法，将财政管理从分配环节延伸到使用环节，由货币管理延伸到实物管理，增强财政支出的市场化操作，提高资金使用的透明度，对于实现财政资源的合理配置，减轻财政支出压力将会产生积极效果。二是支持预算编制改革工作。《政府采购法》的实施，为部门预算改革提供了法律依据；政府采购成为部门预算执行的方式和保障；政府采购的全面推行将进一步促进预算编制改革工作。三是加快国库集中收付制度的改革进程。随着政府采购制度的广泛推行，国库集中收付制度改革在账户管理、支付手段、财务核算等方面会不断扩大范围和加快改革进程。四是丰富财政外交活动。在国际事务中，政府采购是一项非关税贸易壁垒，是双边和多边投资贸易自由化谈判的重要领域。《政府采购法》的出台和实施，将会在国际上引起广泛的关注，增加我国参与国际磋商、交流和谈判的机会，特别是我国启动加入 WTO《政府采购协议》

谈判以后，会极大地丰富我国的财政外交活动。

《政府采购法》的颁布实施，使我国的政府采购制度步入了法制化、规范化、科学化的轨道。经过多年的实践，特别是随着国际国内政治、经济、社会和文化的发展与变化，《政府采购法》的调整空间亟待拓展，促进经济社会发展的政策目标亟需突出，调整经济结构的手段有待完善。

三、完善我国政府采购制度体系的措施

2018 年 11 月通过的《深改方案》强调，深化政府采购制度改革要坚持问题导向，强化采购人主体责任，建立集中采购机构竞争机制，改进政府采购代理和评审机制，健全科学高效的采购交易机制，强化政府采购政策功能措施，健全政府采购监督管理机制，加快形成采购主体职责清晰、交易规则科学高效、监管机制健全、政策功能完备、法律制度完善、技术支撑先进的现代政府采购制度。为了落实《深改方案》的精神，财政部启动了《政府采购法》以及相关制度的修订工作，我国的政府采购制度将进入全面重塑期。

（一）完善政府采购法律制度体系总体架构

目前，我国已建立起以《政府采购法》为统领，以《政府采购法实施条例》和部门规章为依托的较为完整的政府采购法律制度体系，涵盖了体制机制、执行操作、基础管理以及监督裁决等各个方面。尽管我国政府采购法律制度体系日益完善，有效保障了政府采购当事人的合法权益，切实规范了政府采购市场秩序，但政府采购制度的成熟度还不够，还不能完全适应国家治理能力和治理体系现代化的要求，因此，《政府采购法》以及相关制度的修订是必要的、及时的。

> **思考一下：**
>
> 深化政府采购制度改革应该首要解决的问题是什么？

立足全面深化政府采购制度改革整体层面，我国政府采购制度改革应着重解决目前《政府采购法》与《中华人民共和国招标投标法》“两法”管理脱节的问题。从法律统一性的角度来讲，政府采购应当包括货物、服务和工程采购。将货物、服务与工程割裂开来，分别适用不同的法律制度是缺乏正当性的。立足完善政府采购制度改革具体层面，《政府采购法》修订应重点解决以下问题。一是强化采购人主体责任，建立采购人对采购结果能负责、想负责的机制。重点解决采购人主体责任意识不牢、权责不对等问题。二是完善政府采购交易制度。重点解决采购方式适用条件重叠和采购程序优化的问题。三是健全政府采购政策落实机制，进一步发挥政府采购对经济社会发展的促进作用。重点解决政

府采购对调整经济结构力度不够、手段不多等问题。四是加快采购代理机构和专家业务转型。重点解决如何提升采购代理机构、评审专家专业化水准的问题。五是构建政府采购市场对外开放新格局。重点解决我国如何建立与国际规则相接轨的政府采购法律制度，以及我国企业如何更好地参与国际政府采购市场竞争的问题。

（二）完善政府采购部门规章建设

除了《政府采购法》《政府采购法实施条例》，涉及政府采购的部门规章在我国政府采购法律制度体系中也具有不可或缺的重要作用。政府采购相关的部门规章，主要是财政部以财政部令发布实施的政府采购相关文件，现行有效的部门规章主要有：《政府采购非招标采购方式管理办法》（财政部令第 74 号）、《政府采购货物和服务招标投标管理办法》（财政部令第 87 号）、《政府采购质疑和投诉办法》（财政部令第 94 号）、《政府采购信息发布管理办法》（财政部令第 101 号）、《政府购买服务管理办法》（财政部令第 102 号）、《政府采购框架协议采购方式管理暂行办法》（财政部令第 110 号）。

随着《政府采购法》的修订，政府采购部门规章也需要随之完善与补充。

第一，修订财政部令第 74 号。目前，《中华人民共和国政府采购法（修订草案征求意见稿）》（以下简称《修订草案征求意见稿》）对采购方式进行了调整，对其适用条件也进行了修改。在《修订草案征求意见稿》中，将竞争性谈判和竞争性磋商两种采购方式进行了合并，统称为竞争性谈判。相应对竞争性谈判设立了最低评审价法和综合评分法两种评审方法。因此，财政部令第 74 号也应按照《政府采购法》修改后的思路进行完善。此外，在财政部令第 74 号的修订中，还应增加预算编制、意向公开、采购需求和绩效评价相关要求，使之更加科学、规范、全面，更具可操作性。

第二，修订财政部令第 87 号。2021 年，财政部公布了《政府采购货物和服务招标投标管理办法（修订草案征求意见稿）》（以下简称《修订草案》）。一方面，《修订草案》根据《深改方案》精神，强化和落实了采购人在政府采购活动中的主体责任；另一方面，遵循国际通行的“需求明确基础上竞争报价”“符合需求情况下低价中标”的公平竞争原则，重构了政府采购货物和服务招投标评审制度。未来，随着政府采购法的修订完成、政府采购工程管理的“归位”，财政部令第 87 号会被赋予更大的规范作用。

第三，建议制定“政府采购政策功能实施管理办法”。随着国际国内形势复杂多变以及我国政府采购范围不断扩大，我国政府采购政策功能仍有较大发展空间。因此，有必要建立一个专门的政府采购政策功能实施、落实的管理办法。该办法应明确政策目标范围、政策目标出台主体、落实政策目标的责任主体、针对不同政府采购目标制定的具体措施、监管部门、法律责任等。

第四，建议制定“政府采购中介服务管理办法”。严格意义上讲，政府采购活动中的所有代理活动都属于中介服务，是社会化分工的结果。随着社会的发展，政府采购还会有许多委托代理事项，如制定采购需求标准、采购文件范本、采购合同范本、采购履约验收等政府采购基础业务，为采购人提供专业化服务。我国《政府采购法》将政府采购定为集中采购和分散采购相结合的模式。因此，政府采购代理机构分为集中采购机构和社会代理机构。如果制定统一的“政府采购中介服务管理办法”有现实困难，也可改为分别建立“政府采购集中采购机构管理办法”和“社会采购代理机构管理办法”。若单独修订“政府采购集中采购机构管理办法”，应按照《深改方案》中“建立集中采购机构竞争机制”的要求，将集中采购机构和部门集中采购机构的有序竞争以及激励措施考虑进去。对于集中采购机构的管理，我国目前采取的是监督考核这一管理办法，但监督考核管理办法涉及范围有限，其中，也未提及如何管理部门集中采购机构的内容。因此，亟待出台一个层次更高的包括集中采购机构（部门集中采购机构）的性质、设立条件、职责范围、竞争机制、考核内容与方式、监管主体、奖励与处罚等较为全面和完善、操作性强的管理办法，并命名为“政府采购集中采购机构管理办法”，部门集中采购机构参照此办法执行。

第五，建议制定“政府采购分散采购管理办法”。我国政府采购实行集中采购与分散采购相结合的模式。分散采购的组织主体是采购人，分散采购也必须按法规进行采购，但由于目前采购人大多没有专门的机构和人员从事分散采购，基本上委托采购代理机构代理采购，因此，应出台分散采购的管理办法，对分散采购行为进行规范。

思考一下：

如何有效强化政府采购评审专家的评审责任？

第六，建议制定“政府采购咨询和评审管理办法”。“改进政府采购代理和评审机制”是政府采购今后改革的方向。当初，制度设计的初衷是借专家的智慧来填补采购人评审专业性不足的问题。但在实践中，采购人不但没有借到专家的“智”，甚至还放弃了采购决策权。依据《深改方案》精神和现实中存在的问题，在强调采购人主体责任的前提下，要让采购人责权对等，让采购人的“权利回归”，对于评审专家的作用，重在“借智”，行在“咨询”，用在“参考”，评审的决策权在采购人。因此，从采购需求调查到采购文件制作，再到履约验收等，咨询专家在采购项目中的参与度将逐渐提高。办法的制定重点包括：咨询专家的选聘及其权利与义务，本单位专家参与评审的有关规定，采购人选择或推荐评审专家的范围，评审专家参与评审后的民事责任和法律责任等。

第七，建议制定“政府采购救济管理办法”。质疑和投诉仅为政府采购救济的部分内容，不能完全维护和保障所有政府采购当事人的权利。在政府采购活动中，既要保障供应商的权益需求，也要保障采购人的权益需求以及代理机构等采购当事人的权益需求。建议借政府采购修法之际，将财政部令第94号修改为“政府采购救济管理办法”。一方面，为非政府采购监管部门处理投诉留下空间；另一方面，扩大被保护对象的范畴，增加救济的途径。把政府采购参与人之间发生纠纷时的磋商机制考虑进去。对于供应商恶意质疑、投诉给采购人、采购代理机构带来名誉、时间、成本损失的情况，应建立相应的救济机制。同时，将相关人员的救济分为三种：一是民事救济——询问和质疑以及磋商；二是行政救济——投诉；三是司法救济——行政诉讼。

（三）完善政府采购规范性文件

政府采购规范性文件在法规体系中具有“短平快”的特点，它可以通过打“补丁”的形式，解决一些现实问题，及时规范政府采购行为。目前在政府采购法律制度体系中，还有许多需要由财政部出台规范性文件来规范的行为。

一是建议制定“政府采购信用体系建设与管理办法”。市场经济是信用经济。在市场经济条件下，日益扩展和复杂化的市场关系逐步构建起彼此相联、互相制约的信用关系。诚实守信是政府采购的基本原则之一。财政部可依据政府采购的特点，制定出台包括政府采购当事人、政府采购中介服务组织以及咨询、评审专家等相关人员在内的“政府采购信用体系建设与管理办法”，逐步形成“一处失信，寸步难行”的局面。

二是建议制定“政府采购档案管理办法”。政府采购档案是一种较为特殊的档案，它不仅资料多，经手人多，而且保存时间长，有些档案的保存年限与采购对象的使用寿命同期。政府采购档案还是问效问责的有力证据。然而，由于政府采购活动多为委托代理制，政府采购的档案分散在采购活动各参与人手中，而且各采购人负责采购活动事宜的人员非专岗专职，采购项目从立项和预算，再到采购项目验收，时间跨度较长，稍有不慎，档案资料就有可能遗失。因此，应出台“政府采购档案管理办法”，从档案资料的范围、责任主体、移交责任与时间要求、保存与销毁、查看等级规定、法律责任等方面进行规范。

三是建议制定“政府采购绩效评价管理办法”。政府采购制度是财政管理的有效手段，更应讲效益，更需要对其进行绩效评价。谁花钱，谁负责，问责必问效。政府采购的绩效体现在三大方面，即社会效益、政治效益和经济效益。因此，应出台“政府采购绩效评价管理办法”，通过先试点和先易后难的方式进行，逐步推行政府采购的绩效评价工作。

四是建议制定“政府采购行业协会管理办法”。《深改方案》和《修订草案》都提出了要发挥政府采购行业协会的作用。因此，有必要出台相关管理办法，对政府采购行业协会的组织形式、成员结构、职责与委托职责、运作模式、章程基本内容等进行规定。

五是建议制定“政府采购数据管理办法”。在政府采购活动中，数据具有不可或缺或替代的地位与作用，从政府采购项目的立项、预算，到政府采购活动的评审、评价，数据的运用无处不在、不可缺少，可以说，没有数据做支撑，政府采购活动将没有根基。因此，建立现代政府采购制度，使之精细化、科学化、绩效化、信息化，必须高度重视政府采购数据的收集、分析、应用和数据库的建设，并将区块链合作机制引入政府采购数据库建设之中，使政府采购进入全信息时代。因此，应出台“政府采购数据管理办法”，对海量政府采购数据的筛选、甄别、收集、分析、处理、保管、运用和保密进行规范。

第五节　政府采购内控管理

加强对政府采购活动的内部控制管理，是贯彻《中共中央关于全面推进依法治国若干重大问题的决定》的重要举措，也是深化政府采购制度改革的内在要求，对落实党风廉政建设主体责任、推进依法采购具有重要意义。近年来，一些采购人、集中采购机构和政府采购监管部门积极探索建立政府采购活动内部控制制度，取得了初步成效，但总体上还存在体系不完整、制度不健全、发展不平衡等问题。为了进一步规范政府采购活动中的权力运行，强化内部流程控制，促进政府采购提质增效，2016 年 6 月 29 日财政部发布了《财政部关于加强政府采购活动内部控制管理的指导意见》（财库〔2016〕99 号），具体明确规定了总体要求、主要任务、主要措施等内容。

> **讨论一下：**
> 为什么要强化政府采购活动内控措施？

一、总体要求

（一）指导思想

贯彻党的十八大和十八届三中、四中、五中全会精神，按照“四个全面”战略布局，适应政府职能转变和构建现代财政制度需要，落实政府采购法律法规要求，执行《行政事业单位内部控制规范（试行）》（财会〔2012〕21 号）和《财政部关于全面推进行政事业单位内部控制建设的指导意见》（财会〔2015〕24 号）相关规定，坚持底线思维和问题导向，创新政府采购管理手段，切实加强政府采购活动中的权力运行监督，有效防范舞弊和预防腐败，提升政府采购活动的组织管理水平和财政资金使用效益，提高政府采购公信力。

（二）基本原则

1. 全面管控与突出重点并举。将政府采购内部控制管理贯穿于政府采购执行与监管的全流程、各环节，全面控制，重在预防。抓住关键环节、岗位和重大风险事项，从严管理，重点防控。

2. 分工制衡与提升效能并重。发挥内部机构之间，相关业务、环节和岗位之间的相互监督和制约作用，合理安排分工，优化流程衔接，提高采购绩效和行政效能。

3. 权责对等与依法惩处并行。在政府采购执行与监管过程中贯彻权责一致原则，因权定责、权责对应。严格执行法律法规的问责条款，有错必究、失责必惩。

（三）主要目标

以“分事行权、分岗设权、分级授权”为主线，通过制定制度、健全机制、完善措施、规范流程，逐步形成依法合规、运转高效、风险可控、问责严格的政府采购内部运转和管控制度，做到约束机制健全、权力运行规范、风险控制有力、监督问责到位，实现对政府采购活动内部权力运行的有效制约。

二、主要任务

（一）落实主体责任

1. 采购人责任。应当做好政府采购业务的内部归口管理和所属单位管理，明确内部工作机制，重点加强对采购需求、政策落实、信息公开、履约验收、结果评价等的管理。

2. 集中采购机构责任。应当做好流程控制，围绕委托代理、编制采购文件和拟订合同文本、执行采购程序、代理采购绩效等政府采购活动的重点内容和环节加强管理。

3. 监管部门责任。应当强化依法行政意识，围绕放管服改革要求，重点完善采购方式审批、采购进口产品审核、投诉处理、监督检查等内部管理制度和工作规程。

（二）明确重点任务

1. 严防廉政风险。牢固树立廉洁是政府采购生命线的根本理念，把纪律和规矩挺在前面。针对政府采购岗位设置、流程设计、主体责任、与市场主体交往等重点问题，细化廉政规范、明确纪律规矩，形成严密、有效的约束机制。

2. 控制法律风险。切实提升采购人、集中采购机构和监管部门的法治观念，依法依规组织开展政府采购活动，提高监管水平，切实防控政府采购执行与监管中的法律风险。

3. 落实政策功能。准确把握政府采购领域政策功能落实要求，严格执行政策规定，切实发挥政府采购在实现国家经济和社会发展政策目标中的作用。

4. 提升履职效能。落实精简、统一、效能的要求，科学确定事权归属、岗位责任、流程控制和授权关系，推进政府采购流程优化、执行顺畅，提升政府采购整体效率、效果和效益。

三、主要措施

（一）明晰事权，依法履职尽责

采购人、采购代理机构和监管部门应当根据法定职责开展工作，既不能失职不作为，也不得越权乱作为。

> **想一想：**
> 政府采购内控活动如何强化权责对应？

1. 实施归口管理。采购人应当明确内部归口管理部门，具体负责本单位、本系统的政府采购执行管理。归口管理部门应当牵头建立本单位政府采购内部控制制度，明确本单位相关部门在政府采购工作中的职责与分工，建立政府采购与预算、财务（资金）、资产、使用等业务机构或岗位之间沟通协调的工作机制，共同做好编制政府采购预算和实施计划、确定采购需求、组织采购活动、履约验收、答复询问质疑、配合投诉处理及监督检查等工作。

2. 明确委托代理权利义务。委托采购代理机构采购的，采购人应当和采购代理机构依法签订政府采购委托代理协议，明确代理采购的范围、权限和期限等具体事项。采购代理机构应当严格按照委托代理协议开展采购活动，不得超越代理权限。

3. 强化内部监督。采购人、集中采购机构和监管部门应当发挥内部审计、纪检监察等机构的监督作用，加强对采购执行和监管工作的常规审计和专项审计。畅通问题反馈和受理渠道，通过检查、考核、设置监督电话或信箱等多种途径查找和发现问题，有效分析、预判、管理、处置风险事项。

（二）合理设岗，强化权责对应

合理设置岗位，明确岗位职责、权限和责任主体，细化各流程、各环节的工作要求和执行标准。

1. 界定岗位职责。采购人、集中采购机构和监管部门应当结合自身特点，对照政府采购法律、法规、规章及制度规定，认真梳理不同业务、环节、岗位需要重点控制的风险事项，划分风险等级，建立制度规则、风险事项等台账，合理确定岗位职责。

2. 不相容岗位分离。采购人、集中采购机构应当建立岗位间的制衡机制，采购需求制定与内部审核、采购文件编制与复核、合同签订与验收等岗位原则上应当分开设置。

3. 相关业务多人参与。采购人、集中采购机构对于评审现场组织、单一来源采购项目议价、合同签订、履约验收等相关业务，原则上应当由 2 人以上共同办理，并明确主要负责人员。

4. 实施定期轮岗。采购人、集中采购机构和监管部门应当按规定建立轮岗交流制度，按照政府采购岗位风险等级设定轮岗周期，风险等级高的岗位原则上应当缩短轮岗年限。不具备轮岗条件的应当定期采取专项审计等控制措施。建立健全政府采购在岗监督、离岗审查和项目责任追溯制度。

（三）分级授权，推动科学决策

明确不同级别的决策权限和责任归属，按照分级授权的决策模式，建立与组织机构、采购业务相适应的内部授权管理体系。

1. 加强所属单位管理。主管预算单位应当明确与所属预算单位在政府采购管理、执行等方面的职责范围和权限划分，细化业务流程和工作要求，加强对所属预算单位的采购执行管理，强化对政府采购政策落实的指导。

2. 完善决策机制。采购人、集中采购机构和监管部门应当建立健全内部政府采购事项集体研究、合法性审查和内部会签相结合的议事决策机制。对于涉及民生、社会影响较大的项目，采购人在制定采购需求时，还应当进行法律、技术咨询或者公开征求意见。监管部门处理政府采购投诉应当建立健全法律咨询机制。决策过程要形成完整记录，任何个人不得单独决策或者擅自改变集体决策。

3. 完善内部审核制度。采购人、集中采购机构确定采购方式、组织采购活动，监管部门办理审批审核事项、开展监督检查、做出处理处罚决定等，应当依据法律制度和有关政策要求细化内部审核的各项要素、审核标准、审核权限和工作要求，实行办理、复核、审定的内部审核机制，对照要求逐层把关。

（四）优化流程，实现重点管控

加强对采购活动的流程控制，突出重点环节，确保政府采购项目规范运行。

1. 增强采购计划性。采购人应当提高编报与执行政府采购预算、实施计划的系统性、准确性、及时性和严肃性，制定政府采购实施计划执行时间表和项目进度表，有序安排采购活动。

2. 加强关键环节控制。采购人、集中采购机构应当按照有关法律法规及业务流程规定，明确政府采购重点环节的控制措施。未编制采购预算和实施计划的不得组织采购，无委托代理协议不得开展采购代理活动，对属于政府采购范围未执行政府采购规定、采购方式或程序不符合规定的及时予以纠正。

3. 明确时限要求。采购人、集中采购机构和监管部门应当提高政府采购效率，对信息公告、合同签订、变更采购方式、采购进口产品、答复询问质疑、投诉处理以及其他有时间要求的事项，要细化各个节点的工作时限，确保在规定时间内完成。

4. 强化利益冲突管理。采购人、集中采购机构和监管部门应当厘清利益冲突的主要对象、具体内容和表现形式，明确与供应商等政府采购市场主体、评审专家交往的基本原则和界限，细化处理原则、处理方式和解决方案。采购人员及相关人员与供应商有利害关系的，应当严格执行回避制度。

5. 健全档案管理。采购人、集中采购机构和监管部门应当加强政府采购记录控制，按照规定妥善保管与政府采购管理、执行相关的各类文件。

四、保障措施

采购人、集中采购机构和监管部门要深刻领会政府采购活动中加强内部控制管理的重要性和必要性，结合廉政风险防控机制建设、防止权力滥用的工作要求，准确把握政府采购工作的内在规律，加快体制机制创新，强化制度硬约束作用，切实提高政府采购内部控制管理水平。

> **思考一下：**
>
> 如何有效考核政府采购活动的绩效？

（一）加强组织领导

建立政府采购内部控制管理工作的领导、协调机制，做好政府采购内部控制管理各项工作。要严格执行岗位分离、轮岗交流等制度，暂不具备条件的要创造条件逐步落实，确不具备条件的基层单位可适当放宽要求。集中采购机构以外的采购代理机构可以参照本意见建立和完善内部控制管理制度，防控代理执行风险。

（二）加快建章立制

抓紧梳理和评估本部门、本单位政府采购执行和监管中存在的风险，明确标准化工作要求和防控措施，完善内部管理制度，形成较为完备的内部控制体系。

（三）完善技术保障

运用信息技术落实政府采购内部控制管理措施，政府采购管理交易系统及采购人内部业务系统应当重点强化人员身份验证、岗位业务授权、系统操作记录、电子档案管理等系统功能建设。探索大数据分析在政府采购内部控制管理中的应用，将信息数据科学运用于项目管理、风险控制、监督预警等方面。

（四）强化运行监督

建立内部控制管理的激励约束机制，将内部控制制度的建设和执行情况纳入绩效考评体系，将日常评价与重点监督、内部分析和外部评价相结合，定期对内部控制的有效性进行总结，加强评估结果应用，不断改进内部控制管理体系。财政部门要将政府采购内部控制制度的建设和执行情况作为政府采购监督检查和对集中采购机构考核的重要内容，加强监督指导。

第六节　违法行为和法律责任

在政府采购法律法规中，针对采购人或者采购代理机构及其工作人员、供应商、政府采购监督管理部门及其工作人员、其他有关单位和个人的不同违法行为，较为全面地规定了具体的法律责任。

一、采购人、采购代理机构的违法行为和法律责任

采购人、采购代理机构是政府采购活动的直接参加者，在政府采购活动中处在关键位置，对政府采购活动的依法进行起着重大作用，应当严格执行法律规定。由于采购人、采购代理机构的违法行为情节轻重不同，所产生的后果有所区别，所应当承担的法律责任相应就要有所区别。

（一）一般违法行为和法律责任

1. 一般违法行为。按照《政府采购法》第七十一条规定，采购人、采购代理机构有

下列情形之一的，视为一般违法行为：一是应当采用公开招标方式而擅自采用其他方式采购的；二是擅自提高采购标准的；三是委托不具备政府采购业务代理资格的机构办理采购事务的；四是以不合理的条件对供应商实行差别待遇或者歧视待遇的；五是在招标采购过程中与投标人进行协商谈判的；六是中标、成交通知书发出后不与中标、成交供应商签订采购合同的；七是拒绝有关部门依法实施监督检查的。

2. 法律责任。一是由政府采购监督管理部门和政府其他有关部门责令限期改正。二是由政府采购监督管理部门和政府其他有关部门给予警告。三是由政府采购监督管理部门和政府其他有关部门给予罚款。《政府采购法实施条例》第六十六条规定，政府采购法第七十一条规定的罚款，数额为10万元以下。四是由其行政主管部门或者有关机关对直接负责的主管人员和其他直接责任人员，根据违法行为的情节轻重，给予警告、记过、记大过、降级、降职或者开除的行政处分或者其他处分，并给予通报。

（二）严重违法行为和法律责任

1. 严重违法行为。按照《政府采购法》第七十二条规定，采购人、采购代理机构及其工作人员有下列情形之一的，视为严重违法行为：一是与供应商或者采购代理机构恶意串通；二是在采购过程中接受贿赂或者获取其他不正当利益；三是在有关部门依法实施的监督检查中提供虚假情况；四是开标前泄露标底。

恶意串通，具体可包括以下行为：一是供应商从采购人或采购代理机构处获得其他供应商的投标情况，并修改其投标文件；二是供应商从采购人或采购代理机构处获得评标委员会、竞争性谈判小组或询价小组组成人员情况；三是供应商之间协商一致压低或抬高报价，谋求使某一供应商获得中标或成交，或事先商定由某一供应商中标、成交，再由该中标、成交供应商给予未中标、成交供应商补偿；四是两家以上的供应商所提交的投标文件或响应性文件中实质性条款多处出现雷同，供应商未能说明合理理由。

2. 法律责任。

（1）对于采购人、采购代理机构及其工作人员的上述违法行为，构成犯罪的，应当依法追究刑事责任。

（2）对于采购人、采购代理机构及其工作人员的上述违法行为，尚未构成犯罪的，要依法追究下列形式的行政责任。一是由政府采购监督管理部门和政府其他有关部门给予罚款。《政府采购法实施条例》第六十六条规定，政府采购法第七十二条规定的罚款，数额为5万元以上25万元

> **讨论一下：**
>
> 你在生活当中体会比较深的采购人的违法行为有哪些？

以下。二是由政府采购监督管理部门和政府其他有关部门对采购人、采购代理机构及其工作人员因实施上述违法行为而有违法所得的，应当在依法处以罚款的同时，没收其违法所得。三是由其行政主管部门或者监察机关对属于国家机关工作人员的采购人、采购代理机构的工作人员，依法给予行政处分。

（三）上述两种情况影响中标、成交结果的法律责任

有政府采购法第七十一条、第七十二条规定的违法行为之一，影响或者可能影响中标、成交结果的，依照下列规定处理。

1. 未确定中标或者成交供应商的，终止本次政府采购活动，重新开展政府采购活动。

2. 已确定中标或者成交供应商但尚未签订政府采购合同的，中标或者成交结果无效，从合格的中标或者成交候选人中另行确定中标或者成交供应商；没有合格的中标或者成交候选人的，重新开展政府采购活动。

3. 政府采购合同已签订但尚未履行的，撤销合同，从合格的中标或者成交候选人中另行确定中标或者成交供应商；没有合格的中标或者成交候选人的，重新开展政府采购活动。

4. 政府采购合同已经履行，给采购人、供应商造成损失的，由责任人承担赔偿责任。

政府采购当事人有其他违反政府采购法或者本条例规定的行为，经改正后仍然影响或者可能影响中标、成交结果或者依法被认定为中标、成交无效的，依照前款规定处理。

应该引起特别注意的是，通过多年来政府采购法的实践证明，采购人或者采购代理机构又出现了一些新的违法行为，必须按其行为对机构或者人员按照法律规定进行处理和处罚。这些行为包括：一是未按规定编制政府采购实施计划；二是对于自行采购项目未按照政府采购法规定的方式和程序实施采购；三是对纳入集中采购目录属于通用的政府采购项目不依法委托集中采购机构采购；四是未按照规定在评标委员会或谈判、询价小组推荐的中标、成交候选人中确定中标、成交人；五是签订的政府采购合同的实质性内容与采购文件不一致；六是收取履约保证金；七是擅自变更、解除或终止政府采购合同，或追加与合同标的相同的货物、工程和服务的采购金额超过原合同金额百分之十；八是未经财政部门审核同意采购进口产品；九是未依法在指定媒体上发布政府采购信息；十是未落实优先或强制政府采购政策；十一是未依法在政府采购评审专家库中抽取专家；十二是在邀请招标、竞争性谈判和询价采购中，未按规定程序进行资格预审或选择供应商；十三是未在规定时间将政府采购合同副本报同级政府采购监督管理部门和有关部门备案；十四是未按规定组织对供应商履约情况进行验收；十五是对供应商的质疑逾期未作处理等。

（四）采购人、采购代理机构的其他违法行为和法律责任

1.《政府采购法实施条例》第六十七条规定，采购人有下列情形之一的，由财政部门责令限期改正，给予警告，对直接负责的主管人员和其他直接责任人员依法给予处分，并予以通报：

（1）未按照规定编制政府采购实施计划或者未按照规定将政府采购实施计划报本级人民政府财政部门备案；

（2）将应当进行公开招标的项目化整为零或者以其他任何方式规避公开招标；

（3）未按照规定在评标委员会、竞争性谈判小组或者询价小组推荐的中标或者成交候选人中确定中标或者成交供应商；

（4）未按照采购文件确定的事项签订政府采购合同；

（5）政府采购合同履行中追加与合同标的相同的货物、工程或者服务的采购金额超过原合同采购金额10%；

（6）擅自变更、中止或者终止政府采购合同；

（7）未按照规定公告政府采购合同；

（8）未按照规定时间将政府采购合同副本报本级人民政府财政部门和有关部门备案。

2.《政府采购法实施条例》第六十八条规定，采购人、采购代理机构有下列情形之一的，依照政府采购法第七十一条、第七十八条的规定追究法律责任：

（1）未依照政府采购法和本条例规定的方式实施采购；

（2）未依法在指定的媒体上发布政府采购项目信息；

（3）未按照规定执行政府采购政策；

（4）违反本条例第十五条的规定导致无法组织对供应商履约情况进行验收或者国家财产遭受损失；

（5）未依法从政府采购评审专家库中抽取评审专家；

（6）非法干预采购评审活动；

（7）采用综合评分法时评审标准中的分值设置未与评审因素的量化指标相对应；

（8）对供应商的询问、质疑逾期未作处理；

（9）通过对样品进行检测、对供应商进行考察等方式改变评审结果；

（10）未按照规定组织对供应商履约情况进行验收。

3.《政府采购法实施条例》第七十四条规定，有下列情形之一的，属于恶意串通，对采购人、采购代理机构及其工作人员依照政府采购法第七十二条的规定追究法律责任：

（1）供应商直接或者间接从采购人或者采购代理机构处获得其他供应商的相关情况并

修改其投标文件或者响应文件；

> **想一想：**
>
> 采购人和采购代理机构严重违法行为的主要标志是什么？

（2）供应商按照采购人或者采购代理机构的授意撤换、修改投标文件或者响应文件；

（3）供应商之间协商报价、技术方案等投标文件或者响应文件的实质性内容；

（4）属于同一集团、协会、商会等组织成员的供应商按照该组织要求协同参加政府采购活动；

（5）供应商之间事先约定由某一特定供应商中标、成交；

（6）供应商之间商定部分供应商放弃参加政府采购活动或者放弃中标、成交；

（7）供应商与采购人或者采购代理机构之间、供应商相互之间，为谋求特定供应商中标、成交或者排斥其他供应商的其他串通行为。

（五）集中采购机构在业绩考核中违法所应承担的法律责任

1.《政府采购法》第八十二条规定，政府采购监督管理部门对集中采购机构业绩的考核，有虚假陈述，隐瞒真实情况的，或者不作定期考核和公布考核结果的，应当及时纠正，由其上级机关或者监察机关对其负责人进行通报，并对直接负责的人员依法给予行政处分。集中采购机构在政府采购监督管理部门考核中，虚报业绩，隐瞒真实情况的，处以二万元以上二十万元以下的罚款，并予以通报；情节严重的，取消其代理采购的资格。

2.《政府采购法实施条例》第六十九条规定，集中采购机构有下列情形之一的，由财政部门责令限期改正，给予警告，有违法所得的，并处没收违法所得，对直接负责的主管人员和其他直接责任人员依法给予处分，并予以通报：

（1）内部监督管理制度不健全，对依法应当分设、分离的岗位、人员未分设、分离；

（2）将集中采购项目委托其他采购代理机构采购；

（3）从事营利活动。

需要注意的是，集中采购机构是由有关人民政府批准设立的，政府采购监督管理部门不得擅自取消集中采购机构代理采购的资格。

二、供应商的违法行为和法律责任

供应商是政府采购活动的重要参加者，其最终目的是希望中标、成交，获得经济利益。为了达到这一目的，在参加政府采购项目的采购活动中，有的供应商就可能采取各种非正当的方式和手段，甚至会出现犯罪行为。因此，必须对供应商的违法行为给予应有的惩处。

（一）《政府采购法》规定

《政府采购法》第七十七条规定了供应商的违法行为和违法责任。

1. 违法行为包括：

（1）提供虚假材料谋取中标、成交的；

（2）采取不下当手段诋毁、排挤其他供应商的；

（3）与采购人、其他供应商或者采购代理机构恶意串通的；

（4）向采购人、采购代理机构行贿或者提供其他不正当利益的；

（5）在招标采购过程中与采购人进行协商谈判的；

（6）拒绝有关部门监督检查或者提供虚假情况的。

2. 法律责任。供应商提供虚假材料谋取中标、成交；采取不正当手段诋毁、排挤其他供应商；与采购人、其他供应商或者采购代理机构恶意串通；向采购人、采购代理机构行贿或者提供其他不正当利益；或者在招标采购过程中与采购人进行协商谈判，如果取得了中标、成交资格，则中标、成交无效。供应商有上述违法行为之一的，应当承担下列形式的法律责任：

（1）罚款。可对其处以采购金额千分之五以上千分之十以下的罚款。

（2）禁止参加政府采购活动。供应商违反以上规定，要被列入不良行为记录名单并在政府采购媒体上予以公布，在一至三年内禁止参加政府采购活动。供应商被列入不良行为记录名单，不仅在一至三年内禁止参加政府采购活动，而且会严重影响企业的名声，对企业今后的经营和发展带来严重的影响。

（3）没收违法所得。供应商实施以上违法行为并有违法所得的，除对其作出以上处罚外，还要没收其违法所得。

（4）吊销营业执照。供应商违反以上规定，情节严重的，由工商行政管理机关吊销其营业执照。政府采购监督管理部门等部门在实施监督检查过程中，发现供应商违法行为情节严重的，应当建议有关工商行政管理机关吊销其营业执照，但不能自行吊销。

（5）依法追究刑事责任。供应商违反以上规定，构成犯罪的，应当由司法机关依法追究刑事责任。

（二）《政府采购法实施条例》规定

1. 《政府采购法实施条例》第七十二条规定，供应商有下列情形之一的，依照政府采购法第七十七条第一款的规定追究法律责任：

（1）向评标委员会、竞争性谈判小组或者询价小组成员行贿或者提供其他不正当利益；

（2）中标或者成交后无正当理由拒不与采购人签订政府采购合同；

（3）未按照采购文件确定的事项签订政府采购合同；

（4）将政府采购合同转包；

（5）提供假冒伪劣产品；

（6）擅自变更、中止或者终止政府采购合同。

> **思考一下：**
>
> 哪些部门有权对政府采购监管部门的工作人员进行处理？

供应商有前款第一项规定情形的，中标、成交无效。评审阶段资格发生变化，供应商未依照本条例第二十一条的规定通知采购人和采购代理机构的，处以采购金额5‰的罚款，列入不良行为记录名单，中标、成交无效。

2.《政府采购法实施条例》第七十四条规定，有下列情形之一的，属于恶意串通，对供应商依照政府采购法第七十七条第一款的规定追究法律责任：

（1）供应商直接或者间接从采购人或者采购代理机构处获得其他供应商的相关情况并修改其投标文件或者响应文件；

（2）供应商按照采购人或者采购代理机构的授意撤换、修改投标文件或者响应文件；

（3）供应商之间协商报价、技术方案等投标文件或者响应文件的实质性内容；

（4）属于同一集团、协会、商会等组织成员的供应商按照该组织要求协同参加政府采购活动；

（5）供应商之间事先约定由某一特定供应商中标、成交；

（6）供应商之间商定部分供应商放弃参加政府采购活动或者放弃中标、成交；

（7）供应商与采购人或者采购代理机构之间、供应商相互之间，为谋求特定供应商中标、成交或者排斥其他供应商的其他串通行为。

三、政府采购评审专家的违法行为和法律责任

（一）《政府采购评审专家管理办法》的规定

《政府采购评审专家管理办法》第二十九条规定，评审专家有下列情形的，列入不良行为记录：

1. 未按照采购文件规定的评审程序、评审方法和评审标准进行独立评审；

2. 泄露评审文件、评审情况；

3. 与供应商存在利害关系未回避；

4. 收受采购人、采购代理机构、供应商贿赂或者获取其他不正当利益；

5. 提供虚假申请材料；

6. 拒不履行配合答复供应商询问、质疑、投诉等法定义务；

7. 以评审专家身份从事有损政府采购公信力的活动。

（二）《政府采购法实施条例》的规定

《政府采购法实施条例》第七十五条规定：

1. 政府采购评审专家未按照采购文件规定的评审程序、评审方法和评审标准进行独立评审或者泄露评审文件、评审情况的，由财政部门给予警告，并处 2000 元以上 2 万元以下的罚款；影响中标、成交结果的，处 2 万元以上 5 万元以下的罚款，禁止其参加政府采购评审活动。

2. 政府采购评审专家与供应商存在利害关系未回避的，处 2 万元以上 5 万元以下的罚款，禁止其参加政府采购评审活动。

3. 政府采购评审专家收受采购人、采购代理机构、供应商贿赂或者获取其他不正当利益，构成犯罪的，依法追究刑事责任；尚不构成犯罪的，处 2 万元以上 5 万元以下的罚款，禁止其参加政府采购评审活动。

4. 政府采购评审专家有上述违法行为的，其评审意见无效，不得获取评审费；有违法所得的，没收违法所得；给他人造成损失的，依法承担民事责任。

四、政府采购监管部门和工作人员的违法行为和法律责任

（一）工作人员在实施监督检查中违法所应承担的法律责任

政府采购监督管理部门的工作人员在实施监督检查中违反政府采购法规定滥用职权，玩忽职守，徇私舞弊的，依法给予行政处分；构成犯罪的，依法追究刑事责任。

执行中应注意的是，法律对政府采购监督管理部门的有关人员给予什么样的行政处分，并未明确，实际操作中，关键在于其行为情节的轻重。情节比较轻微，未造成后果的，可以从轻给予行政处分，如给予警告、记过、记大过等行政处分；情节比较严重，尤其是对主观上表现为故意的，给予降职或者开除的行政处分。

讨论一下：

进一步优化政府采购供应商营商环境的措施有哪些？

（二）监管部门对供应商投诉逾期未作处理所应承担的法律责任

政府采购监督管理部门对供应商的投诉逾期未作处理的，给予直接负责的主管人员和其他直接责任人员行政处分。

执行中需要注意的是，给予政府采购监督管理部门直接负责的主管人员和其他直接责任人员行政处分的规定，可以由接受投诉的政府采购监督管理部门作出，也可以由有关监察机关作出。

（三）监管部门在对集中采购机构业绩考核中违法所应承担的法律责任

政府采购监督管理部门对集中采购机构业绩的考核，有虚假陈述，隐瞒真实情况的，或者不作定期考核和公布考核结果的，应当及时纠正，由其上级机关或者监督机关对其负责人进行通报，并对直接负责的人员依法给予行政处分。

五、其他有关单位和个人的法律责任

《政府采购法》规定，任何单位或者个人阻挠和限制供应商进入本地区或者本行业政府采购市场的，责令限期改正；拒不改正的，由该单位、个人的上级行政主管部门或者有关机关给予单位责任人或者个人处分。

执行中需要注意的是，政府采购监督管理部门发现有阻挠和限制供应商进入本地区或者本行业政府采购市场行为的，应当依法责令有关单位和个人限期改正，或者提请有关人民政府、行政主管部门责令其限期改正；对拒不改正的，应当建议该单位、个人的上级行政主管部门或者有关机关给予处分，有关行政主管部门或者有关应当将处理结果告各政府采购监督管理部门。

学习小资料

承诺制：政府采购优化营商环境新方向

“优化营商环境”作为深化政府采购制度改革的重要内容，近年来受到了从中央到地方的高度关注。承诺制因其可以进一步简化供应商参与政府采购活动所需提供的材料，正在成为优化政府采购营商环境的新方向。那么，从中央到地方，各省市、各主体在政府采购承诺制方面有哪些探索和努力？在哪些层面实现了承诺准入制度？

一、证明事项承诺制为供应商“松绑”

财政部2019年7月26日印发的《关于促进政府采购公平竞争优化营商环境的通知》（财库〔2019〕38号）明确，对于供应商依照规定提交各类声明函、承诺函的，不得要求其再提供有关部门出具的相关证明文件。2020年11月9日，国务院办公厅发布《关于全面推行证明事项和涉企经营许可事项告知承诺制的指导意见》（国办发〔2020〕42号），提出在全国各地区、各部门全面推行证明事项和涉企经营许可事项告知承诺制。

财政部在中国政府网答复网友提问时也表示，将探索对供应商参与政府采购活动建立“承诺+信用管理”的准入管理制度，不再要求供应商提供相关财务状况、缴纳税收和社会保障资金等证明材料，供应商书面承诺符合参与政府采购活动的资格条件并且没有税收缴纳、社会保障等方面失信记录的，即可参加政府采购活动。

二、从电子卖场承诺到交易项目承诺制

在有关文件及相关精神的指导下，不少省市也在积极探索政府采购证明事项承诺制。

据了解，多省份政府采购电子卖场入驻采用资格承诺制。2019年10月8日起，云南省政府采购省级电子卖场（网上超市）供应商征集活动采取承诺入驻制，进一步简化供应商征集程序、降低征集成本；浙江省省级电子卖场入驻条件，也采取供应商填写“全省一张网”供应商承诺书，承诺具备相应资格条件与服务要求即可入驻。

近年来，湖南省、重庆市、深圳市、厦门市、青岛市以及江苏省南京市、安徽省池州市、山东省菏泽市、山西省长治市等省市均已开始试行政府采购项目资格条件承诺制。

据了解，湖南省从2019年开始要求供应商参加政府活动提供四个承诺：承诺“具有良好的商业信誉和健全的财务制度”“具有履行合同所必需的设备和专业技术能力”“有依法缴纳税收和社会保障资金的良好记录”“参加政府采购活动前三年内，在经营活动中没有重大违法记录”。结合供应商的信用记录查询以及社会各界的广泛监督，供应商不需要再出资做不必要的财务审计报告，也不需要提供缴纳税收和社保证明材料。

据重庆市财政局政府采购处相关负责人介绍，为进一步减轻供应商参与政府采购活动的负担，2022年4月底，重庆市财政局根据国务院授权，推出政府采购供应商基本资格条件承诺制。参加政府采购的供应商按照要求填写基本资格条件承诺函后，即可替代六项资格条件证明材料。

厦门市财政局于2021年5月开始试行部分政府采购项目资格条件承诺制。据相关负责人介绍，预算金额500万元以下的政府采购项目基本资格条件采取“承诺信用制”，供应商提供资格承诺函即可参加采购活动，在投标（响应）文件中无须再提供财务状况报告、依法缴纳税收和社会保障资金的相关证明材料。值得一提的是，这类项目，供应商可以选择提供承诺函也可以选择提供证明材料。

三、承诺制在多地集采项目中落地

青岛市关于政府采购承诺制方面的探索，从集中采购项目开始，该市在集中采购项目中试点供应商资格承诺制，以切实减轻企业负担，提升采购效率，优化政府采购营商环境。据天津市政府采购中心相关负责人透露，为减轻供应商负担、提高政府采购效率，该中心多年前便开始试行资格条件承诺制。新冠肺炎疫情期间，北京市政府采购中心政府采购资格条件承诺制也顺利落地。

据了解，为供应商减负、优化政府采购营商环境，安徽省黄山市公共资源交易中心、湖北省恩施市公共资源交易中心等单位也逐步实现资格条件证明向承诺制转变。

资料来源：政府采购信息网，2022 年 6 月 2 日。

【重要概念】

政府采购监督　　政府采购监督体系　　政府采购当事人监督
政府采购监管　　政府采购监管职责　　政府采购监管依据
政府采购内控措施

【思考练习题】

1. 简述政府采购监督体系的内容。
2. 简述政府采购监管部门的职责。
3. 简述政府采购监管部门对政府采购当事人监督的内容。
4. 简述政府采购监督的依据有哪些？
5. 简述我国政府采购法的内容。
6. 简述对政府采购活动采取的主要内控措施。
7. 简述采购人的违法行为和违法责任。
8. 简述政府采购代理机构的违法行为和违法责任。
9. 简述政府采购监管部门的违法行为和违法责任。
10. 简述政府采购评审专家的违法行为和违法责任。

11. 简述政府采购供应商的违法行为和违法责任。

12. 简述完善我国政府采购法律法规制度体系的对策措施。

【案例分析】

1. 资料如下：

经梳理，财政部2021年政府采购信息公告共依法查处相关参加人四十余种违法违规行为，其中以“供应商提供虚假材料谋取中标”“招标文件编制问题”“采购人、代理机构以不合理条件对供应商实行差别歧视待遇”“招标文件评审标准中的分值设置未与评审因素的量化指标相对应”“投标产品不满足招标文件要求”等违规行为出现次数较多。统计显示，从相关参加人来看，在信息公告提及的十大违法违规行为中，采购人和采购代理机构占八成，供应商占两成。十大违法违规行为包括：

（1）招标文件编制问题（违法、有误、不规范、不完整、不严谨）（26次）；

（2）供应商提供虚假材料谋取中标（24次）；

（3）采购人、代理机构以不合理条件对供应商实行差别歧视待遇（17次）；

（4）中标产品不满足招标文件实质性要求、相关指标要求、技术参数要求（12次）；

（5）评审标准中的分值设置未与评审因素的量化指标相对应（11次）；

（6）代理机构未按规定发布成交（中标）公告、信息公告发布不规范（9次）；

（7）代理机构未依法作出质疑答复（6次）；

（8）代理机构拒收质疑函（5次）；

（9）以其他不合理条件限制或者排斥潜在供应商的情形（4次）；

（10）采购人违规组织重新评审（2次）。

2. 根据上面所提供资料，请分析与讨论：你如何看待上述行为？应该采取什么有效措施防止或者避免上述现象屡次发生？

第十一章　政府采购绩效评价

【学习目标和要点】

- 政府采购绩效评价意义
- 政府采购绩效评价方法
- 政府采购微观绩效评价指标
- 政府采购宏观绩效评价指标

第一节　政府采购绩效评价意义

我国20多年的改革实践经验充分表明，政府采购制度的改革和全面推行不仅节约了财政资金，而且极大地改善了财政资源配置效率，充分体现了政府采购制度改革效果和初衷的一致性。但是，由于我国政府采购改革还处于起步阶段，很多方面因素仍制约着政府采购效率的更好发挥，因此，在政府预算开展全方位、全流程、全覆盖绩效评价的新形势下，对于政府采购绩效的研究具有十分重要的意义。

一、绩效内涵

关于绩效的概念，目前还没有一个统一的表述。A. 普雷姆詹德在其《公共支出管理》一书中对绩效的定义是：绩效包含了效率、产品与服务质量及数量、机构所作的贡献与质量，包含了节约、效益和效率。从他的定义可看出，他所强调的绩效包括产出绩效和投入绩效两个方面。亚洲开发银行的萨尔瓦多·夏沃坎普对绩效的表述则是，绩效是一个相对的概念，它可以用努力和结果这样的字眼进行定义。从他对绩效的定义我们可以看出，他认为主观方面是外部效果的重要决定因素，完全忽视绩效的主观方面是错误的，因此绩效实质上不仅包含外部效果，也包含内在的努力程度，往往可以通过投入、过程、产出和结果来描述。此外，经济合作与发展组织也对绩效进行了界定，提出绩效是实施一项活动所获得的，相对于目标的有效性，它不仅包括从事该项活动的效率、经济性和效力，还包括活动实施主体对预定活动过程的遵从度以及该项活动的公众满意程度。

从以上各个定义看，人们对绩效理解的差异主要体现在绩效包括的范围上，但对于绩效的核心思想，大家的认识还是比较一致的，即绩效是实施一项活动基于预期目标的有效性。按照达到这种有效性的过程，绩效的内涵包括投入是否满足经济性要求，运作是否合规和合理，行为的结果是否达到预期的目标，产出与投入相比是否有效率；按照预期目标所涉及的范围，绩效的内涵包括经济绩效和社会绩效；按照绩效评价所针对的客体，绩效的内涵包括行政绩效和业务绩效。本章在上述对于绩效内涵的界定基础上，对政府采购绩效评价进行介绍。

> **想一想：**
>
> 政府采购全方位绩效评价的含义是什么？

二、政府采购绩效含义

效率一般是指在执行一项措施、政策或制度的过程中，所费与所得之间的对比关系。其中，所费是指相关的成本，包括有形成本和无形成本、直接成本和间接成本等；所得是指收益，包括资金收益和其他收益。在所费一定的情况下，所得越大，效率越高；相反，在所得一定的情况下，所费越小，效率越高。

政府采购绩效是指政府采购产出与相应的投入之间的对比关系，是对政府采购效率进行的全面整体的评价，与政府采购效率既有区别又相互联系。一般来说，政府采购绩效不仅注重对政府采购行为本身效率的评价，更注重对政府采购效果的评价。狭义的政府采购绩效即一般意义上的经济绩效，是指费用与效用的比较，即采购成本与财政资金节约欲之间的对比关系。广义的政府采购绩效则包括政府采购的内在绩效和外在绩效：内在绩效就是指市场部门内部的绩效，产生这种绩效的主要是私人产品，其主要部分即经济绩效，这种绩效由于以利润的形式表现出来，因此可以直接用货币来衡量；外在绩效即市场部门之外的绩效，产生这种绩效的主要是公共产品，所产生的效益除了经济效益以外，还包括政治绩效和社会绩效，这种绩效一部分能用货币直接衡量，但大部分却难以甚全不能用货币直接衡量，只能用定性的方法加以评价。政府采购的公共性决定了我们在讨论政府采购绩效时，应该将政府采购绩效界定在广义的范围。

三、政府采购绩效评价意义

所谓评价，是指为达到一定的目的，运用特定的指标、设定的标准和规定的方法，对事物发展结果所处的状态或水平进行分析判断的计量或表达的过程。换句话说，评价就是通过对事物的比较分析作出全面判断的过程。在已经明确了政府采购绩效和评价的基础上，我们不难得出政府采购绩效评价的定义。政麻采购绩效评价是指运用科学规范的绩效评价方法，采用统一的评价标准，按照绩效的原则，对政府采购活动目标、过程及其效果进行科学、客观、公正的衡量和评判。

政府采购绩效评价是政府采购绩效管理中不可或缺的组成部分，也是政府采购监督管理的重要方面。应通过建立科学有效的绩效评价指标体系来对政府采购活动事项进行全面有效评估和管理。在我国政府采购规模不断扩大、改革迫切性不断增强、效益日益提高的新形势下，政府采购绩效评价工作显得尤为重要。

（一）提高政府采购效率的客观需要

市场经济催生了政府采购制度，效率是市场经济的核心，同样，效率也是政府采购的核心，是政府采购的生命，效率的高低关系到政府采购的存亡。

1. 从政府采购的产生来看，效率是政府采购的首要目的。政府采购于 1782 年产生于英国，之后就在全世界范围内快速传播开来，为世界大多数国家政府所采用，究其原因其实很简单，就在于政府采购的确能够提高财政资金的使用效率。我国财政界 20 世纪 90 年代之前一直是“重收入、轻支出”，过分强调了收入管理的重要性，却忽视了财政支出管理的重要性。随着财政规模的扩大以及财政管理水平的提高，无论是学术界还是政府部门都越来越认识到支出管理在财政管理中的重要性。于是，1998 年我国开始了以全面推行政府采购制度为标志的支出改革，之后的部门预算以及国库集中收付制度等一系列改革史是将支出改革进行了深入推进。由此可见，我国不断进行政府采购制度改革的初衷也是为了发挥其本身固有的提高财政支出效率的功能。

2. 纳税人要求提高政府采购效率，因此效率是公众的要求。政府采购花的是纳税人的钱，因此，政府采购一定要向纳税人负责，即用最少的财政资金采购到更多的货物，为纳税人提供公共产品或服务，这些也正是纳税人最关心的。

3. 提高政府采购效率是市场经济的要求。市场经济讲求的是竞争，重视的是效率。

政府采购正是顺应市场潮流而产生的。在政府采购中，政府采购机构不再以执政者的角色进入市场，而是以市场主体的身份进入市场。在政府采购中，政府采购机构要按市场经济规律办事，提高政府采购效率，适应市场经济的要求。另外，政府采购还肩负着宏观调控的职责，而宏观调控正是为了弥补市场配置资源的失灵。市场失灵的一个重要表现就是资源配置效率低下，如果政府采购在弥补市场失灵时效率也很低下，那么运用政府采购进行宏观调控就失去了意义。从这个角度也能看出，提高政府采购的效率的确是市场经济的要求。

4. 提高政府采购效率是政府执政本身的需要。当今世界，各国政府在满足自身运转需要和服务于社会的同时，几乎都面临着财政赤字的巨大压力。赤字的解决无非有两条途径：一是增加收入，二是压缩开支。收入的增加受经济水平的影响，同时也容易引起民愤，因此存在很大的局限性，而支出中虽然某些项目受刚性的影响不易压缩，但其他项目压缩的余地还是很大的。特别是我国长期习惯于传统的粗放型经济增长模式，成本投入很大，但支出效率往往不高。因此，通过引入政府采购制度，并不断提高政府采购效率，就能在节约财政支出方面取得很大的成就。可以说，提高政府采购效率，是消除财政赤字、维护政府政权的需要。并且，世界各国越来越重视对政府绩效的考评，如果政府的效率不高，就不能获得民心。为此，政府必须提高政府采购效率，用最少的成本干最多的事情，从而取信于民。现代政府管理的核心问题是提高绩效。要改进绩效，你必须先了解目前的绩效水平是什么。如果你不能测定它，就无法改善它。对政府采购行为的绩效，根据政府采购项目的经济性、效益性以及效率性等方面进行判断评价，并且将评价结果通过现代信息技术在政府公共部门之间、政府公共部门和社会公众之间进行沟通与交流，是提高政府采购效率的有效机制。一方面，通过政府采购绩效评价，相关政府部门将从中获得对政府采购进行进一步改革和完善的必要依据，实现对政府采购相关部门、人员、制度的运行效率的考评，在此基础上，通过一定的激励机制提高整个政府采购体系的运行效率；另一方面，进行政府采购绩效评价并将结果公之于众，接受公众的监督，将有利于提高政府采购过程的透明度及效率，增强公众对政府公共服务行为的信心。因此，我们说进行政府采购绩效评价是提高政府采购效率的需要。

> **思考一下：**
>
> 政府采购全流程绩效评价的含义是什么？

（二）构建绩效型政府采购制度的必然要求

绩效型政府采购制度是政府采购制度现代化的一个标志，构建这一制度是我国建立具有全球竞争力的政府采购制度的重要步骤。2015 年 1 月 1 日起实施的《中华人民共和国预算法》提出了实行绩效预算的法律要求。2018 年 9 月，中共中央、国务院发布了《关于全面实施预算绩效管理的意见》，全面实施预算绩效提升到国家治理高度。同年 11 月，中央全面深化改革委员会第五次会议审议通过《深化政府采购制度改革方案》（以下简称《方案》）。《方案》提出按照财税体制改革的要求，建立以优质优价采购结果和用户反馈为导向，采购主体职责清晰、交易规则科学高效、监管机制健全、政策功能完备、法律制度完善、技术支撑先进的现代政府采购制度，加快推动建立现代财政制度。因此，整个政府采购都应逐步向绩效导向的现代化新制度转变。

当前，贯彻落实党中央、国务院要求的工作之一，就是尽快完成《政府采购法》的修订工作，推动构建绩效型政府采购的新型法律制度。这里从基本认识和制度构建两方面，探讨向绩效型政府采购制度转变的初步设想。

绩效型政府采购制度源于20世纪80年代以来国际上以绩效为导向的公共部门改革，而我国政府采购制度是20世纪末期引入的。由于理论准备不足，我国在政府采购制度建立之初，没有给予正在形成中的绩效型政府采购应有的注意。由于关于政府采购的基本观念和注意力更多地集中在政府采购市场的形成方面，形成了突出政府采购程序的制度。程序导向的政府采购制度，强调对供应商权利的保护和市场竞争的公平性，尤其是合同缔结方面的竞争性制度。政府采购制度几乎等同于公开招标为中心的合同订立制度。当时，选择这样的制度是基于一个推定性观念，即认为市场竞争会自然带来政府采购的合理价格和对供应商的公正选择。这些年的实践证明，这一观念的实现客观上需要具备一些条件。可惜我们并不一定完全能够提供这些条件，所以它的实践效果受到许多质疑和挑战。政府采购本来是利用市场提高政府效率的制度。对于政府有没有能力来利用市场，而不被市场反利用、不被市场俘获的问题，长期以来缺乏有效的测量手段和做出准确的判断。实践证明，当政府利用市场的能力不足时，政府就有可能被市场反利用。政府被市场反利用的典型表现就是花了钱没办成事或者说花了许多冤枉钱，现在有必要对这一制度进行彻底的改革。

为了有效发挥政府采购的作用和实现政府采购的目的，防止和解决政府被市场反利用甚至被市场俘获的问题，一个基本的选择就是实行结果导向的绩效型新制度。绩效导向的政府采购新模式可从两方面考虑。一是体制结构的再造，即实行预算单位中心主义的新体制。这一体制涉及采购人、非营利性集中采购机构、营利性采购代理机构、评审专家和监管机构之间关系的结构化调整。在进行这方面的制度设计时，应优先考虑政府利用市场能力的建设和提高，同时设计好绩效目标、绩效目标的评估和绩效责任的承担等基本制度。二是过程结构的再造，即基于绩效结果的新过程结构，基本环节是采购需求的管理、缔约方式的灵活运用、积极的合同履行、最终采购结果的评价和应用。这一新结构，将终结程序导向的竞争中心主义的采购过程。

《政府采购法》的体系结构，应当根据绩效型制度的要求进行重大调整。根据绩效型制度的构建需要，将绩效主义作为新《政府采购法》的纵向支柱和整体中心，实行绩效管理与采购合同双制度并行的新制度结构。体系上设想为十个方面，包括总则、政府采购参加人、政府采购政策、政府采购需求管理、政府采购方式和程序、政府采购合同管理、争议处理、监督检查、法律责任、附则。新制度设想主要在两个方面突出绩效的作用。第一是建立绩效责任主体制度，即建立以采购人为中心的采购体制。将“政府采购人”单独设立为一章，强调采购人的主体地位，解决其主体责任问题。第二是增加“政府采购需求管理”一章，完善政府采购合同管理内容以需求管理和履约验收管理为中心，确立政府采购的绩效管理问题。通过改体制强调采购人的主体责任地位，通过加强绩效管理提高政府利用市场的能力。

> **讨论一下：**
>
> 政府采购全覆盖绩效评价的含义是什么？

（三）加强政府采购监督的有效手段

政府作为一个国家的治理机关，在国家内部拥有垄断强制力。一般情况下，拥有垄断强制力的政府组织，对自身行为能够具有制约力的因素相对于其他任何形式的组织来说都要少得多，即使在相关相关法律法规的约束下，政府的很多行为往往仍然具有很大的裁量权。在这种优势地位下，要想保证政府的行为符合该国经济社会发展需要必须为它建立一套制衡机制。这套制衡机制中固然少不了法律法规等强制性限制，重要的是需要设置客观、严格且不以政府自身利益为核心的评价体系。政府采购评价的存在能够有效地促使政府按照评价的标准来执行采购工作；同时，它所形成的系列评价结果也为政府采购活动接受外部监督提供了基本标准，人们可以很直观地通价结果来对政府采购形成自己的判断。

第二节 政府采购绩效评价目标

伴随着我国政府采购制度逐步走向完善，政府采购绩效评价目标从简单的“节资防腐”转向“物有所值”。

一、“物有所值”演变为政府采购目标的原因

无论从经济学、公共管理学，还是从全球公共采购的发展趋势来看，“物有所值”

(Value for Money，VFM）均为政府采购所追求的重要目标。

（一）“物有所值”是所有采购的原动力

从过去全球政府采购的实践与发展来看，“低价格”曾经是公共采购追求的单一目标，但却导致采购质量不高，而近十几年的实践表明，不以价格作为唯一考量因素的“物有所值”目标逐渐为人们所接受。

采购的最优结果应是采购对象质量最好、价格最低、风险最小，且恰好能满足采购人的需求，但现实中这难以同时实现。若在政府采购中一味地追求“价低”，供应商为维持合理的利润水平，只能供应质量差一些的产品或服务。特别是政府采购是政府宏观调控的重要工具之一，承载了一些社会目标的实现，采购中更需要采购者通盘考虑，而不能绝对地以“最低价”作为取舍标准。

（二）新公共管理运动催生“物有所值”

英国较早提出政府采购“物有所值”的概念，1988 年英国的格兰迪分析了政府公共支出中“物有所值”的核心含义。随后，理论界开始着手研究衡量“物有所值”的定性标准和定量标准，以更好地指导实践。英国财政部近年提出“物有所值是产品或服务全寿命周期内成本和质量的最优组合，以满足使用者的需求，物有所值不是最优投标价”，这一定义被很多国家效仿。

“物有所值”之所以在英国被较早地提出，与始于 20 世纪 80 年代的“新公共管理运动”有着直接的关系。英国是“新公共管理运动”的发源他，强调“重塑政府”“再造政府”，推进公共服务市场化改革，“物有所值”作为评价市场主体及其提供的公共服务质量的标准被提上日程。可以说，政府采购中的“物有所值”是新公共管理运动的必然产物，是与政府职能转变、建设服务型政府、建设效能政府分不开的。

（三）公共采购日趋追求“最佳物有所值”

金融危机后，各国和地区政府尤其关注政府采购政策功能的发挥，力图实现采购的“最佳物有所值”（Best Value for Money）。例如，通过增加国货采购力度，扩大国内需求，撬动社会总需求发挥政府采购对创新的引导，促进国家创新能力的提升；适时调整绿色采购策略，促进经济结构调整，实现社会的可持续发展；等等。意大利的两位学者阿尔巴诺和斯巴罗提出，政府采购是否“物有所值”不能仅仅考虑经济成本，而应从全社会的角度来判断。欧盟于 2014 年 4 月通过新的公共采购指令（以下简称“指令”），以及世界贸易组织 2014 年 4 月生效的最新版的《政府采购协议》，也都在其条款中明确或者意旨“最佳物有所值”目标的实现。

二、政府采购“物有所值”制度目标的概念与特征

（一）“物有所值”目标的概念界定

围绕“物有所值”，理论界的概念性观点主要有：一是认为“物有所值”是采购对象全寿命周期成本、效益、风险和质量（与目标的吻合度）的最优组合；二是认为“物有所值”的核心是管理学上的“3E”，即经济性（Economy）、效率性（Eficiency）和有效性（Efectiveness）；三是强调“物有所值”不一定是最低经济成本，而是政府考虑所有成本后能获得的最大收益，政府通过矫正市场失灵更有效地行使职能以实现物有所值。

（二）“物有所值”概念的共性特征

> **想一想：**
> “物有所值”的核心要义是什么？

第一，“物有所值”是个多维目标体系。这种多维目标包括采购对象的成本、产品或服务质量、可能的风险、各种收益、对社会创新的撬动、对环境保护的贡献等。“价格低”不是“物有所值”目标考虑的唯一因素。因此，“物有所值”不一定是投标商报价中的最低报价。

第二，“物有所值”关注全寿命周期成本。“物有所值”目标要考虑所采购的货物、工程和服务的全寿命周期内所发生的成本，包括初始成本、后续投入成本、处置成本等。

第三，“物有所值”目标通常细化为管理学上的“3E”原则，即经济性、效率性和有效性。

第四，判断是否物有所值要以“社会成本效益分析法”为准。成本效益分析是“物有所值”分析通常采用的方法。其中，“效益”的计算既要考虑项目全寿命周期内的货币因素和经济效益，也要考虑非货币因素和社会效益。相应地，“成本”的计算既要考虑能用货币衡量的经济成本，也要考虑很难直接用货币量化的社会成本。

第五，“物有所值”是指导政府采购活动的“基准”。“物有所值”既是目标又是标准，即政府采购的执行要以“物有所值”为最终目标，同时，评价政府采购行为和采购结果成功与否也要以“物有所值”为参考标准。

第六，“物有所值”是基于纳税人角度而言的。政府采购所采用的资金是财政性资金，主要表现为纳税人缴纳的税款，虽然不同的政府采购利益相关者对“物有所值”含义的理

解不同，但应站在纳税人的立场上判断是否“物有所值”。

三、实现“物有所值”目标的策略与途径

（一）制定最佳采购计划

“最佳采购计划”的制定，要求政府部门针对所要提供的服务，分清自己的核心功能和非核心功能。凡是涉及政府部门核心功能的服务项目，应由政府自身来提供。而对于政府部门的非核心功能的实现，应考虑向社会购买服务，以充分发挥市场的作用，实现资源的最优配置。对于需要向社会购买的服务，也要在不同的采购方式之间进行最优选择，如对某些设备或者设施的采购，可选的方案可能包括翻新现有设施、租赁或者购买新的设施等。

（二）拓展采购集成服务

所谓的“采购集成服务”主要是指将同类政府采购需求集中起来，一方面能够帮助采购方从大规模采购中获得折扣并获得最佳的价格，另一方面能够帮助政府实现宏观调控目标。采购集成服务至少涵盖两个方面：一是建立专门化的集成采购机构，提供专业化的政府采购服务；二是各政府部门或采购单位之间充分沟通，实行纵向或横向联合采购。我国从政府采购制度实施伊始就建立了专业的政府采购机构，并且 2012 年始实施批量集中采购，这都是通过采购集成服务，以更好地实现“物有所值”的方式。

（三）实施全寿命周期采购管理

采购时，要以采购对象的全寿命周期为考察周期，来计算采购成本和效益。成本的计算，不仅包括采购初期的投入成本，还应包括后续的成本投入以及废旧产品或者设施的处置成本，效益的计算也应考察全寿命周期内的全部经济效益和社会效益，特别是一些无法用货币直接衡量的成本或者效益，应通过机会成本或者影子价格等方法进行货币量化，并充分考虑全寿命周期内的风险和不确定性、折现率的选择等。从这个角度讲，评价采购是否“物有所值”是一份技术含量较高的工作。

（四）公布明确、科学的采购需求标准

公布明确、科学的采购需求标准，是“物有所值”制度目标实现的关键。一方面，能够确保使用者的需求得到满足且不超标，使政府职能得到正常行使又不浪费财政资金；另

一方面，明确的需求标准能激发供应商的创新动力，使其提供更具经济性和创新性的解决方案。

（五）设计透明、竞争的采购程序

“竞争性”是实现“物有所值”的动力机制，竞争性主要通过招标采购程序得以实现。由于政府采购制度目标的多维性，针对具体采购项目，采购方（或者评标专家）需要在不同的“物有所值”要素之间作出权衡甚至取舍。这一切的过程必须借助公开透明的程序，才能使公众理解采购方的决策行为，才能帮助纳税人了解和理解政府采购“物有所值”目标的实现。

（六）引入对第三方结果的第三方评估

采购中，通常由采购主体根据具体采购项目设定“物有所值”标准，但采购人眼中的“物有所值”和纳税人眼中的“物有所值”目标有可能不一致。独立、专业化的第三方评估，能够对政府采购作出“独立、客观、公正”的评判，以帮助政府采购监督管理部门和社会公众识别采购项目是否“物有所值”。

（七）在政府购买公共服务领域广泛应用 PPP 模式

近年来，以 PPP 模式建设基础设施（工程服务）在全球范围内盛行，这与政府采购“物有所值”制度目标的提出有着直接的关系。PPP 模式能够显著改善政府公共服务供给水平，使采购更加“物有所值”。

第三节　政府采购绩效评价体系

2004 年，我国明确提出建立绩效预算评价体系的目标。作为进一步加强公共采购管理、提高财政资金的使用效率的重要举措，绩效预算评价体系的核心是通过制定公共支出的绩效目标，建立预算绩效评价体系，逐步将我国目前的财政管理重心从对资金投入的管理转向对支出效果的管理。政府采购绩效评价正是预算绩效评价不可或缺的组成部分，因此，建立政府采购绩效评价体系，不仅是提高政府采购资金支出效率、建立政府采购激励机制的要求，也是完善我国财政资金预算管理的必要环节之一。对政府采购进行绩效评价是指运用特定的绩效评价指标体系，比照一定的标准，采取规定的方法，对政府采购活动的效果作出价值判断的一种认识活动。

> **思考一下：**
> 采购人如何对采购项目开展绩效评价？

一、政府采购绩效评价的主体与客体

政府采购绩效评价体系中，评价的主体和客体是该体系的基本要素。其中，对政府采购效率进行评价的主体就是评价活动的行为主体，按照我国政府预算绩效评价的有关规定，政府采购绩效评价的主体主要应为实施政府采购监管和执行的采购单位、主管部门和财政部门。政府采购绩效评价的客体即评价的行为对象，包括政府采购需求目标、政府采购预算、政府采购过程以及政府采购活动的结果；既要评价政府采购活动本身的效益，也要评价其对经济社会发展的所带来的方方面面影响。

二、政府采购绩效评价的基本目标

明确政府采购绩效评价的目标，是我们进行政府采购绩效评价的基础。借鉴国外经验并参考国际惯例，政府采购绩效评价应当围绕“3E”原则来展开，即经济性（Economy）、效率性（Efficiency）和效益性（Effectiveness）应成为政府采购绩效评价的基本目标。

（一）“3E”标准的基本含义

所谓经济性，是指政府采购项目投入成本的最小化程度，简单地说，就是支出是否节约。按照此标准，政府采购过程中应该尽可能降低各项成本支出。经济性是西方各国开展政府采购支出绩效评价工作的主要初始动力之一，主要目的是解决政府采购活动中资金严重浪费和资金分配不均等问题。随着西方国家社会经济的发展和政府采购支出规模的不断扩大，经济性原则虽然仍作为政府采购绩效评价的主要原则之一，但是单纯的经济性原则在绩效评价中的地位已经逐渐为效率性原则和有效性原则所取代。

所谓效率性，是指政府采购项目投入与产出的关系，包括是否以最小的投入取得一定的产出或者是否以一定的投入取得最大的产出。效率性原则要求政府采购项目的运行时效、规范化程度和资金使用效率最大化以及采购执行、管理机构的组织绩效最优化。按照这一原则，政府采购应减少不必要的采购环节，缩短采购时间；尽可能节约财政资金，提高资金使用效率；执行、管理机构保持高效运转等。效率性原则在世界各国政府采购绩效评价中占十分重要的地位。

所谓效益性，是指政府采购项目对实现政府采购最终目标的影响程度，政府采购的效益性体现在政府采购过程的公开、公正、公平上。按照该原则，采购对象应符合使用人的要求，且采购人、供应商要对采购过程、结果满意等。

（二）经济性、效率性、效益性之间的关系

经济性、效率性和效益性三者之间既有联系又有区别。在政府采购过程中，采购主体有时因为对支出绩效认识的模糊，有的忽视最终的目标或效果，而单纯追求支出的经济、节约；有的不顾效果而单纯追求效率，造成浪费；还有的为了追求效果，而不顾资源的状况，以致影响综合效果。政府采购支出的经济性是政府采购活动的先导和基础，效率性是政府采购有效机制的外在表现，而效益性则是政府采购活动最终目标的反映。在具体的政府采购决策中，应该综合权衡“3E”原则，实现三者的最优组合，而不应偏废其一从而使得评价带有片面性。

三、政府采购绩效评价的基本原则

政府采购绩效评价是一项复杂的工作，既要对可用货币来衡量的经济效益进行评价，又要对大量无法用货币度量的政治效益和社会效益进行评估。结合西方国家多年财政支出绩效评价工作的实践经验，从我国实际情况出发，在我国开展政府采购绩效评价工作必须遵循以下几项原则。

（一）全面性和特殊性相结合

政府采购支出所涉及的范围广且复杂，支出对象具有广泛性、差异性的特点。相应地，政府采购绩效呈现出多样性特征，包括政府采购活动产生的经济效益和社会效益、短期效益和长期效益、直接效益和间接效益、整体效益和局部效益。要对政府采购支出作出客观、公正的评价，就必须对上述效益进行全面衡量。但应该注意的是，不同的采购项目支出具有不同的功能，所追求的效益也有所侧重，所以在评价时，应充分考虑不同采购项目所产生效益的特殊性。

（二）统一性和差别性相结合

建立一套统一的原则、制度、指标、程序和方法，是构建政府采购绩效评价体系所必需的；否则，评价结果将丧失可比性，其准确性也无据可评。同时，政府采购绩效表现形式的多样性也决定了对不同部门、不同类别的政府采购支出的绩效评价需要在统一规范的

基础上，充分考虑其差异性，选择与具体采购支出对象相适应的方法和指标。

> **讨论一下：**
> 主管部门如何开展政府采购绩效评价？

（三）理论选择和可操作性相结合

尽管西方政府采购绩效评价已经很成熟并已形成相关理论体系，但是由于政府采购支出内容和绩效表现形式的多样性以及社会政治、经济环境、传统的不同，决定了我们不能完全照搬西方的那一套评价体系。我们应该从我国具体的国情和政府采购评价工作水平出发，设定具有科学性、现实性和可操作性的评价体系。

（四）定量分析和定性分析相结合

定量分析主要是对研究对象所包含成分的数量关系或所具备性质间的数量关系进行分析；定性分析仅仅分析被考察对象所包含的成分或具备的特性，通常用描述性语句表达有关的分析结果。在对政府采购绩效进行评价的过程中，有的绩效可以用量化的指标来计算衡量，有的绩效如公众满意度等，则难以用量化的指标来衡量。因此，若单纯使用定量或定性的方法对政府采购绩效进行评价，势必会影响评价结果的客观公正性，因此，应将定量计算和定性描述结合起来，对政府采购绩效进行评价。

四、政府采购绩效评价的方法

政府采购绩效评价的方法就是在具体评价过程中应该采用的工具和评价的技术规范，包括定量计算方法、定性分析方法或两者相结合。有了政府采购评价指标和评价标准，还需要采用一定的评价方法来运用评价指标和评价标准进行综合分析，从而得出公正的、具有实用价值的评价结果。无论是政府采购绩效评价指标体系的设计还是评价标准的选取，都是评价工作的基础环节，如果没有科学、合理的评价方法，评价指标和评价标准都将失去存在的现实意义。评价方法的科学性、合理性直接决定着评价结果的优劣。我国目前在政府采购绩效评价方法的研究方面，还处于探索阶段，这就需要我们汲取国外在评价方法上已经积累的经验，根据政府采购各环节、各领域的特点，深入研究各种行之有效的方法，最大限度地保证评价结果的客观公正性。

目前，我国对政府采购绩效进行评价的方法主要有下列几种。

（一）成本效益分析法

成本效益分析法，又称为投入产出法，是政府采购绩效分析和评价最基本、最常用的方法。该方法针对政府采购支出确定的目标，比较支出所产生的效益及所付出的成本，通过比较分析，判定最小成本取得最大效益的项目为最优项目。如果从微观角度运用该法，就是判断政府采购项目的边际社会效益是否超过其边际社会成本；若从宏观角度则采用“机会成本”法，这里的成本应该包括人力、物力、财力以及资源的机会成本，此外还要考虑货币的时间价值。从理论上说，在运用成本效益法评定的过程中，应包括外在成本和外在收益。但是，由于外部性难以效益化计量，因此，在实际中运用这一方法时一般只对行为主体内在成本和收益进行分析开确定其大小，对外在的成本和收益则采用估计的方法，最终粗略估算出整体效益。这一方法在对政府采购经济效益进行评价时比较常用。

（二）社会功能分析法

社会功能分析法，是通过比较采购所花经费和所实现的职能，衡量政府采购部门的工作质量，从而得出其绩效情况的结果。衡量工作质量的标准不仅要看取得了多少经济效益，还要看采购活动产生的政治和社会职能的效果。

（三）因素分析法

因素分析法，注重考察政府采购活动所需要的直接费用和间接费用，将各种费用因素尽量多地列举出来，并同时将可能产生的直接收益和间接收益列举出来，进行综合分析。其中，可以用同一单位来衡量费用和效益并进行分析比较；不能用同一单位表示出来的其他因素，则将具有相似性质或一定可比性的指标并入一组，然后分组进行对比分析；最后再综合各个因素，得出政府采购的效益。

（四）最低费用选择法

最低费用选择法，又称为最低投入法，这种方法主要用于在无法取得有关政府采购项目的预期收益时，分析比较项目的投入、费用或成本，最低的就是最优项目。在政府采购活动中，有一部分的采购项目无法衡量其产生的预期效益，尤其是社会效益和长期效益，对这些项目支出可以用最低费用选择法，即只衡量、计算有形成本，评价某项采购活动在一定条件下是否实现成本费用最低，是否还有其他项目在取得相同或相似成果、效益的前提下成本费用更低。

（五）物有所值评价方法

PPP 是政府采购的有效实现方式之一。物有所值（VFM）评价是判断是否采用 PPP 模式代替政府传统投资运营方式提供公共服务项目的一种评价方法。其遵循真实、客观、公开的原则。在我国境内拟采用 PPP 模式实施的项目，应在项目识别或准备阶段开展物有所值评价。物有所值评价包括定性评价和定量评价。现阶段以定性评价为主，鼓励开展定量评价。定量评价可作为项目全生命周期内风险分配、成本测算和数据收集的重要手段，以及项目决策和绩效评价的参考依据。应统筹定性评价和定量评价结论，作出物有所值评价结论。物有所值评价结论分为“通过”和“未通过”。“通过”的项目，可进行财政承受能力论证；“未通过”的项目，可在调整实施方案后重新评价，仍未通过的不宜采用 PPP 模式。

五、政府采购绩效评价的指标体系

> **想一想：**
>
> 财政部门如何开展政府采购绩效评价？

就政府采购而言，其绩效可以主要从两个层次上来衡量，即微观绩效和宏观绩效。其中，微观绩效是就具体的采购行为而言的，采购花费的资金成本越少、时间越短，微观效率越高。微观绩效又可分为资金效率和行政效率，资金效率是指政府采购对资金的节约程度，行政效率则一般可通过政府采购周期的长短来决定。宏观绩效是就政府采购作为一项制度而言的，宏观绩效可具体分为规模效率、人员效率、政策效率和管理效率。其中，规模效率是指只有当政府采购在整个财政支出或国民生产总值中占有一定比重时，政府采购的节资效率才能很好地发挥出来；人员效率主要是对政府采购人员素质和人均采购额的大小进行衡量，政府采购人员的素质越高，人均采购额越大，人员效率也就越高；政策效率主要是看政府采购政策是否科学、是否适用；管理效率主要是用于评价政府采购管理体制及机制是否高效。

（一）微观绩效评价指标

1. 资金效率评价指标。资金效率主要用于衡量政府采购的节资情况，可用节资率指标来衡量。政府采购节资率指政府采购的资金节约额与政府采购预算金额的比率，是评价政府采购效率最基本的指标。其公式为：

$$\begin{aligned}\text{政府采购节资率} &= (\text{政府采购预算金额} - \text{政府采购实际金额})\\ &\quad \div \text{政府采购预算金额} \times 100\%\\ &= 1 - \text{政府采购实际金额} \div \text{政府采购预算金额} \times 100\%\end{aligned}$$

由此可见，节资率与政府采购实际金额为反向变动关系，与政府采购预算金额为正向变动关系。节资率可以从三个层次上进行考察：一是某个具体采购项目的节资率，用于考察单次采购的节资情况；二是某类采购对象的节资率，用于考察不同采购对象的节资情况；三是当年政府全部采购规模的节资率，用于考察政府采购的年度节资效果以及政府采购对财政管理和经济总量的影响。

一般来说，政府采购的节资率越高，表明政府采购的节资效果越明显。因此，实践中许多部门也以较高的节资率为目标。但是，较高的节资率并不是政府采购的唯一目的，而且，高节资率并不一定意味着政府采购的高效。

推行政府采购制度是将政府的采购行为推向市场。政府在采购的过程中应完全遵守市场规则，选择“质优价廉”的产品。所以，可以肯定的一点是，政府采购实际金额是一个可以衡量政府采购节资效果的参考量。政府采购预算金额是受多种因素影响的，其中最主要的因素有预算编制的粗细、预算编制的方法以及编制人员的素质等。预算编制越细、采用的编制方法越科学、编制人员的素质越高，政府采购预算金额与由市场决定的政府采购实际金额就越接近，节资的余地就越小，节资率也就越低。

目前，我国正在推进和优化部门预算制度、国库集中支付制度、预算绩效制度、预算支出标准化和财政支出项目库制度等各项重点制度改革，这些都将使政府采购预算编制的准确程度提高，对财政资金的监督力度也将进一步加大。可以预见，随着部门预算制度的进一步推行、预算编制方法的改进以及财经人员素质的提高，政府采购的节资率一定会越来越高，而这一结果也正是政府采购制度成熟的表现。

当然，我们也可以通过节资率这个指标来考察政府采购对于购买性支出以及整个财政支出管理的影响，这时只要把分母变成购买性支出或财政支出就可以了，即：

政府采购对购买性支出的节资率 = 资金节约额 ÷ 购买性支出额 × 100%

政府采购对财政支出的节资率 = 资金节约额 ÷ 财政支出额 × 100%

2. 行政效率评价指标。行政效率主要用于衡量政府采购周期是否能够及时满足需求单位的需要。一般来说，政府采购的行政效率主要是指集中采购的行政效率，具体可通过政府采购周期指标来衡量，即从上报需求计划、政府采购中心接受委托、财政部门进行采购需求核对及下达任务单、媒体发布政府采购需求信息，到签订政府采购合同为止所经历的时间。以公开招标采购方式为例，一个完整的政府采购周期通常由以下几个环节组成：①采购方式审批期；②采购信息公告期；③开标、评标时间；④中标公示期；⑤合同签订期；⑥合同履行期；⑦合同履行完毕后付款期；⑧项目验收期；⑨采购文件归档期。

政府采购周期，可用以下公式计算：

政府采购周期 = 采购方式审批期 + 标书编制期 + 采购公告期 + 开标评标期 + 中标公示期 + 合同签订期 + 合同履行期 + 合同付款期 + 项目验收期 + 采购文件归档期

《政府采购法》及相关法律法规规章明确规定了其中某些活动环节期间的时间要求，

如指定媒体必须在收到公告之日起一个工作日内发布公告；货物和服务项目实行招标方式采购的，自招标文件开始发出之日起至投标人提交投标文件截止之日止，不得少于二十日。这里的期间有的是指工作日，有的是日历日，这些时间规定只是正常情况下所需要花费的时间。在特殊情况下，加上供应商因种种原因可能会对对采购文件、采购过程以及采购结果提出质疑、投诉或者其他救济措施，因此实际上的政府采购周期比这些期间加总起来的时间还要长一些。

> **想一想：**
>
> 如何完善政府采购绩效评价指标体系？

一般认为，政府采购的周期越短，效率越高；周期越长，效率越低。但也并不总是如此，有些政府采购方式，只有达到一定的周期才能发挥出优势。如果采购周期很短，很多供应商未能来得及获取政府采购的需求信息，这样政府采购的竞争性就发挥不出来，政府采购的效率就会大打折扣。相反，有些采购方式并不需要很长的周期，如果周期太长，不但会贻误需求单位的需要，也会影响政府采购的效率。

以政府采购周期指标衡量的行政效率主要受政府采购相关法律法规和政府采购方式以及政府采购中心运作效率的影响。一般来说，法律规定是不能随便改动的，政府采购方式也有其规律性的周期。因此，要想提高政府采购的行政效率，就要从提高政府采购中心的运作效率上着手。如果政府采购中心能够探索出一套高效的运作机制，如果政府采购中心的人员有较高的办事效率，那么政府采购的周期就可以大大缩短，从而不但可以提高政府采购的行政效率，也有利于提高供应商的经济效益。

另外，财政部门的付款时间也是政府采购行政效率必须考虑的问题。付款周期太长，会影响供应商的资金回笼，也会影响政府采购在供应商心目中的地位。

（二）宏观效益评价指标

1. 规模效率评价指标。规模效率是指政府采购在具有一定规模基础上所能起到的节约财政支出的效果。政府采购规模是实现经济效率的基础，有规模才能发挥效益，才能节约更多的采购资金。

政府采购的规模效率可从以下两个方面来进行评价。

一是从全部政府采购支出占财政支出或国民生产总值的比重来看，这一比重越高，说明政府采购对财政与经济的影响越大，从而越能带动经济社会效益的提高。国际上成熟市场经济国家的经验表明，政府采购一般占当年财政支出的30%—40%，占国民生产总值的10%左右。如果政府采购在整个财政支出以及经济总量中的比重太低，政府采购的节约支出功能就不能很好地发挥出来，这时，政府采购的规模效率就比较低。政府采购的规模效率通常可用当年政府采购规模在整个财政以及经济中所占的比重这一相对规模指标来衡量，因此它是一个相对量。政府采购规模的计算公式如下：

政府采购的相对规模＝当年政府采购规模÷当年一般公共预算支出总额（或 GDP）

当然，政府采购的规模是受很多因素影响的。一般来说，一个国家实行政府采购制度之初，政府采购量较小，随着政府采购制度的不断成熟，规模会不断增大。同时，一个国家财政支出中购买性支出与转移性支出之间的比例也是决定政府采购相对规模的一个重要因素。一般来说，如果一个国家的福利较好，转移性支出较多，购买性支出的比重会相对低一些，政府采购的规模也会相应较小。

二是从每次政府采购量来看，若每次政府采购量较大，分摊在每一单位政府采购资金上的费用就越低，就越能充分体现政府采购的规模效率。在实践中，通常通过集中多家单位的相同采购需求来达到规模采购的效果。这一指标的具体计算公式如下：

平均每次采购量＝政府采购额÷政府采购次数

政府采购平均每次采购量受采购对象的性质、采购方式的选择以及当时的需求量等多种因素的影响，因此，在具体进行评价时可区别对待。不同的采购对象和采购方式的采购规模是不同的，工程类采购和采取公开招标采购方式的采购规模通常要大一些，而货物、服务类采购和其他采购方式的采购规模通常会小一些。

2. 人员效率评价指标。人员效率主要用于考察参与政府采购的财政监督管理部门及政府采购中心人员的办事效率，即以最低的人力成本完成尽可能多的采购量。人员效率具体可通过人员经费和人均采购额等指标来衡量。

人员经费是指政府采购过程中所发生的办公经费、工资费用、组织招标活动的费用、学习考察费、培训费等。可用人员经费占政府采购额的比重这一指标来衡量，即：

人员经费比重＝当年人员经费数额÷当年政府采购规模

人员经费的比重越低，说明人员经费相对于采购额来说越少，效率越高；反之，人员经费的比重越高，说明一定量的政府采购额需要财政投入的费用越多，效率越低。

人均采购额考察的是每个政府采购人员所分担的采购额的大小，即：

人均采购额＝当年政府采购规模÷政府采购人员数量

人均采购额越大，说明效率越高；反之，人均采购额越小，说明效率越低。人员效率主要受政府采购人员素质的影响，一般地，如果采购人员的素质较高、办事效率就相对高，那么，就能用较少的经费完成较大的人均采购额。

> **思考一下：**
>
> 如何构建高等学校办学经费的评价指标体系？

3. 政策效率的评价指标。政策效率主要用于评价政府采购政策的制定是否科学、是否适用、是否促进经济发展。政府采购的初衷是节约财政支出，但由于它的规模较大，能够对市场产生较大的影响，因此，它也是政府进行宏观经济调控的重要工具，是政府财政政策的重要组成部分。政府采购政策制定得是否科学、是否得当，关系到整个经济社会的健康发展。一般来说，当我们判断出经济出现衰退迹象时，应采取扩大政府采购规模的政策，以此发挥政府采购的乘数效应，带动国民经济的更快发展；当判断经济出现过热迹象时，应适时地压缩政府采购的规模，通过政府采购乘数加快经济降温。一般地，政府采购的政策效率可以通过政府采购对经济增长的贡献来衡量，即通过政府采购拉动经济增长的百分比来进行衡量。

$$政府采购对经济增长的贡献 = GDP总量变动百分比 \div 政府采购规模变动百分比 \times 100\%$$

政府采购对经济增长的贡献越大，表明政府采购的政策效率越高；反之，则效率越低。

以上探讨的是政府采购对经济总量影响的政策效率。除此之外，政府还可以通过调整政府采购的结构对国民经济的地区、产业结构等进行调整，从而促进国民经济的协调发展，这也是政府采购政策效率的一部分，但这种政策效果很难用某一指标进行衡量。

影响政府采购政策效率的因素主要有：对经济总体形势的判断是否准确，政府采购政策的制定是否科学，以及政策的贯彻落实是否精确。如果对经济形势的把握很准、政策制定得较科学，并且在执行中没有走样，那么，政府采购的政策效率就会很高；相反，如果对经济形势的判断不准、政策制定得不合理，以及政策在落实的过程中受到某些权力或其他因素的干扰，都将降低政府采购的政策效率。

4. 管理效率评价指标。管理效率用于衡量政府采购管理体制和机制设计是否科学、是否能够有效运作。政府采购管理包括预算管理、法律监督、政府采购方式、招标投标管理以及投诉质疑管理等多个方面，政府采购管理效率是综合管理的结果。由于其管理效率无法直接计算，因此它也没有合适的指标进行衡量。尽管如此，管理效率始终是政府采购应该重点考虑的问题之一。管理制度健全与否以及管理水平的高低是影响政府采购管理效率的重要因素。一般来说，预算做得好、法律健全、方式选择得当、招标投标严谨、有完善的质疑投诉机制，政府采购的管理效率就会较高。

除了上述核心评价指标外，政府采购指标体系中还包括对供应商的综合评价、采购人的满意程度、供应商的满意程度等一系列的指标。在具体的政府采购绩效评价实践中，应根据所评价项目的特点及所要达到的采购目的，有所侧重地设计和选择评价指标，使得具体指标体系的设置能更好地为政府采购绩效评价乃至政府采购管理服务。

总之，政府采购绩效是一个全面的概念，评价政府采购绩效的高低，必须对整个采购过程，包括采购方案的设计、采购方式的确定、作业的标准化程度等所付出的代价与产生的效益进行对比，发现并控制其中的不合理成本，并综合各种因素来分析采购活动是否达到了最佳效果，包括经济效果和社会效果。指标体系选择的科学与否直接影响着政府采购绩效评价工作的质量，因此，在进行指标体系的设计时我们应遵循内容全面、方法科学、制度规范、客观公正、操作简便的基本原则，借鉴已有经验，提高指标体系的适用性、可比性、准确性。

六、政府采购绩效评价的评价标准

政府采购绩效评价标准是指以一定量的有效样本为基础测算出来的标准样本数据。该评价标准用来衡量评价对象的优劣等特征。评价标准是政府采购绩效评价体系的核心要素之一，是评价工作的基本标尺，决定着评价结果的准确性以及评价目标能否真正实现。

政府采购绩效评价标准按照计量性可以分为定量标准和定性标准，定量标准和定性标准又可根据标准的取值基础不同，分为行业标准、计划标准、经验标准和历史标准四种；按照时效性可以分为当期标准和历史标准；按标形成的方法可以分为测算标准和经验标准；技照区域可以分为国际标准和国内标准。

评价标准值的选取是一项技术性很强的工作，它需要相关人员在标准值的测定过程中，既考虑所选取样本的有效性，又考虑样本数量的规模性；既考虑标准值的理论意义，又使标准值具有现实经济意义。并且，评价标准的选取要与评价的指标体系相匹配，不同的指标所对应的标准值的类型会有所不同。在实践中，标准值的取值依据应来自国家预算单位年度决算数据、国际或国内一些公认的标准以及相关权威部门颁布的行业标准。

政府采购绩效评价标准的正确选择对于政府采购绩效评价的结果具有较大的影响，评价标准的制定既是政府采购绩效评价体系建立的关键环节，也是我们在构建评价体系中面临的一个难题。而且，评价标准并不是一成不变的，它会随着经济的发展和外部环境的变化而改变，因此，政府采购管理部门如何建立和维护、更新标准就成为决定评价水平高低的重要工作。

> **讨论一下：**
> 如何构建政府采购政策绩效的评价指标体系？

七、政府采购绩效评价数据信息的管理

建立政府采购绩效评价体系，除了评价目标、评价原则、评价指标以及评价标准外，还必须有信息技术的支撑。在西方国家，评价机构利用先进的信息处理技术，逐步形成了规模庞大的公共支出评价数据库，为评价各类公共支出的投入水平、效益状况及效果，开展历史的、横向的分析比较，以及保证评价工作的顺利进行提供了技术支撑。我们应当充

分借鉴国外在数据收集、处理分析和运用方面的经验，引进国外先进的信息管理系统，结合我国政府采购管理的实际情况，不断完善我国政府采购绩效评价数据库系统。

应进一步完善政府采购单位会计决算体系，统一各个决算部门的数据统计口径，改进数据的采集方法，及时、准确地收集、汇总会计决算数据，为政府采购支出评价提供有效、可信的基础数据。收集政府采购过程中的各数据资料，包括政府采购项目立项决策、招标投标、定标以及合同签订后的实际履行情况、投诉与质疑等各个环节的资料，为评价工作的开展提供全面、准确的信息。建立全国政府采购绩效评价数据库，考虑到我国政府采购起步较晚，数据库的建立可以采用分步骤的方式，先选定不同行业、不同类型的重点项目进行数据的收集整理，在此基础上再逐步扩大信息数据的收集范围；在实践成熟的基础上，结合国外先进经验，不断建立和完善政府采购绩效评价标准库。

综上所述，政府采购绩效评价体系是由一系列与政府采购绩效评价相关的评价主客体、评价目标、评价原则、评价方法、评价指标体系、评价标准以及评价机构等形成的有机整体，各个有机部分的建设都会对最终评价结果的优劣产生重大影响。在政府采购活动中，其绩效评价体系的构建和运行在推动相关改革、提高政府采购效率、提高政府公信度等方面都起着关键的作用，因此，应该重视和加强对政府采购绩效评价体系的研究和构建工作。

学习小资料

政府采购范围不断扩大，功能不断升级

2019 年，全国政府采购规模为 33067 亿元，占全国财政支出和 GDP 的比重分别为 10%和 3.3%，政府采购范围不断扩大，功能不断升级。政府采购制度不仅规范和节省了财政支出，也承担起更多政策功能，有力支持了国家各项事业的发展。随着政府采购规范性、透明度的不断提高，对于推进预算绩效管理、促进政务公开都有着直接推动作用。

——提高政府采购公共服务资金使用效益，维护社会公共利益。“政府购买服务”，是近年来政府服务提供方式的重大创新——从政府履职所需服务逐步向公共服务扩展，从最初的环卫清扫服务向公共法律服务、公共文化服务、公共体育服务、医疗卫生服务、教育服务、助残服务、养老服务、青少年服务等领域延伸。

——购买贫困地区农产品，助力脱贫攻坚。目前，来自全国 22 个省份、832 个贫困县的“扶贫商品”，正在财政部和全国供销总社打造的“贫困地区农副产品网络销售平台”上被各预算采购单位批量选购。截至 2020 年 12 月 27 日，这个简称为“832 平台”的政府采购电商平台累计上架商品 9 万多款，累计成交总额破 80 亿元。

——扩大绿色采购范围，发挥环保示范效应。“煤改电项目、城市黑臭水体治理、水源地保护、土壤污染防治等项目，主要由政府采购担纲。此外，政府采购使用节能环保产品，对全社会形成节能减排、绿色环保的消费习惯具有显著的引领示范效应。”数据显示，2019 年全国政府采购的“账单”上，全国强制和优先采购节能、节水产品 633.7 亿元，占同类产品采购规模的 90%，全国优先采购环保产品 718.7 亿元，占同类产品采购规模的 88%。

——扩大中小微企业采购合同份额，支持国家宏观调控目标实现。早在 2011 年，财政部、工业和信息化部就印发了《政府采购促进中小企业发展暂行办法》，通过预留份额、评审优惠等措施，扩大中小企业获得政府采购合同份额。2019 年，全国政府采购授予中小微企业合同金额为 24519.1 亿元，占全国政府采购规模的 74.1%。2020 年 12 月 29 日，财政部、工业和信息化部联合发布《政府采购促进中小企业发展管理办法》，在政府采购领域进一步支持中小企业发展。政府采购扶“小”助“微”，举措实在。新政策的实施，进一步扩大面向中小企业的政府采购份额，将更有力地支持该类企业的发展。

2020 年全国政府采购规模为 36970.6 亿元，较上年增加 3903.6 亿元，增长 11.8%，占全国财政支出和 GDP 的比重分别为 10.2% 和 3.6%。

从层级来看，中央预算单位、地方预算单位政府采购规模分别为 2853.0 亿元和 34117.6 亿元，占全国政府采购规模的 7.7% 和 92.3%。从结构来看，货物、工程、服务采购规模分别为 9175.8 亿元，17492.4 亿元和 10302.4 亿元，占全国政府采购规模的 24.8%、47.3% 和 27.9%。从组织形式来看，政府集中采购、部门集中采购、分散采购规模分别为 12385.1 亿元、4086.7 亿元和 20498.8 亿元，占全国政府采购规模的 33.5%、11.1% 和 55.4%。从采购方式来看，公开招标、邀请招标、竞争性谈判、竞争性磋商、询价、单一来源采购规模分别占全国政府采购规模的 79.3%、1.1%、3.2%、7.7%、1.1% 和 4.3%。政府采购政策功能作用日益凸显，有效促进经济社会发展。在支持绿色发展方面，全国强制和优先采购节能、节水产品 566.6 亿元，占同类产品采购规模的 85.7%，全国优先采购环保产品 813.5 亿元，占同类产品采购规模的 85.5%。在支持中小企业发展方面，全国政府采购授予中小微企业合同金额为 27918.0 亿元，占全国政府采购规模的 75.5%；授予小微企业合同金额为 14046.4 亿元，占授予中小微企业合同金额的 50.3%。此外，各级预算单位积极响应和落实支持脱贫攻坚的政府采购政策，2020 年，累计通过扶贫“832”平台采购贫困地区农副产品 99.67 亿元，在带动贫困农户增收脱贫、解决农产品滞销等方面取得了良好的社会效益。

资料来源：人民日报，2021 年 01 月 27 日。中国政府采购网，2021 年 9 月 7 日。

【重要概念】

政府采购绩效	物有所值	“3E”标准
成本效益分析法	政府采购节资率	政府采购绩效评价

【思考练习题】

1. 如何定义政府采购绩效？
2. 简述政府采购绩效评价的意义。
3. 简述政府采购的微观绩效评价指标。
4. 简述政府采购的宏观绩效评价指标。
5. 政府采购绩效评价的目标是什么？
6. 应从哪些方面评价政府采购的效率优劣？
7. “物有所值”目标的含义和特征。

【案例分析】

1. 资料如下：

2021 年 11 月，某公安局智慧警务建设项目公开招标，采购预算金额为 3.16 亿元。经评审，A 供应商以 2.96 亿元中标，中标结果公告后，B 供应商对评审结果提出质疑，后因对质疑答复不满向当地财政局提起投诉。

当地财政局受理投诉后发现评审专家胡某、周某某、唐某、冉某、张某、施某和汤某某 7 人在项目评审中，存在以下情况：一是该项目采取分工协作的方式进行评审，评标委员会组长胡某某对参加投标的 8 家投标人，按照评标委员会组长负责 2 家，其他评审专家分别负责 1 家进行安排；二是评审专家对需要专业判断的主观评审因素进行协商评分，没有按照招标文件评标规定独立评审，尤其是对投标人现场阐述评分环节，投标人现场阐述结束后，评标委员会专家就各投标人现场阐述情况进行讨论，评标委员会组长胡某某提议按照 A 投标人 9 分，B 投标人 8 分，其他 7 分以下进行评分，其他评审专家未提出异议；三是 7 名评审专家按照座次，从评标委员会组长胡某某开始，依次对各自负责的投标人投标文件所涉及的技术分、商务分部分提出评分意见或评分范围，其他评审专家参照评分。

当地财政部门最终认定，评审专家未按照招标文件规定的评审程序、评审方法和评审标准进行独立评审，评审意见无效，责令采购人、采购代理机构依法开展后续采购活动；决定给予评审专家胡某、周某某、唐某、冉某、张某、施某、汤某某等 7 人给予警告，罚款 2000 元并退还已领取的评审费等处罚。

2. 依据上述案例材料，请依据政府采购法律法规思考以下问题：评审专家分工协作打分可以吗？组长是否要负主责？

参考文献

1. 财政部国库司，财政部条法司．《中华人民共和国政府采购法实施条例》释义［M］．北京：中国财政经济出版社，2015.

2. 财政部国库司．财政国库管理制度改革试点资料汇编［M］．北京：中国财政经济出版社，2001.

3. 财政部国库司．2007 年部门预算报表编制手册［M］．北京：经济科学出版社，2007.

4. 财政部条法司．中华人民共和国预算法实施条例解读［M］．北京：中国财政经济出版社，2021.

5. 财政部预算司．深化部门预算改革，建立公共财政体制［M］．北京：中国财政经济出版社，2006.

6. 财政部预算司．政府收支分类改革改革解答［M］．北京：中国财政经济出版社，2006.

7. 晁毓欣．全面预算绩效管理下财政政策绩效评价研究与探索［M］．北京：经济科学出版社，2018.

8. 陈锡桃．深圳政府采购实践与探索［M］．深圳：海天出版社，1999.

9. 冯之楹，何永．项目采购管理［M］．北京：清华大学出版社，2000.

10. 高志坚．政府预算管理［M］．北京：经济科学出版社，2006.

11. 何伯森．工程招标承包与监理［M］．北京：人民交通出版社，1995.

12. 河南省财政厅．河南省政府采购制度汇编［M］．2008.

13. 河南政府采购网，http：//www. hngp. gov. cn.

14. 贾康，苏明．部门预算编制问题研究［M］．北京：经济科学出版社，2004.

15. 贾康，苏明．部门预算编制问题研究［M］．北京：经济科学出版社，2000.

16. 金人庆．中国财政政策理论与实践［M］．北京：中国财政经济出版社，2006.

17. 刘尚希．政府采购制度研究文集［M］．北京：经济科学出版社，2000.

18. 刘亚利．政府采购案例精编［M］．北京：中国金融出版社，2011.

19. 楼继伟．政府采购［M］．北京：经济科学出版社，1998.

20. 马海涛．国库集中收付制度问题研究［M］．北京：经济科学出版社，2000.

21. 马海涛，姜爱华．政府采购管理［M］．北京：北京大学出版社，2016.

22. 马海涛，姜爱华．我国政府采购制度研究［M］．北京：北京大学出版社，2007.

23. 孟春．政府采购理论与实践［M］．北京：经济科学出版社，2001.

24. 潘玉欧，张桂荣．浅谈政府采购协议供货方式［J］．北京：中国政府采购，2007.

25. 齐小乎，沈建阳．政府采购知识读本［M］．北京：中国财政经济出版社，2001.

26. 苏明．政府采购［M］．北京：中国经济出版社，2003.

27. 孙开．财政体制改革问题研究［M］．北京：经济科学出版社，2004.

28. 王国星，韩宗保．财政与金融［M］．北京：中国财政经济出版社，2007.

29. 吴俊培．公共财政研究文集［M］．北京：经济科学出版社，2000.

30. 吴俊培，许建国．现代财政学［M］．北京：中国财政经济出版社，2001.

31. 吴梦龙．电子化采购——中国政府采购的发展趋势［J］．北京：中国政府采购，2006.

32. 肖捷．中华人民共和国政府采购法辅导读本［M］．北京：经济科学出版社，2002.

33. 杨灿明，李景友．政府采购问题研究［M］．北京：经济科学出版社，2004.

34. 岳胜利，韩宗保．政府采购教程［M］．北京：中国财政经济出版社，2001.

35. 詹静涛．市场经济国家政府采购制度基本概况［M］．北京：经济科学出版社，2005.

36. 张得让．政府采购支出综合效益分析［M］．北京：经济科学出版社，2004.

37. 张通．中华人民共和国政府采购法讲座［M］．北京：经济科学出版社，2003.

38. 郑涌，郭灵康．全面实施预算绩效管理［M］．北京：中国财政经济出版社，2021.

39. 中国政府采购网，http：//www. ccgp. gov. cn.

40. 中央财经大学预算绩效管理研究课题组，北京市财政局．预算绩效管理“北京模式”［M］．北京：中国财政经济出版社，2021.

41. 朱志刚．财政支出绩效评价研究［M］．北京：中国财政经济出版社，2003.

42. 朱钟棣．WTO 知识培训教程［M］．北京：经济科学出版社，2002.

附录一

中华人民共和国政府采购法

第一章　总则

第一条　为了规范政府采购行为，提高政府采购资金的使用效益，维护国家利益和社会公共利益，保护政府采购当事人的合法权益，促进廉政建设，制定本法。

第二条　在中华人民共和国境内进行的政府采购适用本法。

本法所称政府采购，是指各级国家机关、事业单位和团体组织，使用财政性资金采购依法制定的集中采购目录以内的或者采购限额标准以上的货物、工程和服务的行为。

政府集中采购目录和采购限额标准依照本法规定的权限制定。

本法所称采购，是指以合同方式有偿取得货物、工程和服务的行为，包括购买、租赁、委托、雇用等。

本法所称货物，是指各种形态和种类的物品，包括原材料、燃料、设备、产品等。

本法所称工程，是指建设工程，包括建筑物和构筑物的新建、改建、扩建、装修、拆除、修缮等。

本法所称服务，是指除货物和工程以外的其他政府采购对象。

第三条　政府采购应当遵循公开透明原则、公平竞争原则、公正原则和诚实信用原则。

第四条　政府采购工程进行招标投标的，适用招标投标法。

第五条　任何单位和个人不得采用任何方式，阻挠和限制供应商自由进入本地区和本行业的政府采购市场。

第六条　政府采购应当严格按照批准的预算执行。

第七条　政府采购实行集中采购和分散采购相结合。集中采购的范围由省级以上人民政府公布的集中采购目录确定。

属于中央预算的政府采购项目，其集中采购目录由国务院确定并公布；属于地方预算的政府采购项目，其集中采购目录由省、自治区、直辖市人民政府或者其授权的机构确定并公布。

纳入集中采购目录的政府采购项目，应当实行集中采购。

第八条　政府采购限额标准，属于中央预算的政府采购项目，由国务院确定并公布；属于地方预算的政府采购项目，由省、自治区、直辖市人民政府或者其授权的机构确定并公布。

第九条　政府采购应当有助于实现国家的经济和社会发展政策目标，包括保护环境，扶持不发达地区和少数民族地区，促进中小企业发展等。

第十条　政府采购应当采购本国货物、工程和服务。但有下列情形之一的除外：

（一）需要采购的货物、工程或者服务在中国境内无法获取或者无法以合理的商业条件获取的；

（二）为在中国境外使用而进行采购的；

（三）其他法律、行政法规另有规定的。

前款所称本国货物、工程和服务的界定，依照国务院有关规定执行。

第十一条　政府采购的信息应当在政府采购监督管理部门指定的媒体上及时向社会公开发布，但涉及商业秘密的除外。

第十二条　在政府采购活动中，采购人员及相关人员与供应商有利害关系的，必须回避。供应商认为采购人员及相关人员与其他供应商有利害关系的，可以申请其回避。

前款所称相关人员，包括招标采购中评标委员会的组成人员，竞争性谈判采购中谈判小组的组成人员，询价采购中询价小组的组成人员等。

第十三条　各级人民政府财政部门是负责政府采购监督管理的部门，依法履行对政府采购活动的监督管理职责。

各级人民政府其他有关部门依法履行与政府采购活动有关的监督管理职责。

第二章　政府采购当事人

第十四条　政府采购当事人是指在政府采购活动中享有权利和承担义务的各类主体，包括采购人、供应商和采购代理机构等。

第十五条　采购人是指依法进行政府采购的国家机关、事业单位、团体组织。

第十六条　集中采购机构为采购代理机构。设区的市、自治州以上人民政府根据本级政府采购项目组织集中采购的需要设立集中采购机构。

集中采购机构是非营利事业法人，根据采购人的委托办理采购事宜。

第十七条　集中采购机构进行政府采购活动，应当符合采购价格低于市场平均价格、采购效率更高、采购质量优良和服务良好的要求。

第十八条　采购人采购纳入集中采购目录的政府采购项目，必须委托集中采购机构代理采购；采购未纳入集中采购目录的政府采购项目，可以自行采购，也可以委托集中采购机构在委托的范围内代理采购。

纳入集中采购目录属于通用的政府采购项目的，应当委托集中采购机构代理采购；属于本部门、本系统有特殊要求的项目，应当实行部门集中采购；属于本单位有特殊要求的项目，经省级以上人民政府批准，可以自行采购。

第十九条　采购人可以委托集中采购机构以外的采购代理机构，在委托的范围内办理政府采购事宜。

采购人有权自行选择采购代理机构，任何单位和个人不得以任何方式为采购人指定采购代理机构。

第二十条　采购人依法委托采购代理机构办理采购事宜的，应当由采购人与采购代理机构签订委托代理协议，依法确定委托代理的事项，约定双方的权利义务。

第二十一条　供应商是指向采购人提供货物、工程或者服务的法人、其他组织或者自然人。

第二十二条　供应商参加政府采购活动应当具备下列条件：

（一）具有独立承担民事责任的能力；

（二）具有良好的商业信誉和健全的财务会计制度；

（三）具有履行合同所必需的设备和专业技术能力；

（四）有依法缴纳税收和社会保障资金的良好记录；

（五）参加政府采购活动前三年内，在经营活动中没有重大违法记录；

（六）法律、行政法规规定的其他条件。

采购人可以根据采购项目的特殊要求，规定供应商的特定条件，但不得以不合理的条件对供应商实行差别待遇或者歧视待遇。

第二十三条　采购人可以要求参加政府采购的供应商提供有关资质证明文件和业绩情况，并根据本法规定的供应商条件和采购项目对供应商的特定要求，对供应商的资格进行审查。

第二十四条　两个以上的自然人、法人或者其他组织可以组成一个联合体，以一个供应商的身份共同参加政府采购。

以联合体形式进行政府采购的，参加联合体的供应商均应当具备本法第二十二条规定的条件，并应当向采购人提交联合协议，载明联合体各方承担的工作和义务。联合体各方应当共同与采购人签订采购合同，就采购合同约定的事项对采购人承担连带责任。

第二十五条　政府采购当事人不得相互串通损害国家利益、社会公共利益和其他当事人的合法权益；不得以任何手段排斥其他供应商参与竞争。

供应商不得以向采购人、采购代理机构、评标委员会的组成人员、竞争性谈判小组的组成人员、询价小组的组成人员行贿或者采取其他不正当手段谋取中标或者成交。

采购代理机构不得以向采购人行贿或者采取其他不正当手段谋取非法利益。

第三章　政府采购方式

第二十六条　政府采购采用以下方式：

（一）公开招标；

（二）邀请招标；

（三）竞争性谈判；

（四）单一来源采购；

（五）询价；

（六）国务院政府采购监督管理部门认定的其他采购方式。

公开招标应作为政府采购的主要采购方式。

第二十七条　采购人采购货物或者服务应当采用公开招标方式的，其具体数额标准，属于中央预算的政府采购项目，由国务院规定；属于地方预算的政府采购项目，由省、自治区、直辖市人民政府规定；因特殊情况需要采用公开招标以外的采购方式的，应当在采购活动开始前获得设区的市、自治州以上人民政府采购监督管理部门的批准。

第二十八条　采购人不得将应当以公开招标方式采购的货物或者服务化整为零或者以其他任何方式规避公开招标采购。

第二十九条　符合下列情形之一的货物或者服务，可以依照本法采用邀请招标方式采购：

（一）具有特殊性，只能从有限范围的供应商处采购的；

（二）采用公开招标方式的费用占政府采购项目总价值的比例过大的。

第三十条　符合下列情形之一的货物或者服务，可以依照本法采用竞争性谈判方式采购：

（一）招标后没有供应商投标或者没有合格标的或者重新招标未能成立的；

（二）技术复杂或者性质特殊，不能确定详细规格或者具体要求的；

（三）采用招标所需时间不能满足用户紧急需要的；

（四）不能事先计算出价格总额的。

第三十一条　符合下列情形之一的货物或者服务，可以依照本法采用单一来源方式采购：

（一）只能从唯一供应商处采购的；

（二）发生了不可预见的紧急情况不能从其他供应商处采购的；

（三）必须保证原有采购项目一致性或者服务配套的要求，需要继续从原供应商处添购，且添购资金总额不超过原合同采购金额百分之十的。

第三十二条　采购的货物规格、标准统一、现货货源充足且价格变化幅度小的政府采购项目，可以依照本法采用询价方式采购。

第四章　政府采购程序

第三十三条　负有编制部门预算职责的部门在编制下一财政年度部门预算时，应当将该财政年度政府采购的项目及资金预算列出，报本级财政部门汇总。部门预算的审批，按预算管理权限和程序进行。

第三十四条　货物或者服务项目采取邀请招标方式采购的，采购人应当从符合相应资格条件的供应商中，通过随机方式选择三家以上的供应商，并向其发出投标邀请书。

第三十五条　货物和服务项目实行招标方式采购的，自招标文件开始发出之日起至投标人提交投标文件截止之日止，不得少于二十日。

第三十六条　在招标采购中，出现下列情形之一的，应予废标：

（一）符合专业条件的供应商或者对招标文件作实质响应的供应商不足三家的；

（二）出现影响采购公正的违法、违规行为的；

（三）投标人的报价均超过了采购预算，采购人不能支付的；

（四）因重大变故，采购任务取消的。

废标后，采购人应当将废标理由通知所有投标人。

第三十七条　废标后，除采购任务取消情形外，应当重新组织招标；需要采取其他方式采购的，应当在采购活动开始前获得设区的市、自治州以上人民政府采购监督管理部门或者政府有关部门批准。

第三十八条　采用竞争性谈判方式采购的，应当遵循下列程序：

（一）成立谈判小组。谈判小组由采购人的代表和有关专家共三人以上的单数组成，其中专家的人数不得少于成员总数的三分之二。

（二）制定谈判文件。谈判文件应当明确谈判程序、谈判内容、合同草案的条款以及评定成交的标准等事项。

（三）确定邀请参加谈判的供应商名单。谈判小组从符合相应资格条件的供应商名单中确定不少于三家的供应商参加谈判，并向其提供谈判文件。

（四）谈判。谈判小组所有成员集中与单一供应商分别进行谈判。在谈判中，谈判的任何一方不得透露与谈判有关的其他供应商的技术资料、价格和其他信息。谈判文件有实质性变动的，谈判小组应当以书面形式通知所有参加谈判的供应商。

（五）确定成交供应商。谈判结束后，谈判小组应当要求所有参加谈判的供应商在规定时间内进行最后报价，采购人从谈判小组提出的成交候选人中根据符合采购需求、质量和服务相等且报价最低的原则确定成交供应商，并将结果通知所有参加谈判的未成交的供应商。

第三十九条　采取单一来源方式采购的，采购人与供应商应当遵循本法规定的原则，在保证采购项目质量和双方商定合理价格的基础上进行采购。

第四十条　采取询价方式采购的，应当遵循下列程序：

（一）成立询价小组。询价小组由采购人的代表和有关专家共三人以上的单数组成，其中专家的人数不得少于成员总数的三分之二。询价小组应当对采购项目的价格构成和评定成交的标准等事项作出规定。

（二）确定被询价的供应商名单。询价小组根据采购需求，从符合相应资格条件的供应商名单中确定不少于三家的供应商，并向其发出询价通知书让其报价。

（三）询价。询价小组要求被询价的供应商一次报出不得更改的价格。

（四）确定成交供应商。采购人根据符合采购需求、质量和服务相等且报价最低的原则确定成交供应商，并将结果通知所有被询价的未成交的供应商。

第四十一条　采购人或者其委托的采购代理机构应当组织对供应商履约的验收。大型或者复杂的政府采购项目，应当邀请国家认可的质量检测机构参加验收工作。验收方成员应当在验收书上签字，并承担相应的法律责任。

第四十二条　采购人、采购代理机构对政府采购项目每项采购活动的采购文件应当妥善保存，不得伪造、变造、隐匿或者销毁。采购文件的保存期限为从采购结束之日起至少保存十五年。

采购文件包括采购活动记录、采购预算、招标文件、投标文件、评标标准、评估报告、定标文件、合同文本、验收证明、质疑答复、投诉处理决定及其他有关文件、资料。

采购活动记录至少应当包括下列内容：

（一）采购项目类别、名称；

（二）采购项目预算、资金构成和合同价格；

（三）采购方式，采用公开招标以外的采购方式的，应当载明原因；

（四）邀请和选择供应商的条件及原因；

（五）评标标准及确定中标人的原因；

（六）废标的原因；

（七）采用招标以外采购方式的相应记载。

第五章 政府采购合同

第四十三条 政府采购合同适用合同法。采购人和供应商之间的权利和义务，应当按照平等、自愿的原则以合同方式约定。

采购人可以委托采购代理机构代表其与供应商签订政府采购合同。由采购代理机构以采购人名义签订合同的，应当提交采购人的授权委托书，作为合同附件。

第四十四条 政府采购合同应当采用书面形式。

第四十五条 国务院政府采购监督管理部门应当会同国务院有关部门，规定政府采购合同必须具备的条款。

第四十六条 采购人与中标、成交供应商应当在中标、成交通知书发出之日起三十日内，按照采购文件确定的事项签订政府采购合同。

中标、成交通知书对采购人和中标、成交供应商均具有法律效力。中标、成交通知书发出后，采购人改变中标、成交结果的，或者中标、成交供应商放弃中标、成交项目的，应当依法承担法律责任。

第四十七条 政府采购项目的采购合同自签订之日起七个工作日内，采购人应当将合同副本报同级政府采购监督管理部门和有关部门备案。

第四十八条 经采购人同意，中标、成交供应商可以依法采取分包方式履行合同。

政府采购合同分包履行的，中标、成交供应商就采购项目和分包项目向采购人负责，分包供应商就分包项目承担责任。

第四十九条 政府采购合同履行中，采购人需追加与合同标的相同的货物、工程或者服务的，在不改变合同其他条款的前提下，可以与供应商协商签订补充合同，但所有补充合同的采购金额不得超过原合同采购金额的百分之十。

第五十条 政府采购合同的双方当事人不得擅自变更、中止或者终止合同。

政府采购合同继续履行将损害国家利益和社会公共利益的，双方当事人应当变更、中止或者终止合同。有过错的一方应当承担赔偿责任，双方都有过错的，各自承担相应的责任。

第六章 质疑与投诉

第五十一条 供应商对政府采购活动事项有疑问的，可以向采购人提出询问，采购人应当及时作出答复，但答复的内容不得涉及商业秘密。

第五十二条　供应商认为采购文件、采购过程和中标、成交结果使自己的权益受到损害的，可以在知道或者应知其权益受到损害之日起七个工作日内，以书面形式向采购人提出质疑。

第五十三条　采购人应当在收到供应商的书面质疑后七个工作日内作出答复，并以书面形式通知质疑供应商和其他有关供应商，但答复的内容不得涉及商业秘密。

第五十四条　采购人委托采购代理机构采购的，供应商可以向采购代理机构提出询问或者质疑，采购代理机构应当依照本法第五十一条、第五十三条的规定就采购人委托授权范围内的事项作出答复。

第五十五条　质疑供应商对采购人、采购代理机构的答复不满意或者采购人、采购代理机构未在规定的时间内作出答复的，可以在答复期满后十五个工作日内向同级政府采购监督管理部门投诉。

第五十六条　政府采购监督管理部门应当在收到投诉后三十个工作日内，对投诉事项作出处理决定，并以书面形式通知投诉人和与投诉事项有关的当事人。

第五十七条　政府采购监督管理部门在处理投诉事项期间，可以视具体情况书面通知采购人暂停采购活动，但暂停时间最长不得超过三十日。

第五十八条　投诉人对政府采购监督管理部门的投诉处理决定不服或者政府采购监督管理部门逾期未作处理的，可以依法申请行政复议或者向人民法院提起行政诉讼。

第七章　监督检查

第五十九条　政府采购监督管理部门应当加强对政府采购活动及集中采购机构的监督检查。

监督检查的主要内容是：

（一）有关政府采购的法律、行政法规和规章的执行情况；

（二）采购范围、采购方式和采购程序的执行情况；

（三）政府采购人员的职业素质和专业技能。

第六十条　政府采购监督管理部门不得设置集中采购机构，不得参与政府采购项目的采购活动。

采购代理机构与行政机关不得存在隶属关系或者其他利益关系。

第六十一条　集中采购机构应当建立健全内部监督管理制度。采购活动的决策和执行程序应当明确，并相互监督、相互制约。经办采购的人员与负责采购合同审核、验收人员的职责权限应当明确，并相互分离。

第六十二条 集中采购机构的采购人员应当具有相关职业素质和专业技能，符合政府采购监督管理部门规定的专业岗位任职要求。

集中采购机构对其工作人员应当加强教育和培训；对采购人员的专业水平、工作实绩和职业道德状况定期进行考核。采购人员经考核不合格的，不得继续任职。

第六十三条 政府采购项目的采购标准应当公开。

采用本法规定的采购方式的，采购人在采购活动完成后，应当将采购结果予以公布。

第六十四条 采购人必须按照本法规定的采购方式和采购程序进行采购。

任何单位和个人不得违反本法规定，要求采购人或者采购工作人员向其指定的供应商进行采购。

第六十五条 政府采购监督管理部门应当对政府采购项目的采购活动进行检查，政府采购当事人应当如实反映情况，提供有关材料。

第六十六条 政府采购监督管理部门应当对集中采购机构的采购价格、节约资金效果、服务质量、信誉状况、有无违法行为等事项进行考核，并定期如实公布考核结果。

第六十七条 依照法律、行政法规的规定对政府采购负有行政监督职责的政府有关部门，应当按照其职责分工，加强对政府采购活动的监督。

第六十八条 审计机关应当对政府采购进行审计监督。政府采购监督管理部门、政府采购各当事人有关政府采购活动，应当接受审计机关的审计监督。

第六十九条 监察机关应当加强对参与政府采购活动的国家机关、国家公务员和国家行政机关任命的其他人员实施监察。

第七十条 任何单位和个人对政府采购活动中的违法行为，有权控告和检举，有关部门、机关应当依照各自职责及时处理。

第八章 法律责任

第七十一条 采购人、采购代理机构有下列情形之一的，责令限期改正，给予警告，可以并处罚款，对直接负责的主管人员和其他直接责任人员，由其行政主管部门或者有关机关给予处分，并予通报：

（一）应当采用公开招标方式而擅自采用其他方式采购的；

（二）擅自提高采购标准的；

（三）以不合理的条件对供应商实行差别待遇或者歧视待遇的；

（四）在招标采购过程中与投标人进行协商谈判的；

（五）中标、成交通知书发出后不与中标、成交供应商签订采购合同的；

（六）拒绝有关部门依法实施监督检查的。

第七十二条　采购人、采购代理机构及其工作人员有下列情形之一，构成犯罪的，依法追究刑事责任；尚不构成犯罪的，处以罚款，有违法所得的，并处没收违法所得，属于国家机关工作人员的，依法给予行政处分：

（一）与供应商或者采购代理机构恶意串通的；

（二）在采购过程中接受贿赂或者获取其他不正当利益的；

（三）在有关部门依法实施的监督检查中提供虚假情况的；

（四）开标前泄露标底的。

第七十三条　有前两条违法行为之一影响中标、成交结果或者可能影响中标、成交结果的，按下列情况分别处理：

（一）未确定中标、成交供应商的，终止采购活动；

（二）中标、成交供应商已经确定但采购合同尚未履行的，撤销合同，从合格的中标、成交候选人中另行确定中标、成交供应商；

（三）采购合同已经履行的，给采购人、供应商造成损失的，由责任人承担赔偿责任。

第七十四条　采购人对应当实行集中采购的政府采购项目，不委托集中采购机构实行集中采购的，由政府采购监督管理部门责令改正；拒不改正的，停止按预算向其支付资金，由其上级行政主管部门或者有关机关依法给予其直接负责的主管人员和其他直接责任人员处分。

第七十五条　采购人未依法公布政府采购项目的采购标准和采购结果的，责令改正，对直接负责的主管人员依法给予处分。

第七十六条　采购人、采购代理机构违反本法规定隐匿、销毁应当保存的采购文件或者伪造、变造采购文件的，由政府采购监督管理部门处以二万元以上十万元以下的罚款，对其直接负责的主管人员和其他直接责任人员依法给予处分；构成犯罪的，依法追究刑事责任。

第七十七条　供应商有下列情形之一的，处以采购金额千分之五以上千分之十以下的罚款，列入不良行为记录名单，在一至三年内禁止参加政府采购活动，有违法所得的，并处没收违法所得，情节严重的，由工商行政管理机关吊销营业执照；构成犯罪的，依法追究刑事责任：

（一）提供虚假材料谋取中标、成交的；

（二）采取不正当手段诋毁、排挤其他供应商的；

（三）与采购人、其他供应商或者采购代理机构恶意串通的；

（四）向采购人、采购代理机构行贿或者提供其他不正当利益的；

（五）在招标采购过程中与采购人进行协商谈判的；

（六）拒绝有关部门监督检查或者提供虚假情况的。

供应商有前款第（一）至（五）项情形之一的，中标、成交无效。

第七十八条　采购代理机构在代理政府采购业务中有违法行为的，按照有关法律规定处以罚款，可以在一至三年内禁止其代理政府采购业务，构成犯罪的，依法追究刑事责任。

第七十九条　政府采购当事人有本法第七十一条、第七十二条、第七十七条违法行为之一，给他人造成损失的，并应依照有关民事法律规定承担民事责任。

第八十条　政府采购监督管理部门的工作人员在实施监督检查中违反本法规定滥用职权，玩忽职守，徇私舞弊的，依法给予行政处分；构成犯罪的，依法追究刑事责任。

第八十一条　政府采购监督管理部门对供应商的投诉逾期未作处理的，给予直接负责的主管人员和其他直接责任人员行政处分。

第八十二条　政府采购监督管理部门对集中采购机构业绩的考核，有虚假陈述，隐瞒真实情况的，或者不作定期考核和公布考核结果的，应当及时纠正，由其上级机关或者监察机关对其负责人进行通报，并对直接负责的人员依法给予行政处分。

集中采购机构在政府采购监督管理部门考核中，虚报业绩，隐瞒真实情况的，处以二万元以上二十万元以下的罚款，并予以通报；情节严重的，取消其代理采购的资格。

第八十三条　任何单位或者个人阻挠和限制供应商进入本地区或者本行业政府采购市场的，责令限期改正；拒不改正的，由该单位、个人的上级行政主管部门或者有关机关给予单位责任人或者个人处分。

第九章　附则

第八十四条　使用国际组织和外国政府贷款进行的政府采购，贷款方、资金提供方与中方达成的协议对采购的具体条件另有规定的，可以适用其规定，但不得损害国家利益和社会公共利益。

第八十五条　对因严重自然灾害和其他不可抗力事件所实施的紧急采购和涉及国家安全和秘密的采购，不适用本法。

第八十六条　军事采购法规由中央军事委员会另行制定。

第八十七条　本法实施的具体步骤和办法由国务院规定。

第八十八条　本法自 2003 年 1 月 1 日起施行。

附录二

中华人民共和国政府采购法实施条例

第一章　总则

第一条　根据《中华人民共和国政府采购法》（以下简称政府采购法），制定本条例。

第二条　政府采购法第二条所称财政性资金是指纳入预算管理的资金。

以财政性资金作为还款来源的借贷资金，视同财政性资金。

国家机关、事业单位和团体组织的采购项目既使用财政性资金又使用非财政性资金的，使用财政性资金采购的部分，适用政府采购法及本条例；财政性资金与非财政性资金无法分割采购的，统一适用政府采购法及本条例。

政府采购法第二条所称服务，包括政府自身需要的服务和政府向社会公众提供的公共服务。

第三条　集中采购目录包括集中采购机构采购项目和部门集中采购项目。

技术、服务等标准统一，采购人普遍使用的项目，列为集中采购机构采购项目；采购人本部门、本系统基于业务需要有特殊要求，可以统一采购的项目，列为部门集中采购项目。

第四条　政府采购法所称集中采购，是指采购人将列入集中采购目录的项目委托集中采购机构代理采购或者进行部门集中采购的行为；所称分散采购，是指采购人将采购限额标准以上的未列入集中采购目录的项目自行采购或者委托采购代理机构代理采购的行为。

第五条　省、自治区、直辖市人民政府或者其授权的机构根据实际情况，可以确定分别适用于本行政区域省级、设区的市级、县级的集中采购目录和采购限额标准。

第六条　国务院财政部门应当根据国家的经济和社会发展政策，会同国务院有关部门制定政府采购政策，通过制定采购需求标准、预留采购份额、价格评审优惠、优先采购等措施，实现节约能源、保护环境、扶持不发达地区和少数民族地区、促进中小企业发展等目标。

第七条　政府采购工程以及与工程建设有关的货物、服务，采用招标方式采购的，适用《中华人民共和国招标投标法》及其实施条例；采用其他方式采购的，适用政府采购法及本条例。

前款所称工程，是指建设工程，包括建筑物和构筑物的新建、改建、扩建及其相关的装修、拆除、修缮等；所称与工程建设有关的货物，是指构成工程不可分割的组成部分，且为实现工程基本功能所必需的设备、材料等；所称与工程建设有关的服务，是指为完成工程所需的勘察、设计、监理等服务。

政府采购工程以及与工程建设有关的货物、服务，应当执行政府采购政策。

第八条　政府采购项目信息应当在省级以上人民政府财政部门指定的媒体上发布。采购项目预算金额达到国务院财政部门规定标准的，政府采购项目信息应当在国务院财政部门指定的媒体上发布。

第九条　在政府采购活动中，采购人员及相关人员与供应商有下列利害关系之一的，应当回避：

（一）参加采购活动前 3 年内与供应商存在劳动关系；

（二）参加采购活动前 3 年内担任供应商的董事、监事；

（三）参加采购活动前 3 年内是供应商的控股股东或者实际控制人；

（四）与供应商的法定代表人或者负责人有夫妻、直系血亲、三代以内旁系血亲或者近姻亲关系；

（五）与供应商有其他可能影响政府采购活动公平、公正进行的关系。

供应商认为采购人员及相关人员与其他供应商有利害关系的，可以向采购人或者采购代理机构书面提出回避申请，并说明理由。采购人或者采购代理机构应当及时询问被申请回避人员，有利害关系的被申请回避人员应当回避。

第十条　国家实行统一的政府采购电子交易平台建设标准，推动利用信息网络进行电子化政府采购活动。

第二章　政府采购当事人

第十一条　采购人在政府采购活动中应当维护国家利益和社会公共利益，公正廉洁，诚实守信，执行政府采购政策，建立政府采购内部管理制度，厉行节约，科学合理确定采购需求。

采购人不得向供应商索要或者接受其给予的赠品、回扣或者与采购无关的其他商品、服务。

第十二条　政府采购法所称采购代理机构，是指集中采购机构和集中采购机构以外的采购代理机构。

集中采购机构是设区的市级以上人民政府依法设立的非营利事业法人，是代理集中采购项目的执行机构。集中采购机构应当根据采购人委托制定集中采购项目的实施方案，明确采购规程，组织政府采购活动，不得将集中采购项目转委托。集中采购机构以外的采购代理机构，是从事采购代理业务的社会中介机构。

第十三条　采购代理机构应当建立完善的政府采购内部监督管理制度，具备开展政府采购业务所需的评审条件和设施。

采购代理机构应当提高确定采购需求，编制招标文件、谈判文件、询价通知书，拟订合同文本和优化采购程序的专业化服务水平，根据采购人委托在规定的时间内及时组织采购人与中标或者成交供应商签订政府采购合同，及时协助采购人对采购项目进行验收。

第十四条　采购代理机构不得以不正当手段获取政府采购代理业务，不得与采购人、供应商恶意串通操纵政府采购活动。

采购代理机构工作人员不得接受采购人或者供应商组织的宴请、旅游、娱乐，不得收受礼品、现金、有价证券等，不得向采购人或者供应商报销应当由个人承担的费用。

第十五条　采购人、采购代理机构应当根据政府采购政策、采购预算、采购需求编制采购文件。

采购需求应当符合法律法规以及政府采购政策规定的技术、服务、安全等要求。政府向社会公众提供的公共服务项目，应当就确定采购需求征求社会公众的意见。除因技术复杂或者性质特殊，不能确定详细规格或者具体要求外，采购需求应当完整、明确。必要时，应当就确定采购需求征求相关供应商、专家的意见。

第十六条　政府采购法第二十条规定的委托代理协议，应当明确代理采购的范围、权限和期限等具体事项。

采购人和采购代理机构应当按照委托代理协议履行各自义务，采购代理机构不得超越代理权限。

第十七条　参加政府采购活动的供应商应当具备政府采购法第二十二条第一款规定的条件，提供下列材料：

（一）法人或者其他组织的营业执照等证明文件，自然人的身份证明；

（二）财务状况报告，依法缴纳税收和社会保障资金的相关材料；

（三）具备履行合同所必需的设备和专业技术能力的证明材料；

（四）参加政府采购活动前 3 年内在经营活动中没有重大违法记录的书面声明；

（五）具备法律、行政法规规定的其他条件的证明材料。

采购项目有特殊要求的，供应商还应当提供其符合特殊要求的证明材料或者情况说明。

第十八条　单位负责人为同一人或者存在直接控股、管理关系的不同供应商，不得参加同一合同项下的政府采购活动。

除单一来源采购项目外，为采购项目提供整体设计、规范编制或者项目管理、监理、检测等服务的供应商，不得再参加该采购项目的其他采购活动。

第十九条　政府采购法第二十二条第一款第五项所称重大违法记录，是指供应商因违法经营受到刑事处罚或者责令停产停业、吊销许可证或者执照、较大数额罚款等行政处罚。

供应商在参加政府采购活动前 3 年内因违法经营被禁止在一定期限内参加政府采购活动，期限届满的，可以参加政府采购活动。

第二十条　采购人或者采购代理机构有下列情形之一的，属于以不合理的条件对供应商实行差别待遇或者歧视待遇：

（一）就同一采购项目向供应商提供有差别的项目信息；

（二）设定的资格、技术、商务条件与采购项目的具体特点和实际需要不相适应或者与合同履行无关；

（三）采购需求中的技术、服务等要求指向特定供应商、特定产品；

（四）以特定行政区域或者特定行业的业绩、奖项作为加分条件或者中标、成交条件；

（五）对供应商采取不同的资格审查或者评审标准；

（六）限定或者指定特定的专利、商标、品牌或者供应商；

（七）非法限定供应商的所有制形式、组织形式或者所在地；

（八）以其他不合理条件限制或者排斥潜在供应商。

第二十一条　采购人或者采购代理机构对供应商进行资格预审的，资格预审公告应当在省级以上人民政府财政部门指定的媒体上发布。已进行资格预审的，评审阶段可以不再对供应商资格进行审查。资格预审合格的供应商在评审阶段资格发生变化的，应当通知采购人和采购代理机构。

资格预审公告应当包括采购人和采购项目名称、采购需求、对供应商的资格要求以及供应商提交资格预审申请文件的时间和地点。提交资格预审申请文件的时间自公告发布之日起不得少于 5 个工作日。

第二十二条　联合体中有同类资质的供应商按照联合体分工承担相同工作的，应当按照资质等级较低的供应商确定资质等级。

以联合体形式参加政府采购活动的，联合体各方不得再单独参加或者与其他供应商另外组成联合体参加同一合同项下的政府采购活动。

第三章　政府采购方式

第二十三条　采购人采购公开招标数额标准以上的货物或者服务，符合政府采购法第二十九条、第三十条、第三十一条、第三十二条规定情形或者有需要执行政府采购政策等特殊情况的，经设区的市级以上人民政府财政部门批准，可以依法采用公开招标以外的采购方式。

第二十四条　列入集中采购目录的项目，适合实行批量集中采购的，应当实行批量集中采购，但紧急的小额零星货物项目和有特殊要求的服务、工程项目除外。

第二十五条　政府采购工程依法不进行招标的，应当依照政府采购法和本条例规定的竞争性谈判或者单一来源采购方式采购。

第二十六条　政府采购法第三十条第三项规定的情形，应当是采购人不可预见的或者非因采购人拖延导致的；第四项规定的情形，是指因采购艺术品或者因专利、专有技术或者因服务的时间、数量事先不能确定等导致不能事先计算出价格总额。

第二十七条　政府采购法第三十一条第一项规定的情形，是指因货物或者服务使用不可替代的专利、专有技术，或者公共服务项目具有特殊要求，导致只能从某一特定供应商处采购。

第二十八条　在一个财政年度内，采购人将一个预算项目下的同一品目或者类别的货物、服务采用公开招标以外的方式多次采购，累计资金数额超过公开招标数额标准的，属于以化整为零方式规避公开招标，但项目预算调整或者经批准采用公开招标以外方式采购除外。

第四章　政府采购程序

第二十九条　采购人应当根据集中采购目录、采购限额标准和已批复的部门预算编制政府采购实施计划，报本级人民政府财政部门备案。

第三十条　采购人或者采购代理机构应当在招标文件、谈判文件、询价通知书中公开采购项目预算金额。

第三十一条　招标文件的提供期限自招标文件开始发出之日起不得少于5个工作日。

采购人或者采购代理机构可以对已发出的招标文件进行必要的澄清或者修改。澄清或者修改的内容可能影响投标文件编制的，采购人或者采购代理机构应当在投标截止时间至少15日前，以书面形式通知所有获取招标文件的潜在投标人；不足15日的，采购人或者采购代理机构应当顺延提交投标文件的截止时间。

第三十二条　采购人或者采购代理机构应当按照国务院财政部门制定的招标文件标准文本编制招标文件。

招标文件应当包括采购项目的商务条件、采购需求、投标人的资格条件、投标报价要求、评标方法、评标标准以及拟签订的合同文本等。

第三十三条　招标文件要求投标人提交投标保证金的，投标保证金不得超过采购项目预算金额的2%。投标保证金应当以支票、汇票、本票或者金融机构、担保机构出具的保函等非现金形式提交。投标人未按照招标文件要求提交投标保证金的，投标无效。

采购人或者采购代理机构应当自中标通知书发出之日起5个工作日内退还未中标供应商的投标保证金，自政府采购合同签订之日起5个工作日内退还中标供应商的投标保证金。

竞争性谈判或者询价采购中要求参加谈判或者询价的供应商提交保证金的，参照前两款的规定执行。

第三十四条　政府采购招标评标方法分为最低评标价法和综合评分法。

最低评标价法，是指投标文件满足招标文件全部实质性要求且投标报价最低的供应商为中标候选人的评标方法。综合评分法，是指投标文件满足招标文件全部实质性要求且按照评审因素的量化指标评审得分最高的供应商为中标候选人的评标方法。

技术、服务等标准统一的货物和服务项目，应当采用最低评标价法。

采用综合评分法的，评审标准中的分值设置应当与评审因素的量化指标相对应。

招标文件中没有规定的评标标准不得作为评审的依据。

第三十五条　谈判文件不能完整、明确列明采购需求，需要由供应商提供最终设计方案或者解决方案的，在谈判结束后，谈判小组应当按照少数服从多数的原则投票推荐3家以上供应商的设计方案或者解决方案，并要求其在规定时间内提交最后报价。

第三十六条　询价通知书应当根据采购需求确定政府采购合同条款。在询价过程中，询价小组不得改变询价通知书所确定的政府采购合同条款。

第三十七条　政府采购法第三十八条第五项、第四十条第四项所称质量和服务相等，是指供应商提供的产品质量和服务均能满足采购文件规定的实质性要求。

第三十八条　达到公开招标数额标准，符合政府采购法第三十一条第一项规定情形，只能从唯一供应商处采购的，采购人应当将采购项目信息和唯一供应商名称在省级以上人民政府财政部门指定的媒体上公示，公示期不得少于5个工作日。

第三十九条　除国务院财政部门规定的情形外，采购人或者采购代理机构应当从政府采购评审专家库中随机抽取评审专家。

第四十条　政府采购评审专家应当遵守评审工作纪律，不得泄露评审文件、评审情况和评审中获悉的商业秘密。

评标委员会、竞争性谈判小组或者询价小组在评审过程中发现供应商有行贿、提供虚假材料或者串通等违法行为的，应当及时向财政部门报告。

政府采购评审专家在评审过程中受到非法干预的，应当及时向财政、监察等部门举报。

第四十一条　评标委员会、竞争性谈判小组或者询价小组成员应当按照客观、公正、审慎的原则，根据采购文件规定的评审程序、评审方法和评审标准进行独立评审。采购文件内容违反国家有关强制性规定的，评标委员会、竞争性谈判小组或者询价小组应当停止评审并向采购人或者采购代理机构说明情况。

评标委员会、竞争性谈判小组或者询价小组成员应当在评审报告上签字，对自己的评审意见承担法律责任。对评审报告有异议的，应当在评审报告上签署不同意见，并说明理由，否则视为同意评审报告。

第四十二条　采购人、采购代理机构不得向评标委员会、竞争性谈判小组或者询价小组的评审专家作倾向性、误导性的解释或者说明。

第四十三条　采购代理机构应当自评审结束之日起 2 个工作日内将评审报告送交采购人。采购人应当自收到评审报告之日起 5 个工作日内在评审报告推荐的中标或者成交候选人中按顺序确定中标或者成交供应商。

采购人或者采购代理机构应当自中标、成交供应商确定之日起 2 个工作日内，发出中标、成交通知书，并在省级以上人民政府财政部门指定的媒体上公告中标、成交结果，招标文件、竞争性谈判文件、询价通知书随中标、成交结果同时公告。

中标、成交结果公告内容应当包括采购人和采购代理机构的名称、地址、联系方式，项目名称和项目编号，中标或者成交供应商名称、地址和中标或者成交金额，主要中标或者成交标的的名称、规格型号、数量、单价、服务要求以及评审专家名单。

第四十四条　除国务院财政部门规定的情形外，采购人、采购代理机构不得以任何理由组织重新评审。采购人、采购代理机构按照国务院财政部门的规定组织重新评审的，应当书面报告本级人民政府财政部门。

采购人或者采购代理机构不得通过对样品进行检测、对供应商进行考察等方式改变评审结果。

第四十五条　采购人或者采购代理机构应当按照政府采购合同规定的技术、服务、安全标准组织对供应商履约情况进行验收，并出具验收书。验收书应当包括每一项技术、服务、安全标准的履约情况。

政府向社会公众提供的公共服务项目，验收时应当邀请服务对象参与并出具意见，验收结果应当向社会公告。

第四十六条　政府采购法第四十二条规定的采购文件，可以用电子档案方式保存。

第五章　政府采购合同

第四十七条　国务院财政部门应当会同国务院有关部门制定政府采购合同标准文本。

第四十八条　采购文件要求中标或者成交供应商提交履约保证金的，供应商应当以支票、汇票、本票或者金融机构、担保机构出具的保函等非现金形式提交。履约保证金的数额不得超过政府采购合同金额的10%。

第四十九条　中标或者成交供应商拒绝与采购人签订合同的，采购人可以按照评审报告推荐的中标或者成交候选人名单排序，确定下一候选人为中标或者成交供应商，也可以重新开展政府采购活动。

第五十条　采购人应当自政府采购合同签订之日起2个工作日内，将政府采购合同在省级以上人民政府财政部门指定的媒体上公告，但政府采购合同中涉及国家秘密、商业秘密的内容除外。

第五十一条　采购人应当按照政府采购合同规定，及时向中标或者成交供应商支付采购资金。

政府采购项目资金支付程序，按照国家有关财政资金支付管理的规定执行。

第六章　质疑与投诉

第五十二条　采购人或者采购代理机构应当在3个工作日内对供应商依法提出的询问作出答复。

供应商提出的询问或者质疑超出采购人对采购代理机构委托授权范围的，采购代理机构应当告知供应商向采购人提出。

政府采购评审专家应当配合采购人或者采购代理机构答复供应商的询问和质疑。

第五十三条　政府采购法第五十二条规定的供应商应知其权益受到损害之日，是指：

（一）对可以质疑的采购文件提出质疑的，为收到采购文件之日或者采购文件公告期限届满之日；

（二）对采购过程提出质疑的，为各采购程序环节结束之日；

（三）对中标或者成交结果提出质疑的，为中标或者成交结果公告期限届满之日。

第五十四条　询问或者质疑事项可能影响中标、成交结果的，采购人应当暂停签订合同，已经签订合同的，应当中止履行合同。

第五十五条　供应商质疑、投诉应当有明确的请求和必要的证明材料。供应商投诉的事项不得超出已质疑事项的范围。

第五十六条　财政部门处理投诉事项采用书面审查的方式，必要时可以进行调查取证或者组织质证。

对财政部门依法进行的调查取证，投诉人和与投诉事项有关的当事人应当如实反映情况，并提供相关材料。

第五十七条　投诉人捏造事实、提供虚假材料或者以非法手段取得证明材料进行投诉的，财政部门应当予以驳回。

财政部门受理投诉后，投诉人书面申请撤回投诉的，财政部门应当终止投诉处理程序。

第五十八条　财政部门处理投诉事项，需要检验、检测、鉴定、专家评审以及需要投诉人补正材料的，所需时间不计算在投诉处理期限内。

财政部门对投诉事项作出的处理决定，应当在省级以上人民政府财政部门指定的媒体上公告。

第七章　监督检查

第五十九条　政府采购法第六十三条所称政府采购项目的采购标准，是指项目采购所依据的经费预算标准、资产配置标准和技术、服务标准等。

第六十条　除政府采购法第六十六条规定的考核事项外，财政部门对集中采购机构的考核事项还包括：

（一）政府采购政策的执行情况；

（二）采购文件编制水平；

（三）采购方式和采购程序的执行情况；

（四）询问、质疑答复情况；

（五）内部监督管理制度建设及执行情况；

（六）省级以上人民政府财政部门规定的其他事项。

财政部门应当制定考核计划，定期对集中采购机构进行考核，考核结果有重要情况的，应当向本级人民政府报告。

第六十一条　采购人发现采购代理机构有违法行为的，应当要求其改正。采购代理机构拒不改正的，采购人应当向本级人民政府财政部门报告，财政部门应当依法处理。

采购代理机构发现采购人的采购需求存在以不合理条件对供应商实行差别待遇、歧视待遇或者其他不符合法律、法规和政府采购政策规定内容，或者发现采购人有其他违法行为的，应当建议其改正。采购人拒不改正的，采购代理机构应当向采购人的本级人民政府财政部门报告，财政部门应当依法处理。

第六十二条　省级以上人民政府财政部门应当对政府采购评审专家库实行动态管理，具体管理办法由国务院财政部门制定。

采购人或者采购代理机构应当对评审专家在政府采购活动中的职责履行情况予以记录，并及时向财政部门报告。

第六十三条　各级人民政府财政部门和其他有关部门应当加强对参加政府采购活动的供应商、采购代理机构、评审专家的监督管理，对其不良行为予以记录，并纳入统一的信用信息平台。

第六十四条　各级人民政府财政部门对政府采购活动进行监督检查，有权查阅、复制有关文件、资料，相关单位和人员应当予以配合。

第六十五条　审计机关、监察机关以及其他有关部门依法对政府采购活动实施监督，发现采购当事人有违法行为的，应当及时通报财政部门。

第八章　法律责任

第六十六条　政府采购法第七十一条规定的罚款，数额为 10 万元以下。

政府采购法第七十二条规定的罚款，数额为 5 万元以上 25 万元以下。

第六十七条　采购人有下列情形之一的，由财政部门责令限期改正，给予警告，对直接负责的主管人员和其他直接责任人员依法给予处分，并予以通报：

（一）未按照规定编制政府采购实施计划或者未按照规定将政府采购实施计划报本级人民政府财政部门备案；

（二）将应当进行公开招标的项目化整为零或者以其他任何方式规避公开招标；

（三）未按照规定在评标委员会、竞争性谈判小组或者询价小组推荐的中标或者成交候选人中确定中标或者成交供应商；

（四）未按照采购文件确定的事项签订政府采购合同；

（五）政府采购合同履行中追加与合同标的相同的货物、工程或者服务的采购金额超过原合同采购金额 10%；

（六）擅自变更、中止或者终止政府采购合同；

（七）未按照规定公告政府采购合同；

（八）未按照规定时间将政府采购合同副本报本级人民政府财政部门和有关部门备案。

第六十八条　采购人、采购代理机构有下列情形之一的，依照政府采购法第七十一条、第七十八条的规定追究法律责任：

（一）未依照政府采购法和本条例规定的方式实施采购；

（二）未依法在指定的媒体上发布政府采购项目信息；

（三）未按照规定执行政府采购政策；

（四）违反本条例第十五条的规定导致无法组织对供应商履约情况进行验收或者国家财产遭受损失；

（五）未依法从政府采购评审专家库中抽取评审专家；

（六）非法干预采购评审活动；

（七）采用综合评分法时评审标准中的分值设置未与评审因素的量化指标相对应；

（八）对供应商的询问、质疑逾期未作处理；

（九）通过对样品进行检测、对供应商进行考察等方式改变评审结果；

（十）未按照规定组织对供应商履约情况进行验收。

第六十九条　集中采购机构有下列情形之一的，由财政部门责令限期改正，给予警告，有违法所得的，并处没收违法所得，对直接负责的主管人员和其他直接责任人员依法给予处分，并予以通报：

（一）内部监督管理制度不健全，对依法应当分设、分离的岗位、人员未分设、分离；

（二）将集中采购项目委托其他采购代理机构采购；

（三）从事营利活动。

第七十条　采购人员与供应商有利害关系而不依法回避的，由财政部门给予警告，并处 2000 元以上 2 万元以下的罚款。

第七十一条　有政府采购法第七十一条、第七十二条规定的违法行为之一，影响或者可能影响中标、成交结果的，依照下列规定处理：

（一）未确定中标或者成交供应商的，终止本次政府采购活动，重新开展政府采购活动。

（二）已确定中标或者成交供应商但尚未签订政府采购合同的，中标或者成交结果无效，从合格的中标或者成交候选人中另行确定中标或者成交供应商；没有合格的中标或者成交候选人的，重新开展政府采购活动。

（三）政府采购合同已签订但尚未履行的，撤销合同，从合格的中标或者成交候选人中另行确定中标或者成交供应商；没有合格的中标或者成交候选人的，重新开展政府采购活动。

（四）政府采购合同已经履行，给采购人、供应商造成损失的，由责任人承担赔偿责任。

政府采购当事人有其他违反政府采购法或者本条例规定的行为，经改正后仍然影响或者可能影响中标、成交结果或者依法被认定为中标、成交无效的，依照前款规定处理。

第七十二条　供应商有下列情形之一的，依照政府采购法第七十七条第一款的规定追究法律责任：

（一）向评标委员会、竞争性谈判小组或者询价小组成员行贿或者提供其他不正当利益；

（二）中标或者成交后无正当理由拒不与采购人签订政府采购合同；

（三）未按照采购文件确定的事项签订政府采购合同；

（四）将政府采购合同转包；

（五）提供假冒伪劣产品；

（六）擅自变更、中止或者终止政府采购合同。

供应商有前款第一项规定情形的，中标、成交无效。评审阶段资格发生变化，供应商未依照本条例第二十一条的规定通知采购人和采购代理机构的，处以采购金额5‰的罚款，列入不良行为记录名单，中标、成交无效。

第七十三条　供应商捏造事实、提供虚假材料或者以非法手段取得证明材料进行投诉的，由财政部门列入不良行为记录名单，禁止其1至3年内参加政府采购活动。

第七十四条　有下列情形之一的，属于恶意串通，对供应商依照政府采购法第七十七条第一款的规定追究法律责任，对采购人、采购代理机构及其工作人员依照政府采购法第七十二条的规定追究法律责任：

（一）供应商直接或者间接从采购人或者采购代理机构处获得其他供应商的相关情况并修改其投标文件或者响应文件；

（二）供应商按照采购人或者采购代理机构的授意撤换、修改投标文件或者响应文件；

（三）供应商之间协商报价、技术方案等投标文件或者响应文件的实质性内容；

（四）属于同一集团、协会、商会等组织成员的供应商按照该组织要求协同参加政府采购活动；

（五）供应商之间事先约定由某一特定供应商中标、成交；

（六）供应商之间商定部分供应商放弃参加政府采购活动或者放弃中标、成交；

（七）供应商与采购人或者采购代理机构之间、供应商相互之间，为谋求特定供应商中标、成交或者排斥其他供应商的其他串通行为。

第七十五条　政府采购评审专家未按照采购文件规定的评审程序、评审方法和评审标准进行独立评审或者泄露评审文件、评审情况的，由财政部门给予警告，并处2000元以上2万元以下的罚款；影响中标、成交结果的，处2万元以上5万元以下的罚款，禁止其参加政府采购评审活动。

政府采购评审专家与供应商存在利害关系未回避的，处2万元以上5万元以下的罚款，禁止其参加政府采购评审活动。

政府采购评审专家收受采购人、采购代理机构、供应商贿赂或者获取其他不正当利益，构成犯罪的，依法追究刑事责任；尚不构成犯罪的，处2万元以上5万元以下的罚款，禁止其参加政府采购评审活动。

政府采购评审专家有上述违法行为的，其评审意见无效，不得获取评审费；有违法所得的，没收违法所得；给他人造成损失的，依法承担民事责任。

第七十六条　政府采购当事人违反政府采购法和本条例规定，给他人造成损失的，依法承担民事责任。

第七十七条　财政部门在履行政府采购监督管理职责中违反政府采购法和本条例规定，滥用职权、玩忽职守、徇私舞弊的，对直接负责的主管人员和其他直接责任人员依法给予处分；直接负责的主管人员和其他直接责任人员构成犯罪的，依法追究刑事责任。

第九章　附则

第七十八条　财政管理实行省直接管理的县级人民政府可以根据需要并报经省级人民政府批准，行使政府采购法和本条例规定的设区的市级人民政府批准变更采购方式的职权。

第七十九条　本条例自2015年3月1日起施行。

附录三

中华人民共和国预算法

第一章　总则

第一条　为了规范政府收支行为，强化预算约束，加强对预算的管理和监督，建立健全全面规范、公开透明的预算制度，保障经济社会的健康发展，根据宪法，制定本法。

第二条　预算、决算的编制、审查、批准、监督，以及预算的执行和调整，依照本法规定执行。

第三条　国家实行一级政府一级预算，设立中央，省、自治区、直辖市，设区的市、自治州，县、自治县、不设区的市、市辖区，乡、民族乡、镇五级预算。

全国预算由中央预算和地方预算组成。地方预算由各省、自治区、直辖市总预算组成。

地方各级总预算由本级预算和汇总的下一级总预算组成；下一级只有本级预算的，下一级总预算即指下一级的本级预算。没有下一级预算的，总预算即指本级预算。

第四条　预算由预算收入和预算支出组成。

政府的全部收入和支出都应当纳入预算。

第五条　预算包括一般公共预算、政府性基金预算、国有资本经营预算、社会保险基金预算。

一般公共预算、政府性基金预算、国有资本经营预算、社会保险基金预算应当保持完整、独立。政府性基金预算、国有资本经营预算、社会保险基金预算应当与一般公共预算相衔接。

第六条　一般公共预算是对以税收为主体的财政收入，安排用于保障和改善民生、推动经济社会发展、维护国家安全、维持国家机构正常运转等方面的收支预算。

中央一般公共预算包括中央各部门（含直属单位，下同）的预算和中央对地方的税收返还、转移支付预算。

中央一般公共预算收入包括中央本级收入和地方向中央的上解收入。中央一般公共预算支出包括中央本级支出、中央对地方的税收返还和转移支付。

第七条　地方各级一般公共预算包括本级各部门（含直属单位，下同）的预算和税收返还、转移支付预算。

地方各级一般公共预算收入包括地方本级收入、上级政府对本级政府的税收返还和转移支付、下级政府的上解收入。地方各级一般公共预算支出包括地方本级支出、对上级政府的上解支出、对下级政府的税收返还和转移支付。

第八条　各部门预算由本部门及其所属各单位预算组成。

第九条　政府性基金预算是对依照法律、行政法规的规定在一定期限内向特定对象征收、收取或者以其他方式筹集的资金，专项用于特定公共事业发展的收支预算。

政府性基金预算应当根据基金项目收入情况和实际支出需要，按基金项目编制，做到以收定支。

第十条　国有资本经营预算是对国有资本收益作出支出安排的收支预算。

国有资本经营预算应当按照收支平衡的原则编制，不列赤字，并安排资金调入一般公共预算。

第十一条　社会保险基金预算是对社会保险缴款、一般公共预算安排和其他方式筹集的资金，专项用于社会保险的收支预算。

社会保险基金预算应当按照统筹层次和社会保险项目分别编制，做到收支平衡。

第十二条　各级预算应当遵循统筹兼顾、勤俭节约、量力而行、讲求绩效和收支平衡的原则。

各级政府应当建立跨年度预算平衡机制。

第十三条　经人民代表大会批准的预算，非经法定程序，不得调整。各级政府、各部门、各单位的支出必须以经批准的预算为依据，未列入预算的不得支出。

第十四条　经本级人民代表大会或者本级人民代表大会常务委员会批准的预算、预算调整、决算、预算执行情况的报告及报表，应当在批准后二十日内由本级政府财政部门向社会公开，并对本级政府财政转移支付安排、执行的情况以及举借债务的情况等重要事项作出说明。

经本级政府财政部门批复的部门预算、决算及报表，应当在批复后二十日内由各部门向社会公开，并对部门预算、决算中机关运行经费的安排、使用情况等重要事项作出说明。

各级政府、各部门、各单位应当将政府采购的情况及时向社会公开。

本条前三款规定的公开事项，涉及国家秘密的除外。

第十五条　国家实行中央和地方分税制。

第十六条　国家实行财政转移支付制度。财政转移支付应当规范、公平、公开，以推进地区间基本公共服务均等化为主要目标。

财政转移支付包括中央对地方的转移支付和地方上级政府对下级政府的转移支付，以为均衡地区间基本财力、由下级政府统筹安排使用的一般性转移支付为主体。

按照法律、行政法规和国务院的规定可以设立专项转移支付，用于办理特定事项。建立健全专项转移支付定期评估和退出机制。市场竞争机制能够有效调节的事项不得设立专项转移支付。

上级政府在安排专项转移支付时，不得要求下级政府承担配套资金。但是，按照国务院的规定应当由上下级政府共同承担的事项除外。

第十七条　各级预算的编制、执行应当建立健全相互制约、相互协调的机制。

第十八条　预算年度自公历 1 月 1 日起，至 12 月 31 日止。

第十九条　预算收入和预算支出以人民币元为计算单位。

第二章　预算管理职权

第二十条　全国人民代表大会审查中央和地方预算草案及中央和地方预算执行情况的报告；批准中央预算和中央预算执行情况的报告；改变或者撤销全国人民代表大会常务委员会关于预算、决算的不适当的决议。

全国人民代表大会常务委员会监督中央和地方预算的执行；审查和批准中央预算的调整方案；审查和批准中央决算；撤销国务院制定的同宪法、法律相抵触的关于预算、决算的行政法规、决定和命令；撤销省、自治区、直辖市人民代表大会及其常务委员会制定的同宪法、法律和行政法规相抵触的关于预算、决算的地方性法规和决议。

第二十一条　县级以上地方各级人民代表大会审查本级总预算草案及本级总预算执行情况的报告；批准本级预算和本级预算执行情况的报告；改变或者撤销本级人民代表大会常务委员会关于预算、决算的不适当的决议；撤销本级政府关于预算、决算的不适当的决定和命令。

县级以上地方各级人民代表大会常务委员会监督本级总预算的执行；审查和批准本级预算的调整方案；审查和批准本级决算；撤销本级政府和下一级人民代表大会及其常务委员会关于预算、决算的不适当的决定、命令和决议。

乡、民族乡、镇的人民代表大会审查和批准本级预算和本级预算执行情况的报告；监督本级预算的执行；审查和批准本级预算的调整方案；审查和批准本级决算；撤销本级政府关于预算、决算的不适当的决定和命令。

第二十二条　全国人民代表大会财政经济委员会对中央预算草案初步方案及上一年预算执行情况、中央预算调整初步方案和中央决算草案进行初步审查，提出初步审查意见。

省、自治区、直辖市人民代表大会有关专门委员会对本级预算草案初步方案及上一年预算执行情况、本级预算调整初步方案和本级决算草案进行初步审查，提出初步审查意见。

设区的市、自治州人民代表大会有关专门委员会对本级预算草案初步方案及上一年预算执行情况、本级预算调整初步方案和本级决算草案进行初步审查，提出初步审查意见，未设立专门委员会的，由本级人民代表大会常务委员会有关工作机构研究提出意见。

县、自治县、不设区的市、市辖区人民代表大会常务委员会对本级预算草案初步方案及上一年预算执行情况进行初步审查，提出初步审查意见。县、自治县、不设区的市、市辖区人民代表大会常务委员会有关工作机构对本级预算调整初步方案和本级决算草案研究提出意见。

设区的市、自治州以上各级人民代表大会有关专门委员会进行初步审查、常务委员会有关工作机构研究提出意见时，应当邀请本级人民代表大会代表参加。

对依照本条第一款至第四款规定提出的意见，本级政府财政部门应当将处理情况及时反馈。

依照本条第一款至第四款规定提出的意见以及本级政府财政部门反馈的处理情况报告，应当印发本级人民代表大会代表。

全国人民代表大会常务委员会和省、自治区、直辖市、设区的市、自治州人民代表大会常务委员会有关工作机构，依照本级人民代表大会常务委员会的决定，协助本级人民代表大会财政经济委员会或者有关专门委员会承担审查预算草案、预算调整方案、决算草案和监督预算执行等方面的具体工作。

第二十三条　国务院编制中央预算、决算草案；向全国人民代表大会作关于中央和地方预算草案的报告；将省、自治区、直辖市政府报送备案的预算汇总后报全国人民代表大会常务委员会备案；组织中央和地方预算的执行；决定中央预算预备费的动用；编制中央预算调整方案；监督中央各部门和地方政府的预算执行；改变或者撤销中央各部门和地方政府关于预算、决算的不适当的决定、命令；向全国人民代表大会、全国人民代表大会常务委员会报告中央和地方预算的执行情况。

第二十四条　县级以上地方各级政府编制本级预算、决算草案；向本级人民代表大会作关于本级总预算草案的报告；将下一级政府报送备案的预算汇总后报本级人民代表大会常务委员会会备案；组织本级总预算的执行；决定本级预算预备费的动用；编制本级预算的调整方案；监督本级各部门和下级政府的预算执行；改变或者撤销本级各部门和下级政府关于预算、决算的不适当的决定、命令；向本级人民代表大会、本级人民代表大会常务委员会会报告本级总预算的执行情况。

乡、民族乡、镇政府编制本级预算、决算草案；向本级人民代表大会作关于本级预算草案的报告；组织本级预算的执行；决定本级预算预备费的动用；编制本级预算的调整方案；向本级人民代表大会报告本级预算的执行情况。

经省、自治区、直辖市政府批准，乡、民族乡、镇本级预算草案、预算调整方案、决算草案，可以由上一级政府代编，并依照本法第二十一条的规定报乡、民族乡、镇的人民代表大会审查和批准。

第二十五条　国务院财政部门具体编制中央预算、决算草案；具体组织中央和地方预算的执行；提出中央预算预备费动用方案；具体编制中央预算的调整方案；定期向国务院报告中央和地方预算的执行情况。

地方各级政府财政部门具体编制本级预算、决算草案；具体组织本级总预算的执行；提出本级预算预备费动用方案；具体编制本级预算的调整方案；定期向本级政府和上一级政府财政部门报告本级总预算的执行情况。

第二十六条　各部门编制本部门预算、决算草案；组织和监督本部门预算的执行；定期向本级政府财政部门报告预算的执行情况。

各单位编制本单位预算、决算草案；按照国家规定上缴预算收入，安排预算支出，并接受国家有关部门的监督。

第三章　预算收支范围

第二十七条　一般公共预算收入包括各项税收收入、行政事业性收费收入、国有资源（资产）有偿使用收入、转移性收入和其他收入。

一般公共预算支出按照其功能分类，包括一般公共服务支出，外交、公共安全、国防支出，农业、环境保护支出，教育、科技、文化、卫生、体育支出，社会保障及就业支出和其他支出。

一般公共预算支出按照其经济性质分类，包括工资福利支出、商品和服务支出、资本性支出和其他支出。

第二十八条　政府性基金预算、国有资本经营预算和社会保险基金预算的收支范围，按照法律、行政法规和国务院的规定执行。

第二十九条　中央预算与地方预算有关收入和支出项目的划分、地方向中央上解收入、中央对地方税收返还或者转移支付的具体办法，由国务院规定，报全国人民代表大会常务委员会备案。

第三十条　上级政府不得在预算之外调用下级政府预算的资金。下级政府不得挤占或者截留属于上级政府预算的资金。

第四章　预算编制

第三十一条　国务院应当及时下达关于编制下一年预算草案的通知。编制预算草案的具体事项由国务院财政部门部署。

各级政府、各部门、各单位应当按照国务院规定的时间编制预算草案。

第三十二条　各级预算应当根据年度经济社会发展目标、国家宏观调控总体要求和跨年度预算平衡的需要，参考上一年预算执行情况、有关支出绩效评价结果和本年度收支预测，按照规定程序征求各方面意见后，进行编制。

各级政府依据法定权限作出决定或者制定行政措施，凡涉及增加或者减少财政收入或者支出的，应当在预算批准前提出并在预算草案中作出相应安排。

各部门、各单位应当按照国务院财政部门制定的政府收支分类科目、预算支出标准和要求，以及绩效目标管理等预算编制规定，根据其依法履行职能和事业发展的需要以及存量资产情况，编制本部门、本单位预算草案。

前款所称政府收支分类科目，收入分为类、款、项、目；支出按其功能分类分为类、款、项，按其经济性质分类分为类、款。

第三十三条　省、自治区、直辖市政府应当按照国务院规定的时间，将本级总预算草案报国务院审核汇总。

第三十四条　中央一般公共预算中必需的部分资金，可以通过举借国内和国外债务等方式筹措，举借债务应当控制适当的规模，保持合理的结构。

对中央一般公共预算中举借的债务实行余额管理，余额的规模不得超过全国人民代表大会批准的限额。

国务院财政部门具体负责对中央政府债务的统一管理。

第三十五条　地方各级预算按照量入为出、收支平衡的原则编制，除本法另有规定外，不列赤字。

经国务院批准的省、自治区、直辖市的预算中必需的建设投资的部分资金，可以在国务院确定的限额内，通过发行地方政府债券举借债务的方式筹措。举借债务的规模，由国务院报全国人民代表大会或者全国人民代表大会常务委员会批准。省、自治区、直辖市依照国务院下达的限额举借的债务，列入本级预算调整方案，报本级人民代表大会常务委员会批准。举借的债务应当有偿还计划和稳定的偿还资金来源，只能用于公益性资本支出，不得用于经常性支出。

除前款规定外，地方政府及其所属部门不得以任何方式举借债务。

除法律另有规定外，地方政府及其所属部门不得为任何单位和个人的债务以任何方式提供担保。

国务院建立地方政府债务风险评估和预警机制、应急处置机制以及责任追究制度。国务院财政部门对地方政府债务实施监督。

第三十六条　各级预算收入的编制，应当与经济社会发展水平相适应，与财政政策相衔接。

各级政府、各部门、各单位应当依照本法规定，将所有政府收入全部列入预算，不得隐瞒、少列。

第三十七条　各级预算支出应当依照本法规定，按其功能和经济性质分类编制。

各级预算支出的编制，应当贯彻勤俭节约的原则，严格控制各部门、各单位的机关运行经费和楼堂馆所等基本建设支出。

各级一般公共预算支出的编制，应当统筹兼顾，在保证基本公共服务合理需要的前提下，优先安排国家确定的重点支出。

第三十八条　一般性转移支付应当按照国务院规定的基本标准和计算方法编制。专项转移支付应当分地区、分项目编制。

县级以上各级政府应当将对下级政府的转移支付预计数提前下达下级政府。

地方各级政府应当将上级政府提前下达的转移支付预计数编入本级预算。

第三十九条　中央预算和有关地方预算中应当安排必要的资金，用于扶助革命老区、民族地区、边疆地区、贫困地区发展经济社会建设事业。

第四十条　各级一般公共预算应当按照本级一般公共预算支出额的百分之一至百分之三设置预备费，用于当年预算执行中的自然灾害等突发事件处理增加的支出及其他难以预见的开支。

第四十一条　各级一般公共预算按照国务院的规定可以设置预算周转金，用于本级政府调剂预算年度内季节性收支差额。

各级一般公共预算按照国务院的规定可以设置预算稳定调节基金，用于弥补以后年度预算资金的不足。

第四十二条　各级政府上一年预算的结转资金，应当在下一年用于结转项目的支出；

连续两年未用完的结转资金，应当作为结余资金管理。

各部门、各单位上一年预算的结转、结余资金按照国务院财政部门的规定办理。

第四十三条　中央预算由全国人民代表大会审查和批准。

地方各级预算由本级人民代表大会审查和批准。

第四十四条　国务院财政部门应当在每年全国人民代表大会会议举行的四十五日前，将中央预算草案的初步方案提交全国人民代表大会财政经济委员会进行初步审查。

省、自治区、直辖市政府财政部门应当在本级人民代表大会会议举行的三十日前，将本级预算草案的初步方案提交本级人民代表大会有关专门委员会进行初步审查。

设区的市、自治州政府财政部门应当在本级人民代表大会会议举行的三十日前，将本级预算草案的初步方案提交本级人民代表大会有关专门委员会进行初步审查，或者送交本级人民代表大会常务委员会有关工作机构征求意见。

县、自治县、不设区的市、市辖区政府应当在本级人民代表大会会议举行的三十日前，将本级预算草案的初步方案提交本级人民代表大会常务委员会进行初步审查。

第四十五条　县、自治县、不设区的市、市辖区、乡、民族乡、镇的人民代表大会举行会议审查预算草案前，应当采用多种形式，组织本级人民代表大会代表，听取选民和社会各界的意见。

第四十六条　报送各级人民代表大会审查和批准的预算草案应当细化。本级一般公共预算支出，按其功能分类应当编列到项；按其经济性质分类，基本支出应当编列到款。本级政府性基金预算、国有资本经营预算、社会保险基金预算支出，按其功能分类应当编列到项。

第五章　预算审查和批准

第四十七条　国务院在全国人民代表大会举行会议时，向大会作关于中央和地方预算草案以及中央和地方预算执行情况的报告。

地方各级政府在本级人民代表大会举行会议时，向大会作关于总预算草案和总预算执行情况的报告。

第四十八条　全国人民代表大会和地方各级人民代表大会对预算草案及其报告、预算执行情况的报告重点审查下列内容：

（一）上一年预算执行情况是否符合本级人民代表大会预算决议的要求；

（二）预算安排是否符合本法的规定；

（三）预算安排是否贯彻国民经济和社会发展的方针政策，收支政策是否切实可行；

（四）重点支出和重大投资项目的预算安排是否适当；

（五）预算的编制是否完整，是否符合本法第四十六条的规定；

（六）对下级政府的转移性支出预算是否规范、适当；

（七）预算安排举借的债务是否合法、合理，是否有偿还计划和稳定的偿还资金来源；

（八）与预算有关重要事项的说明是否清晰。

第四十九条　全国人民代表大会财政经济委员会向全国人民代表大会主席团提出关于中央和地方预算草案及中央和地方预算执行情况的审查结果报告。

省、自治区、直辖市、设区的市、自治州人民代表大会有关专门委员会，县、自治县、不设区的市、市辖区人民代表大会常务委员会，向本级人民代表大会主席团提出关于总预算草案及上一年总预算执行情况的审查结果报告。

审查结果报告应当包括下列内容：

（一）对上一年预算执行和落实本级人民代表大会预算决议的情况作出评价；

（二）对本年度预算草案是否符合本法的规定，是否可行作出评价；

（三）对本级人民代表大会批准预算草案和预算报告提出建议；

（四）对执行年度预算、改进预算管理、提高预算绩效、加强预算监督等提出意见和建议。

第五十条　乡、民族乡、镇政府应当及时将经本级人民代表大会批准的本级预算报上一级政府备案。县级以上地方各级政府应当及时将经本级人民代表大会批准的本级预算及下一级政府报送备案的预算汇总，报上一级政府备案。

县级以上地方各级政府将下一级政府依照前款规定报送备案的预算汇总后，报本级人民代表大会常务委员会备案。国务院将省、自治区、直辖市政府依照前款规定报送备案的预算汇总后，报全国人民代表大会常务委员会备案。

第五十一条　国务院和县级以上地方各级政府对下一级政府依照本法第四十条规定报送备案的预算，认为有同法律、行政法规相抵触或者有其他不适当之处，需要撤销批准预算的决议的，应当提请本级人民代表大会常务委员会审议决定。

第五十二条　各级预算经本级人民代表大会批准后，本级政府财政部门应当在二十日内向本级各部门批复预算。各部门应当在接到本级政府财政部门批复的本部门预算后十五日内向所属各单位批复预算。

中央对地方的一般性转移支付应当在全国人民代表大会批准预算后三十日内正式下达。中央对地方的专项转移支付应当在全国人民代表大会批准预算后九十日内正式下达。

省、自治区、直辖市政府接到中央一般性转移支付和专项转移支付后，应当在三十日内正式下达到本行政区域县级以上各级政府。

县级以上地方各级预算安排对下级政府的一般性转移支付和专项转移支付，应当分别在本级人民代表大会批准预算后的三十日和六十日内正式下达。

对自然灾害等突发事件处理的转移支付，应当及时下达预算；对据实结算等特殊项目的转移支付，可以分期下达预算，或者先预付后结算。

县级以上各级政府财政部门应当将批复本级各部门的预算和批复下级政府的转移支付预算，抄送本级人民代表大会财政经济委员会、有关专门委员会和常务委员会有关工作机构。

第六章　预算执行

第五十三条　各级预算由本级政府组织执行，具体工作由本级政府财政部门负责。

各部门、各单位是本部门、本单位的预算执行主体，负责本部门、本单位的预算执行，并对执行结果负责。

第五十四条　预算年度开始后，各级预算草案在本级人民代表大会批准前，可以安排下列支出：

（一）上一年度结转的支出；

（二）参照上一年同期的预算支出数额安排必须支付的本年度部门基本支出、项目支出，以及对下级政府的转移性支出；

（三）法律规定必须履行支付义务的支出，以及用于自然灾害等突发事件处理的支出。

根据前款规定安排支出的情况，应当在预算草案的报告中作出说明。

预算经本级人民代表大会批准后，按照批准的预算执行。

第五十五条　预算收入征收部门和单位，必须依照法律、行政法规的规定，及时、足额征收应征的预算收入。不得违反法律、行政法规规定，多征、提前征收或者减征、免征、缓征应征的预算收入，不得截留、占用或者挪用预算收入。

各级政府不得向预算收入征收部门和单位下达收入指标。

第五十六条　政府的全部收入应当上缴国家金库（以下简称国库），任何部门、单位和个人不得截留、占用、挪用或者拖欠。

对于法律有明确规定或者经国务院批准的特定专用资金，可以依照国务院的规定设立财政专户。

第五十七条　各级政府财政部门必须依照法律、行政法规和国务院财政部门的规定，及时、足额地拨付预算支出资金，加强对预算支出的管理和监督。

各级政府、各部门、各单位的支出必须按照预算执行，不得虚假列支。

各级政府、各部门、各单位应当对预算支出情况开展绩效评价。

第五十八条　各级预算的收入和支出实行收付实现制。

特定事项按照国务院的规定实行权责发生制的有关情况，应当向本级人民代表大会常务委员会报告。

第五十九条　县级以上各级预算必须设立国库；具备条件的乡、民族乡、镇也应当设立国库。

中央国库业务由中国人民银行经理，地方国库业务依照国务院的有关规定办理。

各级国库应当按照国家有关规定，及时准确地办理预算收入的收纳、划分、留解、退付和预算支出的拨付。

各级国库库款的支配权属于本级政府财政部门。除法律、行政法规另有规定外，未经本级政府财政部门同意，任何部门、单位和个人都无权冻结、动用国库库款或者以其他方式支配已入国库的库款。

各级政府应当加强对本级国库的管理和监督，按照国务院的规定完善国库现金管理，合理调节国库资金余额。

各级政府应当加强对本级国库的管理和监督。

第六十条　已经缴入国库的资金，依照法律、行政法规的规定或者国务院的决定需要退付的，各级政府财政部门或者其授权的机构应当及时办理退付。按照规定应当由财政支出安排的事项，不得用退库处理。

第六十一条　国家实行国库集中收缴和集中支付制度，对政府全部收入和支出实行国库集中收付管理。

第六十二条　各级政府应当加强对预算执行的领导，支持政府财政、税务、海关等预算收入的征收部门依法组织预算收入，支持政府财政部门严格管理预算支出。

财政、税务、海关等部门在预算执行中，应当加强对预算执行的分析；发现问题时应当及时建议本级政府采取措施予以解决。

第六十三条　各部门、各单位应当加强对预算收入和支出的管理，不得截留或者动用应当上缴的预算收入，不得擅自改变预算支出的用途。

第六十四条　各级预算预备费的动用方案，由本级政府财政部门提出，报本级政府决定。

第六十五条　各级预算周转金由本级政府财政部门管理，不得挪作他用。

第六十六条　各级一般公共预算年度执行中有超收收入的，只能用于冲减赤字或者补充预算稳定调节基金。

各级一般公共预算的结余资金，应当补充预算稳定调节基金。

省、自治区、直辖市一般公共预算年度执行中出现短收，通过调入预算稳定调节基金、减少支出等方式仍不能实现收支平衡的，省、自治区、直辖市政府报本级人民代表大会或者其常务委员会批准，可以增列赤字，报国务院财政部门备案，并应当在下一年度预算中予以弥补。

第七章　预算调整

第六十七条　经全国人民代表大会批准的中央预算和经地方各级人民代表大会批准的地方各级预算，在执行中出现下列情况之一的，应当进行预算调整：

（一）需要增加或者减少预算总支出的；

（二）需要调入预算稳定调节基金的；

（三）需要调减预算安排的重点支出数额的；

（四）需要增加举借债务数额的。

第六十八条　在预算执行中，各级政府一般不制定新的增加财政收入或者支出的政策和措施，也不制定减少财政收入的政策和措施；必须作出并需要进行预算调整的，应当在预算调整方案中作出安排。

第六十九条　在预算执行中，各级政府对于必须进行的预算调整，应当编制预算调整方案。预算调整方案应当说明预算调整的理由、项目和数额。

在预算执行中，由于发生自然灾害等突发事件，必须及时增加预算支出的，应当先动支预备费；预备费不足支出的，各级政府可以先安排支出，属于预算调整的，列入预算调整方案。

国务院财政部门应当在全国人民代表大会常务委员会举行会议审查和批准预算调整方案的三十日前，将预算调整初步方案送交全国人民代表大会财政经济委员会进行初步审查。

省、自治区、直辖市政府财政部门应当在本级人民代表大会常务委员会举行会议审查和批准预算调整方案的三十日前，将预算调整初步方案送交本级人民代表大会有关专门委员会进行初步审查。

设区的市、自治州政府财政部门应当在本级人民代表大会常务委员会举行会议审查和批准预算调整方案的三十日前，将预算调整初步方案送交本级人民代表大会有关专门委员会进行初步审查，或者送交本级人民代表大会常务委员会有关工作机构征求意见。

县、自治县、不设区的市、市辖区政府财政部门应当在本级人民代表大会常务委员会举行会议审查和批准预算调整方案的三十日前，将预算调整初步方案送交本级人民代表大会常务委员会有关工作机构征求意见。

中央预算的调整方案应当提请全国人民代表大会常务委员会审查和批准。县级以上地方各级预算的调整方案应当提请本级人民代表大会常务委员会审查和批准；乡、民族乡、镇预算的调整方案应当提请本级人民代表大会审查和批准。未经批准，不得调整预算。

第七十条　经批准的预算调整方案，各级政府应当严格执行。未经本法第六十九条规定的程序，各级政府不得作出预算调整的决定。

对违反前款规定作出的决定，本级人民代表大会、本级人民代表大会常务委员会会或者上级政府应当责令其改变或者撤销。

第七十一条　在预算执行中，地方各级政府因上级政府增加不需要本级政府提供配套资金的专项转移支付而引起的预算支出变化，不属于预算调整。

接受增加专项转移支付的县级以上地方各级政府应当向本级人民代表大会常务委员会报告有关情况；接受增加专项转移支付的乡、民族乡、镇政府应当向本级人民代表大会报告有关情况。

第七十二条　各部门、各单位的预算支出应当按照预算科目执行。严格控制不同预算科目、预算级次或者项目间的预算资金的调剂，确需调剂使用的，按照国务院财政部门的规定办理。

第七十三条　地方各级预算的调整方案经批准后，由本级政府报上一级政府备案。

第八章　决算

第七十四条　决算草案由各级政府、各部门、各单位，在每一预算年度终了后按照国务院规定的时间编制。

编制决算草案的具体事项，由国务院财政部门部署。

第七十五条　编制决算草案，必须符合法律、行政法规，做到收支真实、数额准确、内容完整、报送及时。

决算草案应当与预算相对应，按预算数、调整预算数、决算数分别列出。一般公共预算支出应当按其功能分类编列到项，按其经济性质分类编列到款。

第七十六条　各部门对所属各单位的决算草案，应当审核并汇总编制本部门的决算草案，在规定的期限内报本级政府财政部门审核。

各级政府财政部门对本级各部门决算草案审核后发现有不符合法律、行政法规规定的，有权予以纠正

第七十七条　国务院财政部门编制中央决算草案，经国务院审计部门审计后，报国务

院审定，由国务院提请全国人民代表大会常务委员会审查和批准。

县级以上地方各级政府财政部门编制本级决算草案，经本级政府审计部门审计后，报本级政府审定，由本级政府提请本级人民代表大会常务委员会审查和批准。

乡、民族乡、镇政府编制本级决算草案，提请本级人民代表大会审查和批准。

第七十八条　国务院财政部门应当在全国人民代表大会常务委员会举行会议审查和批准中央决算草案的三十日前，将上一年度中央决算草案提交全国人民代表大会财政经济委员会进行初步审查。

省、自治区、直辖市政府财政部门应当在本级人民代表大会常务委员会举行会议审查和批准本级决算草案的三十日前，将上一年度本级决算草案提交本级人民代表大会有关专门委员会进行初步审查。

设区的市、自治州政府财政部门应当在本级人民代表大会常务委员会举行会议审查和批准本级决算草案的三十日前，将上一年度本级决算草案提交本级人民代表大会有关专门委员会进行初步审查，或者送交本级人民代表大会常务委员会有关工作机构征求意见。

县、自治县、不设区的市、市辖区政府财政部门应当在本级人民代表大会常务委员会举行会议审查和批准本级决算草案的三十日前，将上一年度本级决算草案送交本级人民代表大会常务委员会有关工作机构征求意见。

全国人民代表大会财政经济委员会和省、自治区、直辖市、设区的市、自治州人民代表大会有关专门委员会，向本级人民代表大会常务委员会提出关于本级决算草案的审查结果报告。

第七十九条　县级以上各级人民代表大会常务委员会和乡、民族乡、镇人民代表大会对本级决算草案，重点审查下列内容：

（一）预算收入情况；

（二）支出政策实施情况和重点支出、重大投资项目资金的使用及绩效情况；

（三）结转资金的使用情况；

（四）资金结余情况；

（五）本级预算调整及执行情况；

（六）财政转移支付安排执行情况；

（七）经批准举借债务的规模、结构、使用、偿还等情况；

（八）本级预算周转金规模和使用情况；

（九）本级预备费使用情况；

（十）超收收入安排情况，预算稳定调节基金的规模和使用情况；

（十一）本级人民代表大会批准的预算决议落实情况；

（十二）其他与决算有关的重要情况。

县级以上各级人民代表大会常务委员会应当结合本级政府提出的上一年度预算执行和其他财政收支的审计工作报告，对本级决算草案进行审查。

第八十条　各级决算经批准后，财政部门应当在二十日内向本级各部门批复决算。各部门应当在接到本级政府财政部门批复的本部门决算后十五日内向所属单位批复决算。

第八十一条　地方各级政府应当将经批准的决算及下一级政府上报备案的决算汇总，报上一级政府备案。

县级以上各级政府应当将下一级政府报送备案的决算汇总后，报本级人民代表大会常务委员会备案。

第八十二条　国务院和县级以上地方各级政府对下一级政府依照本法第六十四条规定报送备案的决算，认为有同法律、行政法规相抵触或者有其他不适当之处，需要撤销批准该项决算的决议的，应当提请本级人民代表大会常务委员会审议决定；经审议决定撤销的，该下级人民代表大会常务委员会应当责成本级政府依照本法规定重新编制决算草案，提请本级人民代表大会常务委员会审查和批准。

第九章　监督

第八十三条　全国人民代表大会及其常务委员会对中央和地方预算、决算进行监督。

县级以上地方各级人民代表大会及其常务委员会对本级和下级预算、决算进行监督。

乡、民族乡、镇人民代表大会对本级预算、决算进行监督。

第八十四条　各级人民代表大会和县级以上各级人民代表大会常务委员会有权就预算、决算中的重大事项或者特定问题组织调查，有关的政府、部门、单位和个人应当如实反映情况和提供必要的材料。

第八十五条　各级人民代表大会和县级以上各级人民代表大会常务委员会举行会议时，人民代表大会代表或者常务委员会组成人员，依照法律规定程序就预算、决算中的有关问题提出询问或者质询，受询问或者受质询的有关的政府或者财政部门必须及时给予答复。

第八十六条　国务院和县级以上地方各级政府应当在每年六月至九月期间向本级人民代表大会常务委员会报告预算执行情况。

第八十七条　各级政府监督下级政府的预算执行；下级政府应当定期向上一级政府报

告预算执行情况。

第八十八条　各级政府财政部门负责监督检查本级各部门及其所属各单位预算的编制、执行，并向本级政府和上一级政府财政部门报告预算执行情况。

第八十九条　县级以上政府审计部门依法对预算执行、决算实行审计监督。

对预算执行和其他财政收支的审计工作报告应当向社会公开。

第九十条　政府各部门负责监督检查所属各单位的预算执行，及时向本级政府财政部门反映本部门预算执行情况，依法纠正违反预算的行为。

第九十一条　公民、法人或者其他组织发现有违反本法的行为，可以依法向有关国家机关进行检举、控告。

接受检举、控告的国家机关应当依法进行处理，并为检举人、控告人保密。任何单位或者个人不得压制和打击报复检举人、控告人。

第十章　法律责任

第九十二条　各级政府及有关部门有下列行为之一的，责令改正，对负有直接责任的主管人员和其他直接责任人员追究行政责任：

（一）未依照本法规定，编制、报送预算草案、预算调整方案、决算草案和部门预算、决算以及批复预算、决算的；

（二）违反本法规定，进行预算调整的；

（三）未依照本法规定对有关预算事项进行公开和说明的；

（四）违反规定设立政府性基金项目和其他财政收入项目的；

（五）违反法律、法规规定使用预算预备费、预算周转金、预算稳定调节基金、超收收入的；

（六）违反本法规定开设财政专户的。

第九十三条　各级政府及有关部门、单位有下列行为之一的，责令改正，对负有直接责任的主管人员和其他直接责任人员依法给予降级、撤职、开除的处分：

（一）未将所有政府收入和支出列入预算或者虚列收入和支出的；

（二）违反法律、行政法规的规定，多征、提前征收或者减征、免征、缓征应征预算收入的；

（三）截留、占用、挪用或者拖欠应当上缴国库的预算收入的；

（四）违反本法规定，改变预算支出用途的；

（五）擅自改变上级政府专项转移支付资金用途的；

（六）违反本法规定拨付预算支出资金，办理预算收入收纳、划分、留解、退付，或者违反本法规定冻结、动用国库库款或者以其他方式支配已入国库库款的。

第九十四条　各级政府、各部门、各单位违反本法规定举借债务或者为他人债务提供担保，或者挪用重点支出资金，或者在预算之外及超预算标准建设楼堂馆所的，责令改正，对负有直接责任的主管人员和其他直接责任人员给予撤职、开除的处分。

第九十五条　各级政府有关部门、单位及其工作人员有下列行为之一的，责令改正，追回骗取、使用的资金，有违法所得的没收违法所得，对单位给予警告或者通报批评；对负有直接责任的主管人员和其他直接责任人员依法给予处分：

（一）违反法律、法规的规定，改变预算收入上缴方式的；

（二）以虚报、冒领等手段骗取预算资金的；

（三）违反规定扩大开支范围、提高开支标准的；

（四）其他违反财政管理规定的行为。

第九十六条　本法第九十二条、第九十三条、第九十四条、第九十五条所列违法行为，其他法律对其处理、处罚另有规定的，依照其规定。

违反本法规定，构成犯罪的，依法追究刑事责任。

第十一章　附则

第九十七条　各级政府财政部门应当按年度编制以权责发生制为基础的政府综合财务报告，报告政府整体财务状况、运行情况和财政中长期可持续性，报本级人民代表大会常务委员会备案。

第九十八条　国务院根据本法制定实施条例。

第九十九条　民族自治地方的预算管理，依照民族区域自治法的有关规定执行；民族区域自治法没有规定的，依照本法和国务院的有关规定执行。

第一百条　省、自治区、直辖市人民代表大会或者其常务委员会根据本法，可以制定有关预算审查监督的决定或者地方性法规。

第一百零一条　本法自 2015 年 1 月 1 日起施行。

附录四

中华人民共和国预算法实施条例

第一章　总则

第一条　根据《中华人民共和国预算法》（以下简称预算法），制定本条例。

第二条　县级以上地方政府的派出机关根据本级政府授权进行预算管理活动，不作为一级预算，其收支纳入本级预算。

第三条　社会保险基金预算应当在精算平衡的基础上实现可持续运行，一般公共预算可以根据需要和财力适当安排资金补充社会保险基金预算。

第四条　预算法第六条第二款所称各部门，是指与本级政府财政部门直接发生预算缴拨款关系的国家机关、军队、政党组织、事业单位、社会团体和其他单位。

第五条　各部门预算应当反映一般公共预算、政府性基金预算、国有资本经营预算安排给本部门及其所属各单位的所有预算资金。

各部门预算收入包括本级财政安排给本部门及其所属各单位的预算拨款收入和其他收入。各部门预算支出为与部门预算收入相对应的支出，包括基本支出和项目支出。

本条第二款所称基本支出，是指各部门、各单位为保障其机构正常运转、完成日常工作任务所发生的支出，包括人员经费和公用经费；所称项目支出，是指各部门、各单位为完成其特定的工作任务和事业发展目标所发生的支出。

各部门及其所属各单位的本级预算拨款收入和其相对应的支出，应当在部门预算中单独反映。

部门预算编制、执行的具体办法，由本级政府财政部门依法作出规定。

第六条　一般性转移支付向社会公开应当细化到地区。专项转移支付向社会公开应当细化到地区和项目。

政府债务、机关运行经费、政府采购、财政专户资金等情况，按照有关规定向社会公开。

部门预算、决算应当公开基本支出和项目支出。部门预算、决算支出按其功能分类应当公开到项；按其经济性质分类，基本支出应当公开到款。

各部门所属单位的预算、决算及报表，应当在部门批复后20日内由单位向社会公开。单位预算、决算应当公开基本支出和项目支出。单位预算、决算支出按其功能分类应当公开到项；按其经济性质分类，基本支出应当公开到款。

第七条　预算法第十五条所称中央和地方分税制，是指在划分中央与地方事权的基础上，确定中央与地方财政支出范围，并按税种划分中央与地方预算收入的财政管理体制。

分税制财政管理体制的具体内容和实施办法，按照国务院的有关规定执行。

第八条　县级以上地方各级政府应当根据中央和地方分税制的原则和上级政府的有关规定，确定本级政府对下级政府的财政管理体制。

第九条　预算法第十六条第二款所称一般性转移支付，包括：

（一）均衡性转移支付；

（二）对革命老区、民族地区、边疆地区、贫困地区的财力补助；

（三）其他一般性转移支付。

第十条　预算法第十六条第三款所称专项转移支付，是指上级政府为了实现特定的经济和社会发展目标给予下级政府，并由下级政府按照上级政府规定的用途安排使用的预算资金。

县级以上各级政府财政部门应当会同有关部门建立健全专项转移支付定期评估和退出机制。对评估后的专项转移支付，按照下列情形分别予以处理：

（一）符合法律、行政法规和国务院规定，有必要继续执行的，可以继续执行；

（二）设立的有关要求变更，或者实际绩效与目标差距较大、管理不够完善的，应当予以调整；

（三）设立依据失效或者废止的，应当予以取消。

第十一条　预算收入和预算支出以人民币元为计算单位。预算收支以人民币以外的货币收纳和支付的，应当折合成人民币计算。

第二章　预算收支范围

第十二条　预算法第二十七条第一款所称行政事业性收费收入，是指国家机关、事业单位等依照法律法规规定，按照国务院规定的程序批准，在实施社会公共管理以及在向公民、法人和其他组织提供特定公共服务过程中，按照规定标准向特定对象收取费用形成的收入。

预算法第二十七条第一款所称国有资源（资产）有偿使用收入，是指矿藏、水流、海域、无居民海岛以及法律规定属于国家所有的森林、草原等国有资源有偿使用收入，按照规定纳入一般公共预算管理的国有资产收入等。

预算法第二十七条第一款所称转移性收入，是指上级税收返还和转移支付、下级上解收入、调入资金以及按照财政部规定列入转移性收入的无隶属关系政府的无偿援助。

第十三条　转移性支出包括上解上级支出、对下级的税收返还和转移支付、调出资金以及按照财政部规定列入转移性支出的给予无隶属关系政府的无偿援助。

第十四条　政府性基金预算收入包括政府性基金各项目收入和转移性收入。

政府性基金预算支出包括与政府性基金预算收入相对应的各项目支出和转移性支出。

第十五条　国有资本经营预算收入包括依照法律、行政法规和国务院规定应当纳入国有资本经营预算的国有独资企业和国有独资公司按照规定上缴国家的利润收入、从国有资本控股和参股公司获得的股息红利收入、国有产权转让收入、清算收入和其他收入。

国有资本经营预算支出包括资本性支出、费用性支出、向一般公共预算调出资金等转移性支出和其他支出。

第十六条　社会保险基金预算收入包括各项社会保险费收入、利息收入、投资收益、一般公共预算补助收入、集体补助收入、转移收入、上级补助收入、下级上解收入和其他收入。

社会保险基金预算支出包括各项社会保险待遇支出、转移支出、补助下级支出、上解上级支出和其他支出。

第十七条　地方各级预算上下级之间有关收入和支出项目的划分以及上解、返还或者转移支付的具体办法，由上级地方政府规定，报本级人民代表大会常务委员会备案。

第十八条　地方各级社会保险基金预算上下级之间有关收入和支出项目的划分以及上解、补助的具体办法，按照统筹层次由上级地方政府规定，报本级人民代表大会常务委员会备案。

第三章　预算编制

第十九条　预算法第三十一条所称预算草案，是指各级政府、各部门、各单位编制的未经法定程序审查和批准的预算。

第二十条　预算法第三十二条第一款所称绩效评价，是指根据设定的绩效目标，依据规范的程序，对预算资金的投入、使用过程、产出与效果进行系统和客观的评价。

绩效评价结果应当按照规定作为改进管理和编制以后年度预算的依据。

第二十一条　预算法第三十二条第三款所称预算支出标准，是指对预算事项合理分类并分别规定的支出预算编制标准，包括基本支出标准和项目支出标准。

地方各级政府财政部门应当根据财政部制定的预算支出标准，结合本地区经济社会发展水平、财力状况等，制定本地区或者本级的预算支出标准。

第二十二条　财政部于每年 6 月 15 日前部署编制下一年度预算草案的具体事项，规定报表格式、编报方法、报送期限等。

第二十三条　中央各部门应当按照国务院的要求和财政部的部署，结合本部门的具体情况，组织编制本部门及其所属各单位的预算草案。

中央各部门负责本部门所属各单位预算草案的审核，并汇总编制本部门的预算草案，按照规定报财政部审核。

第二十四条　财政部审核中央各部门的预算草案，具体编制中央预算草案；汇总地方预算草案或者地方预算，汇编中央和地方预算草案。

第二十五条　省、自治区、直辖市政府按照国务院的要求和财政部的部署，结合本地区的具体情况，提出本行政区域编制预算草案的要求。

县级以上地方各级政府财政部门应当于每年 6 月 30 日前部署本行政区域编制下一年度预算草案的具体事项，规定有关报表格式、编报方法、报送期限等。

第二十六条　县级以上地方各级政府各部门应当根据本级政府的要求和本级政府财政部门的部署，结合本部门的具体情况，组织编制本部门及其所属各单位的预算草案，按照规定报本级政府财政部门审核。

第二十七条　县级以上地方各级政府财政部门审核本级各部门的预算草案，具体编制本级预算草案，汇编本级总预算草案，经本级政府审定后，按照规定期限报上一级政府财政部门。

省、自治区、直辖市政府财政部门汇总的本级总预算草案或者本级总预算，应当于下一年度 1 月 10 日前报财政部。

第二十八条　县级以上各级政府财政部门审核本级各部门的预算草案时，发现不符合编制预算要求的，应当予以纠正；汇编本级总预算草案时，发现下级预算草案不符合上级政府或者本级政府编制预算要求的，应当及时向本级政府报告，由本级政府予以纠正。

第二十九条　各级政府财政部门编制收入预算草案时，应当征求税务、海关等预算收入征收部门和单位的意见。

预算收入征收部门和单位应当按照财政部门的要求提供下一年度预算收入征收预测情况。

第三十条　财政部门会同社会保险行政部门部署编制下一年度社会保险基金预算草案的具体事项。

社会保险经办机构具体编制下一年度社会保险基金预算草案，报本级社会保险行政部门审核汇总。社会保险基金收入预算草案由社会保险经办机构会同社会保险费征收机构具体编制。财政部门负责审核并汇总编制社会保险基金预算草案。

第三十一条　各级政府财政部门应当依照预算法和本条例规定，制定本级预算草案编制规程。

第三十二条　各部门、各单位在编制预算草案时，应当根据资产配置标准，结合存量资产情况编制相关支出预算。

第三十三条　中央一般公共预算收入编制内容包括本级一般公共预算收入、从国有资本经营预算调入资金、地方上解收入、从预算稳定调节基金调入资金、其他调入资金。

中央一般公共预算支出编制内容包括本级一般公共预算支出、对地方的税收返还和转移支付、补充预算稳定调节基金。

中央政府债务余额的限额应当在本级预算中单独列示。

第三十四条　地方各级一般公共预算收入编制内容包括本级一般公共预算收入、从国有资本经营预算调入资金、上级税收返还和转移支付、下级上解收入、从预算稳定调节基金调入资金、其他调入资金。

地方各级一般公共预算支出编制内容包括本级一般公共预算支出、上解上级支出、对下级的税收返还和转移支付、补充预算稳定调节基金。

第三十五条　中央政府性基金预算收入编制内容包括本级政府性基金各项目收入、上一年度结余、地方上解收入。

中央政府性基金预算支出编制内容包括本级政府性基金各项目支出、对地方的转移支付、调出资金。

第三十六条　地方政府性基金预算收入编制内容包括本级政府性基金各项目收入、上一年度结余、下级上解收入、上级转移支付。

地方政府性基金预算支出编制内容包括本级政府性基金各项目支出、上解上级支出、对下级的转移支付、调出资金。

第三十七条　中央国有资本经营预算收入编制内容包括本级收入、上一年度结余、地方上解收入。

中央国有资本经营预算支出编制内容包括本级支出、向一般公共预算调出资金、对地方特定事项的转移支付。

第三十八条　地方国有资本经营预算收入编制内容包括本级收入、上一年度结余、上级对特定事项的转移支付、下级上解收入。

地方国有资本经营预算支出编制内容包括本级支出、向一般公共预算调出资金、对下级特定事项的转移支付、上解上级支出。

第三十九条　中央和地方社会保险基金预算收入、支出编制内容包括本条例第十六条规定的各项收入和支出。

第四十条　各部门、各单位预算收入编制内容包括本级预算拨款收入、预算拨款结转和其他收入。

各部门、各单位预算支出编制内容包括基本支出和项目支出。

各部门、各单位的预算支出，按其功能分类应当编列到项，按其经济性质分类应当编列到款。

第四十一条　各级政府应当加强项目支出管理。各级政府财政部门应当建立和完善项目支出预算评审制度。各部门、各单位应当按照本级政府财政部门的规定开展预算评审。

项目支出实行项目库管理，并建立健全项目入库评审机制和项目滚动管理机制。

第四十二条　预算法第三十四条第二款所称余额管理，是指国务院在全国人民代表大会批准的中央一般公共预算债务的余额限额内，决定发债规模、品种、期限和时点的管理方式；所称余额，是指中央一般公共预算中举借债务未偿还的本金。

第四十三条　地方政府债务余额实行限额管理。各省、自治区、直辖市的政府债务限额，由财政部在全国人民代表大会或者其常务委员会批准的总限额内，根据各地区债务风险、财力状况等因素，并考虑国家宏观调控政策等需要，提出方案报国务院批准。

各省、自治区、直辖市的政府债务余额不得突破国务院批准的限额。

第四十四条　预算法第三十五条第二款所称举借债务的规模，是指各地方政府债务余额限额的总和，包括一般债务限额和专项债务限额。一般债务是指列入一般公共预算用于公益性事业发展的一般债券、地方政府负有偿还责任的外国政府和国际经济组织贷款转贷债务；专项债务是指列入政府性基金预算用于有收益的公益性事业发展的专项债券。

第四十五条省、自治区、直辖市政府财政部门依照国务院下达的本地区地方政府债务限额，提出本级和转贷给下级政府的债务限额安排方案，报本级政府批准后，将增加举借的债务列入本级预算调整方案，报本级人民代表大会常务委员会批准。

接受转贷并向下级政府转贷的政府应当将转贷债务纳入本级预算管理。使用转贷并负有直接偿还责任的政府，应当将转贷债务列入本级预算调整方案，报本级人民代表大会常务委员会批准。

地方各级政府财政部门负责统一管理本地区政府债务。

第四十六条　国务院可以将举借的外国政府和国际经济组织贷款转贷给省、自治区、直辖市政府。

国务院向省、自治区、直辖市政府转贷的外国政府和国际经济组织贷款，省、自治区、直辖市政府负有直接偿还责任的，应当纳入本级预算管理。省、自治区、直辖市政府未能按时履行还款义务的，国务院可以相应抵扣对该地区的税收返还等资金。

省、自治区、直辖市政府可以将国务院转贷的外国政府和国际经济组织贷款再转贷给下级政府。

第四十七条　财政部和省、自治区、直辖市政府财政部门应当建立健全地方政府债务风险评估指标体系，组织评估地方政府债务风险状况，对债务高风险地区提出预警，并监督化解债务风险。

第四十八条　县级以上各级政府应当按照本年度转移支付预计执行数的一定比例将下一年度转移支付预计数提前下达至下一级政府，具体下达事宜由本级政府财政部门办理。

除据实结算等特殊项目的转移支付外，提前下达的一般性转移支付预计数的比例一般不低于 90%；提前下达的专项转移支付预计数的比例一般不低于 70%。其中，按照项目法管理分配的专项转移支付，应当一并明确下一年度组织实施的项目。

第四十九条　经本级政府批准，各级政府财政部门可以设置预算周转金，额度不得超过本级一般公共预算支出总额的 1%。年度终了时，各级政府财政部门可以将预算周转金收回并用于补充预算稳定调节基金。

第五十条预算法第四十二条第一款所称结转资金，是指预算安排项目的支出年度终了时尚未执行完毕，或者因故未执行但下一年度需要按原用途继续使用的资金；连续两年未用完的结转资金，是指预算安排项目的支出在下一年度终了时仍未用完的资金。

预算法第四十二条第一款所称结余资金，是指年度预算执行终了时，预算收入实际完成数扣除预算支出实际完成数和结转资金后剩余的资金。

第四章　预算执行

第五十一条　预算执行中，政府财政部门的主要职责：

（一）研究和落实财政税收政策措施，支持经济社会健康发展；

（二）制定组织预算收入、管理预算支出以及相关财务、会计、内部控制、监督等制度和办法；

（三）督促各预算收入征收部门和单位依法履行职责，征缴预算收入；

（四）根据年度支出预算和用款计划，合理调度、拨付预算资金，监督各部门、各单位预算资金使用管理情况；

（五）统一管理政府债务的举借、支出与偿还，监督债务资金使用情况；

（六）指导和监督各部门、各单位建立健全财务制度和会计核算体系，规范账户管理，健全内部控制机制，按照规定使用预算资金；

（七）汇总、编报分期的预算执行数据，分析预算执行情况，按照本级人民代表大会常务委员会、本级政府和上一级政府财政部门的要求定期报告预算执行情况，并提出相关政策建议；

（八）组织和指导预算资金绩效监控、绩效评价；

（九）协调预算收入征收部门和单位、国库以及其他有关部门的业务工作。

第五十二条　预算法第五十六条第二款所称财政专户，是指财政部门为履行财政管理职能，根据法律规定或者经国务院批准开设的用于管理核算特定专用资金的银行结算账户；所称特定专用资金，包括法律规定可以设立财政专户的资金，外国政府和国际经济组织的贷款、赠款，按照规定存储的人民币以外的货币，财政部会同有关部门报国务院批准的其他特定专用资金。

开设、变更财政专户应当经财政部核准，撤销财政专户应当报财政部备案，中国人民银行应当加强对银行业金融机构开户的核准、管理和监督工作。

财政专户资金由本级政府财政部门管理。除法律另有规定外，未经本级政府财政部门同意，任何部门、单位和个人都无权冻结、动用财政专户资金。

财政专户资金应当由本级政府财政部门纳入统一的会计核算，并在预算执行情况、决算和政府综合财务报告中单独反映。

第五十三条　预算执行中，各部门、各单位的主要职责：

（一）制定本部门、本单位预算执行制度，建立健全内部控制机制；

（二）依法组织收入，严格支出管理，实施绩效监控，开展绩效评价，提高资金使用效益；

（三）对单位的各项经济业务进行会计核算；

（四）汇总本部门、本单位的预算执行情况，定期向本级政府财政部门报送预算执行情况报告和绩效评价报告。

第五十四条　财政部门会同社会保险行政部门、社会保险费征收机构制定社会保险基金预算的收入、支出以及财务管理的具体办法。

社会保险基金预算由社会保险费征收机构和社会保险经办机构具体执行，并按照规定向本级政府财政部门和社会保险行政部门报告执行情况。

第五十五条　各级政府财政部门和税务、海关等预算收入征收部门和单位必须依法组织预算收入，按照财政管理体制、征收管理制度和国库集中收缴制度的规定征收预算收入，除依法缴入财政专户的社会保险基金等预算收入外，应当及时将预算收入缴入国库。

第五十六条　除依法缴入财政专户的社会保险基金等预算收入外，一切有预算收入上缴义务的部门和单位，必须将应当上缴的预算收入，按照规定的预算级次、政府收支分类科目、缴库方式和期限缴入国库，任何部门、单位和个人不得截留、占用、挪用或者拖欠。

第五十七条　各级政府财政部门应当加强对预算资金拨付的管理，并遵循下列原则：

（一）按照预算拨付，即按照批准的年度预算和用款计划拨付资金。除预算法第五十四条规定的在预算草案批准前可以安排支出的情形外，不得办理无预算、无用款计划、超预算或者超计划的资金拨付，不得擅自改变支出用途；

（二）按照规定的预算级次和程序拨付，即根据用款单位的申请，按照用款单位的预算级次、审定的用款计划和财政部门规定的预算资金拨付程序拨付资金；

（三）按照进度拨付，即根据用款单位的实际用款进度拨付资金。

第五十八条　财政部应当根据全国人民代表大会批准的中央政府债务余额限额，合理安排发行国债的品种、结构、期限和时点。

省、自治区、直辖市政府财政部门应当根据国务院批准的本地区政府债务限额，合理安排发行本地区政府债券的结构、期限和时点。

第五十九条　转移支付预算下达和资金拨付应当由财政部门办理，其他部门和单位不得对下级政府部门和单位下达转移支付预算或者拨付转移支付资金。

第六十条　各级政府、各部门、各单位应当加强对预算支出的管理，严格执行预算，遵守财政制度，强化预算约束，不得擅自扩大支出范围、提高开支标准；严格按照预算规定的支出用途使用资金，合理安排支出进度。

第六十一条　财政部负责制定与预算执行有关的财务规则、会计准则和会计制度。各部门、各单位应当按照本级政府财政部门的要求建立健全财务制度，加强会计核算。

第六十二条　国库是办理预算收入的收纳、划分、留解、退付和库款支拨的专门机构。国库分为中央国库和地方国库。

中央国库业务由中国人民银行经理。未设中国人民银行分支机构的地区，由中国人民银行商财政部后，委托有关银行业金融机构办理。

地方国库业务由中国人民银行分支机构经理。未设中国人民银行分支机构的地区，由上级中国人民银行分支机构商有关地方政府财政部门后，委托有关银行业金融机构办理。

具备条件的乡、民族乡、镇，应当设立国库。具体条件和标准由省、自治区、直辖市政府财政部门确定。

第六十三条　中央国库业务应当接受财政部的指导和监督，对中央财政负责。

地方国库业务应当接受本级政府财政部门的指导和监督，对地方财政负责。

省、自治区、直辖市制定的地方国库业务规程应当报财政部和中国人民银行备案。

第六十四条　各级国库应当及时向本级政府财政部门编报预算收入入库、解库、库款拨付以及库款余额情况的日报、旬报、月报和年报。

第六十五条　各级国库应当依照有关法律、行政法规、国务院以及财政部、中国人民银行的有关规定，加强对国库业务的管理，及时准确地办理预算收入的收纳、划分、留解、退付和预算支出的拨付。

各级国库和有关银行业金融机构必须遵守国家有关预算收入缴库的规定，不得延解、占压应当缴入国库的预算收入和国库库款。

第六十六条　各级国库必须凭本级政府财政部门签发的拨款凭证或者支付清算指令于当日办理资金拨付，并及时将款项转入收款单位的账户或者清算资金。

各级国库和有关银行业金融机构不得占压财政部门拨付的预算资金。

第六十七条　各级政府财政部门、预算收入征收部门和单位、国库应当建立健全相互之间的预算收入对账制度，在预算执行中按月、按年核对预算收入的收纳以及库款拨付情况，保证预算收入的征收入库、库款拨付和库存金额准确无误。

第六十八条　中央预算收入、中央和地方预算共享收入退库的办法，由财政部制定。地方预算收入退库的办法，由省、自治区、直辖市政府财政部门制定。

各级预算收入退库的审批权属于本级政府财政部门。中央预算收入、中央和地方预算共享收入的退库，由财政部或者财政部授权的机构批准。地方预算收入的退库，由地方政府财政部门或者其授权的机构批准。具体退库程序按照财政部的有关规定办理。

办理预算收入退库，应当直接退给申请单位或者申请个人，按照国家规定用途使用。任何部门、单位和个人不得截留、挪用退库款项。

第六十九条　各级政府应当加强对本级国库的管理和监督，各级政府财政部门负责协调本级预算收入征收部门和单位与国库的业务工作。

第七十条　国务院各部门制定的规章、文件，凡涉及减免应缴预算收入、设立和改变收入项目和标准、罚没财物处理、经费开支标准和范围、国有资产处置和收益分配以及会计核算等事项的，应当符合国家统一的规定；凡涉及增加或者减少财政收入或者支出的，应当征求财政部意见。

第七十一条　地方政府依据法定权限制定的规章和规定的行政措施，不得涉及减免中央预算收入、中央和地方预算共享收入，不得影响中央预算收入、中央和地方预算共享收入的征收；违反规定的，有关预算收入征收部门和单位有权拒绝执行，并应当向上级预算收入征收部门和单位以及财政部报告。

第七十二条　各级政府应当加强对预算执行工作的领导，定期听取财政部门有关预算执行情况的汇报，研究解决预算执行中出现的问题。

第七十三条　各级政府财政部门有权监督本级各部门及其所属各单位的预算管理有关工作，对各部门的预算执行情况和绩效进行评价、考核。

各级政府财政部门有权对与本级各预算收入相关的征收部门和单位征收本级预算收入的情况进行监督，对违反法律、行政法规规定多征、提前征收、减征、免征、缓征或者退还预算收入的，责令改正。

第七十四条　各级政府财政部门应当每月向本级政府报告预算执行情况，具体报告内容、方式和期限由本级政府规定。

第七十五条　地方各级政府财政部门应当定期向上一级政府财政部门报送本行政区域预算执行情况，包括预算执行旬报、月报、季报，政府债务余额统计报告，国库库款报告以及相关文字说明材料。具体报送内容、方式和期限由上一级政府财政部门规定。

第七十六条　各级税务、海关等预算收入征收部门和单位应当按照财政部门规定的期限和要求，向财政部门和上级主管部门报送有关预算收入征收情况，并附文字说明材料。

各级税务、海关等预算收入征收部门和单位应当与相关财政部门建立收入征管信息共享机制。

第七十七条　各部门应当按照本级政府财政部门规定的期限和要求，向本级政府财政部门报送本部门及其所属各单位的预算收支情况等报表和文字说明材料。

第七十八条　预算法第六十六条第一款所称超收收入，是指年度本级一般公共预算收入的实际完成数超过经本级人民代表大会或者其常务委员会批准的预算收入数的部分。

预算法第六十六条第三款所称短收，是指年度本级一般公共预算收入的实际完成数小于经本级人民代表大会或者其常务委员会批准的预算收入数的情形。

前两款所称实际完成数和预算收入数，不包括转移性收入和政府债务收入。

省、自治区、直辖市政府依照预算法第六十六条第三款规定增列的赤字，可以通过在国务院下达的本地区政府债务限额内发行地方政府一般债券予以平衡。

设区的市、自治州以下各级一般公共预算年度执行中出现短收的，应当通过调入预算稳定调节基金或者其他预算资金、减少支出等方式实现收支平衡；采取上述措施仍不能实现收支平衡的，可以通过申请上级政府临时救助平衡当年预算，并在下一年度预算中安排资金归还。

各级一般公共预算年度执行中厉行节约、节约开支，造成本级预算支出实际执行数小于预算总支出的，不属于预算调整的情形。

各级政府性基金预算年度执行中有超收收入的，应当在下一年度安排使用并优先用于偿还相应的专项债务；出现短收的，应当通过减少支出实现收支平衡。国务院另有规定的除外。

各级国有资本经营预算年度执行中有超收收入的，应当在下一年度安排使用；出现短收的，应当通过减少支出实现收支平衡。国务院另有规定的除外。

第七十九条年度预算确定后，部门、单位改变隶属关系引起预算级次或者预算关系变化的，应当在改变财务关系的同时，相应办理预算、资产划转。

第五章　决算

第八十条　预算法第七十四条所称决算草案，是指各级政府、各部门、各单位编制的未经法定程序审查和批准的预算收支和结余的年度执行结果。

第八十一条　财政部应当在每年第四季度部署编制决算草案的原则、要求、方法和报送期限，制发中央各部门决算、地方决算以及其他有关决算的报表格式。

省、自治区、直辖市政府按照国务院的要求和财政部的部署，结合本地区的具体情况，提出本行政区域编制决算草案的要求。

县级以上地方政府财政部门根据财政部的部署和省、自治区、直辖市政府的要求，部署编制本级政府各部门和下级政府决算草案的原则、要求、方法和报送期限，制发本级政府各部门决算、下级政府决算以及其他有关决算的报表格式。

第八十二条　地方政府财政部门根据上级政府财政部门的部署，制定本行政区域决算草案和本级各部门决算草案的具体编制办法。

各部门根据本级政府财政部门的部署，制定所属各单位决算草案的具体编制办法。

第八十三条　各级政府财政部门、各部门、各单位在每一预算年度终了时，应当清理核实全年预算收入、支出数据和往来款项，做好决算数据对账工作。

决算各项数据应当以经核实的各级政府、各部门、各单位会计数据为准，不得以估计数据替代，不得弄虚作假。

各部门、各单位决算应当列示结转、结余资金。

第八十四条　各单位应当按照主管部门的布置，认真编制本单位决算草案，在规定期限内上报。

各部门在审核汇总所属各单位决算草案基础上，连同本部门自身的决算收入和支出数据，汇编成本部门决算草案并附详细说明，经部门负责人签章后，在规定期限内报本级政府财政部门审核。

第八十五条　各级预算收入征收部门和单位应当按照财政部门的要求，及时编制收入年报以及有关资料并报送财政部门。

第八十六条　各级政府财政部门应当根据本级预算、预算会计核算数据等相关资料编制本级决算草案。

第八十七条　年度预算执行终了，对于上下级财政之间按照规定需要清算的事项，应当在决算时办理结算。

县级以上各级政府财政部门编制的决算草案应当及时报送本级政府审计部门审计。

第八十八条　县级以上地方各级政府应当自本级决算经批准之日起30日内，将本级决算以及下一级政府上报备案的决算汇总，报上一级政府备案；将下一级政府报送备案的决算汇总，报本级人民代表大会常务委员会备案。

乡、民族乡、镇政府应当自本级决算经批准之日起30日内，将本级决算报上一级政府备案。

第六章　监督

第八十九条　县级以上各级政府应当接受本级和上级人民代表大会及其常务委员会对预算执行情况和决算的监督，乡、民族乡、镇政府应当接受本级人民代表大会和上级人民代表大会及其常务委员会对预算执行情况和决算的监督；按照本级人民代表大会或者其常务委员会的要求，报告预算执行情况；认真研究处理本级人民代表大会代表或者其常务委员会组成人员有关改进预算管理的建议、批评和意见，并及时答复。

第九十条　各级政府应当加强对下级政府预算执行情况的监督，对下级政府在预算执行中违反预算法、本条例和国家方针政策的行为，依法予以制止和纠正；对本级预算执行中出现的问题，及时采取处理措施。

下级政府应当接受上级政府对预算执行情况的监督；根据上级政府的要求，及时提供资料，如实反映情况，不得隐瞒、虚报；严格执行上级政府作出的有关决定，并将执行结果及时上报。

第九十一条　各部门及其所属各单位应当接受本级政府财政部门对预算管理有关工作的监督。

财政部派出机构根据职责和财政部的授权，依法开展工作。

第九十二条　各级政府审计部门应当依法对本级预算执行情况和决算草案，本级各部门、各单位和下级政府的预算执行情况和决算，进行审计监督。

第七章　法律责任

第九十三条　预算法第九十三条第六项所称违反本法规定冻结、动用国库库款或者以其他方式支配已入国库库款，是指：

（一）未经有关政府财政部门同意，冻结、动用国库库款；

（二）预算收入征收部门和单位违反规定将所收税款和其他预算收入存入国库之外的其他账户；

（三）未经有关政府财政部门或者财政部门授权的机构同意，办理资金拨付和退付；

（四）将国库库款挪作他用；

（五）延解、占压国库库款；

（六）占压政府财政部门拨付的预算资金。

第九十四条　各级政府、有关部门和单位有下列行为之一的，责令改正；对负有直接责任的主管人员和其他直接责任人员，依法给予处分：

（一）突破一般债务限额或者专项债务限额举借债务；

（二）违反本条例规定下达转移支付预算或者拨付转移支付资金；

（三）擅自开设、变更账户。

第八章　附则

第九十五条　预算法第九十七条所称政府综合财务报告，是指以权责发生制为基础编制的反映各级政府整体财务状况、运行情况和财政中长期可持续性的报告。政府综合财务报告包括政府资产负债表、收入费用表等财务报表和报表附注，以及以此为基础进行的综合分析等。

第九十六条　政府投资年度计划应当和本级预算相衔接。政府投资决策、项目实施和监督管理按照政府投资有关行政法规执行。

第九十七条　本条例自 2020 年 10 月 1 日起施行。